国家出版基金项目
NATIONAL PUBLICATION FOUNDATION

中 | 国 | 参 | 政 | 党 | 丛 | 书

九三学社史

九三学社中央委员会 著

華文出版社
SINO-CULTURE PRESS

图书在版编目（CIP）数据

九三学社史 / 九三学社中央委员会著. -- 北京 :
华文出版社, 2024. 10
(中国参政党丛书)
ISBN 978-7-5075-5796-1

Ⅰ. ①九… Ⅱ. ①九… Ⅲ. ①九三学社—党史 Ⅳ.
①D665. 7

中国国家版本馆 CIP 数据核字(2024)第 070289 号

中国参政党丛书：九三学社史

标准书号： ISBN 978-7-5075-5796-1
丛书编者：“中国参政党丛书”编辑委员会
本册著者： 九三学社中央委员会
责任编辑： 雷　平
责任印制： 刘力新
封面设计： 李琳琳
出版发行： 华文出版社
地　　址： 北京市西城区广外大街 305 号 8 区 2 号楼
邮政编码： 100055
电　　话： 总 编 室 010-58336239　发行部 010-58336270
责任编辑 010-58336254
经　　销： 新华书店
印　　刷： 北京新华印刷有限公司
开　　本： 710mm×1000mm　1/16
印　　张： 26. 75
字　　数： 382 千字
版　　次： 2024 年 10 月第 1 版
印　　次： 2024 年 10 月第 1 次印刷
定　　价： 698. 00 元（全 8 册）

“中国参政党丛书”
编辑委员会

总　序

2018年3月，习近平总书记在看望参加全国政协十三届一次会议的民盟、致公党、无党派人士和侨联界委员时明确指出：中国共产党领导的多党合作和政治协商制度作为我国一项基本政治制度，是中国共产党、中国人民和各民主党派、无党派人士的伟大政治创造，是从中国土壤中生长出来的新型政党制度。习近平总书记的重大理论判断，为我们理解中国的政党和政党制度提供了根本遵循。

一个国家实行什么样的政党制度，是由其特定的历史传承、文化传统、政治经济状况和现实国情等因素决定的。中国共产党领导的多党合作和政治协商制度植根于中华优秀传统文化，孕育于近代以来中国民主革命的历史进程，形成于协商建立新中国的伟大实践，发展于社会主义革命、建设、改革的伟大事业，完善于中国特色社会主义新时代，它是中国近现代社会发展的必然结果，是马克思主义政党理论与中国实际紧密结合的产物，是中国共产党、各民主党派和中国人民的共同政治选择，符合中国的基本国情，体现了中国人民的政治智慧。中国新型政党制度以合作、参与、协商为基本精神，以团结、民主、和谐为本质属性，具有政治参与、利益表达、社会整合、民主监督和维护稳定的重要功能，实现了执政与参政、领导与合作、协商与监督的有机统一，是人民当家作主的重要实现形式和社会主义协商民主的重要制度载体。它能够实现利益代表的广泛性，体现奋斗目标的一致性，促进决策施策的科学性，保障国家治理的有效性，在发展全过程人民民主中发挥了重要作用。

中国新型政党制度中包括中国共产党和八个民主党派，以及无党派人士。八个民主党派是中国国民党革命委员会（简称民革）、中国民主同盟（简称民盟）、中国民主建国会（简称民建）、中国民主促进会（简称民进）、中国农工民主党（简称农工党）、中国致公党（简称致公党）、九三学社、台湾民主自治同盟（简称台盟）。

长期以来，中国共产党同各民主党派长期共存、互相监督、肝胆相照、荣辱与共，形成了通力合作、团结和谐的新型政党关系，奠定了“共产党领导、多党派合作，共产党执政、多党派参政”的政治格局。中国共产党处于领导地位和执政地位。中国共产党是中国特色社会主义事业的坚强领导核心，各民主党派、无党派人士自觉接受中国共产党的领导，拥护中国共产党的领导地位和执政地位。中国共产党对各民主党派、无党派人士的领导，主要是政治领导，即政治原则、政治方向和重大方针政策的领导，中国共产党支持各民主党派、无党派人士独立自主地开展工作，充分履行职能、积极发挥作用。民主党派不是在野党、反对党，也不是旁观者、局外人，而是中国特色社会主义参政党，在中国共产党领导下参与国家治理。民主党派的基本职能是参政议政、民主监督、参加中国共产党领导的政治协商。民主党派参政的基本点是，参加国家政权，参与重要方针政策、重要领导人选的协商，参与国家事务的管理，参与国家方针政策、法律法规的制定和执行。民主党派的参政地位和参政权利受宪法保护，这是人民民主的重要体现。民主党派围绕国家经济社会发展中的重大问题献计出力，是中国特色社会主义事业的亲历者、实践者、维护者、捍卫者。

各民主党派是在中国人民反帝爱国、争取民主和反对独裁专制的斗争中产生和发展起来的，其社会基础主要是民族资产阶级、城市小资产阶级以及同这些阶级相联系的知识分子和其他爱国人士。除致公党 1925 年成立于美国旧金山、农工党成立于 1930 年外，民主党派大都成立于抗日战争和解放战争时期。在中国共产党统一战线政策的影响和团结下，各民主党派不断加深对中国共产党的了解，特别是1948年中国共产党发布“五一口号”后，民主党派积极响应，纷纷表示“愿在中共领导下，献其绵薄，贯彻始终，以冀中国人民民主革命之迅速成功，独立、自由、和平、幸福的新中国之早日实现”，积极参加新中国的筹备工作。在血与火的斗争洗礼和比较选择中，民主党派在政治上实现了从同情和倾向中国共产党到公开表示自觉接受中国共产党领导、走新民主主义道路的根本转变。1949年新政协的召开，标志着中国共产党领导的多党合作和政治协商制度这一新型政党制度的正式确立，为各民主党派同中国共产党在更大范围和更深程度上的团结合作提供了制度保障。

在社会主义革命和建设时期，各民主党派积极参加国家政权和国家事务的管理，调动成员和所联系的群众参加各项民主改革和新中国的建设，参加社会主义改造，作出了重要贡献，其自身阶级属性发生深刻变化，逐渐成为一部分劳动者的政党。

进入改革开放和社会主义现代化建设新的历史时期，各民主党派努力加强自身建设，充分发挥各自特点和优势，在深化改革、扩大开放、建设社会主义事业、维护安定团结的政治局面、促进国家统一方面不断作出新贡献。随着中国特色社会主义事业的不断推进，各民主党派进一步发展成为各自所联系的一部分社会主义劳动者、社会主义事业建设者和拥护社会主义的爱国者的政治联盟，成为接受中国共产党领导、同中国共产党通力合作的亲密友党，成为进步性与广泛性相统一、致力于中国特色社会主义事业的参政党。民主党派的性质发生了根本变化，由阶级联盟转变为政治联盟。共产党领导、多党派合作，共产党执政、多党派参政的良好政治格局更加巩固，民主团结、生动活泼的和谐政党关系更加融洽。

中国特色社会主义进入新时代，以习近平同志为核心的中共中央统筹中华民族伟大复兴战略全局和世界百年未有之大变局，形成了习近平总书记关于做好新时代党的统一战线工作的重要思想，强调必须坚持好发展好完善好中国新型政党制度；提出各民主党派是中国特色社会主义参政党，基本职能是参政议政、民主监督、参加中国共产党领导的政治协商；提出要推动多党合作展现新气象，思想共识取得新提高，履职尽责展现新作为，各民主党派要做中国共产党的好参谋、好帮手、好同事。这些新理念新思想新论断，系统回答了在新时代“坚持和发展什么样的多党合作制度、怎样坚持和发展多党合作制度”“建设什么样的参政党、怎样建设参政党”等重大问题。各民主党派认真学习习近平新时代中国特色社会主义思想，不断加强自身建设，提高建言资政水平，为推进国家各项事业发展作出了重要贡献。

知所从来，思所将往。习近平总书记指出：“一切向前走，都不能忘记走过的路；走得再远、走到再光辉的未来，也不能忘记走过的过去，不能忘记为什么出发。”回首中国新型政党制度和各民主党派的形成和发展，同样有着值得铭记的历史和不能忘却的初心。民主党派几经变迁和考验，始终秉持进步理念、认真履行职能、保持自身特色，形成了许多优良传统和宝贵经验，给人以深刻启示。

自觉接受中国共产党领导，是民主党派不断发展的根本保证。中国共产党的领导是中国特色社会主义最本质的特征，是中国特色社会主义制度的最大优势。历史和实践充分表明，中国共产党的领导是民主党派加强自身建设、不断发展进步的根本保证。民主党派的发展史，就是对中国共产党在认识上不断深化、政治上不断认同、行动上不断靠拢的历史。中国共产党的领导核心地位越突出，民主党派自身建设就越有力，多党合作的政治格局就越稳固。迈进新的征程，各民主党派要坚持自觉接受中国共产党领导的政治立场不变、与中国共产党亲密合作和同心同德的政治态度不变，始终做到肝胆相照、荣辱与共。

致力于国家富强、民族复兴和人民幸福，是民主党派不断发展的价值追求。正确的价值取向和目标追求，反映着政党的进步性，决定着政党的生命力。我国民主党派之所以能够经历大浪淘沙、不断发展，就是因为从一开始就以国家和民族大义为团结奋斗的价值追求。围绕这一价值目标，民主党派在民主革命时期同帝国主义和国民党反动派进行不屈的斗争，最后同中国共产党走到了一起。围绕这一价值目标，在新中国建设70多年历程中，各民主党派发挥优势作用，凝聚奋进力量，作出重要贡献。迈进新的征程，民主党派只有始终高扬爱国主义旗帜，积极践行致力于国家富强、民族振兴和人民幸福的价值追求，才能更加有所作为、有所进步。

推进社会主义民主政治建设，是民主党派不断发展的重要基础。人民民主是社会主义的生命，也是我国多党合作制度的基石。中国共产党自诞生之日起，就以发展人民民主为己任，开启了中国民主政治发展新征程。中国新型政党制度，就是中国共产党与各民主党派共同推动中国民主政治发展的重大成果，同时又是在新的历史条件下进一步推进全过程人民民主、最广泛地动员和组织人民依法管理国家和社会事务的重要途径。在这一制度下，民主党派作为参政党的作用和优势得到充分发挥。迈进新的征程，各民主党派要始终坚持走中国特色社会主义政治发展道路，进一步把中国新型政党制度坚持好、发展好、完善好，使我国社会主义政治制度的特点和优势得到更充分体现。

坚持进步性与广泛性的统一，是民主党派不断发展的内在要求。民主党派的进步性，集中体现在同中国共产党通力合作，共同建立新中国，共同致力于推进中国特色社会主义事业。民主党派的广泛性，主要表现在其成员来自不同的社会阶层和群体，负有更多地反映和代表各自所联系群众的具体利益和要求的责任。没有进步性，民主党派与中国共产党的合作就没有存在的基础；没有广泛性，民主党派就失去了存在的意义。迈进新的征程，民主党派要紧跟时代步伐、适应形势发展，不断增强进步性、保持广泛性，认真学习借鉴执政党建设的创新理念、经验做法，转化为符合自身实际、体现各自特色的思路举措，始终沿着正确的方向健康发展，不断前进。

为了更好地继承和弘扬民主党派的优良传统，在中央统战部的大力支持下，各民主党派中央持续开展历史传统记录工程，在此基础上撰写了“中国参政党丛书”。这套丛书共八册，主要目的是回望过去，把握现在，展望未来。回望过去，就是系统梳理各民主党派产生、发展、演变的历史脉络，深入总结历史经验，帮助民主党派广大成员深入理解统一战线和多党合作因党而生、伴党而行的光荣历史，充分认识中国共产党对民主党派发展的指引和帮助，感悟民主党派老一辈领导人对中国共产党的深厚感情，传承他们的爱国情怀，弘扬优良传统，搞好政治交接；把握现在，就是立足中国特色社会主义进入新时代的历史方位，从中西对比中深刻认识中国新型政党制度的进步性和优越性，深刻理解多党合作所蕴含的制度价值、政治价值、思想价值和文明价值，坚定制度自信；展望未来，就是顺应中国特色社会主义进入新时代、世界面临百年未有大变局的大趋势，从完善我国基本政治制度、发展全过程人民民主的高度，贯彻落实中共中央关于加强参政党建设的部署和要求，从中国共产党百年奋斗的伟大成就和历史经验中汲取智慧和力量，始终做同中国共产党通力合作的亲密友党和好参谋、好帮手、好同事，在全面建设社会主义现代化国家新征程中再立新功。

我们相信，在以习近平同志为核心的中共中央坚强领导下，我国各民主党派一定能够紧跟时代步伐，保持正确政治方向，谱写蓬勃发展、凝心聚力的崭新篇章！中国新型政党制度这一具有中国特色、中国气派、中国底蕴的好制度，将会展现更加超凡的制度优势，迈出更加坚实的发展步伐！

“中国参政党丛书”编辑委员会
2022 年 8 月

序　言

九三学社中央主席　武维华

在庆祝中国共产党成立100周年之际，《九三学社史》即将出版，这是九三学社社史工作的一项重大成果，是九三学社向中国共产党百年华诞敬献的一份厚礼。

古人说，欲知大道，必先为史。历史是最好的教科书，也是最好的营养剂。不懂历史的人，没有根；淡忘历史的人，没有魂。毛泽东同志在《如何研究中共党史》中更是强调，“如果不把党的历史搞清楚，不把党在历史上所走的路搞清楚，便不能把事情办得更好”。同理，九三学社作为中国特色社会主义参政党，如果不把自己的历史搞清楚，不把自己在历史上所走的道路搞清楚，便不能更好地履行参政党职能，更好地推进自身建设。九三学社的优良传统、经验、文化、精神、理念，都深深地熔铸在历史的血脉中，并伴随历史薪火相传。我们每一位社员，尤其是社的领导干部，都应当常怀敬畏之情和敬仰之心来对待社的历史，通过了解昨天启迪我们把握今天、开创明天的智慧，凝聚我们为国为民服务的力量。

1840年鸦片战争后，中国逐渐丧失独立的地位，沦为半殖民地半封建国家。为改变中华民族的命运，中国人民和无数仁人志士进行了艰苦卓绝的探索和不屈不挠的斗争。1921年7月，中国共产党宣告正式成立，这是中华民族发展史上开天辟地的大事。从此，中国革命有了正确的前进方向，中国人民有了强大的凝聚力量，中国命运有了光明的发展前景。

1944年下半年，一批参加过五四运动或深受其影响的文化教育、自然科学学者，在中国共产党抗日民族统一战线政策的感召下，出于对时局的忧虑和对国家民族的责任，于重庆发起组织民主科学座谈会。1945 年 9 月3 日，在日本签字投降正式生效的这一天，民主科学座谈会召开扩大会议，与会同志一致同意以“九三”这个特殊的日子命名，更名为“九三座谈会”。“九三”之命名，既是对伟大的中国人民抗日战争和世界反法西斯战争胜利的庆祝和纪念，同时也寄托了九三先贤们对民族独立、国家富强的期冀和企盼。在毛泽东同志的关怀鼓励下，许德珩等九三先贤决定将九三座谈会办成一个政治性组织，筹组九三学社。翌年，九三学社成立大会在重庆召开。孕育于民族危难之时的九三学社，从此作为一个民主党派，踏上中国的政治舞台。

抗战胜利后，中华民族面临两个前途、两种命运的抉择。九三学社坚定地站在中国共产党一边，积极投身反对内战独裁、争取和平民主的爱国民主运动。1948 年 4 月，中共中央发布“五一口号”，吹响了协商建国的集结号，九三学社发表宣言积极响应。1949 年 9 月，九三学社作为民主党派之一参加了新政协，参与了《中国人民政治协商会议共同纲领》（以下简称《共同纲领》）的制定和中央人民政府的组建。在争取新民主主义革命胜利和新中国建立的过程中，九三学社写下了自己光辉的篇章。

中华人民共和国的成立，开启了中华民族伟大复兴的历史新纪元。九三学社积极参与国家政治生活，从新民主主义走上为社会主义服务的道路，为巩固人民民主政权、恢复和发展国民经济、推进社会主义改造和建设贡献力量，特别是在创建和发展新中国的科学、教育事业，培养和造就科技人才方面，做了大量卓有成效的工作。1956 年，有 66 位社员参加了“12 年科技发展规划”的编制，5 人被任命为国务院科学规划委员会委员。12 名社员荣获新中国首届国家自然科学奖。林学家梁希、心理学家潘菽、农学家金善宝、气象学家涂长望、地理学家黄国璋、语言文字学家黎锦熙、土木工程学家茅以升、物理学家严济慈等九三前辈们，都在各自领域作出了巨大贡献。王淦昌、邓稼先、赵九章、陈芳允、程开甲潜心科研、勇攀高峰，为我国“两弹一星”事业作出卓越贡献；黄汲清、谢家荣为摘掉我国“贫油”帽子实现石油自给刻苦钻研，基础理论研究成果卓著；王应睐、邹承鲁领衔首次人工合成牛胰岛素，在人类揭开生命奥秘的道路上取得重要突破；周培源顶着压力上书周恩来，就加强基础科学研究赤诚进谏；谭其骧倾注多年心血主持编绘《中国历史地图集》，取得人文社会科学的重大成就。

中共十一届三中全会的召开，标志着中国进入了改革开放和社会主义现代化建设的历史新时期，也开启了我国多党合作事业蓬勃健康发展的历史新阶段。九三学社将工作重点转移到为改革开放和社会主义现代化建设服务上来，积极履行民主党派的政治职能，先后就教育体制改革、中年知识分子作用发挥、三峡工程建设、长江上游生态保护、延安革命纪念地保护和建设、“非典”防治、三江源保护、低碳经济发展、创新型国家建设等重大课题深入调查研究，积极建言献策，得到中共中央、国务院和有关部门的重视和采纳。众多社员在本职岗位上取得突出成绩。王选研制成功汉字信息处理与激光照排系统，引发了一场汉语印刷史上的技术革命。1986 年，王淦昌、陈芳允等提出要追赶世界先进水平，发展我国的高技术，推动了“863 计划”出台，对我国高科技发展产生了巨大推动作用。王选、黄昆、师昌绪、谢家麟、程开甲等社员先后荣获国家最高科学技术奖。

中共十八大以来，中国特色社会主义进入新时代。以习近平同志为核心的中共中央高度重视多党合作和民主党派工作，就多党合作事业发展提出一系列新理念新思想新战略，作出一系列重大决策，推动多党合作事业取得历史性的巨大成就。九三学社以习近平新时代中国特色社会主义思想为指导，紧紧围绕“五位一体”总体布局和“四个全面”战略布局履职尽责，切实加强中国特色社会主义参政党建设，为实现“两个一百年”奋斗目标、实现中华民族伟大复兴的中国梦作出新的积极贡献。围绕长江上游水利水电工程对全流域生态环境影响、促进科技型中小企业发展、科技创新体制机制改革、黄河流域生态文明建设和可持续发展、草原生态文明建设、区域协调发展、国企创新能力提升等重大问题广泛调研，提出一系列高质量建言，为生态文明建设和创新驱动发展战略实施献计出力。在助力精准脱贫、乡村振兴和开展脱贫攻坚民主监督的过程中，注重从科技角度出发，着力打造“同心树人”“亮康行动”“同心康福”等工作品牌，广泛实施“九地合作”“九三学社医疗救助乡村行”“九三学社中央院士专家科普行”等项目，为地方经济社会发展提供支持帮助。深入推进“人才强社”战略，全面提升全社的组织化水平和整体运行能力，切实推进社内监督，人才队伍建设取得显著成绩。广大社员在本职岗位上勇于探索、开拓创新，取得一批新的重要科研成果。例如，卢柯院士在纳米金属材料领域取得系统性的原创性成果，潘建伟院士为我国在量子科技领域领跑国际作出重要贡献，等等。2020 年新冠肺炎疫情发生后，九三学社坚决贯彻落实中共中央决策部署，组织引导各级组织和广大社员积极投身医疗救助、科研攻关、捐款捐物、复工复产、建言献策等各项工作，为打赢疫情防控阻击战凝聚了九三力量、贡献了九三智慧。

九三学社 70 多年走过的道路，就是逐步接受中国共产党领导、与中国共产党亲密合作、风雨同舟的正确道路；就是顺应历史和时代要求不断发展、不断前进的光辉道路。一路走来，九三学社已发展成为拥有 30 个省级组织和近 20 万社员，政治上成熟、组织上健全、在国家政治生活中作用日益彰显的中国特色社会主义参政党，成为坚持和发展中国特色社会主义的一支重要力量。

在这一历程中，九三学社积累了一些基本的经验，主要是：

——**必须坚持自觉接受中国共产党领导，坚定不移走中国特色社会主义政治发展道路。**没有共产党，就没有新中国，就没有中国特色社会主义，这是根据历史和现实得出的结论。没有中国共产党的领导，就没有九三学社的今天，这是九三学社最为深切的感受。接受中国共产党的领导，走中国特色社会主义政治发展道路，是当代中国最大最硬的道理，也是九三学社最重要、最根本的政治经验。九三学社坚持党的领导是具体的而不是抽象的，集中表现为增强“四个意识”、坚定“四个自信”、做到“两个维护”，表现为团结带领各级组织和广大社员坚决贯彻执行党的基本理论、基本路线、基本方略，表现为坚持和完善中国共产党领导的多党合作和政治协商制度。

——必须坚持和弘扬爱国主义精神，坚定不移为国家富强、民族复兴、人民幸福而奋斗。爱国主义是贯穿九三学社历史的一条主线。为爱国、救国而追求民主、科学，是九三学社成立的缘起。建设富强、民主、文明、和谐、美丽的社会主义现代化强国，实现中华民族的伟大复兴，始终是九三学社坚持不懈、努力奋斗的目标。九三学社弘扬爱国主义精神不是形而上的，必须与坚持爱党、爱社会主义相结合，坚定不移同党想在一起、站在一起、干在一起，做中国共产党的好参谋、好帮手、好同事，自觉投身中国特色社会主义的伟大实践。

——必须坚持和弘扬民主精神，坚定不移为实行和推进中国特色社会主义民主发挥作用。追求民主，是九三学社特色鲜明的思想理念和历史传承。实践证明，包括我国新型政党制度在内的中国式民主行得通、很管用，是一种实质性的、建设性的、扎根于人民群众生活之中的民主。九三学社必须坚持党的领导、人民当家作主和依法治国的有机统一，切实提升参与国家治理的能力，把我国新型政党制度坚持好、发展好、完善好，为更好地实行和推进中国式民主发挥作用、作出贡献。

——必须坚持和弘扬科学精神，坚定不移为实现科技自立自强贡献力量。与科技界联系密切，是九三学社在长期实践中形成的界别特色。作为一个以科技界高、中级知识分子为主的参政党，科学精神已经融入九三学社的血脉，深入广大社员的心中，成为九三学社一脉相传的精神特质。九三学社要注重围绕创新驱动发展战略实施、科技体制机制改革等领域的重大科学问题开展调查研究，注重运用科学方法分析探讨经济社会发展中的问题，提出切实可行的建议。同时广泛团结科技界知识分子，支持他们在本职岗位建功立业，把九三学社这一重要特色，一代代传承下去，发扬光大。

——必须坚持围绕中心、服务大局，坚定不移聚焦党和国家中心任务履职尽责、有所作为。围绕中心、服务大局是九三学社各项工作的基本导向。九三学社必须找准履职着力重点，聚焦目标任务，发挥优势，强化特色，努力推动各项履职工作高质量发展。唯有如此，才能真正担负起时代赋予九三学社的使命，才能真正彰显九三学社的政党价值。

——必须坚持与时俱进、开拓创新，坚定不移加强中国特色社会主义参政党建设。以与时俱进、开拓创新的精神加强自身建设，不断提高整体素质，既是九三学社永葆生机活力的客观需要，也是新时代多党合作事业发展的必然要求。面对新形势、新任务、新要求，九三学社必须既注重优良传统的延续和发展，又始终坚持与时俱进、自我革新，努力把九三学社建设成为政治坚定、组织坚实、履职有力、作风优良、制度健全的高素质新时代中国特色社会主义参政党。

以上这些基本经验来之不易，应当认真记取，倍加珍惜。

盛世修史，资政育人。社史工作是九三学社事业的重要组成部分，在九三学社各项工作中具有不可替代的重要地位和作用。九三学社历来高度重视社史工作。早在 1983 年，九三学社就成立了以许德珩为主任委员，多方著名专家学者参加的社史工作委员会。特别是 2006 年以来，九三学社启动实施了“社史工程”，组织力量编撰出版“九三学社人物”丛书等一批社史书籍，努力推动“口述史”等项目，命名“九三学社全国传统教育基地”，取得显著成绩。

2020 年 3 月，中共中央统战部计划出版一套“中国参政党丛书”，向各民主党派中央约稿。九三学社中央组织力量，在 2015 年版《九三学社简史》基础上，经过几个月的努力工作完成初稿，此后又经过多轮研讨和修改，终于按期完成了任务。全书坚持以马克思列宁主义、毛泽东思想、邓小平理论、“三个代表”重要思想、科学发展观、习近平新时代中国特色社会主义思想为指导，全面回顾了九三学社创建、发展的历史过程，充分反映了九三学社与中国共产党团结合作、携手同行的奋斗历程，集中展示了九三学社在我国革命、建设和改革事业中作出的重要贡献。全书充分吸收近年来社史研究的成果，结构科学合理，史料丰富翔实，是一部具有较高思想性、知识性的权威社史著作。它的出版发行，对于全社各级组织和广大社员深入了解九三学社走过的历史道路，正确认识九三学社的性质、地位和作用，深刻把握我国新型政党制度形成的历史必然性和巨大优越性，进一步巩固拓展“不忘合作初心，继续携手前进”主题教育活动成果，更好地履职尽责、发挥作用，都将起到重要的推动作用。正如习近平总书记指出的：“今天，我们回顾历史，不是为了从成功中寻求慰藉，更不是为了躺在功劳簿上、为回避今天面临的困难和问题寻找借口，而是为了总结历史经验、把握历史规律，增强开拓前进的勇气和力量。”希望全社各级组织和广大社员认真学习本书，从中获取精神营养，更好地担当起九三学社的历史使命。

“明镜所以照形，古事所以知今。”当前，全面建设社会主义现代化国家新征程即将开启。作为中国特色社会主义参政党，九三学社要胸怀中华民族伟大复兴战略全局和世界百年未有之大变局，锚定中共中央擘画的宏伟蓝图，大力弘扬爱国、民主、科学优良传统，努力践行“四新”“三好”总要求，不忘合作初心，继续携手前进，为夺取全面建设社会主义现代化国家新胜利作出新的更大贡献，奋力书写九三学社历史的新篇章！

2021 年 1 月

目录

第一章

九三学社的创建

一、九三学社诞生的历史背景

（一）抗日战争后期的形势和民主运动的兴起

九三学社的创建同抗日战争后期国内的政治形势密切相关。

1931 年九一八事变后，日本吞并中国东北，亡国惨祸迫在眉睫。蒋介石“攘外必先安内，统一方能御侮”的不抵抗政策，极大地伤害了广大民主人士和国民党内进步力量的爱国热情，联共抗日的呼声高涨。1935 年 12 月，北平爆发一二九运动，要求蒋介石停止内战、一致抗日的运动进一步高涨。1936 年 12 月 12 日，张学良、杨虎城发动西安事变，逼蒋抗日。1937 年 7 月 7 日，卢沟桥的枪声暴露了日本帝国主义企图吞并整个中国的野心，也标志着全面抗战的开始。公开分裂、对抗了十年之久的国共两党，在抗日战争中再次成为并肩作战的友党。国共合作的政治氛围，鼓舞了民主人士、进步团体和全国人民的抗战热情。

全面抗战初期，国民政府是积极抗战的。在蒋介石统领下，国民党爱国官兵不畏强敌，浴血奋战，挫败了日本侵略者“三个月占领中国”的企图。中国共产党开辟敌后战场，开展艰苦卓绝的游击战争，不仅配合国民党军队在正面战场上的作战，而且迫使日军将大量部队用于防守占领区，这对稳定全国战局，使抗战由战略防御阶段转入战略相持阶段，起了重要作用。然而，在抗战进入相持阶段以后，日本侵略者对国民党政府采取诱降政策，国民党顽固派利用日本帝国主义者之手消灭中国共产党的念头，又重新膨胀起来。他们蓄意破坏国共合作，扼杀进步力量。团结抗战的局面，笼罩着一团浓重的阴影。在此情形下，中国共产党在英勇抗日的同时，坚决回击国民党顽固派的挑衅。

中国共产党的抗日民族统一战线政策是九三学社产生的政治基础。早在1939年12月1日，中共中央在《关于组织进步力量争取时局好转的指示》中指出："一切站在国共之间主张坚持抗战团结进步的所谓中间力量，最近期间表现出政治积极性日益增长，成为推动时局好转的极重要因素，因此，我们应用极大努力帮助他们，用各种方式组织起来。"① 1940年3月11日，毛泽东在《目前抗日统一战线中的策略问题》报告中指出："在中国，这种中间势力有很大的力量，往往可以成为我们同顽固派斗争时决定胜负的因素"，因此，"争取中间势力是我们在抗日统一战线时期的极重要的任务"。② 在国统区工作的中共领导人周恩来、秦邦宪、董必武、林伯渠、吴玉章、邓颖超等，根据中共中央的精神，在陪都重庆经常同爱国民主人士接触，参加他们的活动，分析国内外形势，阐明中国共产党的方针政策，对他们给予鼓励、支持和帮助。1941年1月6日，蒋介石在安徽省泾县茂林地区策划了皖南事变。在大后方，国民党顽固派也加快了摧残民主力量的步伐。广大人民对国民党这种反动行径极为不满。周恩来在一次爱国民主人士聚会中提出，当前人民群众和各党各派对国民党的一党专政强烈不满，有必要伸张民主、反对独裁。各小党派领导人黄炎培、左舜生、梁漱溟、张君劢、章伯钧、沈钧儒等经过讨论研究，认为有必要组织起来，成立中国民主政团同盟，要求团结抗战，要求民主。大家一致认为，政治不民主，抗战胜利必无可能。而为了促进抗战胜利，必须加强全国之团结。1941年年初，中国民主政团同盟在重庆成立。中国共产党明确表示支持，称它是"中国民主运动中的一个新的推动"。许德珩被推选为该组织的联络部副部长。

抗日战争后期，是国际民主势力同世界法西斯反动势力大决战的时期。1943年，世界反法西斯战争发生重大变化：2月，苏联军队取得斯大

① 中央档案馆编：《中共中央文件选集》（第12册），中共中央党校出版社1991年版，第204页。

② 《毛泽东选集》第二卷，人民出版社1991年版，第748页。

林格勒战役的伟大胜利，不久，向德军发动反攻；7 月，英美联军占领意大利南部，意大利发生政变，并于 9 月向英美投降，退出法西斯同盟；9 月，中、美、英在缅甸对日军开始反攻，日军逐渐陷入不利地位。

日本帝国主义为了挽救在太平洋战场上的失利，于 1944 年 4 月发动了向平汉、粤汉和湘桂铁路沿线的新的进攻，国民党军队出现了大溃败的局面。豫湘桂会战，充分暴露了国民党军队的腐败和无能。

1944 年下半年，日本帝国主义对我国大西南地区发动新的进攻，桂林失陷，川黔吃紧，国统区军事、政治、经济的全面危机日益加剧，人民生活在水深火热之中。严峻的形势使越来越多的人认识到，不内争民主，就不能外御强寇，就无法解救中华民族于危亡之中。在中国共产党的抗日民族统一战线政策的影响和感召下，国统区的抗日民主运动风起云涌。正是在这国家和民族的危急关头，国民参政会中的中共代表林伯渠，适时地在三届三次国民参政会上，提出了“废除国民党一党专政，召开各党派会议，成立民主联合政府”的主张，立即得到社会各阶层的热烈响应。后来，中国共产党又向国民党当局书面提出建立民主联合政府的主张。10 月10 日，周恩来在延安发表题为《如何解决?》的演讲，进一步阐明召开各方代表参加的紧急国事会议及成立民主联合政府的具体步骤和方法。中国共产党关于民主联合政府的主张，反映了当时全国各阶层人民的一致愿望和要求。抗日民主运动掀起新高潮，进入以建立抗日民主联合政府为目标的新阶段。

正是在这样的形势下，九三学社的前身——“民主科学座谈会”诞生了。

（二）“民主科学座谈会”

在中国共产党的感召下，抗战时期先后来到重庆的一部分文教、科学技术界的高级知识分子许德珩、潘菽、梁希、褚辅成、张西曼、吴藻溪、黄国璋、金善宝、税西恒、涂长望、张雪岩、劳君展等，发起组织了“民主科学座谈会”，讨论民主与抗战问题，主张“团结民主，抗战到底”，发扬五四反帝反封建精神，为实现人民民主与发展人民科学而奋斗。

“民主科学座谈会”作为九三学社的前身，是在1944年下半年逐步发展起来的。潘菽在追忆“民主科学座谈会”成立缘起时说：

> 第一次就和黄国璋同志一起去了。去许老[①]家里时，每次都要吃饭，在吃饭前后互相谈谈。没有经过多次以后，我又介绍税西恒同志也来参加。……税老参加进来后，聚会的地点就改在重庆市自来水公司，因为税老已专任那里的总工程师，那里有厨师，吃饭也方便，因此仍是每次聚会都要吃饭。过了不久，我又把学校里（自然科学）座谈会的同志陆续介绍进来。此外还有一些从别的方面参加进来的人。这样，这个座谈会就有相当规模了，代表的方面也较广了。这时已接近抗战胜利的日子，这时有一部分同志感觉到这个会应该有一个名称。许老曾提议可以名“民主与科学座谈会”。大家对此没有提出不同的意见。这个名称也没有向外公开用过。

1. 重要创始人

“民主科学座谈会”的发起人中，有五四运动的著名人物，有国民党元老，也有各个领域的佼佼者。其中，许德珩、褚辅成、张西曼、梁希、潘菽、税西恒、黄国璋、张雪岩、吴藻溪等人，起了较为重要的作用。

许德珩（1890—1990），字楚生，江西德化（今九江市）人。他是五四运动的学生领袖之一。五四运动期间，他受北京学生联合会的委托，起草了《北京学生界宣言》，参加了示威游行，是“五四”当天被北洋政府逮捕的32人之一。五四运动后，为了寻求救国救民的道路，许德珩赴法勤工俭学，1927年回国参加大革命，任中山大学教授和黄埔军校教官。九一八事变后，许德珩积极参加一二九运动等抗日救亡运动，曾经被捕入狱。

许德珩是抗战时期国民参政会的首届参政员。1938年，他来到战时的陪都重庆。在历届国民参政会上，他目睹国民党对日妥协，对中国共产党及进步的党派团体和民主人士进行无情镇压、迫害的反动行径，越来越

① 即许德珩。

坚定地站在中国共产党一边，与国民党顽固派进行坚决的斗争。许德珩是“民主科学座谈会”的主要发起人，是筹组九三学社的三位召集人之一。

褚辅成（1873—1948），字慧僧，浙江嘉兴人。他是著名的国民党元老，是杰出的民主主义者、教育家和社会活动家。1913 年褚辅成当选为第一届国会众议院议员。1927 年蒋介石发动四一二反革命政变时，被怀疑是中共党员，一度被捕。

抗战爆发后，褚辅成积极投身抗日救亡运动，为实现国共合作奔走呼吁。抗战胜利前夕，为促成国共和谈，团结建国，褚辅成与黄炎培、傅斯年等六名参政员从重庆飞赴延安，与毛泽东、周恩来等中共领导人商谈国是。黄炎培在《去延安》一诗中赞道：“七十三岁的高龄，为了心头的责任，褚老先生说：‘走一遭算什么，这老命还得一拼。’”由于德高望重，褚辅成被推选为筹组九三学社的三位召集人之一。

★ 褚辅成等六名国民参政会参政员访问延安。前排右起：毛泽东、黄炎培、褚辅成、章伯钧、冷遹、傅斯年、左舜生、朱德、周恩来、王若飞。

张西曼（1895—1949），又名百禄，湖南长沙人。十月革命前后，张西曼两度到俄国学习，接触了普列汉诺夫、列宁的著作。1919 年，张西曼在北京与李大钊、陈独秀等创立了社会主义研究会，翻译出版了《俄国共产党党纲》《苏联宪法》等一系列有关俄共和十月革命的文献，为在中国传播马克思列宁主义作出了积极贡献。

九一八事变后，张西曼力主停止内战，对日绝交、宣战。1946 年 2 月 24 日，张西曼在重庆发起成立了中国民主宪政促进会，被推选为理事长，许德珩、潘菽、孟宪章、吴藻溪、张雪岩、王卓然、孙荪荃、谢立惠等人均参加了该会。中国民主宪政促进会成员与九三学社在人员构成上存在较大的重合性，在争取民族解放、实现民主政治的共同事业上有着相当的默契与配合。张西曼也是筹组九三学社的三位召集人之一。

潘菽（1897—1988），字水叔，江苏宜兴人，中国著名心理学家。潘菽早年在北京大学读书时，积极参加了五四运动，也是“五四”当天被逮捕的学生之一。后赴美国留学，归国后任中央大学教授。在抗战时期的重庆，他与许德珩一见如故，成为亲密的战友。

在九三学社的发起、壮大过程中，潘菽发挥了联系爱国民主人士同中国共产党合作的桥梁作用。当时的中共新华日报社社长潘梓年是潘菽的长兄，中共统战工作的重要干部潘汉年是潘菽的堂弟。潘菽因为这种关系，同新华日报社联系十分自然而方便，通过潘菽的介绍和联系而同中共建立了亲密关系的爱国民主人士不在少数。在“民主科学座谈会”和筹备成立九三学社的过程中，潘菽根据周恩来的建议，曾多次介绍科学技术界的高级知识分子参加进来，对形成九三学社的组织特点起了决定性的作用。

税西恒（1889—1980），四川泸县人。1911 年 12 月，税西恒由汪精卫介绍加入同盟会，参与刺杀清朝度支大臣载泽。后留学德国获博士学位，回国后主持设计建造了四川第一座水电厂——济和水电厂和重庆自来水公司。1935 年出任重庆大学工学院院长兼电机系主任。抗日战争时期，主持制订了川康经济建设规划。抗战后期，他经常邀请吴玉章、熊克武、但懋辛等到家中聚会，交换意见，对国民党当局表示不满。1944 年出任蜀都中学、重华法商学院校长，与中共地下党合作，使之成为爱国民主运动的堡垒。

1944 年，税西恒与许德珩等视察西南各高等学院教学情况，结识了一批进步教授和民主人士，并参加了“民主科学座谈会”的活动。税西恒加入之后，“民主科学座谈会”的活动地点就从许德珩家改在税西恒任总工程师的重庆自来水公司及兰园税宅。其后，税西恒成为九三学社第一位财务负责人。

黄国璋（1896—1966），湖南湘乡人，是中国著名地理学家。1926 年黄国璋赴美国芝加哥大学攻读研究生，1928 年 10 月学成归国后，任教于南京中央大学地理系、北平师范大学地理系。他与丁文江、翁文灏合称为“中国地理三杰”。

1945 年年初，黄国璋被西北师范学院借聘到兰州讲课。当时黎锦熙在西北师范学院任教授，袁翰青也在该院兼课，他们都是老朋友。经黄国璋介绍，黎锦熙、袁翰青也参加了“民主科学座谈会”。九三学社成立时，黎锦熙在兰州，但还是被公推为九三学社监事会的监事。黄国璋在九三学社的组织建设上所作的贡献可见一斑。他是九三学社第一任组织委员会委员。

张雪岩（1901—1951），山东潍坊人，是一位极富传奇色彩的宗教界人士。第一次世界大战起，他被法国当局招募赴欧洲战场服役，备受洋人欺凌。他凭自学，熟练地掌握了英语，并自学政治、经济、文化知识。

1930 年，张雪岩考入南京金陵神学院，步入宗教界。毕业后，创办面向农村、农民的《田家》半月刊，其办刊宗旨是：“为真理说话，替正义作声；农民是国本，知识是力量。”抗战期间，张雪岩积极宣传抗日，后又赴加拿大多伦多大学进修，后转入美国康奈尔大学，并获社会学博士学位。1940 年张雪岩回国，继续主持《田家》的工作并出任齐鲁大学历史系主任。张雪岩在国民党的白色恐怖下，凭借宗教界身份为九三学社提供了安全的活动场所，作出了独特的贡献。

吴藻溪（1904—1979），湖北崇阳人。他 19 岁参加反帝大同盟，1927 年“七一五”反革命事变后到开封，在冯玉祥总部开展革命工作，担任重要幕僚。1930 年冬赴日本留学，先后入东京帝国大学、早稻田大学学习，1933 年夏，因从事反日爱国运动被日本警察逮捕。

抗战期间，吴藻溪来到重庆，在中国共产党的支持下，创办学校，参与民主宪政活动，开展科学运动，促成了《新华日报》“自然科学”副刊的创立，并发表了多篇署名文章。

1945 年下半年，吴藻溪数度到许德珩住宅与他讨论时局，着重讨论统一战线、停止内战和促进成立联合政府等问题，并商讨发起成立一个政治性团体。九三学社正式成立时发表的缘起、成立宣言、基本主张等，均由吴藻溪起草。

2. “自然科学座谈会”

在“民主科学座谈会”活动的同时，由中央大学教授梁希、金善宝、潘菽、涂长望、干铎、李士豪，以及重庆大学的谢立惠为主要成员的“自然科学座谈会”也在活动。“自然科学座谈会”的成员大都是大学教授、科学家，他们中的许多人也参加了“民主科学座谈会”并成为九三学社的重要创始人。

梁希（1883—1958），浙江吴兴（今湖州市）人，是“自然科学座谈会”的核心人物，我国现代林学界的一代宗师。1900 年八国联军攻占北京，他目睹清廷昏庸腐败，在“武备救国”思想的影响下，投笔从戎。1905 年梁希进入浙江武备学堂学习西洋军事，1906 年被选送日本留学，入日本士官学校学习海军。在日本，他受章太炎等影响，加入孙中山先生建立的中国同盟会，经常在东京出版的《民报》上撰写诗文，挞伐腐败辱国的清王朝。1911 年辛亥革命爆发，他回国参加了浙江湖州军政分府新军的训练工作。辛亥革命后，他又回到日本士官学校。1913 年，梁希因不满日本士官学校学生歧视和欺侮中国学生，改入东京帝国大学农学部林科学习自然科学，专攻林产制造学和森林利用学，走上了“科学救国”的道路。1916 年梁希学成回国，应聘于北京农业专门学校，开始了他的教书生涯。在该校任教 7 年中，他深感我国林业科学技术落后，于 1923 年辞去教席，自费前往德国德累斯顿萨克逊森林学院，学习欧洲先进的森林利用和林业化学方面的科学技术。1927 年学成归国，先后在北京农业大学、浙江大学任教。梁希在焦急忧虑中寻找着中国的出路，但国民党政府政治腐败、官贪吏虐的现实，一次又一次地使梁希失望，也促使他越发追求民主进步。他说："民主是科学的土壤，民主是科学的肥料，民主是科学的温床。所以，吾们需要幸福，需要科学，便不得不需要民主。"

金善宝（1895—1997），浙江诸暨人，是"自然科学座谈会"的另一位重要成员，我国农学界的一代宗师，被誉为"东方神农"。金善宝为我国农业科学和农业教育事业作出了卓著贡献。1939 年，由他选育的小麦品种"南大二四一九"先后在我国 20 多个省、市、区推广种植，面积达 700 余万亩，应用时间达二三十年之久。

涂长望（1906—1962），湖北武汉人，著名气象学家。1930 年，涂长望官费赴英国攻读气象学。留学期间，他接受马列主义，同英国共产党、中共地下党联系密切，参加第三国际领导的秘密革命活动。1934 年，涂长望应竺可桢聘请回国任中央研究院气象研究所研究员，归国途中参观访问了苏联。1935 年，他积极参加一二九运动。1937 年，涂长望迁重庆，任中央大学教授。他积极参加爱国民主运动，也是"自然科学座谈会"的重要成员之一。

1937 年，梁希、金善宝等教授随中央大学迁到重庆沙坪坝，他们来到抗日战争时期的陪都重庆，看到的是国民党统治下政治腐败、经济萧条、反动势力猖獗。科技文教界的朋友普遍感到茫然和苦闷。一次偶然的机会，梁希看到了《新华日报》，他像久旱逢甘霖般地阅读了报上所有文章。从此，梁希便成为《新华日报》的忠实读者，每期报纸，他都一字不漏地仔细阅读，甚至到了"饭可不吃，《新华日报》不可一日不读"的程度。梁希听说潘菽与新华日报社有来往，就主动与潘菽接近，交谈有关抗战形势问题。特别是中共方面的情况，梁希更为关心。谈过几次之后，他们都觉得尽兴，于是约定各自找一些朋友来一起谈。交谈每星期举行一次，时间都是晚上，地点在同事李士豪的房间里。李当时单身住一个房间，来往的人很少，地点也较僻静。中央大学的涂长望、干铎，重庆大学的谢立惠先后参加进来。较后参加进来的还有在附近工厂里工作的钱保功，还有一些临时来参加一两次座谈的同志。活动的内容主要是交流关于时局的消息，议论抗战局势问题，而延安方面的政治主张和政策及言论，是大家最关心、最迫切希望了解的。后来又增加了学习马列主义代表著作的内容。

“自然科学座谈会”这个组织并不保密，但参加的成员却是不公开的。潘梓年经常直接或间接地指导这个座谈会的活动。因此，座谈会与新华日报社有了密切的关系。《新华日报》在当时的重庆，像一座熠熠闪光的灯塔，给人民以光明和希望。座谈会的同志经常参加新华日报社组织的各种活动，也经常去周恩来住所听抗战形势报告或参加座谈会。在中国共产党的帮助教育下，大家的觉悟不断提高，逐步成为《新华日报》的亲密战友。“自然科学座谈会”的一些成员应《新华日报》编辑部的邀请，协助编辑“自然科学”副刊。对中国共产党了解越多，便油然产生一种向往之情。在梁希、金善宝、涂长望等科学家的带动下，“自然科学座谈会”的科学家大部分留在重庆，团结广大科学技术界的人士，参加了在国民党统治区的爱国民主运动。为了扩大抗日民族统一战线，他们在周恩来、潘梓年的授意下，积极团结更多的科学技术工作者和文教工作者，成立“中国科学工作者协会”。参加协会的有竺可桢、李四光、任鸿隽、丁燮年、严济慈等100多位著名的科学家。

“民主科学座谈会”开展活动后，经周恩来、潘梓年授意，由潘菽介绍，“自然科学座谈会”的大部分同志先后参加了“民主科学座谈会”，使“民主科学座谈会”成为一个以科学技术界、文化教育界高级知识分子为主体的民主政治团体。

3. 其他重要成员

“民主科学座谈会”的重要成员中，还有王卓然、孟宪章、笪移今、彭饬三、卢于道、王造时、初大告等人。

王卓然（1893—1975），辽宁抚顺人。他于1911年考入奉天两级师范，其间参加基督教青年会，先后结识了阎宝航、卢广绩等人。1923年，王卓然赴美国哥伦比亚大学深造，1928 年回国，被张学良聘为“咨议”，并兼任其子女的家庭教师，成为张学良的亲信和得力助手。1937 年七七事变发生后，王卓然来到重庆，被选为国民参政会参政员。王卓然积极参与民主救亡运动，九三学社正式成立时，被推选为 16 名理事之一。

孟宪章（1895—1953），湖北均州（今丹江口市）人。1918 年考取北京大学，积极参加学生运动。1927 年 3 月，任冯玉祥随从秘书，为冯玉祥整理日记、文电，并撰写国民革命军史稿，在冯玉祥部及西北军中享有较高声望。七七事变后，积极宣传民族统一战线。九三学社正式成立时，孟宪章被推选为 16 名理事之一。

笪移今（1909—1998），江苏句容人。他立志追求真理与正义，新中国成立前先后入狱三次。九三学社正式成立时，被推选为 16 名理事之一。九三学社成立初期，笪移今接受许德珩的委托，到处奔走，做了许多联络与社务工作。1946 年 5 月，笪移今在马叙伦授意下起草了《为和平请愿告上海市民书》，在这份呼吁书上，上海的各民主党派、团体及各界知名爱国人士签字者达 164 人之多。

彭饬三（1900—1978），湖北沔阳人。1921 年赴南京半工半读。就读东南大学期间，加入了中国社会主义青年团，并于 1924 年加入了中国共产党。1925 年，彭饬三从南京到上海担任中国共产主义青年团上海地方组织书记。1926 年到武汉后，经恽代英介绍，任教于武汉中央军事政治学校（黄埔军校武汉分校），讲授社会进化史等课程。抗战时期，彭饬三任重庆璧山社会教育学院教授。九三学社正式成立时，他被推选为 16 名理事之一。

卢于道（1906—1985），浙江鄞县（今宁波）人，中国神经解剖学的开拓者和先驱之一。1926 年，赴美国芝加哥大学攻读神经生理学和解剖学，1930 年获博士学位并归国，在上海医学院任教。1931 年开始，卢于道担任中央研究院心理学研究所研究员。抗战期间，他担任中国科学社代理总干事。九三学社正式成立时，卢于道被推选为 8 名监事之一。

王造时（1903—1971），江西安福人。1925 年赴美国威斯康星大学攻读政治学，1929 年获政治学博士学位，1930 年经苏联回国，担任光华大学文学院院长兼政治系主任。九一八事变后，王造时与宋庆龄、鲁迅、杨杏佛等发起组织中国民权保障同盟，担任宣传委员、执行委员。1936 年 6 月，全国各界救国联合会成立，他被选为执行委员、常务委员，11 月，被国民党逮捕，为著名的“七君子”之一员。王造时积极参与创建九三学社，他的居所也是上海分社成员经常聚会的地点之一。

初大告（1898—1987），山东莱阳人。1918 年 8 月，考入北平高等师范英语系，是五四运动的积极分子，也是“五四”当天被逮捕的 32 人之一。初大告是九三学社创建人之一，积极参与了抗战胜利前后的爱国、民主活动。

二、九三学社的建立

（一）毛泽东的接见

1. 抗战胜利后的国共谈判

抗战胜利前夕，1945 年 4 月 23 日至 6 月 11 日，中国共产党第七次全国代表大会在延安举行。毛泽东在大会开幕词中指出：中国面临着两个前途和两种命运的斗争，中国共产党的任务是要用全力去争取光明的前途和光明的命运，反对另外一种黑暗的前途和黑暗的命运。[①] 大会总结了统一战线、武装斗争和党的建设的经验，深刻地论述了这是中国共产党领导新民主主义革命的“三大法宝”。

1945 年 8 月 11 日，日本投降在即，蒋介石下达三道“命令”：一是要解放区人民军队“就原地驻防待命”，不得向敌伪“擅自行动”；二是要他的嫡系部队“加紧作战”“勿稍松懈”；三是要日、伪军“切实负责

① 《毛泽东选集》第三卷，人民出版社 1991 年版，第 1025—1026 页。

维持地方治安”。这时，美国用各种方法把国民党军队运往为解放区人民武装力量所包围的大城市和主要交通线。中国共产党坚决拒绝这种限制共产党、放任国民党抢夺抗战胜利果实的命令。8 月 13 日，毛泽东在延安干部会议上作了《抗日战争胜利后的时局和我们的方针》的讲演，科学地预测了抗日战争胜利后时局发展的方向，提出中国共产党关于争取和平发展和准备革命战争的“两手”方针。毛泽东在讲演中明确指出：我们一方面要尽力争取和平、民主，使内战限制在局部的范围，或者推迟全面内战爆发的时间；另一方面必须对于蒋介石发动内战的阴谋有充分认识，对于帝国主义和反动派不抱幻想，不怕威胁，准备以爱国的正义的革命的战争，打败一切中外反动派，建立无产阶级领导的人民大众的新民主主义的新中国。①

1945 年 8 月 14 日，日本政府照会美、英、苏、中四国政府，表示接受中、美、英三国关于促令日本无条件投降的《波茨坦公告》，15 日，日本天皇裕仁以广播“终战诏书”形式宣布无条件投降。蒋介石在依靠美国积极准备内战的同时，于 8 月 14 日、20 日、23 日，连续三次电邀毛泽东赴重庆进行谈判。8 月 23 日，中共中央政治局举行扩大会议，根据对国际国内形势的分析，确定了同国民党进行谈判的方针。8 月 25 日，中共中央政治局决定派毛泽东、周恩来、王若飞为代表，立即赴重庆与国民党进行谈判；中共中央发表《对目前时局的宣言》，提出和平、民主、团结三大口号，阐明中国共产党争取和平民主、反对内战独裁的方针，要求国民党政府“承认解放区的民选政府和抗日军队”，“召开各党派和无党派代表人物的会议……成立举国一致的民主的联合政府”，以避免内战，奠定今后和平建设的基础。8 月 28 日，毛泽东、周恩来、王若飞在国民党代表张治中、美国驻华大使赫尔利的陪同下，从延安抵重庆。经过 43 天的谈判，10 月 10 日，国共双方代表签署了《政府与中共代表会谈纪要》（即双十协定）。经过谈判，国民党表示同意和平建国的基本方针；迅速

① 《毛泽东选集》第四卷，人民出版社 1991 年版，第 1123—1134 页。

结束国民党的“训政”，实现政治民主化；承认各党派的平等合法地位和人民的某些民主权利；双方确定将召集各党派及无党派人士参加的政治协商会议。但国民党拒不承认解放区的人民政权，国民大会问题也未达成协议，还有中共所领导的军队整编的问题，实际上也没有解决。

2. 毛泽东接见许德珩和劳君展

抗日战争胜利后，国民党当局为了巩固其独裁统治，依附于美国，在美帝国主义的支持下，一方面玩弄和谈阴谋，欺骗人民；一方面极力抢夺抗战胜利果实，准备发动大规模的内战。他们除了在军事上布置内战外，还派大批的官僚政客到全国各地负责“接收”（人民讥之为“劫收”）。许德珩感于此，作诗曰：“群魔乱舞闹中华，五子登科哪管它。极目中原无净土，延安可望在天涯。”

1945 年 8 月 28 日，住在重庆枣子岚垭“雅园”的许德珩、劳君展夫妇夜不成寐，既兴奋又担心的心情难以平静。因为这一天中共中央领导人毛泽东和周恩来、王若飞等，从延安飞抵重庆与国民党当局进行和平谈判。毛泽东到达重庆的消息，像春风吹遍整个山城，给人们带来了希望。山城沸腾了，报纸印发号外，无数的人上街欢迎，鞭炮齐鸣。许多人给毛泽东写信说：“我们拥护您的主张，您是新中国的希望。”当时许多中间派人士也深为感动，赞誉毛泽东这一行动为“弥天大勇”“一身系天下之安危”。

许德珩、劳君展同毛泽东有着源远流长的亲密友谊。

劳君展（1900—1976），湖南长沙人。早年在湖南周南女校读书时，她就参加了毛泽东、蔡和森于 1918 年 4 月在长沙组织的“新民学会”，积极参加驱逐湖南军阀张敬尧运动和五四运动。五四运动后，劳君展赴法国勤工俭学。行前，毛泽东曾在上海半淞园为她送行。1921 年中国共产党成立后，毛泽东还写信给在法国的“新民学会”会员劳君展等通报情况。

许德珩 1915 年年初考入北京大学，先后与李大钊、毛泽东相识。1917 年蔡元培任北大校长后，实行一系列改革，提倡思想自由，培养学术研究风气，学术、政治团体如雨后春笋般涌现。毛泽东、许德珩都参加了“新闻研究会”和“北京大学平民教育讲演团”，接触日频。1918 年至

1919 年五四运动前夕，毛泽东、许德珩经李大钊介绍，先后参加了由李大钊发起的“少年中国学会”，在“创造少年中国”的理想下，李大钊、毛泽东和许德珩等结下深厚的友谊。

许德珩夫妇与毛泽东已阔别 20 余年。他们通过邢西萍（徐冰）求见毛泽东。不久即得到通知，毛泽东约他们去桂园见面。

9 月 10 日中午，许德珩和劳君展来到桂园。毛泽东一见面就急步向前，一手拉着许德珩，一手拉着劳君展，说：“真想不到，我们在这里见面了！”① 寒暄落座后，畅叙阔别之情，回忆当年在北大的情景，回忆在湖南的往事。毛泽东关切地询问他们在法国和归国后的工作生活情况，他们一一向毛泽东作了介绍。

谈话间，劳君展提到给毛泽东送怀表、布鞋和火腿的事，毛泽东表示感谢。那是 1936 年秋末冬初，许德珩、劳君展夫妇都在北平教书。一天，徐冰、张晓梅夫妇来探望许德珩时，说到红军长征初到延安，由于国民党军队的封锁，物资供应困难，日用品和吃的东西都很缺乏，尤其是没有布鞋穿，大家都穿草鞋，也没有怀表。许德珩和劳君展听到这些情况，当即决定自己拿钱买些日用品和食品送给毛泽东。徐冰说，现在有一辆卡车要去陕北，要买东西最好赶快去办。于是劳君展和张晓梅立即到东安市场买了一些火腿、怀表和布鞋，托张晓梅带到延安去。1983 年，中共中央文献研究室在整理编辑《毛泽东书信选集》时，发现了毛泽东 1936 年 11 月 2 日写的感谢信，信中说：“各位教授先生们：收到惠赠各物（火腿、时表等），衷心感谢，不胜荣幸！我们与你们之间，精神上完全是一致的……”②

话题逐渐转到现实中来，许德珩说，战时的重庆，物价飞涨，文教人员的生活极其困苦。他十分感谢毛泽东委托蔡畅从延安给他带来了一卷延安自产的手工制呢，这一卷呢子衣料，做了全家人的冬衣，解决了大问题。毛泽东动情地笑着说：“一切会好的，将来会好的。”毛泽东询问许

① 许德珩著：《为了民主与科学——许德珩回忆录》，中国青年出版社 1987 年版，第 258 页。
② 同①，第 219 页。

德珩在重庆的生活工作情况。许德珩谈了抗日战争期间，他根据周恩来的建议，回原籍江西任江西抗敌后援会主任委员，动员民众抗战，保卫家乡，以及担任国民参政会参政员，于 1938 年来到重庆，利用国民参政会这一合法的讲坛，公开反对国民党的倒行逆施和独裁统治等情况。其中谈到他在国民参政会活动中，与中共代表董必武、吴玉章、林伯渠、邓颖超过往密切，配合默契，每当国民参政会开会，总是搭乘中共代表的车子往返。毛泽东听得很高兴，他爽朗地笑着说："我也是个合法的参政员哩！"大家从"国民参政会"又谈到武装斗争的问题，许德珩、劳君展对毛泽东的军事才能深表钦佩。后来又谈到在重庆发起座谈会的情况，毛泽东听了汇报很高兴，很支持。他勉励许德珩和劳君展，要把座谈会搞大，搞成一个永久性的政治组织。许德珩当时也有这个考虑，但是又担心人数太少。毛泽东说："人数不少，即使人数少也不要紧，你们都是有影响的代表性人物，经常在报上发表意见和看法，不是也起很大作用吗？"正是在毛泽东的关怀鼓励下，许德珩等人才下定决心把座谈会建成一个永久性的组织，这就是后来成立的九三学社。①

由于重庆政治环境险恶，许德珩夫妇深为毛泽东的安全担心，临别前，劳君展频频相劝：此地不可久留，宜早作归计。10 月 11 日，在张治中等人的陪同下，毛泽东平安返回延安，许德珩夫妇这才放了心。

3. 毛泽东接见梁希、潘菽、金善宝等科学家

自 1939 年以来，在周恩来、潘梓年支持下，梁希、潘菽、金善宝、涂长望、干铎、谢立惠、李士豪等科技界人士近 20 人组成了"自然科学座谈会"，其中一部分人参与编辑《新华日报》的"自然科学"副刊。当时，中共常在新华日报社邀请科技文教工作者及其他爱国民主人士举行纪念会、联欢会、座谈会、时事报告会等活动。"自然科学座谈会"的同志经常参加，因此成为新华日报社和中共领导人最依赖的朋友。1943 年，在梁希 60 岁诞辰到来时，周恩来、董必武、邓颖超等，特在新华日报社

① 许德珩著：《为了民主与科学——许德珩回忆录》，中国青年出版社 1987 年版，第 258 页。

为梁希祝寿。周恩来祝酒时说，新中国总要到来的，新中国需要大量的科学家。梁希无限感慨地说："我无家无室，有了这样一个大家庭，真使我温暖忘年！"在延安革命根据地急需西北地区气象资料的时候，涂长望曾向延安提供了气象资料和一大批气象书籍；延安急需农业技术和良种时，金善宝曾向延安提供了良种和技术资料。

1945年8月28日傍晚，梁希、潘菽、金善宝、涂长望突然听到毛泽东飞抵重庆的消息。忧喜交加的心情使他们彻夜难眠。兴奋的是毛泽东雄才伟略，胆识非凡，为了国家民族的利益，大义凛然，深入虎穴与蒋介石进行和平谈判；担心的是蒋介石可能加害毛泽东。

9月的一天，梁希、潘菽、金善宝、涂长望、干铎、谢立惠、李士豪等著名教授接到毛泽东接见他们的通知，这使他们感到兴奋、激动。

他们按通知所定的时间来到嘉陵江边张治中将军的公馆，由王炳南同志在门口迎接，在一个长条形的房间里见到了毛泽东。毛泽东一一与他们握手，寒暄落座后，像拉家常似的和大家交谈起来。先是说重庆气候恶劣，很不习惯；又说到飞抵重庆的经过和一路见闻，说重庆的科学家朋友提供的气象资料这次也派上了用场。他谈到延安现在的日子好过了，感谢国统区各界人士对延安精神上和物质上的支援和帮助，还提到了重庆科学家支援良种和农业技术的事。毛泽东咨询大家对抗战胜利后国内时局的看法，梁希首先发言，他说："我们感到很苦闷。"毛泽东等梁希继续说，但梁希没有下文了。毛泽东频频点头，重复着梁希的话，"噢，苦闷——苦闷——苦闷"，连续三遍。接着大家就抗日战争胜利后的中国时局、国共和谈、中国的前途和命运等方面感到困惑的问题，向毛泽东提问，毛泽东一一答复，并解释了中国共产党在抗战胜利后的路线、方针和政策。针对9月19日中共在重庆谈判中提出"我军将从广东、浙江、苏南、皖南、皖中、湖南、湖北、河南（豫北不在内）8个省区的根据地撤退，到陇海路以北及苏北、皖北集中"，潘菽问："为什么把已经解放的一些地方让给国民党？"毛泽东站起身来，在椅子旁边向后退了两步说："退一步是可以的，退两步也可以。"然后做了个还击的手势说："退三步就不可以了！”大家都会意地笑了。座谈即将结束时毛泽东注意到坐得靠后的金善宝教授还没有发言，当时金善宝虽然只有49岁，但由于长期患胃病，加上工作劳累，生活艰辛，已是满头白发。毛泽东亲切地问道：“后边那位白发先生有什么意见？”金善宝早准备了一张名片，想送给毛泽东，一直没有合适的机会，于是迅步向前，把名片递给毛泽东。毛泽东看了名片，高兴地说：“噢，你就是金先生！金先生今年高寿喽？”“我今年50整。”金善宝不忍日理万机的毛泽东分心，临时说了个整数。“噢，想不到我还长你3岁哩！”毛泽东爽朗地笑着说。毛泽东请金善宝发表意见，金善宝考虑到抗战胜利后蒋介石有发动内战的迹象，担心毛泽东在重庆不安全，他说：“今天我们都很高兴。从历史上看，人民总是要革命的，而革命又总是要流血的，不流血的革命是不会成功的。”又说，“毛先生是吃惯了小米的，到这里来吃大米是不习惯的。”他暗示希望毛泽东早作归计。大家非常担心毛泽东在重庆的安全，都希望他早日离开重庆。毛泽东很理解大家的心情，频频点头表示会意。会见结束时，毛泽东满怀深情地说：“我十分感谢诸位教授先生们，在爱国、民主、和平方面，我们的心是相通的。”①

毛泽东在重庆谈判期间对九三学社创始人的亲切接见，给了他们巨大的支持和鼓舞，也为他们及时指明了前进的方向，这对九三学社的建立和未来的发展，起了决定性的作用。

（二）九三座谈会与九三学社筹组

1945年9月2日，日本天皇、政府以及日本大本营的代表在投降书上签字。根据国际惯例，签字的次日即9月3日是日本签字投降正式生效的日子。9月3日，标志着中国抗日战争的胜利结束，也标志着世界反法西斯战争的胜利结束。抗日战争是中国人民100年来在反对外国侵略者的斗争中第一次取得完全胜利的民族解放战争，也是世界反法西斯战争的重要

① 孟美怡著：《金善宝》，金城出版社2008年版，第77页。

组成部分。抗日战争的胜利是全世界人民和中国各族人民经过艰苦卓绝斗争并付出极大代价获得的胜利。因此，9 月 3 日，不仅是中国人民抗日战争胜利纪念日，也是世界反法西斯战争胜利纪念日。

在举世庆祝的这一天，“民主科学座谈会”在重庆市渝中区中山一路 162 号中苏文化协会召开了扩大座谈会。鉴于战后面临着“两个中国之命运”的决战，座谈会的同志感到斗争的道路还很长，而战后都要回到各自原来的地方，有必要建立永久性的组织以加强联系，团结奋斗，遂决定扩大成员，建立组织，并以 9 月 3 日这个日子命名，因为“抗战最久而受创最深之中国人民，对此伟大的民主胜利之 9 月 3 日，应谋发扬光大”，故称“九三座谈会”。

★ 中苏文化协会内景（重庆市渝中区中山一路 162 号）。

九三座谈会为促进政治协商会议的召开积极贡献力量。

国共两党在重庆和谈中议定，由双方确定召集有各党派及无党派人士参加的政治协商会议。政治协商会议应协商解决国民党当局承认各党派的平等合法地位、国民党结束“训政”、实现政治民主化等问题。在当时国民党一党专政，蒋介石实行独裁统治的情况下，这是符合人民的愿望的。1946 年 1 月 10 日至 31 日，政治协商会议在重庆举行。九三座谈会于会前

1月6日举行会议，声援出席政治协商会议各代表，希望他们完成所负的历史任务，并决定筹组九三学社。

1月9日，重庆《新华日报》及其他报纸报道了此次会议情况。

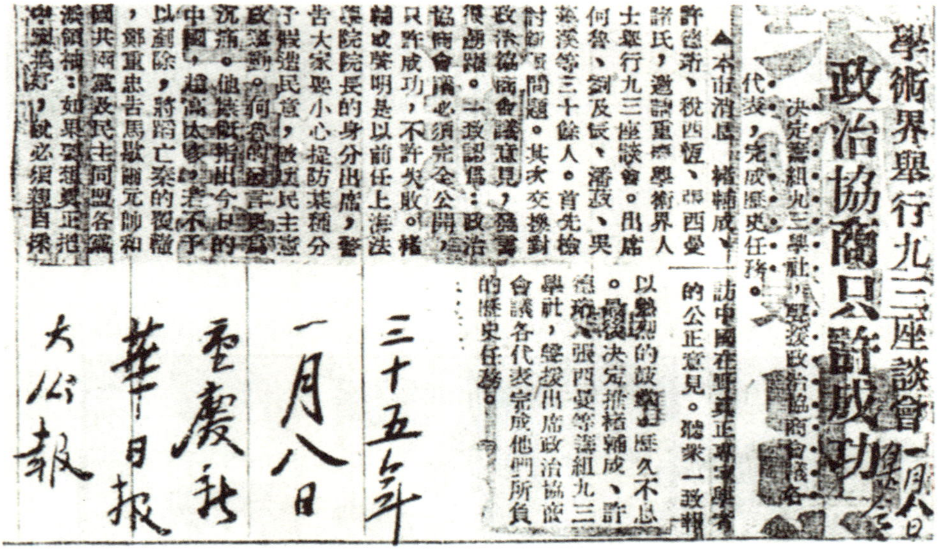
學術界舉行九三座談會
政治協商只許成功
決定籌組九三學社，聲援政治協商會議各代表，完成歷史任務。

【本市消息】褚輔成、許德珩、稅西恆、張西曼諸氏，邀請重慶學術界人士舉行九三座談會。出席何魯、劉及辰、潘菽、吳藻溪等三十餘人。首先檢討新疆問題。其次交換對政治協商會議意見，發言很踴躍。一致認爲：政治協商會議必須完全公開，只許成功，不許失敗。褚輔成聲明是以前任上海法學院院長的身分出席，警告大家要小心提防某種分子假借民意，破壞民主憲政運動。何魯的發言更爲沉痛。他慷慨指出今日的中國，趙高太多，若不予以剷除，將蹈亡秦的覆轍，他鄭重忠告馬歇爾元帥和國共兩黨及民主同盟各黨派領袖：如果要想真正把中國搞好，就必須親自採訪中國在野真正專家學者的公正意見。聽衆一致報以熱烈的鼓掌，歷久不息。最後決定推褚輔成、許德珩、張西曼等籌組九三學社，聲援出席政治協商會議各代表完成他們所負的歷史任務。

三十五年一月八日
重慶新華日報
大公報

★ 重庆《新华日报》1946年1月9日相关报道。

报道中说：

褚辅成、许德珩、税西恒、张西曼诸氏，邀请重庆学术界人士举行九三座谈会。出席何鲁、刘及辰、潘菽、吴藻溪等三十余人。首先检讨新疆问题，其次交换对政治协商会议意见，发言很踊跃。一致认为：政治协商会议必须完全公开，只许成功，不许失败。褚辅成声明是以前任上海法学院院长的身份出席，警告大家要小心提防某种分子假借民意，破坏民主宪政运动。何鲁的发言更为沉痛，他慷慨指出，今日的中国，赵高太多，若不予以铲除，将蹈亡秦的覆辙，他郑重忠告马歇尔元帅和国共两党及民主同盟各党派领袖，如果要想真正把中国搞好，就必须亲自采访中国在野真正专家学者的公正意见。听众一致报以热烈的鼓掌，历久不息。

最后决定推褚辅成、许德珩、张西曼等筹组九三学社。

会上，对组织的名称也有过讨论。据潘菽回忆，当时，有人提议把九三座谈会改为“民主科学社”。有些人表示异议，认为“民主与科学”是五四的口号，在抗战胜利后的形势下，“民主与科学”的口号就显得不够了。出席会议的多数人认为，当时知识分子大都不愿参与政治，而“民主”口号的政治性很明显，这样称呼影响他们参加活动，最好取一个既体现学术性，又不太明显带有政治性的名字为好。于是决定采用“九三学社”这个名字。“九三”是9月3日，抗战胜利的日子，带有政治性，“学社”则有明显的学术性，以利于团结广大知识分子参加进来。

（三）九三学社成立大会及政治主张

九三学社筹备会在积极参加“两个中国之命运”的激烈论战和斗争中，在反对内战的斗争中，经过四个多月的积极筹备，选择1946年5月4日，在重庆大梁子公园路青年大厦正式召开九三学社成立大会。

★ 九三学社成立大会会址重庆青年大厦（原址在重庆大梁子公园路，现在重庆渝中区人民公园附近）。

1946年5月6日，重庆《新华日报》以《九三学社开成立大会》为题作了报道：

九三学社于五四纪念日下午三至七时开成立大会，到褚辅成、卢于道、黄国璋、许德珩、税西恒、吴藻溪、张雪岩、詹熊来、潘菽、黎锦熙、彭饬三、李士豪、刘及辰、王卓然等五十余人，公推褚辅成、许德珩、税西恒为主席团。首由褚辅成致开会辞，许德珩报告筹备经过，税西恒报告社费收支账目。继宣读农村科学出版社及南泉实用学校校友会贺电，次由卢于道、王卓然、黄国璋、张雪岩、张迦陵、吴藻溪自由演说，一致指出：武力不能求得统一，东北及中原的内战必须立即无条件停止，在政府根据政协决议改组以前，美国不应有援助中国的任何党派之行为，希望马歇尔元帅继续以公正态度，调处国共纠纷，实现全中国的和平民主。次通过社章缘起，成立宣言，基本主张，对时局主张及致美国会电文。最后选举潘菽、张雪岩、褚辅成、许德珩、税西恒、吴藻溪、黄国璋、彭饬三、王卓然、孟宪章、张西曼、涂长望、李士豪、笪移今、张迦陵、严希纯等人为理事，卢于道、詹熊来、刘及辰、何鲁、侯外庐、黎锦熙、梁希、陈剑脩等为监事，选举后散会聚餐。

当天的《新华日报》还全文刊登了成立大会通过的《九三学社缘起》《成立宣言》《基本主张》《对时局主张》等几个文件。

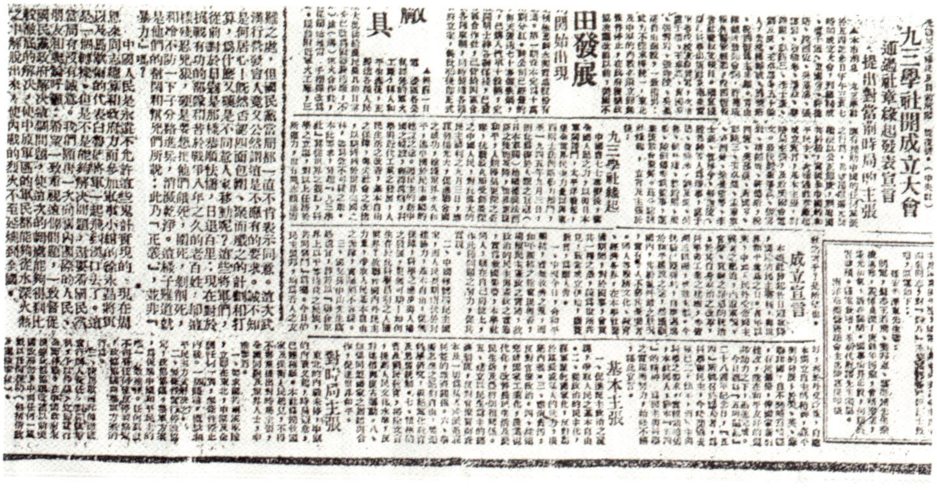

九三學社開成立大會

通過社章緣起發表宣言

提出對當前時局主張

九三學社緣起

成立宣言

基本主張

對時局主張

★ 重庆《新华日报》1946 年 5 月 6 日相关报道。

九三学社缘起

中国自七七事变后，奋全国人民之力，以与日本军阀搏斗，太平洋战起，集全世界民主力量以与东西两大法西斯暴力搏斗，至一九四五年九月三日，而此为害于人类之巨寇（日本军阀）始继德义法西斯之后而签降，世界重现和平，人类得免更深之荼毒。抗战最久而受创最深之中国人民，对此伟大的民主胜利之九月三日，应谋发扬光大，促进联合国之成功，维护世界永久和平，进中国于民主幸福的建设之途。而民主的新中国之建设，经纬万端，科学与近代工业之发展，人民生活之改善，基本自由之保障，与夫社会之改造，以期跻列于世界强国之林，要为急不可缓之举。本此要求，发起“九三学社”，冀从世界之观点，科学之立场，对以上任务于所尽力，世有同志愿进而教之者乎？是所望也。

成立宣言

本学社发起于日寇败降，国际的民主胜利，与世界和平奠基之日。百年以来，中国人民外受帝国主义者之压迫，内遭军阀、官僚、买办之罪恶的统治，于其自身政治之改革，科学与工业之建树，亦皆濒遭阻碍，成效未彰。今抗战已获胜利，自应迈进于和平建设之途，然环顾国内，其纷乱舛错之状况，实有令人不胜其忧惧者。同人等服务文化、教育、经济各界，在本学社筹备期间，对于国事，虽贡其一得之愚，谅为世所共见，兹当成立伊始，愿赘数言，为国人告。

一、中国今日，舍和平团结，实无救济之策，而和平团结之能实现与否，端赖民主宪政之实施，故政治的民主与宪政之实施，实为救国要着，本学社同人，愿在自己岗位上，作此种问题之努力，促其实现。

二、中国虽号称民主国家，而人民长期慑伏于封建暴力，基本自由，从无保障，科学之进步与人权之发展，更无可期！如何生存于此科学昌明之人权世界？故联合国内外民主力量，争取人民基本自由之保障，实属刻不容缓。

三、国父孙中山先生临终遗言，谆谆以“联合世界上以平等待我之民族，共同奋斗”为嘱。今日的民主盟邦，均为吾人之友好，故于外交政策，自应本独立自主的精神，谋平衡的发展，于美英苏联诸国，自不应畸重畸轻，有所偏倚，俾国家新的建设，能在和平友好的盟邦助力之下，迅速完成。今日适为“五四运动”二十八周年纪念日，“五四”所号召于国人者，为科学与民主，今时间过去虽已二十余年，而民主与科学之要求，实较前迫切，本社同人，愿本“五四”的精神，为民主与科学之实现而努力，始终不懈，谨此宣言。

基本主张

一、促进民主政治之实现，争取人民之基本自由。二、从政治的民主化，谋军队的国家化，反对属于党派或私人的武力，根绝内战。三、肃清贪污，反对官僚政治。四、从速完成国家工业化，农业现代化，改善农民生活及农村佃租关系。五、建立以民生为主的经济制度，反对官僚买办资本及一切为私人或派系谋利益的经济关系。六、学术思想之绝对自由，奖励科学研究，根绝党化教育及思想统制。七、积极的普及国民教育，扫除文盲，提高人民文化水准，反对迷信与复古运动。八、加强同盟国家之团结与合作，促进世界和平。

对时局主张

东北的内战未停，中原的内战又起，时局艰危，已达极点。本社为挽救国家及保卫人民起见，不得不郑重提出对时局主张，全国同胞及世界人士，幸垂鉴焉。

一、要求国共两党军队，立即在东北、中原及全国任何一隅，无条件停止内战。一切问题，概以和平民主方式解决之。

二、无条件实行停战协定、政协协议、整军方案，为促进中国和平民主的唯一有效途径。任何党派不得有任何违反停战协定、政协协议与整军方案的行为。

三、请马歇尔元帅彻底实行调人责任，对两党争执，予以仲裁，立即实行全面停战。在中国政府未根据政协协议改组以前，美国政府勿予中国任何一党派以任何援助（包括借款及运输军队）。

从九三学社成立时的组织成分和发表的一系列文件及成立前后对“国共和谈”“旧政协会议”的召开等政治问题的态度和实际活动来看，九三学社坚持五四运动反帝反封建的爱国的基本精神，为民主与科学而奋斗，反对国民党的官僚政治和内战政策，争取和平、民主，建立新的经济制度，谋求发展科技和普及教育，等等，这同中国共产党在新民主主义革命时期的最低纲领的基本精神是一致的，同中国共产党在战后提出的“和平、民主、团结、建国”方针的精神是一致的。九三学社作为一支进步的政治力量，汇入了中国共产党领导的新民主主义革命的洪流。

第二章

参与建国大业

一、反对内战，为和平民主而斗争

（一）在民主运动中发挥作用

周恩来曾经说过：“九三学社是在抗战后期成立的，在民主运动中起了很大作用。”① 在抗日战争末期，九三学社的前身——“民主科学座谈会”，在中国共产党的抗日民族统一战线政策的影响和感召下，为坚持抗战、团结进步，反对国民党顽固派的投降、分裂、倒退而斗争。在日本投降后的国共谈判和旧政协期间，九三座谈会和九三学社筹备会同中国共产党密切联系，亲密合作，反对国民党政府的内战、独裁政策，为国内和平民主作了积极的努力。在国民党政府不顾全国人民的反对，撕毁“政协协议”，发动全国内战之后，九三学社坚决同中国共产党站在一起，不承认国民党召开的“国大”及其“宪法”，积极参加了国统区的爱国民主运动。在人民解放战争转入战略反攻并且取得节节胜利的形势下，分布在全国各地的九三学社社员不顾国统区的白色恐怖和镇压、迫害，联合各民主势力，共同为推翻国民党的反动统治而英勇斗争。

九三学社在历史上的积极作用，有自己的特点，正如毛泽东所说：“你们都是有影响的代表性人物，经常在报上发表文章也起很大的作用。”② 李维汉同志也形象生动地说过这样的话：“九三学社大半就是这样的朋友——学术界居多的高级知识分子的结合，不是拿斧头的，拿镰刀

① 中共中央统一战线工作部、中共中央文献研究室编：《周恩来统一战线文选》，人民出版社1984年版，第133页。

② 许德珩著：《毛主席和九三学社》，《人民日报》1983年12月14日第5版。

的，拿枪杆的，而是拿笔杆的，或者是钢笔杆或粉笔杆的，过去反美反蒋，也是用笔杆作武器，笔杆与嘴巴是分不开的。”①

（二）声援政治协商会议

政协协议墨迹未干，蒋介石就在1946年3月1日至17日召开的国民党六届二中全会上，公开号召破坏政协协议，说应“就其荦荦大端，妥筹补救”。全会通过了推翻政协宪草中各项民主原则的决议及其他多项反共决议。因此在当时，对政协会议及政协协议的态度是衡量一个团体进步性的重要标志。当时九三学社正在筹备之中，九三学社筹备会为促成政协会议的召开、拥护与支持政协协议，做了积极的努力。

在政协会议召开期间，九三学社筹备会于1946年1月18日发表对政治协商会议之意见，表达了对政协会议的声援并提出积极的建议：

> 从速开放中央及地方政权，使全国人才，参加各级政治机关，刷新政治，以新中外人民耳目；从速实践第一次政治协商会议政府宣言中关于民主与自由权利问题的决定实施事项，在宪法未公布前，自当本此宣言遵守勿渝，实施勿渝，若有与此宣言抵触或不遵守之行为，不论何人皆当依法惩处；切实执行停止军事冲突之命令，将违反命令之行为，报告有关当局，严加制止，并予处罚，同时公诸社会，以求舆论之制裁；以裁兵为要着，将占国家预算百分之四十七之军费节出，办理教育实业，以改善民生，主张以政管军，不要以军干政，以达到军队国家化之目的；废除保甲制度，推行地方自治，使其民主化；以普选为原则召开国民大会；立即释放除汉奸以外之一切政治犯；从速公审并严惩文武汉奸；严惩贪污，以儆官邪；优待荣军及抗属，改善公教人员待遇，抚辑流亡，安定民生。

1946年2月10日，国民党反动派指使特务暴徒在重庆捣毁了各界庆祝政协成功大会，殴伤大会主席郭沫若、李公朴及新闻记者等60人，制

① 九三学社中央社史办公室编：《九三学社历史资料选辑》，学苑出版社1991年版，第93页。

造了“较场口事件”。九三学社筹备会负责人许德珩立即赶赴医院慰问，并于1946年2月14日就“较场口流血惨案”向新闻记者发表谈话，要求国民党与国民政府自动负起责任，查明事实真相，号召全国民主人士应加紧团结起来，加强自己的力量，督促与协助政府镇压此种反动阴谋，并提出对于此案的处理意见：追究凶徒与主使者，予以处分；负陪都治安之责者，应负法律责任；对被暴徒殴伤者应予以相当赔偿；由国民政府通令全国，保障各地方集会自由，切实执行蒋主席四项诺言。

（三）反对国民党一党包办的“国大”

按照政协协议，必须首先改组政府，废除国民党的一党专政，然后由各党派的联合政府主持召开国民大会。但是，在政府未经改组、各党派的联合政府未能成立的情况下，1946年7月3日，国民党政府国防最高委员会竟然单方面做出决定，宣布“于本年11月12日召开国民大会”。

当年6月26日，国民党当局撕毁国共两党签订的停战协定和政协协议，以大举围攻中原解放区为起点，全面内战爆发。国民党军队向解放区发动了全面的军事进攻，在几个月的时间内占领了解放区100余座城市。蒋介石为其表面的胜利冲昏了头脑，在1946年10月11日占领张家口的当天下午，国民党当局下令如期召开国民代表大会，并单方面指定出席国民大会的增补代表名额。根据政协协议，国民大会应由各党派的联合政府召集，增加代表名额也应由联合政府协商。因此，这次由国民党一手操纵召开的“国民大会”是违反政协协议的，中国共产党和各民主党派均表示强烈反对，并拒绝出席。追随国民党反动派参加“国大”的只有青年党和民社党两个小党派。这个国民党一党包办的“国大”于11月15日至12月25日举行，并制定了《中华民国宪法》。中国共产党和各民主党派、各人民团体，均严正声明不承认国民党背叛政协协议而召开的“国大”和它所通过的“宪法”，使蒋介石在政治上陷于极端的孤立。

7月8日，在国民党政府单方面宣布召开“国大”后不久，吴藻溪接受《新华日报》专访，就此发表意见，他指出：“这次国民党有势力的人单独宣布国大召开日期，其目的有二：一是为转移目前蓬蓬勃勃的人民反内战的民主运动的目标；其二是国民党反动派不承认中共、民盟及无党无派人士的意见，所以妄想搞出一个一党专政的国民大会的所谓‘民意’机关来，好作为推翻政协决议、进行内战的好工具！”

1946 年 11 月 10 日，九三学社重庆分社和在重庆的共 21 家民主党派和人民团体，联合发表声明《我们对于召开国民大会的意见》，明确指出，由国民党政府单方面召开的“国大”为独裁政治之装饰，其修订宪法为意图增加独裁政治之合法基础，片面停战令之公布可能为欺蒙手段，呼吁全国同胞制止一党包办的“国大”，并提出一致主张：“1. 在召开国大以前，国共两党共同协商，订定两军接触处隔离办法，实行无保留的全面停战，建立召开国大所需要的全国和平团结的基础。2. 恢复政治协商会议或政协综合小组会议，进行改组国府委员会及行政院，以便召开国大会议。3. 恢复政协宪草审议委员会工作，拟定宪草提送国大会议。”

1946 年 11 月 13 日，《新华日报》记者采访国大代表周炳琳、许德珩两位教授。两位教授向记者发表时局感言时称，国大之如何召开，为国计民生祸福安危之关键。他们主张国大代表应重新普选，由各方协商一致参加，各方应于此时作严正表示，以对国事前途判明责任。他们明确表示，拒绝出席此次“国民大会”。

国民党当局单方面召开的“国民大会”，在全国人民的反对和唾骂声中，于 1946 年 12 月 25 日在南京闭幕，并公布了所谓“宪法草案”。这个“宪法草案”完全违背了政协会议关于新宪法应由政协宪草审议委员会起草的原则，以 1936 年的“五五宪草”为基础修改而成，其内容完全是为维护蒋介石的独裁统治服务。对此，九三学社同在沪的 11 个民主党派和人民团体发表联合声明表示反对并坚决主张：立即停止战争，恢复和平，根据政协决议的精神和原则，重新召开政协会议，成立真正民主统一的联合政府，制定新选举法，实行全国普选，选出真正的国民代表，召开和平团结的国民大会，制定真正民主的宪法，以作全国人民及政府共同遵守的准绳。

“宪法”通过后，中共嘲讽“蒋介石打出了最大的一张牌，但是他既不能满足人民，又不能压倒对方，却只把曾弄假成真的国大再弄真成假。一切历史学家都会看出，这乃是蒋介石一生中最大的政治失败”。国民党本来希望通过召开“国大”，制定宪法，完成社会整合，确定其长期统治的法理基础。但由于中共和包括九三学社在内的其他民主党派、社会团体拒绝参与，使得一个分裂的、由一党包办的“国大”无法达到国民党的预期，反而因此丧失了合法性，变成了国民党无法摆脱的政治包袱。

（四）反对内战，争取和平

抗日战争胜利后，中国面临着民主与和平的机遇。但是，当时执政的国民党与在抗战中得到空前发展的中国共产党对战后中国的发展道路有着不同的考量与抉择，“中国面临着两个前途和两种命运的斗争”。国民党企图继续维持其一党统治的地位，排斥中共的政治参与，遏制中共的继续发展。中共主张在和平、民主、团结的基础上，实现国家统一，建设独立、自由、富强的国家。两种不同的建国主张代表着两条不同的政治道路，国共两党从抗战时期的合作关系开始转变为对抗关系。国民党始终不愿意容忍中共的存在及政治参与，不愿作出必要的政治让步，抗战结束后，蒋介石更是积极准备以军事手段解决中共。

1945 年 8 月 29 日，就在国共和谈刚刚开始之际，国民党陆军总司令何应钦密令各战区重新印发蒋介石在 1933 年“围剿”红军期间所编的《剿匪手本》。双十协定公布后，蒋介石又对其部下颁发“剿匪”密令。1946 年 1 月 5 日，国共双方达成停战协定，蒋介石坚持将东北排除在停战协定之外，以便在东北放手大打，然后再把战火烧向关内。蒋介石在下达停战令的前后，还密令他的军队迅速“抢占战略要点”。中国共产党代表团在谈判中针锋相对地揭露了美蒋反动派的阴谋，人民军队寸土必争，在自卫反击中击退了“抢占战略要点”的国民党军。4 月 14 日至 18 日，东北民主联军进行长春战役，于 18 日解放长春。接着又进行历时一个月的四平街保卫战，歼敌 1 万余人。5 月 19 日、23 日、28 日，国民党军相继侵占四平街、长春、吉林。1946 年 6 月 26 日，蒋介石悍然撕毁停战协定和政协协议，大举围攻中原解放区，一场全面进攻各个解放区的新的全国内战由此爆发。1947 年 2 月 27 日、28 日，国民党政府先后通知中国共产党驻南京、上海、重庆等地担任谈判联络工作的代表全部撤退，宣告国共谈判完全破裂。

由于国共谈判完全破裂，人民对和平失去了希望，加之国民党统治区物价飞涨，民不聊生，各地罢课、罢教、罢工风起云涌，抢米风潮此起彼伏。2 月 28 日，中共中央发出《在白区对国民党的对策》的指示，提出“力求从为生存而斗争的基础上，建立反卖国、反内战、反独裁与反特务恐怖的广大阵线”。在这一方针指引下，国民党统治区反饥饿、反内战、反迫害运动扩大到 60 多个大中城市，形成了人民革命的第二条战线。人民解放军的作战和国民党统治区人民的斗争这两条战线上的胜利，使蒋介石政府处于全民的反对和包围之中。九三学社积极投身于斗争中，作出了自己的贡献。

在东北内战愈演愈烈之际，1946 年 4 月 8 日，九三学社筹备会再次集会，形成《对东北问题的意见》，提出：东北问题，在本质上是一个内政问题，应遵循蒋主席四项承诺、政协决议和军事三人小组协定的方法解决；东北政权自应由东北人民，用民主方式，自行决定；东北是中国领土的一部分，不应屯驻外国的军队，全国其他部分所驻屯的一切盟军，亦应与东北苏军一样及早撤退；军事三人小组应立即恢复开会，飞往东北，迅速解决军事纠纷。

5 月 4 日，九三学社在成立时发表的《对时局主张》中着重指出：“东北的内战未停，中原的内战又起，时局艰危，已达极点。”并对于制止内战，提出了符合人民根本利益的具体建议。

5 月 12 日，正值全面内战一触即发的时刻，九三学社在成立后召开的第一次理监事联席会议上，再次旗帜鲜明地提出“要求立即停止东北及其他各地内战”。会后，许德珩奔走于北平、南京、上海之间，联络各地民主力量，共谋反内战大计。在北平期间，他晤见军调处三人小组中共代表徐冰，商讨了国内形势及反内战问题。

1946年9月3日，九三学社发表《为国际民主胜利周年纪念宣言》（即《反内战宣言》）。宣言提出：国共双方应立即全面停战，实行《政协协议》，改组政府；从速召开政协综合小组会议，将宪草未决问题，一月内获致协议，作为唯一草案，交由将来合理召开之国民大会通过颁行；遣俘工作完成，在华美军应即撤尽；解散特务机关，切实保障人民自由；严惩战犯、汉奸，以慰抗战先烈，而平民愤；肃清贪污土劣，为国家稍存体面，为民族稍存正气。

1946年10月24日，九三学社发表《对时局的六点意见》，建议：要求蒋主席立即回京，下令永远停止内战，以求真正的和平民主之实现；马歇尔特使应采取公正的、中立的态度，帮助中国人民制止内战，实现民主，否则无继续留华之必要；应从速实施《政协决议》，大量裁兵，并从中央直辖军裁起，以资表率；政府应立即取消有碍于国内工商业发展的一切措施、尊重工商业者的企业自由，维持并发展全国各地的中、小工厂；政府应首先停止一切造灾行为，同时放弃成见，敦聘国内各方面公正人士，主持救灾机构，并奖励社会人士自动救灾，协助一般人民自力更生；从速实现四项诺言，根绝党化教育，尊重讲学及办学之充分自由。

1946年6月23日，上海10万人民群众举行反内战、要和平、反对美帝国主义干涉中国内政的示威大会，会上推选马叙伦等11人为和平代表，赴南京请愿，代表在南京下关车站遭国民党指派的特务殴打，是为下关惨案。九三学社于6月26日发电慰问："诸先生为呼吁和平，或采访新闻，竟遭凶殴，实堪愤慨。尚望早复健康，继续为和平民主运动努力奋斗。本社同人誓为后盾。"受许德珩委托，笪移今代表九三学社向被殴伤的和平请愿代表马叙伦、阎宝航、雷洁琼等表示慰问。1946年7月11日、15日，国民党特务在昆明先后暗杀了中国民主同盟中央委员李公朴、闻一多两位先生，制造"李闻惨案"。九三学社对国民党反动派这种卑劣行径殊深痛恨，集会抗议并电唁李、闻家属。7月28日，重庆各界举行追悼李、闻大会，九三学社为发起单位之一，许德珩代表九三学社参加主席团并陪祭，褚辅成撰送挽联悼念。

（五）反美抗暴斗争

抗战胜利后，美帝国主义为其自身利益，实行扶蒋反共的对华政策；而蒋介石反动统治集团为了继续在中国维持它的大地主大资产阶级的独裁统治，则实行亲美反共的卖国政策。

1946年，国民党政府同美国签订多项协定，允许美国在华驻兵及在中国内河有航行权等一系列特权。8月，在国共内战逐步升级之际，美国政府又不顾中国共产党的强烈反对，与国民党政府签订《中美剩余战时财产出售协定》，将原值8亿多美元的西太平洋战时剩余物资以1.75亿美元廉价转让给国民政府，以各种直接或间接的手段支持国民党政府进行内战。这一系列条约严重损害了中国的利益，激起了社会各界的普遍不满。1946年12月24日，在北平发生了美国士兵强奸北大女生事件。12月底，从北平开始，爆发了全国学生抗议美军暴行的爱国运动，几十个大城市的50万学生相继罢课，举行示威游行。全国性的反美抗暴斗争掀起高潮。同月31日，中共中央为此发出指示，提出要“造成最广泛的阵容”，“采取理直气壮的攻势”，“使此运动向孤立美蒋，反对美国殖民地化中国之途展开”。国民党统治区各大中城市参加斗争的学生达50多万人，并迅速获得工人、教员和其他人民群众的支持。事件发生后，许德珩、袁翰青同北京大学48名教授发表《为沈崇事件致司徒雷登大使抗议书》，抗议美军暴行。

九三学社曾多次发表宣言或声明，反对蒋介石出卖主权，反对美帝国主义侵略中国。1946年年初，东北内战紧张时期，九三学社就呼吁：“全国其他部分所屯驻的一切盟军，亦应与东北苏军一样及早撤退。”1946年5月4日，九三学社正式成立时发表的《对时局主张》中也要求：“美国政府勿予中国任何一党派以任何援助（包括借款及运输军队）。”1946年6月26日，九三学社发表《时局宣言》严正指出：“中国抗战目的，为求民族独立与平等，政府近来措施，如允许外国在华驻军权、内河航行权、公海捕鱼权、放弃关税自主权、坚持国共谈判外国公断权等，都与民族独立背道而驰，绝非人民所容忍，本社同人誓死反对。”

二、九三学社在各地的主要活动

（一）第一届理监事联席会议

1946 年 5 月 12 日，九三学社第一次理监事联席会议在重庆召开。会议由税西恒主持，讨论了时局与任务，通过以下决议：

一、设总社于京沪区，设分社于重庆、武汉、成都、昆明、香港、广州、北平、天津及伦敦等地。

二、推褚辅成、许德珩、税西恒、张雪岩、潘菽、黄国璋、吴藻溪为常务理事，卢于道、詹熊来、梁希为常务监事。

三、要求立即停止东北及其他各地内战，取消党化教育，停止党团部及党团学校经费开支，切实采取彻底改善全国一切公私立小中大学教员物质生活及精神生活之有效办法。

这次会议，对九三学社在各地的发展具有重要意义。

（二）九三学社在北平的活动

1. 配合中共地下党的斗争

抗日战争胜利后，抗战期间从各地来到重庆的九三学社成员陆续复员回到上海、南京、苏州、北平等城市。1947 年 6 月前后，在征得各地社员的赞同后，北平被确立为九三学社总社所在地。

1946 年 10 月，九三学社部分成员到北平后，即与中共驻北平军调处执行部取得联系。当时内战已遍及中原和苏皖解放区，全国人民强烈呼吁和平，要求国共双方重开谈判。中共代表周恩来和其他党派代表于 10 月 20 日重返南京欲与国民党谈判。蒋介石拒绝和谈，并限令各地军调部中共代表立即撤出。1947 年 2 月下旬，在中共驻北平军调处执行部人员被迫撤离北平前夕，许德珩、张雪岩、黎锦熙、袁翰青、黄国璋、薛愚、劳君展等聚会，为中共代表饯行。中共代表徐冰、崔月犁、薛子正赴席。后叶剑英、徐冰、崔月犁举行答谢宴会。饭后，徐冰到许德珩寓所长谈，分析了当时战局和政治形势，指出解放战争必胜的前途，并且时间不会很久。他还介绍了中共代表撤离后，九三学社应同哪些方面联系，应找哪些同志，以后工作如何开展等。当时九三学社在北平的社员虽然人数不多，但所有的社员都积极地采取各种方式参加了各种民主运动，如发表宣言，参加教授签名运动，参加学生游行，营救被捕学生，掩护处于危急中的进步学生，等等。

中共代表撤离北平以后，国民党北平当局以清查户口为名发动空前大搜捕。许德珩等同在北平的一些大学教授于 1947 年 2 月 22 日发表《保障人权宣言》，指出："近日平市清查户口，发动警宪 8000 余人，分 80 余组，午夜闯入民宅，肆行搜捕。据 2 月 19 日平、津各报载：17 日夜捕去 1687 人，连同前数日所捕，入囹圄者达 2000 余人。其中不少知名人士，就已知者如中央警官学校王之相教授、北京耆旧符定一……"并揭露"政府公布宪法，重申保障人民自由，甚至颁行大赦"的虚伪性，严正指出：此等侵犯人权之举"使经济上已处水深火热之市民更增加其恐怖之心理"。

5 月，国民参政会参政员许德珩接到国民参政会开会的通知，他即按中共代表撤离时徐冰同志所说联系方法与中共北平地下组织联系协商，一致认为，针对当前国民党当局的镇压政策，应当利用合法形式，扩大反饥饿、反内战、反迫害运动的宣传，决定赴会并先和参政员周炳琳致函参政会秘书长邵力子，建议派飞机往迎中共参政员出席参政会，重开和谈。5 月20 日，国民参政会开会，许德珩在大会发言指出："今天我们希望和平"，国民党应放弃武力统一的政策，"过去北洋军阀因凭恃武力，结果是遭了失败，我们今天不能再凭武力，必须和平。和平能够救人民，和平能够救中国，和平能够救世界"。许德珩还联合钱端升、周炳琳、褚辅成等 20 名参政员提出《停止内战恢复和平案》，在国民参政会上形成了强大的反内战、要和平的声势。

在中国共产党提出的为生存而斗争，以及“建立反卖国、反内战、反独裁与反特务恐怖的广大战线”的统一战线政策影响下，在国民参政会开会之际，南京、上海、苏州、杭州4个地区16所大专院校学生5000余人，不顾国民党的镇压，在南京游行示威，向国民参政会请愿，拥护张澜、黄炎培、章伯钧、沈钧儒、许德珩等参政员的和平提案。当请愿队伍行至珠江路口时，受到国民党军警宪特围攻，造成重伤19人，被捕28人，遭毒打者500余人。华北地区21所大中学校的学生，在北平、天津举行反内战、反饥饿、反迫害万人大游行，并发电支持南京学生的请愿运动。当天，国民党当局在南京和天津两地对学生进行了血腥镇压，殴伤和逮捕200余人，造成震惊全国的“五二〇血案”。国民党当局的高压，激怒了全国人民，全国性的学生运动空前高涨。5月22日，九三学社社员同北京大学30名教授在《观察》杂志发表宣言，指出，“青年学生所呐喊的反内战、反饥饿、反迫害正是代表全国人民一致的呼声”，这种“不满情绪既非高压手段所能抑止，更非法令条文所能平息”。

在中国共产党的正确领导下，逐渐在国统区形成解放战争的第二条战线，冲击着摇摇欲坠的国民党反动统治。随着国统区民主运动的扩大和高涨，国民党当局用种种卑劣手段加紧残酷打击与迫害民主党派和爱国民主人士。10月27日，国民党政府内政部发言人发表了《国民政府宣布民盟为非法团体》的通知，并宣布“今后各地治安机关，对于该盟及其分子一切活动，自应依据妨害国家总动员惩罚暂行条例及‘后方共产党处置办法’严加取缔”。九三学社社员于11月4日联合北平各校47名教授，在北平《新民报》发表看法，指出：“政府此举，旨在消灭民盟，且不论其直接效果如何，实对民主宪政的前途留下极恶劣的影响。”“今政府压迫民盟之举，实难免于‘顺我者生，逆我者死’之诟病。”“一不合作，遂谓之‘叛’，稍有批评，遂谓之‘乱’，又且从而‘戡’之，试问人民的权利何在?”最后要求政府“对于宣布民主同盟为非法一事，应重作决定”。同时，九三学社在北平、上海两地，积极救助和掩护民盟成员。

2. 三教授事件

1948年春，人民解放战争转入战略进攻并取得节节胜利，国民党统治陷入军事、政治、经济全面危机。为了挽救其行将灭亡的命运，国民党政府变本加厉地镇压进步力量和民主运动，革命和反革命的斗争日趋激烈。为了掩饰危局，欺骗人民，3月29日，国民党当局在南京召开第二届“国民大会”，即“行宪国大”，企图用“宪法”束缚人民革命的手脚。为了揭露“行宪国大”的反动实质，北平各大学和天津南开、北洋等校500余名进步师生，决定在“国民大会”召开当天，在北大民主广场举行“纪念黄花岗先烈大会”。国民党北平当局出动了铁甲车和军警特务5000余人将北大重重包围，摆出不惜血洗北大的姿态。在如此紧张的气氛下，九三学社许德珩、袁翰青、樊弘三教授，抱着永诀家人、舍生取义的牺牲精神，应邀到会讲演。1948年4月10日出版的《观察》杂志第四卷第七期对当时的情况作了如下报道：

> 二十九日一清早，北大周围的交通就断绝了，许多来北大的人都被阻住。北大是在重重的包围中，沙滩的交通口都挤满了警察。九时许，还有大队的徒手警察绕着北大在游行，游行后又在北大周围的墙脚下停下来。据估计，这天出动的人员在二三千以上，比“六·二”时还要多。然而，学生们并不紧张，因为他们本来没有打算做什么。不过他们却在担心这天下午的纪念会是不是会流产，他们担心教授们是不是能够来，开会时会不会发生事故。下午，教授们除燕京、清华的三位因病不能出席外，北大的三位都赶来了……二时许，在千余青年的切盼下，讲演开始了。

许德珩首先发表题为“黄花岗革命的意义与教训”的演讲。他认为，黄花岗起义的成功处，是一群下层知识分子认清了当时的局势非革命不可，不怕一切“匪”“盗”的污蔑，当时孙中山先生就被称为“江洋大盗”。但是，在政治上却失败了。许德珩指出，这个革命运动是知识分子的革命，没有深入到中国广大工农群众中，结果旧政权倒了，旧官僚却借着新政权还魂。平均地权没有实现，官僚资本反而抬头。许德珩强调，谁能解决中国的土地问题，谁便成功。许德珩最后号召，“今天新中国的青年，要学习黄花岗烈士的精神，全心全意为中国的苦难大众献身，不要自豪，不要彷徨在空中。今天我们不怕被人叫作‘匪’，叫作‘盗’，不怕一切无耻的污蔑，勇往直前，才对得起先烈。”

袁翰青指出中国知识青年只有一条路，就是：“要永远贡献你的一生，拿出所有的力量为中国苦难的人民去服务。”他给青年拟了一个誓词，就是：“我，知识分子，认清了知识分子应走的道路，绝不为自己的利益而背叛了大多数人民的利益，坚决为中国人民的利益而奋斗，为新的中国而努力。”

樊弘的题目是“两条路”。他认为，在中国的经济上、政治上、人道上和哲学上只有两条路，一条是革命的路，一条是反动的路。反动的路，在把政权放在剥削者阶级手内。革命的路，在把社会上被剥削的阶层联合起来，向剥削者阶层以和平的或战争的手段，夺取政权。

讲演完毕后，现场掌声如雷。一个同学说：“三位教授是我们的好榜样，我们对他们应当有所表示，我提议大家列队欢送他们出校门。”话毕，全场欢呼响应，一列浩大的队伍立刻自动地排了起来。三位教授踏着坚实的步子向前迈进，同学们的歌声响彻云霄，满场盈溢着热情与生力。

三位教授的演讲旗帜鲜明，正气凛然，有力地鼓舞着青年学生坚决走革命道路，反抗国民党反动独裁统治。同时也反映了九三学社在国共两党斗争中一贯坚持的原则立场。

（三）上海分社的成立与反美扶日运动

抗战胜利后，国民党政府还都南京。上海是当时全国经济、政治、文化中心，许多有影响的报刊在上海出版，行销全国。各党派和人民团体也集中在上海开展活动。上海的动向直接影响着南京的政局。

1946 年 6 月 12 日，九三学社上海分社正式成立。公推褚辅成、许德珩、孟宪章、笪移今、陈乃昌、孙荪荃、徐甫等7人为理事，公推褚辅成为主任理事，笪移今为秘书。

上海分社成立之初，因分社理事孙荪荃是谭平山的夫人，常在泰兴路谭平山家里召开座谈会，先后参加的有潘震亚、张定夫、卢于道、孟宪章、孙荪荃、吴藻溪、笪移今等。他们讨论争取民主、和平，反独裁、反内战等问题。谭平山每次都参加，发表对政局的意见，对大家帮助很大。

此前笪移今带着许德珩的介绍信回到上海往访马叙伦，交谈重庆、上海政治经济文化界的情况，以及对今后形势的展望。他们对时局的共同看法是："抗战以来，牺牲惨重。敌人投降，举国欢腾。接收所到，闾里相惊。政府威德荡焉为丧。……经济有崩溃之险，社会有动摇之忧。探其因素，端在战后亟须安定。而日寇既降，兵祸犹炽。叙伦等窃观国际属意，概在中国和平，国内人情，莫不深厌战祸。盖中国既为世界政局未来之枢轴，而战焰复燃，是以外召凌侮，内政崩离。公论皆谓抗战已终，一切皆属内政问题，自宜偃息干戈。"1946年6月7日，在上海各民主党派和各界人士反内战斗争中，公推马叙伦执笔，把这些意见上书蒋介石，吁请停止内战，以救危亡。

九三学社同志回沪不久，潘梓年也来到上海，笪移今多次同潘梓年联系，交谈政治形势，潘梓年又介绍许涤新同笪移今联系。关于上海民主党派的活动，许涤新发表意见说：民主党派是蒋管区的政治游击点，有很多工作可做，要在群众中进行思想教育，共同提高政治认识，为争取民主与和平而努力。凡是我们认为可以参加的民主党派，都可以参加进去，多听些不同意见，多了解各种情况，针对人们关心的问题，提出自己的看法。这对扩大党的政治影响，是能起一定作用的。笪移今遵照潘梓年、许涤新等中共同志的意见，先后参加了中国民主促进会、民主建国会等民主党派的活动，这对加强各民主党派之间的联系和相互支援，起了积极的作用。九三学社上海分社积极参加了1946年6月23日上海各界代表赴南京请愿要求停止内战，实现和平的活动，笪移今在马叙伦的授意下，起草了《为和平请愿告上海市民书》。下关惨案发生后，九三学社对受伤人士发电慰问，笪移今代表九三学社去龙华机场迎接请愿代表返沪。1946 年 7 月，民盟中央委员李公朴、闻一多在昆明被刺，激起全国人民愤怒，上海分社褚辅成、孟宪章、笪移今、王造时、陈子展、任钧等人参与发起组成李、闻两先生的追悼大会筹备委员会。20 天后，人民教育家陶行知在白色恐怖气氛中积劳病逝，上海分社褚辅成、卢于道、顾执中、施复亮、王造时、许士骐等人参与发起组成陶行知先生的追悼大会筹备处。

九三学社上海分社还积极参加了反对国民党当局召开一党包办“国大”和公布“宪法”的斗争。1946 年 11 月 10 日，在九三学社重庆分社和在渝各民主党派及人民团体联合呼吁全民制止国民党包办的“国大”的当天，谭平山、李济深、褚辅成、孟宪章等国大代表联名致书国民党当局，指出：“制宪为国家百年大计，必须在全国统一和谐之气氛中举行，方可期宪法颁布以后，推行顺利。否则势将以完成国家之统一者，招致国家之分裂。”他们要求推迟召开国民大会的时间，按政协协议的精神，待“各党派代表名单全行提出后，再行正式开幕”。12 月 29 日，九三学社与民主建国会等 11 个在沪的民主党派、人民团体联合发表声明，对国民党单方面召开国民代表大会并公布所谓的“宪法草案”表示坚决反对。

随着内战规模的扩大，公开的民主运动在蒋管区愈益艰难。九三学社上海分社举起“反美扶日”的旗帜，进行公开的和隐蔽的斗争。抗战胜利后，随着中国国内形势的变化，美国逐步转变对日政策，开始扶植日本反动派，释放日本战犯，想把日本作为美国在远东的反共基地。上海分社与上海各方面人士，包括各民主党派及当时留沪的中共地下工作同志，发起“对日问题座谈会”，多次发表联名宣言，给美蒋的对日政策以严厉的抨击。这一运动迅速展开，沪、平、昆明、广州各地学生不顾反动军警特务的迫害，积极从事街头讲演、游行示威，形成反帝反蒋高潮。在国际上，不但苏联将此对全国广播，而且欧美报章也常摘要报道，远东的一些同美国关系比较密切的国家如菲、澳等地的人民受此影响，也掀起了“反美扶日”的浪潮。

自中共撤退后，民主人士随时有被捕的可能，正常政治活动难以进行。在上海难以容身的民主人士代表人物，已先后由地下党做了安排或护送去香港。1948 年夏，严济慈教授途经上海，转达许德珩的意见，希望上海分社能推荐社员去香港，在中共领导下与其他党派共同为反蒋而斗争。上海分社同志经过认真研究，并征求上海地下党意见，认为凡是没有公开暴露，能在上海站住脚的，还是留在上海发挥作用好。上海的九三社员，在迎接解放、护厂护校等方面做出了努力。特别应提及的是，吴藻溪利用他与国民党上层人士关系密切的条件，在中共上海地下党的指导下，做了一些对国民党人士的策反工作，得到中共地下党负责同志的肯定和高度评价。

（四）重庆分社的成立与斗争

1946 年 10 月 27 日，九三学社重庆分社在上清寺国民外交协会所在地召开成立大会。到会的社员有许德珩、谢立惠、左昂、税西恒、税述之、吴华梓、吴藻溪等 20 余人，推选税西恒、何鲁、谢立惠、左昂、詹熊来、税述之、吴藻溪等 15 人为理、监事。

重庆分社成立后，即电贺旧金山中国及远东和平大会，希望美国人民有效制止美国政府的错误行为；电请联合国大会讨论联合国会员国在非敌国驻兵问题，纠正美国的远东政策。

1946 年 11 月，在税西恒的积极组织和推动下，九三学社重庆分社与中国民主宪政促进会重庆分会、中国学术工作者协会等渝市 21 个人民团体在《新华日报》上发表意见，强调坚持依政协决议办事，呼吁全民制止分裂的“国大”。认为国民党当局八日声明，既系片面行为，复置政协协议及程序于不顾，实属欺蒙人民之手段。

1946 年 12 月，北平发生“沈崇事件”。九三学社重庆分社与陪都反对美军暴行委员会、民盟重庆支部等 15 个团体联合发表宣言，指出美军暴行激起“全国人民一致怒吼起来”，“而国民党当局对美军此种暴行毫无抗议”。此事件“我们认为绝不是单纯的法律问题，而是美帝国主义者的殖民地政策对待我中华民族之表现”。不止如此，“美帝国主义者军事上之派军驻华攫取海空基地，实已扰乱中国安宁，威胁世界和平，经济上中美商约与排山倒海之美货倾销，已使中国工商业濒于破产。加以国内之反动分子，执行其‘宁赠友邦，不予家奴’之卖国政策”，“主权早已破坏无遗”。如此下去，“非亡国灭种不可”。因此强烈要求：立即驱逐美军出境；废除绞杀中国工商业的中美商约；反对一切丧权辱国的政策。

1947年2月，抗议美军暴行的运动在全国展开，继平津京沪各地学生爱国示威游行之后，渝市抗议美军暴行联合会的学生于2月5日去江北宣传，遭军警殴击，次日往行辕及市府请愿，又在夫子庙遭到更恶毒的殴击，全市愤怒鼎沸。在重庆数万学生示威游行的队伍里，九三学社常务理事税西恒、重庆分社理事谢立惠走在前列，和学生一起高呼反对美蒋反动派的口号。

事后国民党特务多次到税西恒家威胁恫吓，逼迫他到电台发表反共讲话，遭到他的严词拒绝。重庆警备司令孙元良利用同谢立惠是同学关系，请谢立惠出面平息学潮，谢立惠指出：“这次学潮是全国性的，没有哪个人能挑动起来，亦没有哪个人能劝说下去。”并要求释放被捕的学生。

2月6日、8日，九三学社重庆分社分别联合在渝16团体、部分人民团体发表联合宣言和通电，慰问举行爱国游行的学生，并吁请社会各界声援学生爱国行为。

1946年秋，由中共南方局出资300银圆，吴藻溪、王克诚、漆文定等联络部分民主进步人士，在南温泉成立了西南学院，作为中共开展统战工作的重要阵地。吴藻溪任教务长，王克诚任校董会董事、教师兼女生部主任。学校教职员和学员中民主进步力量占有绝对优势，在重庆各大中院校中，西南学院是学运中表现最为突出的院校之一。

1949年6月1日，国民党重庆当局派重兵包围西南学院，抓捕进步师生30多名。面对复杂局面，吴藻溪向王克诚等转达董必武指示，以中共处理皖南事变和宣化店事件的精神，坚守西南学院阵地，及时揭露国民党反动派迫害西南学院的一切非法勾当。

1946年以后，作为蜀都中学校长的税西恒按照中共南方局的要求，坚持以“抗大”精神办校，发扬革命实践精神，把学校办成了爱国民主运动的一个堡垒，输送革命干部、掩护和转移同志的一个据点。1947 年，税西恒参与创办重华学院，1949 年恢复中国公学大学部。税西恒担任这两所学校校长，始终坚定地支持进步学生运动，掩护和资助地下党的革命活动。

重庆解放前夕，税西恒被列入国民党重庆当局拟定的暗杀名单。为防万一，他躲藏到自来水公司，并烧毁了放在兰园家中与进步活动有关的两大挑箱材料。

（五）南京九三学社社员的活动

抗战胜利后，九三学社成员梁希、潘菽、金善宝、涂长望、干铎等，随中央大学复员到南京。南京九三学社成员人数较多，且集中分布在中央大学。这些人都和梁希关系密切，经常以召开“自然科学座谈会”的方式进行隐蔽活动，在解放战争的三年中做了不少工作。

1948 年 5 月 4 日晚，南京各大专学校的进步学生，为纪念五四，在中央大学操场举行盛大营火晚会，梁希等教授被邀请参加。是夜，中央大学笼罩着一片白色恐怖，国民党特务切断电源，伺机破坏，学生们手挽着手，高唱革命歌曲。梁希不顾个人安危，站在高台上说：“同学们，不要害怕，天色就要破晓，曙光即将到来！”当夜，他写下了后来被广为传诵的诗句：“以身殉道一身轻，与子同仇倍有情，起看星河含曙意，愿抛鲜血荐黎明！”1949 年春，解放战争的胜利形势迅猛发展，中央大学的九三学社社员在主持校务维持会的工作中，在反对学校和科研机构迁往台湾省的斗争中，作出了有益的贡献。

1949 年 4 月初，中共地下党通知梁希、潘菽、涂长望等九三学社成员，迅即离开南京经上海去香港。他们于 4 月 8 日秘密离开南京，辗转上海、香港，北上抵北平。

南京解放后，梁希、潘菽等九三学社成员重返南京，帮助中国共产党接管中央大学，改名南京大学，并分别出任校务委员会主席和教务长。

三、响应中国共产党“五一口号”和参加新政协

（一）响应中国共产党“五一口号”

从1947年下半年开始，中国人民解放军由战略防御转入战略进攻，国内形势发生重大变化。一方面，国民党在军事上节节溃败，政治上四分五裂，经济上陷于崩溃，国民党统治区爱国民主运动蓬勃发展；另一方面，人民解放军战略反攻不断胜利。所有这一切，都标志着全国范围的新的革命高潮已经到来。

1947年10月10日，中国共产党通过《中国人民解放军宣言》向全国人民发出了“打倒蒋介石，解放全中国”的伟大号召，并提出了联合工农兵学商各被压迫阶级、各人民团体、各民主党派、各少数民族、各地华侨和其他爱国分子，组成民族统一战线，打倒蒋介石独裁政府，成立民主联合政府的主张。

1948年4月30日，中共中央发布《纪念五一劳动节口号》（简称“五一口号”或“五一”号召）。其第五条口号是：“各民主党派、各人民团体、各社会贤达迅速召开政治协商会议，讨论并实现召集人民代表大会，成立民主联合政府。”

5月2日，中共中央致电上海局，准备邀请各民主党派及重要人民团体的代表来解放区商讨：“（甲）关于召开人民代表大会并成立民主联合政府问题。（乙）关于在反对美帝国主义侵略及蒋介石卖国政府的斗争中，加强各民主党派、各人民团体的合作及纲领政策问题。”并开列了一批拟邀请来解放区商讨召开新政协的民主人士名单。

5月7日，中共中央又致电上海局及香港分局，指示“和各真诚反美反蒋的民主党派、人民团体及社会知名人士交换意见”。

“五一口号”是中国共产党在中国革命的关键时刻向全国人民提出的

彻底摧毁国民党政权、夺取新民主主义革命胜利，建立真正民主的联合政府新政权的行动纲领。中共的“五一口号”，极大地鼓舞了艰苦斗争中的各民主党派，他们纷纷发表通电、宣言、声明，热烈响应，形成了从1948年春到1948年秋在中国共产党领导下的新政协运动。中共的“五一口号”和新政协运动，指明了民主党派向着新民主主义的新中国胜利前进的具体道路。

据九三学社创始人袁翰青回忆，“我们从广播里收听到中共中央从延安向全国发出的召开新政治协商会议的‘五一’号召，大家非常兴奋，当时就请许老起草了一个拥护中共中央‘五一’号召的代电”。当时九三学社成员大多集中在北平、上海、南京、重庆等尚未得到解放的国统区大城市，九三学社负责人与中共在国统区地下工作负责同志一直保持着密切联系，中共希望九三学社在地下工作方面有所作为。正如周恩来所说，“当时我们还是期待着这个组织在北平继续进行工作，因为当时北平还没有解放。……还不便以团体的面目出现。”① 因此，九三学社没有立即公开响应“五一口号”。在这期间，九三学社主要用实际行动表明自身立场，与中共地下工作同志密切联系，为推动民主运动、争取北平和平解放作出积极贡献。

1949年1月26日，北平和平解放之际，九三学社负责人许德珩及樊弘、袁翰青、薛愚、劳君展、黄国璋、俞平伯、方亮、鲁宝重、楼邦彦、王心正、孟昭威等，以北平文化界民主人士名义发表《对时局的意见》，拥护毛泽东八项主张；又以九三学社名义在北平《新民报》发表拥护中共“五一”号召暨毛泽东八项主张的宣言，公开响应中共“五一口号”。宣言指出：“本社自对日战争结束以后，即主张以政治协商方法，解决中国内政问题之唯一途径，数载以来，本此目的，奋斗不懈，早为世人所见。不幸政治协商会议为国民党反动派一手撕碎，内战迁延至今，殊堪痛惜。去年五月一日，中共中央建议召开无反动派参加之新政治协商会议，

① 中国人民政治协商会议全国委员会研究室、中共中央文献研究室第四编研部编：《老一代革命家论人民政协》，中央文献出版社1997年版，第9页。

解决国是。本年一月十四日，中共毛泽东先生复宣布和平八项主张，同人等认为唯有循此途径，始可导中国于民主、自由、富强、康乐之境，愿共同努力，以求实现。”

（二）迎接北平和平解放

1. 促进北平和平解放

九三学社配合中共北平地下党组织做了一些促进北平和平解放和保护文化古都、迎接解放的工作。傅作义先生的挚友——“剿总”副司令邓宝珊将军与九三学社许多成员有深厚友谊，傅作义的女儿是北大学生，是中共地下党员，与九三学社许多社员有师生之谊。九三学社通过这些关系，配合中共北平地下党，做傅作义的工作。1949 年 1 月 16 日，傅作义宴请诸教授，商谈和平解放问题时，邀请了 10 名教授，其中有 4 名是九三学社成员，他们是袁翰青、杨人楩、王铁崖、黄国璋。

1949 年 1 月 27 日，许德珩、张奚若等在徐冰指示下，约请北大、清华著名教授开茶话会，请董必武讲了党的知识分子政策，安定人心，促进大学教授们办好大学的积极性。

1949 年 1 月 31 日，人民解放军进入北平，北平宣告和平解放。2 月 3 日，人民解放军举行进驻北平入城式，许德珩、劳君展等九三学社的同志被邀请在前门箭楼上，同北平各界人民一起热烈迎接人民解放军。3 月 25 日，许德珩、劳君展以及其他民主人士在西苑机场热烈欢迎中共中央领导人毛泽东、周恩来、刘少奇、朱德等到达北平。事前，徐冰约许德珩、劳君展到东交民巷六国饭店集合，许德珩、劳君展同乘一辆汽车去西苑机场。毛泽东和中央领导同志下飞机后即举行阅兵式。

毛泽东于当晚约许德珩、张奚若、张东荪、吴晗、谭平山等到颐和园乐寿堂吃饭，并约颜惠庆、邵力子、章士钊、江庸、任鸿隽等商讨和谈问题。在乐寿堂吃饭时，许德珩被安排同周恩来、郭沫若同桌。周恩来在吃饭时对许德珩说：“这几年你辛苦了，一别两年多，你所做的事我们都知道。”周恩来的话使许德珩感到莫大的激励和鼓舞。晚饭后，即开始座

★ 许德珩（右一）、劳君展在西苑机场欢迎毛泽东等中共中央领导人。

谈，一直谈到次日清晨。

2. 毛泽东看望黎锦熙、汤璪真等师友

毛泽东进北平之后，时任北平师范大学代理校长的汤璪真，以同乡及同窗好友的身份给毛泽东写了一封信，毛泽东收信后非常高兴，当即打电话给汤璪真。1949 年 6 月 17 日，当毛泽东得知在长沙读书时的老师黎锦熙、同乡同学黄国璋都在北平师范大学工作，高兴地驱车去和平门内师范大学教工宿舍看望大家。

汤璪真（1898—1951），湖南湘潭人，著名数学家。1948 年年底，汤璪真代理北师大校长，主持校务。此时，解放军已将北平团团包围。国民政府教育部长朱家骅与汤璪真是留德同学，给汤璪真全家准备好了飞往南京的机票，还准备请他担任教育部司长，这些都被汤璪真拒绝了。为了争取北平和平解放，汤璪真冒着生命危险，与全校师生一起参加和平请愿。在他的影响下，北师大很多教授都没有离开自己的工作岗位。

黎锦熙（1890—1978），字邵西，湖南湘潭人，著名语言文字学家。毛泽东在湖南第一师范就读时，黎锦熙正是他的历史老师。黎锦熙学贯古

今，学识渊博，毛泽东经常到其住处请教。1915 年，黎锦熙应教育部之聘，到北京任教科书特约编纂员。从 1915 年到 1920 年，毛泽东曾多次给黎锦熙写信，称他“弘通广大”，是“可与商量学问，言天下国家之大计”的良师挚友。黎锦熙则称“得润之书，大有见地，非庸碌者”。在连年战争、颠沛流离的岁月里，黎锦熙始终保存着毛泽东寄给他的书信和《湘江评论》《新民学会会员通信集》等革命文献，这些文献后来成为研究毛泽东早期革命思想的珍贵资料。1948 年，黎锦熙任北平师范大学文学院院长，兼国文系主任、中国大辞典编纂处总主任。1948 年年底，人民解放军兵临城下。黎锦熙撕掉根据蒋介石“抢救学人计划”要他南下的通知，对家人说：“我要在这里，等一位唐宗宋祖稍逊风骚的伟人哩!”

久别重逢，毛泽东与黎锦熙、黄国璋、汤璪真、董渭川、鲁宝重等师友晤谈甚欢，不知不觉天黑了下来，田家英进来提醒毛泽东该回去了。毛泽东见大家谈兴正浓，就说：“再和大家多讲一会儿话，就在这儿吃饭吧，我请客。”毛泽东让工作人员从西单菜馆叫来了两桌酒席，分别摆在客厅和旁边的一个房间里。入席时，毛泽东扶着黎锦熙的胳膊坐到上位，并说：“这里您年龄最大，又是我的老师，哪有让学生坐上位的道理?”席间，毛泽东向大家一一敬酒，情谊欢畅。直到晚上 9 点左右，毛泽东才起身告别。黎锦熙在当天的日记中写道：“1920 年 3 月 17 日润之到我家后，至今不见快 30 年，身体比从前强壮。”此后，毛泽东多次接黎锦熙、汤璪真到中南海叙谈。黎锦熙、黄国璋、董渭川、鲁宝重等都是九三学社社员，汤璪真后来也加入九三学社。毛泽东对他们的亲切看望，体现了中国共产党领袖与民主党派成员的亲密关系，是九三学社历史上的一段佳话。

3. 参加新政协

1948 年秋，解放战争进入最后的战略决战，并陆续取得决定性的胜利。8 月 1 日，毛泽东复电在香港的各民主党派及民主人士，对各民主党派响应“五一口号”表示“极为钦佩”，并指出，“现在革命形势日益开展”，召开新政协条件业已成熟，因此，“关于召集此项会议的时机、地点、何人召集、参加会议者的范围以及会议应讨论的问题等项，希望诸先生及全国各界民主人士共同研讨，并以卓见见示，曷胜感荷”。[①] 1949 年 3 月 5 日，毛泽东在中国共产党第七届中央委员会第二次全体会议上指出：“召集政治协商会议和成立民主联合政府的一切条件，均已成熟。一切民主党派、人民团体和无党派民主人士都站在我们方面。”为了把中国建设成一个伟大的社会主义国家，“我党同党外民主人士长期合作的政策，必须在全党思想上和工作上确定下来。我们必须把党外大多数民主人士看成和自己的干部一样，同他们诚恳地坦白地商量和解决那些必须商量和解决的问题，给他们工作做，使他们在工作岗位上有职有权，使他们在工作上做出成绩来……现在中国第一次在我党领导之下的政治协商会议即将召开，民主联合政府即将成立，革命即将在全国胜利，全党对于这个问题必须有认真的检讨和正确的认识，必须反对右的迁就主义和‘左’的关门主义或敷衍主义两种倾向，而采取完全正确的态度”[②]。

从 1948 年秋到 1949 年 3 月，由中共中央直接部署，周恩来亲自指挥，中共华南局和香港工委负责人通过南北两线，分六批，冒着敌人的白色恐怖和军事封锁，冲破重重艰难险阻，将在南方国统区及香港的各民主党派领导人及民主人士的代表接送到解放区。1949 年 3 月，接送工作基本完成，其中被接送至解放区的九三学社社员有张西曼、卢于道、梁希、潘菽、涂长望等。各民主党派及民主人士经过在解放区参观、学习和了解研究中共各项方针政策后，于 1949 年二三月间，陆续会聚于北平。

1949 年 6 月 15 日至 19 日，新政协筹备会第一次全体会议在中南海勤政殿开幕，许德珩参加了会议，并担任了筹备会常委会下设的六个工作小组第三组（负责起草中国人民政治协商会议共同纲领）的副组长。6 月 19 日，新政协筹备会第一次全体会议最后一次会议通过了《关于参加新政治协商会议的单位及其代表名额的规定》，九三学社被正式确认为中国

① 中共中央文献研究室编：《毛泽东年谱（1893—1949）》（修订本）下卷，中央文献出版社 2013 年版，第 329 页。

② 《毛泽东选集》第四卷，人民出版社 1991 年版，第 1424—1439 页。

民主党派，为参加新政协的45个单位之一。

1949年9月21日至30日，中国人民政治协商会议第一届全体会议在北京中南海怀仁堂胜利召开。这是中华人民共和国的开国盛会。中国人民政治协商会议虽然沿用了旧政协“政治协商会议”的名称，但与旧政协在组织上和性质上是根本不同的。1946年1月在重庆召开的旧政协是在国民党的反动统治之下，中国共产党及其他民主力量向国民党进行争取和平民主斗争的产物，它是由国民党召集的一次临时性的会议。在国民党全面发动内战和召开一党包办的“国大”之后，旧政协也就告终了。旧政协会议的名称已为人们所熟悉，所以中国共产党在1948年的“五一口号”中提出了这个名称，而赋予新的内容，即它是没有反动派参加的，在中国共产党领导下，各民主党派、人民团体、无党派民主人士共同协商国家大事，完成建国使命的大会。

会议代表全国各族人民的意志，代行全国人民代表大会职权，通过了具有临时宪法性质的《中国人民政治协商会议共同纲领》《中国人民政治协商会议组织法》《中华人民共和国中央人民政府组织法》，作出关于中华人民共和国国都、国旗、国歌、纪年四个重要决议，选举中国人民政治协商会议全国委员会和中华人民共和国中央人民政府委员会，宣告中华人民共和国的成立。这标志着100多年来中国人民争取民族独立和人民解放运动取得了历史性的伟大胜利，标志着爱国统一战线和全国人民大团结的完全形成，标志着中国共产党领导的多党合作和政治协商制度正式确立。人民政协为新中国的建立作出了重大贡献。

九三学社推选许德珩、潘菽、黎锦熙、袁翰青、吴藻溪为正式代表，叶丁易为候补代表出席会议；后因潘菽出访苏联，推选薛愚代替潘菽。以其他各界代表身份出席会议的九三学社成员还有：梁希、严济慈、涂长望、储安平、孙荪荃、樊弘、张雪岩、卢于道等。参加新政协，标志着九三学社作为一个民主党派，其革命历史被社会所公认，同时也使九三学社正式成为中国共产党领导的爱国统一战线的一个组成部分。这为九三学社的不断发展，提供了可靠的政治保障。

★ 以九三学社代表身份参加中国人民政治协商会议第一届全体会议的社员合影，前排左起：黎锦熙、许德珩、袁翰青；后排左起：叶丁易（候补代表）、吴藻溪、薛愚。

九三学社首席代表许德珩在大会发言指出，九三学社同人很荣幸地参加了这个划时代的中国人民政治协商会议第一届全体会议，参加这次会议的各类不同的人物，来自各个不同的地区，处于各种不同的环境，可是他们都抱着扬弃旧中国，建立新中国的同一心情，很自由地、民主地、融融合合地、空前未有地团聚起来，也是空前未有地团结起来，团结在中国共产党的周围，有了这种团结，就一定能够将革命进行到底，建设起新中国。九三学社在致中国人民政治协商会议开幕电中也指出："这是中国共产党及中国人民领袖毛主席的英明领导和中国人民解放军英勇战斗的结果。本社同人谨以无比的热忱，致最崇高的祝贺和敬意！"并表示"愿尽一切力量，拥护大会的决议，将革命进行到底，建设一个崭新的、强盛的中华人民共和国"。

在招待出席中国人民政治协商会议全体代表的盛大宴会上，毛泽东频频举杯，谈笑风生，他指出："我们这一桌什么人都到齐了。有无产阶级李立三，无党派人士、文学家郭沫若，有民主教授许德珩，有工商界前清翰林陈叔老，还有妇女界廖夫人和华侨老人陈嘉庚、司徒美堂……这是统一战线的胜利。”①

1949 年 10 月 1 日，许德珩、梁希等九三学社成员站在天安门城楼上，参加了开国大典。梁希感慨地对同登天安门城楼的蔡邦华教授说：“今天的北平历尽金、元、明、清多少朝代，至少经历了七百多年的艰苦岁月。没想到我们两个穷教授会穿上毛主席新送的制服，能站在天安门上庆祝新中国的开国大典，多么幸福呀！”

1949 年 10 月 19 日，在中央人民政府举行的第三次会议上，民主党派和无党派人士被任命担任各部门的领导工作。九三学社梁希被任命为林垦部部长；许德珩被任命为法制委员会副主任委员。

梁希出任新中国第一任林垦部（后改为林业部）部长，是由周恩来亲自提名的。当周恩来拟请梁希任中华人民共和国林垦部部长时，梁希很不安，递了个条子给总理，上写道：“吾年近七十，才力不堪胜任，仍以回南京教书为宜。”周恩来立即回复一纸条，写道：“梁先生：你是认真的人，故临时而惧，我应该向你学习。但当仁不让，你应该向古人学习。周恩来即。”散会后，周恩来来到梁希的身边，用期待的目光注视着梁希，梁希坚定地说：“为人民服务，万死不辞！”

★ 梁希在中国人民政治协商会议第一届全体会议上发言。

① 陈延武著：《万水朝东——中国政党制度全景》，生活·读书·新知三联书店 2011 年版，第 175 页。

第三章

携手建设新中国

一、为恢复国民经济、巩固人民民主专政而奋斗

（一）从酝酿解散到恢复发展

中华人民共和国的成立，标志着我国新民主主义革命取得伟大胜利，并开辟了通向社会主义的道路。

新中国成立后，沈钧儒先生领导的救国会宣布解散了。九三学社有些同志也认为，九三学社已经完成了它在民主革命中的历史使命，提议可以解散。但解散必须得到各地方负责人的同意。当时九三学社成员分布的重庆、成都、广东、杭州等地还未解放，电讯又不通畅，大家无法就此事进行商讨。此时正值毛泽东访问苏联期间，及至他访苏归来，得知救国会解散和九三学社酝酿解散的情况后，对救国会的解散深表惋惜，并立即派中央领导同志转达他不同意九三学社解散的意见。①

中共中央统战部部长李维汉到九三学社发表讲话说："九三学社的朋友在解放以前，是与各民主党派的朋友一样，在反美反蒋及为民主的各项运动上尽了力的。在整个革命当中，是有贡献的。中国人民政治协商会议召开的时候，九三学社是与中国共产党及其他民主党派一样，一同参加了这个会议。政协召开以后，也就是今年年初的时候，九三学社的朋友曾考虑了一个问题，就是九三学社是否继续存在的问题。这个问题，在我们看来，是不存在的。""参加政协的，则是革命的政党，政协就要他们继续发展。至于救国会的解散，并不是我们的希望。解散这件事，是与中国革

① 许德珩著：《毛主席和九三学社》，《人民日报》1983 年 12 月 14 日第 5 版。

命的历史发展不相符合的，我们也希望九三学社继续存在。”①

李维汉还说：“九三学社的朋友，多半是青年学生的教师，所以是用嘴巴和笔杆作教育工作，和对社会作宣传工作的。不但在学术上面，对青年起了教育的作用，而且在过去反美反蒋的民主运动，以及在解放军取得胜利，中央人民政府成立和共同纲领及其他法令制度制定以后，在政治上，也是对青年对社会起了教育作用的。所以个人学识方面是教师，政治上也是教师。这样的一个团体，已经有了他自己的面貌和特点。一般的说，党派团体，过去之所以成功，是因为有他自己所以成功的面貌与特点的关系。今后的发展，很自然的，是在原有的面貌与特点的基础上，向前发展的。如果这样作的话，发展的范围领域，还是很宽广的，比过去要宽广得多。”②

为了研究新中国成立初期统战工作的方针任务和各方面统战工作的基本政策，中共中央统战部于 1950 年 3 月召开了第一次全国统战工作会议。毛泽东听取了会议的汇报后，强调指出：“民主党派不是一根头发。从他们联系的人们看，是一把头发，决不可藐视。”“民主党派和共产党的干部，手掌手背都是肉，不能有厚薄。”③

中国共产党和毛泽东、周恩来、李维汉对九三学社的关怀、帮助和鼓励，使九三学社广大社员感到无比温暖，充满了继续前进的信心。九三学社于 1950 年 3 月恢复了中央理事会。新的中央理事会除原有的理事外，严济慈、孙承佩、薛愚、方亮等被推举为新的中央理事。许德珩任主席，梁希任副主席。新的中央理事会在九三学社恢复工作、整理内部、健全机构和发展社员等方面做了大量的工作。

（二）具有特殊意义的两次全国工作会议

1949 年中华人民共和国的成立，揭开了中国历史的新篇章。人民民

① 九三学社中央社史办公室编：《九三学社历史资料选辑》，学苑出版社 1991 年版，第 93 页。
② 同①，第 93—94 页。
③ 陈延武著：《万水朝东——中国政党制度全景》，生活·读书·新知三联书店 2011 年版，第 188 页。

主统一战线的规模、内容和任务都发生了深刻的历史性变化，开始进入了新的历史发展时期。

从1949年年底到1950年年初，各民主党派相继召开了各自的全国代表大会，总结历史经验，修改章程，公开宣布一致拥护新民主主义和《共同纲领》，决定接受中国共产党的领导，完成了向新民主主义政党的转变。

1950年11月底至12月初，九三学社召开了建社以来的第一次全国工作会议，共63人出席。出席人员除北京分社代表52人外，还有上海分社代表卢于道、吴藻溪、洪涛、洪铭声、勾适生、杨半农6人；南京分社代表潘菽、高觉敷、彭饬三3人；重庆分社代表王克诚1人；天津分社代表吴廷缪1人。本次大会具有全国代表大会的性质。会议的中心议题是：确定九三学社在抗美援朝保家卫国运动中的中心工作，巩固与发展九三学社的组织。

12月1日，会议正式开幕。许德珩致开幕词，他阐述了抗美援朝的伟大意义，号召九三学社为保卫和建设新中国而奋斗。中共中央统战部部长李维汉应邀出席会议并讲话。卢于道报告时事，讨论总结；秘书长黄国璋报告秘书处工作；宣传委员会主任委员孟宪章报告宣传委员会工作；联络委员会主任委员薛愚报告联络委员会工作。南京分社代表潘菽、上海分社代表卢于道、重庆分社代表王克诚、天津分社代表吴廷缪分别报告了各地工作情况。

12月2日至3日，会议听取李维汉“统战工作报告”和彭真“土改工作报告”，提案审查委员会审查提案，讨论《现阶段本社的任务与工作》及《本社组织的巩固与发展》两个文件。会议围绕上述两个文件，展开了充分热烈的讨论，并作出了一致同意的会议决定。会议于12月5日闭幕，许德珩致闭幕词。会议明确了新中国成立后九三学社作为新民主主义政党的性质，即各民主党派对民族资产阶级、城市小资产阶级和它们的知识分子，均有不同程度的联系和代表性，都是阶级联盟的性质，不是单一阶级的政党。九三学社的历史使命，就是在中国共产党的领导下，在

《共同纲领》的基础上，同中国共产党亲密合作，团结一切可以团结的力量，为巩固和壮大人民民主统一战线、共同建设一个崭新的强盛的人民共和国而努力。会议还明确了九三学社以政协会议《共同纲领》为社的纲领。在全国人民代表大会召开并通过宪法之前，《共同纲领》起着临时宪法的作用。它的总纲和各项基本政策，体现了中国共产党新民主主义革命的全部纲领，体现了各民主阶级、各民主党派、各民族在内的全国人民的意志和利益，具有向社会主义过渡的性质和特点，是新中国成立初期人民民主统一战线大团结的政治基础和共同奋斗的纲领。

这次会议还明确了九三学社作为新民主主义的政党长期存在、巩固发展等一系列基本问题。中共中央统战部部长李维汉在会议期间两次到会并讲话，充分肯定了九三学社的革命历史，阐明了九三学社的性质、特点和作用。李维汉指出："九三学社是学术界的新民主主义党派，和普通的民主党派性质有所不同，这是九三学社特有的性格。由于九三学社性格的特殊，所以他的工作也不能和普通的民主党派完全一样，是要把人民所需要的学术和政治结合一起，去促进国内学术界精神上的解放，以求服务于人民。"①

当时九三学社社员，从受教育的背景看，学自然科学与技术科学的占社员总数的50%，学社会科学的占总数的35%，学文艺、教育的占15%；从社员的工作岗位看，从事文教工作的占72.3%，服务政界的占18.7%，从事商业的占5.4%，其他占3.6%。

会议选举许德珩任九三学社主席，梁希任副主席。许德珩、梁希、黄国璋、薛愚、孟宪章为常务理事，黄国璋任秘书长，方亮、李毅、叶丁易任副秘书长，并在原有理事许德珩、梁希、黄国璋、薛愚、孟宪章、黎锦熙、潘菽、卢于道、税西恒、涂长望、彭饬三、裴文中、严济慈、吴藻溪、孙承佩、孙荪荃、方亮、笪移今、谢立惠19人基础上，增选洪铭声、高觉敷、金善宝、袁翰青、叶丁易、劳君展、鲁宝重、董渭川、初大告9

① 九三学社中央社史办公室编：《九三学社历史资料选辑》，学苑出版社1991年版，第112页。

人为理事，顾执中、洪涛、王克诚、漆文定、金涛、汤璪真、张效良 7 人为候补理事，是为九三学社第二届中央理事会。会议制定了以抗美援朝为中心任务和巩固与发展的组织工作方针。同时，会议决定创设《九三社讯》为九三学社的机关刊物。此次会议标志着九三学社迈进了新的历史阶段。

1952 年 9 月 11 日至 20 日，九三学社召开了第二次全国（扩大）工作会议。

出席大会的代表有 93 人。会议听取并讨论了总社的组织工作报告、宣传和学习工作报告、秘书处工作报告、各地分社的工作报告；学习并研究了统一战线工作方向问题；解决了一些过去没有解决的问题；讨论了九三学社的性质、方针与任务；修订了社章；初步建立了九三学社的基本制度。

新中国成立近三年间，九三学社取得了很大的进步，每一个社员对此都有切身体验，但对于九三学社的性质仍然存在不同的认识。这次大会的中心议题是进一步明确九三学社的性质、方针与任务。在会议修改社章的过程中，代表们围绕九三学社作为新民主主义政党及其阶级属性问题，展开了热烈的讨论。经过反复认真的讨论，与会人员对九三学社性质的认识基本趋向一致。修改后的社章将旧社章中规定的九三学社是“学术性的民主政团”的性质改为“新民主主义政党”，其全面表述是：“九三学社是以小资产阶级文教科学工作者为主要成份的阶级联盟的新民主主义政党，是中国人民民主主义统一战线的组成部分。以中国人民政治协商会议共同纲领为政纲，在中国共产党领导下，团结并教育广大的文教科学工作者为彻底实现共同纲领而奋斗。”在组织方面，会议决定九三学社的中央领导机构名称由原来的理事会改为社会政治团体通常采用的委员会。会议选举许德珩、梁希等 47 人为中央委员，储安平等 9 人为候补中央委员。许德珩任主席，梁希任副主席，涂长望任秘书长，叶丁易、李毅任副秘书长，是为九三学社第三届中央委员会。

（三）参加三大政治运动、“三反”“五反”和思想改造运动

新中国成立初期，人民民主统一战线的根本任务，就是要团结一切可以团结的力量，为实现《共同纲领》，恢复国民经济而奋斗。在恢复国民经济的同时，中国共产党还领导全国人民开展了抗美援朝战争、土地制度改革、镇压反革命三大政治运动。三大运动的矛头是针对帝国主义、封建主义及国民党政府的残余势力，是为彻底完成新民主主义革命、准备转入社会主义革命和社会主义建设而进行的伟大斗争。

1. 参加抗美援朝运动

1950 年，正当全国人民在中国共产党的领导下，满怀信心地为争取国家财政经济状况根本好转而努力奋斗的时候，年轻的新中国又面临着外部侵略的严重威胁。6 月 25 日，朝鲜战争爆发。9 月 15 日，美国打着“联合国”的旗号，纠集一些国家组成“联合国军”，悍然在南朝鲜的仁川登陆，很快越过“三八线”，大举进犯北朝鲜，并在 10 月初迅速向中国边境推进。在这种严峻形势下，朝鲜劳动党和政府向中国共产党和政府提出出兵援助要求。10 月上半月，中共中央政治局在毛泽东主持下多次开会，全面估量了国内外形势，深入分析了出兵作战的必要性和可能性。

在决策的过程中，中共中央指派周恩来、李维汉与各民主党派和无党派民主人士代表进行座谈，征求他们的意见。10 月 20 日，毛泽东在中南海召集各民主党派、各人民团体负责人开会。经过反复认真的讨论，与会者一致拥护毛泽东抗美援朝的意见，许德珩代表九三学社在决议书上庄严签字。10 月 24 日，全国政协第一届常委会举行第十八次会议讨论抗美援朝问题，周恩来作《抗美援朝，保卫和平》的报告，与会政协常委一致同意组建中国人民志愿军援朝。10 月 26 日，有各民主党派、无党派民主人士参加的全国人民抗美援朝运动的统一领导机构——中国人民保卫世界和平、反对美国侵略委员会，在北京宣告成立。全国上下掀起了轰轰烈烈的抗美援朝运动。11 月 4 日，中国共产党同各民主党派及无党派人士、中国新民主主义青年团联名发表了《各民主党派联合宣言》，指出：“朝

鲜的存在与中国的安危是密切关联的。唇亡则齿寒，户破则堂危。中国人民支援朝鲜人民的抗美战争不止是道义上的责任，而且和我国全体人民的切身利害密切关联着，是为自己的必要性所决定的。”中国共产党及各民主党派人士充分表达了抗美援朝的决心。1950 年 12 月，九三学社召开第一次全国工作会议，确定抗美援朝、保家卫国为“本社现阶段的中心任务与工作”。在抗美援朝运动中，九三学社的各级组织发表有关抗美援朝的宣言、声明、抗议、谈话等文章 60 余篇，举办座谈会、讲演会、报告会多次；开展以现金、实物、稿费等多种方式的捐献活动；动员学生和社员子女参军，单是北京一地就有 30 多位社员的子女参军参干。全体社员在不同的岗位上积极参加抗美援朝运动。孙承佩、方亮、吴阶平、严仁英等参加了朝鲜前线的战地工作；梁希、陈明绍等赴朝慰问；方亮等荣获中朝两国颁发的勋章或奖章。不少社员利用出席国际会议和出国访问、讲学的机会，阐述我国抗美援朝的正义立场，为争取世界和平而努力。社组织还根据九三学社的特点和任务，宣传爱国主义和国际主义，肃清亲美、崇美、恐美思想。

2. 参加土地制度改革运动

实行土地制度改革，废除封建土地所有制，消灭地主阶级，是中国新民主主义革命的一项基本任务，也是解放农业生产力、发展农业生产和建立工业化的独立富强新中国的必由之路。中国共产党为实现这个历史任务进行了长期的斗争。新中国成立前，有 1.45 亿农业人口的老解放区基本上完成了土地改革。根据中共七届三中全会的部署，从 1950 年冬到 1953 年春，在全国 2.64 亿农业人口的地区完成了土地改革，使 3 亿多无地或少地的农民分得约 7 亿亩土地和其他生产资料。

毛泽东在全国政协一届二次会议上致闭幕词时，号召各阶层人士积极支持土地改革，过好土改关，做一个完全的革命派。他说：“战争和土改是在新民主主义的历史时期内考验全中国一切人们，一切党派的两个‘关’……现在是要过土改一关，我希望我们大家都和过战争关一样也过得很好……只要战争关、土改关都过去了，剩下的一关就容易过去的，那就是社会主义的一关，在全国范围内实行社会主义改造的那一关。”① 他重申了中国共产党同党外人士长期合作的方针，指出只要谁肯真正为人民效力，在人民还有困难的时期内确实帮了忙，做了好事，并且是一贯地做下去，并不半途而废，那么，人民和人民的政府是没有理由不要他的，是没有理由不给他以生活的机会和效力的机会的。毛泽东最后强调，一定要巩固和扩大统一战线。毛泽东的讲话明确地表达了中国共产党的统战工作的基本方针和基本方法，提出了中国共产党同党外人士长期合作的光明前景，对各民主党派、民主人士和一切爱国人士是极大的鼓舞，对统一战线工作具有长远的指导意义。这次人民政协会议之后，九三学社中央理事会发布了拥护、支持土改运动的指示和决议，号召和动员社员认真学习和遵守政府的政策法令，积极支持和参加土改运动，为完成这一伟大历史任务而奋斗。九三学社广大社员，在政府、各级政协及社中央理事会和各地方组织的号召和组织领导下，一方面加强学习党和政府有关土地改革的指示、文件，一方面以实际行动积极报名参加或参观土地改革工作。

北京社员第一批参加了中南地区土改工作团，及赴上海、皖北、西北、河南等地的土改参观团。初大告、严济慈、汤璪真、孙云铸、尹赞勋等参加了西南土改工作团第一团。裴文中等 10 人参加了西南土改工作团第二团。著名古人类学家、北京猿人的发现者裴文中原计划去四川资阳考古，得知政协全国委员会和九三学社中央理事会要组织土改工作团之后，毅然改变计划，坚决要求参加土改工作，他说：“参加土改工作，不是去‘镀金’，去逛逛，去猎奇，土改是革命，几千年中国封建社会生产力停滞不前，最主要的原因就是封建土地制度和地主阶级阻碍了生产力的发展。”他担任二团副团长，常勉励大家放下教授、高级知识分子的架子，虚心向农民学习，以科学态度对待土地革命问题，努力在实践中锻炼成为人民的知识分子。

据 1952 年统计，九三学社有 34% 的社员先后参加或参观了土改工作，

---

① 中共中央文献研究室编：《毛泽东年谱（1949—1976）》第一卷，中央文献出版社 2013 年版，第 158 页。

大家都写了心得体会，总结了思想收获，这对提高思想觉悟，站稳立场，产生了积极的影响。

3. 参加镇压反革命运动

国民党政府败逃台湾后，在大陆境内遗留下一大批反革命分子（土匪、恶霸、特务、反动党团骨干、反动会道门头子等）。新中国成立后，他们中的有些人已向人民政府自首、投降，还有很多人不甘心失败，潜伏下来，伺机进行破坏和捣乱。朝鲜战争爆发后，他们错误估计形势，以为第三次世界大战即将爆发，蒋介石“反攻大陆”时机已到，反革命气焰嚣张。他们破坏工厂、铁路，烧毁仓库、民房，抢劫粮食、财物，散布谣言，甚至组织骚乱，袭击围攻基层人民政府，残杀革命干部和群众积极分子。1950 年，广大新解放区有近 4 万名干部和群众被反革命分子杀害，其中仅广西就达 7000 多人。

为了肃清反革命分子，巩固新生的人民政权，1950 年 10 月 10 日，中共中央发出《关于镇压反革命活动的指示》，要求中共各级党委必须坚决对一切继续进行反革命活动的分子，予以严厉制裁，纠正镇压反革命中“宽大无边”的偏向，全面贯彻“镇压与宽大相结合”的政策，即“首恶者必办，胁从者不问，立功者受奖”。从 1950 年 12 月开始，中共中央在全国范围内大张旗鼓地开展了一场大规模的镇压反革命运动。1951 年 2 月，中央人民政府公布了《中华人民共和国惩治反革命条例》，给广大人民群众和公安机关同反革命分子的斗争以有力的法律武器，保证了镇压反革命运动的胜利。

1951 年 2 月，九三学社发表声明，坚决拥护政府镇压反革命的正确决策。许德珩于 1951 年 3 月 12 日在《人民日报》上发表文章，号召九三学社社员认真学习《中华人民共和国惩治反革命条例》，尽力协助政府从根本上消灭一切反革命活动。九三学社上海等分社，也发表拥护声明。北京、上海、南京等分社的负责同志及一部分社员参加或主持了当地对反革命案件的审查工作，如上海的卢于道参加了审查反革命案件委员会的工作。

4. 参加“三反”“五反”运动

1951 年 12 月 1 日，中共中央作出《关于实行精兵简政、增产节约，反对贪污、反对浪费和反对官僚主义的决定》。在国家机关和企事业单位开展了以反对、抵制旧社会恶习和资产阶级腐蚀为主要内容的“三反”运动。随着“三反”运动的开展，发现许多贪污分子和社会上不法资本家的违法活动密切关联、互相勾结。在这种情况下，1952 年 1 月 26 日，中共中央发出了《关于在城市中限期展开大规模的坚决彻底的“五反”斗争的指示》，开展打退资产阶级进攻的反行贿、反偷税漏税、反偷工减料、反盗骗国家财产、反盗窃国家经济情报的“五反”运动。

九三学社积极地参加了“三反”“五反”运动。1951 年 12 月 28 日，九三学社节约检查委员会正式成立。在成立大会上，许德珩强调“反贪污、反浪费、反官僚主义，是全国人民在镇压反革命胜利的高潮后又一个最重大的任务”，号召各地方组织和全体社员立刻行动起来，开展这一斗争。31 日，九三学社中央向全社发出《本社关于开展反贪污、反浪费、反官僚主义运动的指示》。1952 年 2 月 9 日、14 日，九三学社中央节约检查委员会迭次向全社发出指示文件，具体布置“三反”“五反”的措施步骤。在“三反”“五反”运动中，九三学社有 26% 的社员担任了一定的负责工作，有些社员担任从中央到地方各级人民法庭的审判工作。1952 年 7 月27 日，许德珩在在京中央理事谈话会上说：“‘三反’‘五反’运动的成就在中国历史上是空前的，从社会制度到各个人的思想行为都有了根本的变化，新的事物时时刻刻涌现到我们面前，我们每个同志在‘三反’‘五反’运动中都受到了相当的教育，社的组织也获得了一定的收获。”

5. 参加思想改造运动

知识分子是掌握现代科学和文化知识的脑力劳动者，是新中国建设的宝贵财富。新中国成立后的头三年，中国共产党对知识分子工作的中心任务是，团结教育改造广大知识分子，为实现《共同纲领》、恢复国民经济而努力。

从旧社会过来的知识分子的显著特点是反帝爱国，拥护革命。国民党政府溃逃台湾省时，广大知识分子欢欣鼓舞，迎接新中国的诞生。新中国成立后，他们表现出了空前的爱国热情，跟着中国共产党走，并愿在本职岗位上努力为新中国恢复国民经济、重建文化事业、巩固新政权贡献力量。一大批旅居海外的爱国知识分子，也积极响应祖国的召唤，放弃国外优越的工作条件和优厚的生活待遇，冲破重重阻挠，毅然回到祖国大陆，积极投身于新中国的建设事业。其中有几百名取得了博士、硕士学位的留美学生，他们为新中国的成立感到扬眉吐气，在中国共产党和政府的帮助下，在周恩来亲自关怀下，毅然冲破美帝国主义的阻挠和封锁，回到祖国大陆，成为新中国科技事业的中坚力量。总的说来，中国大多数的知识分子，是能够适应新中国的需要的。但是，一部分知识分子由于刚从旧社会过来，或者刚从国外回来，不了解新社会，不了解中国共产党，也不了解马克思列宁主义、毛泽东思想。同时，知识分子中的多数人出身于剥削阶级家庭，不同程度地受到封建主义、资本主义甚至帝国主义的奴化思想影响，有单纯技术或单纯学术的观点。这些状况是同新中国建设和发展的需要不相适应的，需要通过学习和实践逐步改变，以树立为人民服务的新思想和新作风。

1951 年 10 月 23 日，毛泽东在中国人民政治协商会议第一届全国委员会第三次会议的开幕词中指出："思想改造，首先是各种知识分子的思想改造，是我国在各方面彻底实现民主改革和逐步实行工业化的重要条件之一。"①

知识分子的学习和思想改造，在新中国成立后就已经开始。作为知识分子思想改造的集中学习运动，则是在 1951 年 9 月至 1952 年秋这一期间展开的。1951 年 9 月，中共中央和中央人民政府为了帮助广大知识分子进一步适应新中国各方面建设的需要，决定在知识分子中进行一次思想改造的学习运动。1951 年 9 月 29 日，周恩来在北京、天津高等院校教师的学习会上作了《关于知识分子的改造问题》的报告。随后，中共中央又发出了有关知识分子进行思想改造的学习运动的指示，作出了具体的部

① 中共中央文献研究室编：《毛泽东年谱（1949—1976）》第一卷，中央文献出版社 2013 年版，第 409 页。

署，推动思想改造运动在全国知识界广泛展开。

九三学社号召社员在思想改造运动中起模范带头作用。通过思想改造运动的学习和实践，九三学社广大社员在划清敌我界限，划清封建思想、资产阶级思想与无产阶级思想界限，树立为人民服务的观点上，有不同程度的提高。在1952年院系调整工作中，九三学社有大批专家、教授和学者，为了建设祖国的需要，踊跃报名到祖国最需要的地区和岗位。他们离开北京、上海、天津等城市，满怀报效祖国的热情先后分赴各地；同时，他们也把九三学社的种子传播到沈阳、长春、哈尔滨、武汉、广州、成都、昆明、贵阳、西安、兰州、呼和浩特等地。九三学社社员为国家科学文化教育事业的整体布局和发展做了许多开拓性的工作，也为九三学社地方组织的建立和发展做了许多奠基性的工作。社员还利用出席国际性会议、出国访问和讲学的机会，宣传新中国的建设成就和党及政府的各项方针政策，帮助在海外的学术界人士消除顾虑，回国参加新中国的建设。在他们的影响下，不少人回国后参加了九三学社，使组织扩大了影响，增添了新鲜血液。

二、迎接社会主义改造的高潮，向现代化进军

（一）在社会主义改造运动中

新中国成立后经过三年的努力，我国恢复国民经济的工作实现了预定目标。1953年8月，中共中央提出了党在过渡时期的总路线："从中华人民共和国成立，到社会主义改造基本完成，这是一个过渡时期。党在这个过渡时期的总路线和总任务，是要在一个相当长的时期内，逐步实现国家的社会主义工业化，并逐步实现国家对农业、对手工业和对资本主义工商业的社会主义改造。"

1954年9月15日至28日，中华人民共和国第一届全国人民代表大会

第一次会议在北京胜利召开。会议通过了《中华人民共和国宪法》，选出了国家的领导人。从此，新中国第一部宪法取代《共同纲领》，成为中国各民主阶级、各民主党派、各族人民大团结的政治基础；中国人民政治协商会议不再代行人民代表大会职权，而是作为实行政治协商、民主监督的统一战线组织继续存在。

在向社会主义过渡的时期，我国人民在中国共产党的领导下，开展了第一个五年计划的大规模经济建设，逐步进行了农业、手工业、私营工商业的社会主义改造。生产关系的变革大大推动了生产力的发展，我国出现政治、经济、文化全面发展的好势头。这一时期，民主党派参加了国家政治生活、经济文化建设中的重大问题的协商，积极投身国家建设和社会主义改造。1954 年关于宪法的协商讨论、关于过渡时期总路线的协商讨论，都充分发挥了民主党派作用。在一届全国人大一次会议选举产生的人大常务委员会和国务院的人员组成中，各民主党派领导人和著名民主人士，分别担任了国家最高权力机构全国人大常委会的副委员长、委员。在 13 位人大常委会副委员长当中，有党外人士 8 人；在 79 位人大常委会委员当中，有党外人士 39 人；在新组建的国务院 35 个部委的部长、主任中，有党外人士 13 人。民主党派成员在人大和国家机构中占有相当的比例。九三学社许德珩、梁希、潘菽、茅以升、周培源、严济慈、涂长望等 25 位社员当选为全国人大代表，有的还在中央人民政府中担任重要职务。1954 年 12 月全国政协二届一次会议召开时，九三学社许德珩、梁希、涂长望、黎锦熙、孙承佩等 37 位同志担任全国政协委员。

为了在思想文化领域加强马克思列宁主义的学习与宣传，1954 年，中共中央开展了对资产阶级唯心主义的批判。这个批判，最初是由批评俞平伯在《红楼梦》研究中的观点引起的。

在 1952 年 9 月，俞平伯将 1923 年出版的《红楼梦辨》略加修改，以《红楼梦研究》的书名重新出版。这引起了李希凡与蓝翎的注意，二人又读了俞平伯的《红楼梦简论》，开始着手写文章《关于〈红楼梦简论〉及其它》，向“新红学”权威俞平伯挑战。几经周折，文章发表在《文史哲》杂志1954年第9期上。1954年10月16日，毛泽东给中共中央政治局成员，中宣部、国务院及有关部委负责人写信指出，驳俞平伯的两篇文章，是30多年以来向所谓《红楼梦》研究权威作家的错误观点的第一次认真开火；是反对在古典文学领域毒害青年30余年的胡适派资产阶级唯心论的斗争。信中说："俞平伯这一类资产阶级知识分子，当然是应当对他们采取团结态度的，但应当批判他们的毒害青年的错误思想，不应当对他们投降。"① 毛泽东的这封信提出的问题十分尖锐，在文化学术界引起了高度重视，震动了中国知识界。

此后，报刊连续发表文章，各种形式的座谈会、批判会也纷至沓来，形成了对俞平伯的围攻。俞平伯是九三学社有较大影响的社员，对俞平伯的批判，在社员中引起震动和不安。许德珩是俞平伯在北大的同班同学，他认为俞平伯在平静生活中没遇到过暴风骤雨，怕他思想不通，担心他的对立情绪招来更激烈的围攻，特派九三学社中央宣传部副部长孙承佩等人对俞平伯进行劝说。九三学社中央也召开专门会议，鼓励他接受批评，树立继续前进的勇气。

1956年5月26日，中宣部部长陆定一在中南海怀仁堂向科技和文艺界作了一次题为《百花齐放、百家争鸣》的报告，他在报告中说："俞平伯先生，他在政治上是好人，只是犯了在文艺工作学术思想上的错误……但是有一些批判文章则写得很差，缺乏充分的说服力量，语调也过分激烈了一些。至于有人说他把古籍垄断起来，则是并无根据的说法。这种情况，我在这里解释清楚。"这等于为俞平伯在政治上作了解脱。中共十一届三中全会以后，对俞平伯等的不公正对待得到纠正。1986年1月20日，首都学术界人士聚集一堂，庆祝俞平伯从事学术活动65周年，中国社会科学院院长胡绳特别指出："俞平伯二十年代初对《红楼梦》的研究是具有开拓性意义的。对他的研究方法和观点提出不同的意见，是正常的；但1954年下半年，因《红楼梦研究》对他开展政治性的围攻是不正确的，

① 中共中央文献研究室编：《毛泽东年谱（1949—1976）》第二卷，中央文献出版社2013年版，第297—298页。

不符合党对文艺‘百花齐放’的政策。”并指出：“对这一类学术问题可以自由讨论，这是受宪法保护的，党不需要、也不应该对它们做出裁决。我们要团结学术界广大知识分子，共同进步，共同追求真理。”

（二）“向现代科学进军”和“百花齐放、百家争鸣”

1956年4月毛泽东《论十大关系》的讲话，是中国共产党比较系统地探索中国建设社会主义道路的开始。在这一讲话提出前后，中共中央在发展科学文化和进行经济建设方面形成并实施了一系列新方针。中共还提出了对知识分子的政策、“向现代科学进军”的任务和“百花齐放、百家争鸣”的方针。

1956年1月14日至20日，中共中央在北京召开了关于知识分子问题的会议。周恩来代表中共中央向会议作了《关于知识分子问题的报告》，这是新中国进入社会主义建设时期，中国共产党对知识分子政策的重要文献。在报告中，周恩来对整个知识分子的现状做了详细的分析，全面总结新中国成立六年来中国共产党对知识分子工作的经验教训，明确提出了今后对知识分子工作的方针任务。报告强调指出，“我国的知识界的面貌在过去六年来已经发生了根本的变化”，知识分子中的“绝大部分已经成为国家工作人员，已经为社会主义服务，已经是工人阶级的一部分”。报告充分肯定知识分子在社会主义建设时期的重要地位和作用，指出：“在社会主义时代，比以前任何时代都更加需要充分地提高生产技术，更加需要充分地发展科学和利用科学知识。”建设社会主义“必须依靠体力劳动和脑力劳动的密切合作，依靠工人、农民、知识分子的兄弟联盟”。报告指出：在社会主义建设和社会主义改造的高潮中，为了最充分地动员和发挥知识分子的力量，第一，应该改善对知识分子的安排和利用，使他们能够发挥对国家有益的专长。要纠正对知识分子用非所长的状况，要采取坚决的步骤，纠正这种对待人才的官僚主义、宗派主义和本位主义的错误，以便把专门人才用在国家最需要的地方。第二，应该对知识分子有充分的了解，并给他们以应得的信任和支持，使他们能够积极地进行工作。强调对党外知识分子，“应该让他们有职有权，应该尊重他们的意见，应该重视他们的业务研究和工作成果，应该提倡和发扬在社会主义建设中的学术讨论，应该使他们的创造和发明能够得到试验和推广的机会”。第三，应该给知识分子必要的工作条件和适当的待遇。报告指出，在知识分子的工作条件方面，目前的一个重要问题是，他们中间有许多人，不能最有效地支配自己的工作时间，许多人深感他们用在非业务性会议和行政事务上的时间太多。中共中央认为，今后必须保证知识分子至少有六分之五的工作日（即每周 40 小时）用在自己的业务上。目前不少专家兼职太多，应该迅速加以调整解决。对知识分子的政治待遇和生活待遇也应该妥当解决。周恩来在报告中，还对知识分子自我改造、向现代科学进军等问题作了专门的论述。①

毛泽东在会上也讲了话，他号召全党努力学习科学知识，同党外知识分子团结一致，为迅速赶上世界科学先进水平而奋斗。

这次会议的召开，对我国知识分子是极大的鼓舞。在中共的领导下，广大知识分子掀起了向科学进军的热潮，决心为改变我国科学技术落后状况，赶上世界先进水平，实现社会主义现代化充分发挥自己的聪明才智。会后，全国形成“向科学进军”的热潮。

1956 年 2 月 24 日，中共中央发出了《关于知识分子问题的指示》。同时，在周恩来、陈毅、李富春、郭沫若等领导下，成立了科学规划委员会，制定了《1956 年到 1967 年科学技术发展远景规划纲要草案》，为我国科学技术的发展指明了奋斗目标。

1956 年 4 月 28 日，毛泽东在中共中央政治局扩大会议上说：“艺术问题上的百花齐放，学术问题上的百家争鸣，我看这个应该成为我们的方针。”② 这一方针由毛泽东提出，经中共中央确定为关于科学和文化工作

---

① 中共中央统一战线工作部、中共中央文献研究室编：《周恩来统一战线文选》，人民出版社 1984 年版，第 273—307 页。

② 中共中央文献研究室编：《毛泽东年谱（1949—1976）》第二卷，中央文献出版社 2013 年版，第 570—571 页。

的重要方针。5 月 26 日，中共中央宣传部举行报告会，陆定一代表中共中央向知识界作了题为《百花齐放、百家争鸣》的讲话，对这个方针作了全面的阐述。他强调："我们所主张的'百花齐放、百家争鸣'是提倡在文学艺术工作和科学研究中有独立思考的自由，有辩论的自由，有创作和批评的自由，有发表自己意见的自由。""我们主张政治上必须分清敌我，我们又主张人民内部一定要有自由。'百花齐放、百家争鸣'，是人民内部的自由在文艺工作和科学领域中的表现。"在自然科学工作方面，他指出："在某一医学上，生物学或其他自然科学学说上，贴上什么'封建''资本主义''社会主义''无产阶级''资产阶级'之类的阶级签……就是错误的。"

中共中央关于知识分子问题会议的召开和"百花齐放、百家争鸣"方针的提出，极大地鼓励和激发了广大知识分子的爱国热情和建设社会主义的积极性及创造力，特别是"向现代科学进军"的号召，使以科技界知识分子为主体的九三学社广大社员感到欢欣鼓舞。

许德珩在 1956 年 2 月召开的九三学社第一次全国代表大会上作的社务报告中，分析了面临的形势和任务，指出："目前全国工农业的突飞猛进的发展，就催促着科学文化要有相应的发展，随着生产关系的改造，技术改造即将加速地提上日程。原子能和平利用的广泛发展，半导体的利用，电子学的发展，使世界面临新的工业革命的前夕，也使我们不能不把我国社会主义建设的技术基础放在最新的科学成就之上。但是，从整个说来，我国科学、文化、教育、卫生等各方面状况，都还不能适应社会主义建设事业急速发展的需要，而且有的还落后在世界先进水平后面很远。因此，我们的科学文化事业不但要加速发展，而且还必须迅速赶上世界先进水平，要使我国的科学文化能够满足社会主义建设的要求，并使我国科学文化在三个五年计划的时间内接近世界先进水平，这就是我们知识分子当前一项艰巨的任务，同时也是一项光荣的任务。"

九三学社是以文教科学技术界高级知识分子为主体的民主党派，聚集了一批有重要影响力的杰出科学家，他们为我国科学技术事业作出了卓越的贡献。如周培源在科学和教育的园地上辛勤耕耘半个多世纪，在广义相对论和湍流理论研究方面取得许多重要的成就；严济慈在压电晶体学、光谱学、地球物理学等方面有重要贡献，是我国现代物理学的开创者之一；茅以升是著名的桥梁专家，早在20世纪30年代，他主持设计和建造了钱塘江大桥，这是第一座由中国人自己设计建造的近代化铁路、公路两用桥；金善宝是我国杰出的农业科学家，选育了许多小麦新品种，为我国粮食增产作出了突出的贡献。在这些旗帜性人物的带领下，九三学社热烈响应中共中央号召，提出“向科学大进军”的响亮口号，进行了“不断提高觉悟，充分贡献力量，协调各方关系，培养进步分子，加强领导，密切联系群众，加强组织工作”等一系列部署，作了卓有成效的努力，取得了显著的成绩。

★ 1960年，毛泽东接见周培源（左一）。

涂长望是新中国第一任中央军委气象局局长，他坚决贯彻执行气象工作为国防建设服务、为国民经济各部门的气象预报服务的方针，在全国普遍建立气象观测站点，1956年6月起，气象局在全国各地通过电台、报纸公开发布天气预报，为新中国的气象事业作出了开创性贡献。中国科学院生理生化研究所所长王应睐和邹承鲁、汪静英完成从生物体内提纯琥珀酸脱氢酶，进入国际领先领域。李林和她的助手们试制成功两种合金钢——渗碳级硼钢和硼钼合金结构钢。北京大学教授赵广增，在研究偏振光方面取得了突出成绩。

1954 年 12 月，国务院任命一部分国家工作人员，九三学社黎锦熙、魏建功为中国文字改革委员会委员；金善宝为南京农学院院长；钟俊麟为沈阳农学院副院长；钱钟韩为南京工学院副院长；郑万钧为南京林学院副院长。1956 年 5 月，许德珩被任命为水产部部长。

★ 在第一届全国人大常委会第四十次会议上，毛泽东任命许德珩（右二）为水产部部长。

1955 年，为了推动我国科学技术发展，中国科学院成立学部，九三学社有 44 位社员担任了学部委员，严济慈、吴学周、周培源、陈建功、黄子卿、葛庭燧、尹赞勋、侯德封、涂长望、黄汲清、杨钟健、李薰、茅以升等分别担任了各学部的常务委员。1956 年，在周恩来亲自领导下，全国300多名专家共同讨论制定我国12年科学技术发展的长期规划时，梁希等66位社员参加了这项具有历史意义的工作。梁希、茅以升、严济慈、尹赞勋、黄汲清等被任命为国务院科学规划委员会委员。还有不少社员担任各专题组负责工作。1956年，我国首次颁发自然科学奖时，在34项获奖成果中，社员葛庭燧、钟补求、朱子清、陆仁荣、黄文魁、卢衍豪、杨敬之、穆恩之、李薰、周行健、邹元爔、李林等，分别在物理学、化学、地质学、植物学、冶金学方面获奖。

九三学社也有许多社员从事社会科学、文学艺术工作，他们也为国家的社会科学和文教事业繁荣发展作出了突出贡献。如教育家陈鹤琴、董渭川、高觉敷等；经济学家孟宪章、秦瓒、赵乃抟、傅筑夫等；社会学家和法学家孙本文、王之相、戴修瓒、李祖荫、黄觉非、楼邦彦等；语言和文学家黎锦熙、俞平伯、杨振声、李长之、游国恩、冯沅君、陆侃如、魏建功、顾随、萧涤非、程千帆、金克木等；历史学家雷海宗、陈恭禄、郑鹤声、陈守实、吴于廑、唐长孺、谭其骧、韩儒林等；古文献、古文字学家和文物鉴定家刘文典、胡厚宣、于省吾、高亨、蒋礼鸿、张政烺、启功、朱家溍、王世襄、徐邦达等。

九三学社广大社员长期以来梦寐以求的以文化科学技术报效祖国、强国富民的夙愿，在旧社会屡屡受阻，频遭失望，只有在中国共产党领导的人民革命取得胜利以后，在社会主义制度下，才得以实现。

（三）第一次全国代表大会

1956年2月9日至16日，九三学社第一次全国代表大会在北京举行。这次大会的任务是总结过去的工作和确定九三学社在我国社会主义革命高潮的新形势下的方针及任务，修改社章和选举新的中央领导机构。出席这次大会的有各地代表144人，列席大会的有21人。

会议推选许德珩、梁希、涂长望、潘菽、薛愚、孙承佩、严济慈、卢于道、税西恒、黎锦熙、茅以升、袁翰青、周培源、方亮、吴学周、侯宗濂、劳君展、陈时伟、陈鹤琴、刘锡瑛、柯召、俞平伯、张玺、李薰、许

★ 九三学社第一次全国代表大会。

彦生 25 人为大会主席团，并推选了许德珩、梁希、涂长望、孙承佩、薛愚、潘菽、卢于道、税西恒、侯宗濂 9 人为常务主席，分别主持会议；推选涂长望为大会秘书长，孙承佩、干铎、陈明绍、李毅为副秘书长。会议还通过了议事规则和社务报告审查委员会、社章修改委员会、提案审查委员会、代表资格审查委员会委员及召集人名单；通过了议事日程；宣布了分组名单。

9 日上午，国务院副总理陈毅应邀向出席和列席中国民主同盟第二次全国代表大会、中国民主促进会中央常务理事会扩大会议、中国农工民主党第六届中央委员会第二次全体会议（扩大）和九三学社第一次全国代表大会的代表们作了长达五小时的重要报告。陈毅分析了世界形势，指出，“目前世界总的局势是趋向缓和……我们在进一步争取缓和国际紧张局势的同时，还要防止突然的事变，我们要争取一个和平的环境来从事我们的国家建设，根据我们对国内外局势的科学的分析，提出 12 年的建设计划，这个方针政策是完全正确的，我们要主动地去争取和平，在任何情况下，我们都不会动摇”。他号召科学工作者认真钻研业务，使我国最急需的科学部门在12年内能够赶上和超过世界的先进水平。陈毅最后指出，民主党派今后在国家的社会主义建设和社会主义改造事业中，还要发挥更大的作用。他希望各民主党派在中国共产党领导之下，通力合作，团结一切可能团结的力量，完成伟大的社会主义革命事业。

9日下午，九三学社第一次全国代表大会正式开幕，许德珩致开幕词，指出九三学社在我国社会主义革命高潮的新形势下召开这次大会，是具有重大历史意义的。他说，我国对农业、手工业和资本主义工商业的社会主义改造，取得了决定性的胜利，这个胜利标志着我们已经开始进入社会主义社会。许德珩指出，在新的形势下九三学社的首要任务，就是要在中国共产党的领导下，为了建设社会主义社会，充分发动我们的社员和社所联系的高级知识分子，发挥他们的高度积极性和创造性，努力提高政治认识和业务水平，为祖国的社会主义事业，贡献一切力量。薛愚代表大会资格审查委员会作了关于代表资格审查的报告。

许德珩向大会作了社务报告。他首先对于九三学社十年来的工作，作了简短的总结。他说："社在过去十年中曾经参加了党所领导的新民主主义革命斗争，并在新民主主义革命胜利之后，进一步地为社会主义革命胜利而斗争。这是半殖民地半封建的旧中国生长起来的爱祖国、爱人民、追求民主与科学的知识分子在党的领导和教育下所走的光荣的道路。"

许德珩对于当前国家的新形势和九三学社的任务，做了详细的分析，指出，要使我国的科学文化能够满足社会主义建设急速发展的需要，并使我国科学文化在三个五年计划期间，接近世界的先进水平。为了担负起这一项艰巨而光荣的任务，我们知识分子就要充分发挥力量，扩大队伍，提高业务水平和社会主义觉悟。作为一个为社会主义服务的民主党派，我们尤其要把这个工作做好。为此，九三学社今后的主要任务是：用一切方式动员全体社员以及所联系的群众，以顽强的努力，不断提高业务水平，以便充分发挥力量。用种种方法进行多方面的政治思想教育，不断提高社员和所联系的群众的觉悟程度，帮助大家进行自我改造，逐步成为完全社会主义的知识分子。协调各方关系，包括党员和非党员知识分子之间、青年科学家和老年科学家之间、老年科学家相互之间的关系，使不大协调的关系能够协调起来，使已经协调的关系能更加亲密无间。协调关系的工作不是消极的，而是积极的。社的这项工作的目标正是促使知识分子更加紧密地团结在党的周围，改造自己并充分发挥力量，为社会主义建设服务。培养进步分子，根据周恩来总理所提出的改造知识分子的斗争纲领，“使落后分子减少到最低限度，使中间分子尽可能地变为进步分子，使进步分子成为完全社会主义的知识分子”。

为做好上述四个方面的主要工作，许德珩强调，第一，必须根据毛泽东指示的“全面规划，加强领导”的精神，采取有效措施，切实地加强和改进我们的领导工作和组织工作。这就是要坚持不渝地在党的领导下进行工作，并与各友党密切合作；要贯彻集体领导的精神，充分发挥集体智慧；要加强思想领导，加强中央、地方、基层之间的联系。第二，要密切联系群众，而且联系的面应该尽量广泛，进步分子、中间分子、落后分子都是对象。不愿接近落后分子，不愿帮助落后分子进步的思想是错误的。第三，要做好基层组织工作。第四，要在巩固与发展相结合的方针下，根据需要与可能，作出具体规划，努力发展九三学社的组织。在吸收社员时，既要反对保守，也要提高警惕。要通过工作来发展社员。要重视对中间分子和落后分子进行工作，帮助他们进步，在他们符合社章要求时，吸收入社。

涂长望在大会上作了关于修改社章的报告。他说：“九三学社第二次全国工作会议扩大会议制定社章以来，我们伟大的祖国在政治上、经济上、文化上都发生了空前巨大的变化，九三学社社员和广大的知识分子也有了很大的进步。这些情况，都必须适当地在社章上反映出来。”关于九三学社的纲领，涂长望指出，由于《共同纲领》已经完成了它的历史任务，为宪法所代替，中国人民政治协商会议第二届全国委员会第一次全体会议通过了《中国人民政治协商会议章程》，并决定以七项准则作为参加中国人民政治协商会议的各单位和个人共同遵守的准则，九三学社是中国人民政治协商会议的组成单位之一，完全同意并投票赞成了这一章程，因此，把原社章第一条规定的“以中国人民政治协商会议共同纲领为政纲”改为“以中国人民政治协商会议章程的总纲为纲领”，是必要的，也是恰当的。关于九三学社的性质，改为“九三学社是中国人民民主统一战线中的一个以知识分子为成员的民主党派”，并申明“本社积极帮助社员学习马克思列宁主义，开展批评与自我批评，努力进行思想改造，提高社会主义觉悟，逐步成为完全社会主义的知识分子”。关于九三学社的任务，根据国家过渡时期总任务和政协章程总纲，社章修订草案第一条提出九三学社总的任务和奋斗目标为：“全力贯彻宪法的实施，坚持对国内外敌人的斗争，为实现国家在过渡时期的总任务，把祖国建设成为一个伟大的社会主义国家而奋斗。”九三学社的具体任务在社章修订草案中作了比较概括的规定。此外，关于社员，关于社的组织机构，关于奖惩和社的经费，等等，也作了适当的修改。

在大会期间，代表们分组讨论了许德珩的社务报告和涂长望关于修改社章的报告。大会一致通过了关于社务报告的决议、关于提案审查委员会的报告的决议，通过了修改后的九三学社社章。

代表们还分组学习和讨论了周恩来“关于知识分子问题”的报告和他在中国人民政治协商会议第二届全国委员会第二次全体会议上所作的“政治报告”，以及郭沫若的“在社会主义革命高潮中知识分子的使命”的报告，陈叔通“关于资本主义工商业的社会主义改造”的报告，董必武“关于肃清一切反革命分子问题”的报告和其他重要文件。在讨论中，代表们一致认为，在我国社会主义建设和社会主义改造高潮中，社各级组织应该更积极地推动并帮助社员和所联系的知识分子，充分发挥力量，提高业务水平，提高社会主义觉悟，勇敢地向科学进军，以完成国家给予我们的光荣任务。

经过充分的酝酿和讨论以后，大会选出了第四届中央委员会，选举许德珩为中央委员会主席，梁希为副主席，涂长望为秘书长。

大会在热烈的鼓掌声中一致通过了向毛泽东致敬电。

16 日下午 1 时 30 分，大会举行闭幕式。梁希致闭幕词，他号召九三学社的各级组织和全体社员：积极向科学进军，争取在第三个五年计划期末使我国最急需的科学部门能够接近世界的先进水平；努力进行自我改造；通过工作发展组织，贯彻巩固与发展相结合的方针；进一步接受党的领导和重视社的工作。最后他说："时代在向我们召唤，知识分子必须为社会主义贡献力量。我们有中国共产党和毛主席的领导，只要我们老老实实、勤勤恳恳，力戒任何浮夸和骄傲，我们一定能够担当起这个时代的伟大使命，一定能够做一个完全社会主义的知识分子。"

大会闭幕以后，接着举行了第四届中央委员会第一次全体会议，除依照社章规定中央委员会主席、副主席、秘书长即为中央常务委员会主席、副主席、秘书长，不另推举外，推选方亮、孙承佩、劳君展、吴学周、周培源、茅以升、侯宗濂、袁翰青、陆侃如、税西恒、杨肇熑、董渭川、裴文中、潘菽、黎锦熙、卢于道、薛愚、魏建功、严济慈等组成中央常务委员会，并对今后九三学社的工作进行了讨论并作出了重要的决定。中央常务委员会也举行了会议，会议任命许德珩兼组织部部长，薛愚、方亮、张席禔为副部长，孙承佩为宣传部部长，储安平、尹赞勋为副部长，严济慈为学习委员会主任委员，魏建功、刘及辰、金克木、楼邦彦为副主任委员，茅以升为科学文教工作委员会主任委员，周培源、董渭川、袁翰青、游国恩、黄汲清、陈明绍为副主任委员，劳君展为妇女委员会主任委员，孙荪荃、叶恭绍、魏璧为副主任委员。会议还任命孙承佩、陈明绍、李毅、周慧明为中央委员会副秘书长。

需要说明的是，九三学社的全国代表大会届次同所产生的中央委员会届次不同，原因即在九三学社全国代表大会召开之前，召开过三次具有全国代表大会性质的重要会议，即 1946 年 5 月九三学社成立大会，产生了第一届中央理事会，1950 年 3 月恢复并重组第一届中央理事会；1950 年 12 月九三学社召开第一次全国工作会议，产生了第二届中央理事会；1952 年 9 月九三学社召开第二次全国工作会议，产生了第三届中央委员会。于是，到 1956 年 2 月九三学社召开第一次全国代表大会时，产生了第四届中央委员会。因此，九三学社全国代表大会届次与所产生的中央委员会届次相差数字是“3”。

九三学社中央常务委员会按照新成立的工作机构配备了必要的工作干部，各部、会根据社的方针任务和第一次全国代表大会的决议，分别拟订规划并积极开展工作。

截至1955年年底，九三学社社员发展到1197人，建立地方组织18个，基层组织94个，各基层组织都有了定期的组织生活。在发展中也进行了巩固的工作，培养了骨干，整顿了组织，加强了团结。九三学社在中国共产党的指引下，在新中国社会主义革命和建设中得到健康的发展。

（四）贯彻“长期共存、互相监督”的方针

1956年4月25日，毛泽东在中共中央政治局扩大会议上作了《论十大关系》的讲话，其中提出关于中国共产党同民主党派实行“长期共存、互相监督”的方针。他在论述党和非党的关系时，不赞成苏联共产党的一党制，坚持中国共产党同民主党派合作的方针，他说：“究竟是一个党好，还是几个党好？现在看来，恐怕是几个党好，不但过去如此，而且将来也可以如此，就是长期共存，互相监督。”① 他在讲话中生动地比喻说，我们的方针是要把民主党派调动起来。要有两个万岁，一个是共产党万岁，另一个是民主党派万岁……这就表明，同民主党派实行长期共存，互相监督，是中国共产党坚定不移的方针。中共中央统战部部长李维汉在1956年第一届全国人民代表大会第三次会议上代表中共中央正式提出中国共产党和各民主党派“长期共存、互相监督”的方针。

九三学社中央常务委员会在第一届全国人民代表大会第三次会议期间和闭会以后，连续召集在京中央常务委员和担任全国人民代表大会代表的社员举行座谈会，交换对于“长期共存、互相监督”方针的意见。座谈会由许德珩主持。许德珩在讲话中首先指出：“李维汉部长在第一届全国

① 中共中央文献研究室编：《毛泽东年谱（1949—1976）》第二卷，中央文献出版社2013年版，第568页。

人民代表大会第三次会议上代表中共中央提出共产党和各民主党派‘长期共存、互相监督’的方针，不论从国内方面来说，或从国际方面来说，都有极其重大的现实意义。”他说：“这个方针提出以后，我们更要巩固和发展社的组织，扩大与群众的联系，进一步加强和做好我们的工作。”参加讨论会的同志普遍认为：民主党派过去和现在，直接间接的作用都很大，联系的面也很广，反映了群众的意见，对政府的工作起了一定的监督作用。中国共产党对民主党派的期望很殷切，现在又明确地提出中国共产党和各民主党派长期共同存在，互相监督，首先是对中国共产党起监督作用的方针，再一次宣告了同党外人士实行民主合作，是中国共产党的一条“固定不移”和“永远不变”的方针，使我们受到很大的触动，我们应该进一步做好我们的工作，以报答中国共产党和全国人民对我们的期望。俞平伯在发言中说：“过去我认为，到了社会主义社会，只能有一个党，只能有一种思想，因此，民主党派可能做的工作也就愈来愈不多了。自从中共中央提出‘长期共存、互相监督’和在学术上要实行‘百家争鸣’的方针以后，我才认识到我过去的看法是不对的。到了社会主义和共产主义社会，还存在着先进与落后的矛盾，存在着生产关系与生产力的矛盾，从而也就必然存在着不同思想，例如唯物主义与唯心主义思想，因此，民主党派必然还有存在的必要。”

1956 年 7 月 15 日晚，九三学社中央常务委员会又举行第三次会议（扩大），座谈“长期共存、互相监督”的方针。会议由许德珩主持，会上，对于民主党派为什么能够长期存在进行了热烈的讨论，对九三学社今后如何进行工作交换了意见。

1956 年 7 月 20 日，九三学社中央学习委员会向全社发出了《关于学习、宣传和贯彻“长期共存、互相监督”方针的通知》（以下简称《通知》）。《通知》说：

> 中共中央提出的中国共产党和民主党派“长期共存、互相监督”的方针，是具有重大而深远的政治意义和历史意义的。这个方针肯定了民主党派的政治作用和历史地位，同时也加重了民主党派的责任。

为了切实地学习、宣传和贯彻“长期共存、互相监督”的方针，各地方组织应在第三季度内组织社员认真学习中共中央统战部李维汉部长在第一届全国人民代表大会第三次会议上的发言，并联系实际讨论二至三次。通过这一学习，第一，要求每一个社员从理论上和实践上了解这一方针的重大意义，纠正轻视民主党派工作的取消思想和消极情绪；第二，对民主党派今后如何才能发挥“互相监督”作用的问题，需着重讨论，并结合当地具体情况，提出建议。

九三学社的各级地方组织积极响应社中央的《通知》。1956 年 7 月 10 日北京市分社召开了由基层组织社员 30 余人参加的座谈会，讨论了民主党派为什么要长期存在和如何起监督作用等问题，九三学社的各地方组织，也先后举行了座谈会。

（五）加强组织发展

1956 年，九三学社中央大力推动组织发展工作，九三学社组织规模迅速扩大。

1956 年 12 月，许德珩同九三学社云南分社负责人谈话，要求云南加强扩大组织和吸收社员工作。他指出：

1. 从知识分子的组织情况看，根据粗略的估计，全国目前有五百多万知识分子，已经加入中国共产党的约有 120 余万，加入其他民主党派的约有六七万，就是说还有五分之四的知识分子没有组织起来，而合作化高潮及工商业改造高潮掀起以后，中国的农民、商人、工人都有了巩固的组织，就是知识分子的组织问题还远远落后于当前形势的要求，因而如何推动各民主党派把一切能够组织起来的知识分子都组织起来，就是一个十分迫切的任务；2. 从当前国内外的形势来看，波兰、匈牙利事件给各个人民民主国家一个很大的教训，就是在我们这样的国家内，如何保持执政党和广大人民的上下通气、水乳交融是一件十分重要的工作。在这个问题上，民主党派就可发挥极为巨大的作用，民主党派联系的群众愈广泛，上下通气的孔道就增加，我们人民民主的政权就愈巩固；3. 从长期共存、互相监督的方针看，对各个民主党派是一个重大鼓舞，因而如何扩大自己的组织，吸收更多的社员，在长期共存、互相监督的工作中发挥更多的作用，也就是党向各民主党派提出的新要求。

9月12日，九三学社中央组织部发出《关于发展组织工作的指示》，指出在积极和可靠的前提下给各地方组织规定了1956年9月至12月发展社员的指标数字，“希即根据这一指标立即采取有效措施，争取完成和超额完成”。指示还提出：“几年来不少地方组织在发展对象上掌握得偏紧偏窄，也影响了组织发展工作的开展，为此，要求各地方组织认真贯彻社章第五条‘本社吸收社员的主要对象为科学、文化、教育、卫生工作者的中上层分子’的组织方针，不仅要在高等学校、科学研究机关发展，而且也应十分重视医药卫生、工程技术方面的发展；不仅要发展学有专长的教授、专家学者，而且也应适当地发展有条件的年纪较轻的一般科学、文教、工程技术、医药卫生工作者（如助教、住院医师、研究实习员等）；不仅要发展政治觉悟较高的进步分子，而且要注意联系和发展中间、后进的分子，以便更好地帮助他们进步。”指示还要求，发展社员必须发动全体社员动手，必须十分注意开辟新阵地的工作，要求各地组织立即行动起来。九三学社中央派出机关部门负责干部牟小东、楚九英、青莱藻等分赴各省，推动全社的组织发展。

在上述方针的指导下，1956年和1957年九三学社组织有较大发展。例如，九三学社北京市分社成员增加近一倍，新建基层组织12个；南京市分社成员增加数为过去四年发展总和的2.2倍。截至1957年夏季，九三学社的地方组织发展到26个，准备发展为地方组织的中央直属小组有10个，社员已发展到6225人。这既是九三学社各级高度重视、积极推动的结果，也反映了不少高级知识分子加入九三学社的愿望。著名医学家颜福庆、方先之、金显宅、施锡恩、郭德隆；物理学家黄昆、桂质庭；地质学家谢家荣；天文学家张钰哲；生物化学家刘思职；土木建筑结构学家蔡方荫；经济学家秦瓒；心理学家孙国华；文学家冯沅君、李长之、顾随；文献学家刘文典、高亨；历史学家雷海宗、郑鹤声、陈恭禄、方国瑜、吴于廑、童书业；社会学家孙本文；音乐家卫仲乐等，均为这两年入社，充实了九三学社的骨干力量。另外，这两年入社的还有王曰伦、王志均、王德宝、毛汉礼、文圣常、尹文英、师昌绪、朱祖祥、任美锷、刘若庄、刘瑞玉、汤定元、严东生、李荫远、杨简、杨槱、杨立铭、肖伦、邹元爔、邹承鲁、陈梦熊、周明镇、秦馨菱、袁见齐、徐仁、徐采栋、殷之文、高由禧、高振西、郭令智、谢家麟、陈吉余、陈秉聪、赵国藩等一大批优秀科技工作者，他们日后全部当选为中国科学院院士（学部委员）或中国工程院院士。1956 年至 1957 年，是九三学社组织发展的一个重要阶段。

第四章

在运动中经受考验

一、反右派斗争扩大化

为了正确处理人民内部矛盾，推进党的事业，1957 年 4 月 27 日，中共中央发出《关于整风运动的指示》（以下简称《指示》）。《指示》指出：有必要在全党进行一次普遍、深入的反对官僚主义、宗派主义和主观主义的整风运动，这次整风运动，应该是一次既严肃认真又和风细雨的思想教育运动，应该是一次恰如其分的批评和自我批评的运动，应该是采取个别谈心或开小型座谈会和小组会的方式，一般不要开批评或斗争大会。

4 月 30 日，毛泽东召开最高国务会议第十二次（扩大）会议，党和国家领导人、各民主党派负责人和无党派人士出席会议，主要议题是即将开始的中国共产党的整风。毛泽东希望通过各界人士的批评，使党的作风真正得到改进，也设想通过党的若干领导制度进一步完善，来妥善解决实际工作中党与民主党派、党与知识分子的矛盾。

从 5 月 8 日至 6 月 3 日，中共中央统战部连续召开各民主党派负责人和无党派民主人士座谈会，请大家提意见，并将座谈会所提意见整理见报。会议的中心议题是讨论分析自 1956 年提出同民主党派“长期共存、互相监督”的方针后，中国共产党与各民主党派的关系中存在的问题；在中国共产党即将开展整风运动的时候，各民主党派和无党派民主人士希望中共通过整风解决的思想上和工作中的问题。座谈会总共开了 13 次，80 多人发言。

在这一背景下，九三学社积极开展调查研究，希望能提出切实可行的意见，先后提出了《目前工程技术人员的几个问题》和《在贯彻对知识分子政策方面所存在的一些问题》，刊登在《九三社讯》上，对社各地方组织起了积极的引导作用。

中共中央对整风鸣放中出现的问题非常重视，连续召开会议专门研究，肯定党外人士提出批评意见是很好的现象，绝大多数批评意见是善意的和正确的。但是，整风运动中出现的那些怀疑乃至否定中国共产党领导和社会主义制度的言论引起了中共中央、毛泽东的高度重视。5 月 14 日，中共中央发出一份党内指示，要求各地的报纸继续充分报道这些言论，“特别是对于右倾分子、反共分子的言论，必须原样地、不加粉饰地报道出来，使群众明了他们的面目，这对于教育群众、教育中间分子，有很大的好处”。5 月中旬，毛泽东写了《事情正在起变化》一文。这时，毛泽东对形势的判断与开展整风前的分析不同，第一次提出“右派猖狂进攻”的问题。5 月 19 日起，北京的高等学校开始贴出“大字报”。许多“大字报”带有鲜明的和尖锐的政治性。5 月 26 日的《光明日报》、5 月 27 日的《文汇报》，分别对上述事态作了报道。全国各地高等学校一部分学生起而仿效，“大鸣”“大放”在各高校蔓延。本已复杂的局面变得更加复杂。

6 月 8 日，中共中央发出组织力量准备反击右派分子进攻的党内指示；《人民日报》发表题为《这是为什么?》的社论，标志着反右派斗争开始。

6 月 14 日，九三学社中央常委会召开（扩大）座谈会，继续讨论帮助中国共产党整风的问题。会上，24 位同志对九三学社中央委员、宣传部副部长储安平“党天下”的言论做了批判。

6 月 17 日，中共中央统战部召集各民主党派座谈，决定在各民主党派中开展整风；九三学社中央常委会发出《关于继续帮助党整风对右派分子的反动谬论坚决斗争的指示》。

6 月 21 日晚，九三学社中央常委会召开第十六次扩大会议，继续开展对“右派分子”的斗争并决定社内整风。在京中央委员及候补委员，在京全国人大代表和政协委员，部分地方组织负责人出席会议，许德珩主持会议。会议号召九三学社积极进行反右斗争，并建议立即开展社内整风运动，追究章伯钧、储安平擅自篡改《光明日报》政治方向的责任，撤销储安平代表九三学社所任《光明日报》社务委员的职务。会议通过由孙承佩担任《光明日报》社务委员，程希孟为《九三社讯》主编。许德珩最后说："储安平同志刚才也在发言中表示要检查自己的错误言行，挖掘思想根源，并且，他要求社对他进行帮助，因此，我提议，根据毛主席'团结、批评、团结'和治病救人的指示，关于撤销他社内职务的提案，留待他在今日以后对于自己的问题认识与交代情况如何再作决定。"会上一致同意许德珩的这一建议。6 月 28 日，九三学社中央常委会发出《关于社内整风的指示》。九三学社中央设立中央整风委员会，许德珩任主任，下设中央整风办公室。

为了给反右派斗争以理论指导，6 月 19 日，《人民日报》发表经过毛泽东作了重要补充和修改的《关于正确处理人民内部矛盾的问题》。6 月29 日，中共中央发出《关于争取、团结中间分子的指示》。这些文件试图把反右派斗争在政治上打击的范围尽量缩小到极右派，加大争取中间派的力度，但是没有抑制住反右派斗争的扩大化。

随着形势的发展，一些单位还规定了划右派的具体指标。到 1958 年夏季反右派斗争结束，全国共划"右派分子"55 万多人。

各民主党派受到了冲击，不少成员被打成"右派分子"，并撤销其在各党派、团体内所担任的各级领导职务，他们在各自单位的行政职务也被同时罢免。民主党派戴上了"资产阶级政党"的帽子。九三学社共有 649 人被划为"右派分子"，占社员总数的 10. 4%。其中中央委员 13 人，占中委的 15. 8%；分社委员 75 人，占分社委员总数的 19. 9%。许德珩也受到批评和冲击。广大社员感到惶惑和苦闷，对"左"的危害感到焦虑和担忧。由于受"左"的错误影响，九三学社的性质被划定为"以资产阶级知识分子为主要成分的资产阶级政党"，社的任务是"帮助社员进行根本改造"，社的工作处于困境。

事实表明，在整风运动中，极少数人确实存在反对社会主义制度和否定中国共产党领导的言行，对此进行反击，教育广大党员和人民是正确的和必要的。但是，由于受当时国际形势的影响，党对阶级斗争和右派进攻的形势做了过分严重的估计，混淆了敌我矛盾同人民内部矛盾的界限，并且沿用革命时期大规模的疾风暴雨式的群众性政治运动的斗争方法，致使反右派斗争被严重扩大化。被划成“右派分子”的人，被列入敌我矛盾的范畴，不仅政治上受到严厉批判，而且组织上、行政上也分不同情况进行了处理。许多同中国共产党有长期合作历史的民主党派人士、有才能的知识分子，还有许多忠贞的共产党员，被错划为“右派分子”，经受长期的冤屈和磨难。反右派斗争被严重扩大化，使中国共产党探索中国社会主义道路的良好开端受到挫折，付出了沉重的代价。

二、第二次全国代表大会和“神仙会”

在“左”的错误影响下，九三学社于1958年11月28日至12月5日，召开了第二次全国代表大会，通过了新修改的《九三学社章程总纲》和《九三学社改造规划》。规定：九三学社的性质是“一个以资产阶级知识分子为主要成员的民主党派”，其中心任务是加强社和社员的根本改造，把九三学社“逐步改造成为在中国共产党领导下的为社会主义服务的政党”。大会选出了九三学社第五届中央委员会。许德珩任主席；梁希、周培源、潘菽、茅以升、涂长望、严济慈任副主席；千铎、方亮等26人任中央常务委员；孙承佩任秘书长，裴文中、李毅任副秘书长。会议决定社刊《九三社讯》改名为《红专》。

随着“大跃进”和人民公社化运动的“左”倾错误开始暴露，中共中央着手调整和松弛党内、党外的紧张关系。周恩来对民主党派做了许多细致的工作。周恩来于1958年11月发表讲话，重申“在共产党领导下，在宪法范围和六条政治标准以内，民主党派的政治自由和组织独立是充分的”。①1959年9月，毛泽东在一次最高国务会议上也讲，知识分子大有进步，

① 中共中央统一战线工作部、中共中央文献研究室编：《周恩来统一战线文选》，人民出版社1984年版，第390页。

民主党派大有进步，工商界也大有进步。同时，党中央纠正了某些“左”的错误，采取了一些措施调整关系。如给部分“右派分子”摘帽子，推动各民主党派召开“神仙会”，发扬民主，调整关系，即以和风细雨的方式创造宽松的气氛，鼓励民主党派成员“自己提出问题，自己分析问题，自己解决问题”（“三自”）；“不抓辫子，不扣帽子，不打棍子”（“三不”）；对自己的成员和所联系的人士做大量思想工作，帮助他们认清形势，增强信心，提高为社会主义服务的积极性。

★ 1958 年 5 月，周恩来与许德珩（前排左一）在北京十三陵水库劳动间隙交谈。

1960 年 7 月 25 日至 9 月 5 日，九三学社以“神仙会”的方式召开了社的五届三中全会（扩大），历时 43 天，是九三学社历次会议中时间最长的一次会议。会议期间，代表们围绕着国内外形势、知识分子如何为社会主义建设服务、破资产阶级世界观立无产阶级世界观和做好九三学社工作等问题进行了深入的讨论。九三学社的各地方组织也先后召开了“神仙会”。通过一系列工作，九三学社广大社员心情得以安定下来，坚定了对中国共产党的信赖和走社会主义道路的信心。中共中央的一系列措施，巩固了中国共产党领导的多党合作关系，保持了国内的安定团结。在1959年到1961年的三年困难时期，广大社员与中国共产党同心同德，共渡难关。九三学社和各民主党派在中国共产党的领导下，参与了国民经济调整工作，使中国共产党的“调整、巩固、充实、提高”的八字方针得到很好的贯彻。

三、在“文化大革命”中暂停活动

1966年5月4日至26日，中共中央政治局在北京召开扩大会议，通过了《中国共产党中央委员会通知》（后来被简称为“五一六通知”），为全面开展“文化大革命”做了准备。1966年8月1日至12日，中共八届十一中全会在北京召开，通过《关于无产阶级文化大革命的决定》（简称“十六条”），对“文化大革命”的目的、重点、依靠力量、方法等作了规定。全会非正常地改组了中央领导机构，在十分紧张的政治氛围中，完成了发动“文化大革命”的组织程序。“文化大革命”随即全面展开。运动猛烈地冲击了国家政治、经济、文化生活的各个方面，整个社会陷入动荡不安的混乱局面，很快发展为一场导致国家严重灾难的内乱。

1966年，“十六条”公布后第十天，红卫兵运动狂飙骤起，并将打击的矛头公开指向了各民主党派。8月23日夜到24日晨，一些北京红卫兵发出致各民主党派的《最后通牒》，限令各民主党派在72小时之内自行解散并登报声明。从8月25日起，北京各民主党派中央机关纷纷贴出“通告”，以大体相同的语言表示“坚决接受红卫兵的意见，自即日起停止办公，报请党中央处理”。北京的这股红色风暴很快刮到全国各地。

1966年8月24日，九三学社中央接到红卫兵通牒，勒令无条件“解散”。九三学社被迫宣布停止活动，九三学社中央主席许德珩等领导都被迫回家。随后，九三学社中央机关的工人夺权小组成为机关权力中心。1967年10月以后，九三学社等许多民主党派人士被抄家、批斗或被关押。1969 年 4 月 1 日，军代表进入九三学社，开展“斗批改”和清理阶级队伍。不久，各民主党派机关集中迁往全国工商联办公楼。1970 年 3 月，军代表整顿民主党派，并通知许德珩等人每周一、三、五上午到沙滩学习半天，如无要事必须亲临。1971 年 11 月 13 日至 12 月 31 日，中共中央召开各民主党派和无党派爱国人士座谈会，传达中央关于揭批林彪反革命罪行的一系列文件。1972 年 10 月 30 日，中共中央统战部召集各民主党派、全国工商联参加学习的同志开会，宣布正式恢复学习，以全国政协名义成立学习领导小组。此后，许德珩等九三学社人士通过九三学习小组进行学习，并有几次到外地参观。

在“文化大革命”中，九三学社受到严重破坏。许多社员被打成“反动学术权威”“叛徒”“特务嫌疑”“反革命修正主义分子”“走资派”“三反分子”等，遭到诬陷，人身受到侮辱和摧残。有的遭受游街批斗、关押坐牢，受尽屈辱、摧残去世；有的不甘侮辱，含冤自杀。

1976 年 10 月，中共中央政治局采取果断措施粉碎“四人帮”，结束了“文化大革命”。这场浩劫给中国共产党、国家和全国各族人民带来深重的灾难，中国共产党领导的多党合作也遭到严重破坏，教训极其惨痛。

四、难能可贵的贡献

从反右派斗争扩大化到“文化大革命”的 20 年间，九三学社许多优秀的科学家怀着对中国共产党和社会主义制度、对国家和民族的忠诚与热爱，在自己所从事的专业领域里孜孜不倦，勤耕不辍，努力克服困难、为国奉献。不少同志虽身处逆境，仍忍辱负重、默默无闻地刻苦攻关，作出了重要贡献。

1963 年，大庆油田基本建成投产，我国石油产品基本实现自给。大庆油田的发现和建成，使我国甩掉了“贫油国”的帽子，打破了帝国主义对我国的封锁禁运，对我国工业化和经济建设具有十分重要的意义。这其中就凝结着黄汲清、谢家荣等社员的可贵贡献。

黄汲清（1904—1995），字德淦，四川仁寿县人，构造地质学、地层古生物学和石油地质学家。他的《中国主要地质构造单位》一书，是国内外久负盛誉的权威著作。新中国成立后，黄汲清把主要精力投入大地构造的科学研究方面，建立了“多旋回构造运动”的学说，对于中国地质构造、岩浆活动、矿产分布等方面的研究有很大的指导意义。我国天山的铁矿、康滇地轴的铁铜矿、胶辽地块的金刚石以及各大含油盆地的油气层，都是在黄汲清创立的这一地质学理论指导下发现的。

过去，国际地质学界一直信奉“海相生油论”。国外有人认为中国主要是以陆相地层为主的国家，所以断定中国是贫油国。但黄汲清在 20 世纪 40 年代就提出了两个重要论点：一是“陆相生油论”；二是“多期多层含油论”。他的理论打破了“中国贫油”的迷误。到 20 世纪 50 年代，我国开展全国石油普查工作，在李四光、黄汲清、谢家荣等人建议下，以松辽平原、华北平原、四川盆地和鄂尔多斯为四大重点区域，展开了野外普查工作。经过几年的努力，松辽平原已被证明有一个特大型油田，即大庆油田；华北平原也被证明有重要油田，即胜利油田和大港油田。黄汲清提出的重要理论，为我国在油田的普查和勘探方面作出了划时代的贡献。

谢家荣（1898—1966），上海市人，地质学家、矿床学家。1917 年留学美国，先后在斯坦福大学地质系、威斯康星大学地质系学习，1920 年获硕士学位毕业。谢家荣毕业后立即回到祖国，专门从事煤炭、石油及有关地球化学等方面的研究。1945 年抗战胜利后，他发现了安徽淮南八公山煤田、安徽凤台磷矿及福建漳浦三水型铝土矿等矿床，这些矿床至今仍十分重要。1950 年 9 月，中国地质工作计划指导委员会成立，谢家荣担任副主任兼计划处处长，他首次对中国地质与矿产普查勘探工作进行了系统的部署。1955 年，谢家荣被聘为中国科学院学部委员。他不仅在区域地质学、地层古生物学、矿物学、岩石学等方面具有很深的造诣，还指导了大批研究生，培养了不少高级地质人才。1964 年，他任地质部矿床地质研究所矿产综合研究室主任，着手编著《中国矿床学》。他还协助黄汲清做了大量的科学研究和实地考察工作，为我国大庆、华北等油田的普查、勘探和开发作出了卓著的贡献。

1982 年 10 月 23 日，我国隆重召开了全国科学技术奖励大会，这是对我国科学技术成果的一次大检阅，九三学社社员有 49 位（57 人次）获奖，其中就有黄汲清和谢家荣。

1964 年 10 月 16 日，我国在西部地区爆炸了第一颗原子弹，成功地进行了第一次核试验；1967 年 6 月 17 日，我国第一颗氢弹爆炸成功，这是我国国防和科学技术方面取得的重大成就。这些重大成就也凝结着王淦昌、邓稼先、程开甲、陈芳允等九三学社社员的卓著贡献。1986 年 5 月，他们作为我国核武器的主要研制者，荣获“原子弹的突破及武器化”“氢弹的突破及武器化”两项国家科技进步奖的特等奖。

★ 王淦昌

王淦昌（1907—1998），江苏常熟人，核物理学家。1930—1934 年，他在德国柏林大学攻读获博士学位。回国后，王淦昌历任山东大学物理系教授，浙江大学物理系教授、系主任；1950—1956 年在中国科学院近代物理研究所任研究员，主持宇宙线研究，领导建立了云南高山宇宙线实验站；1956—1960 年在苏联杜布纳联合原子核研究所任研究员，1958—1960 年兼任副所长，从事基本粒子研究工作；1959 年发现反西格玛负超子，被著名美籍华人物理学家杨振宁称为“杜布纳联合研究所唯一值得称道的工作”。中苏关系恶化后，苏方以高薪挽留王淦昌继续在杜布纳研究所工作，但他怀着一颗报国之心，毅然归来，并将自己历年积攒下来的外汇薪金上交国家，用于科学研究工作。1961—1978 年，王淦昌任二机部九院副院长、研究员，从事核物理研究和科研的组织领导工作，对我国核武器研制作出了重大贡献。1978 年起，王淦昌在原子能研究所任所长、研究员，并亲自指导一个研究室开展粒子束核聚变的研究。王淦昌在核物理、粒子物理与受控核聚变等方面都作出了重要的理论贡献，他以敏锐的目光注视着世界科技前沿的发展，关心着祖国科技决策，对我国科技发展提出过一系列重要建议，受到党和政府的重视并先后被采纳实施。著名的“863”计划，就是他和其他三位科学家共同提出的。

★ 邓稼先

邓稼先（1924—1986），安徽怀宁人，核物理学家，被誉为“两弹元勋”。1945 年，他毕业于西南联大，1950 年在美国普渡大学获物理学博士学位，毕业后留校任教。1950 年 10 月，在周恩来的直接关怀下，邓稼先同 200 多名欧美留学生一起冲破重重阻力回国，同钱三强、彭桓武、王淦昌等一起，参加中国近代物理研究所的筹建工作。1958 年起，他直接参加了我国核武器的研制工作，是我国研制和发展核武器在技术上的主要领导者之一，为我国核武器研制事业甘当无名英雄，以身许国，兢兢业业、呕心沥血、孜孜不倦奋斗了 28 年。从原子弹、氢弹原理的突破和试验成功及其武器化，到新的核武器的重大原理的突破和研制实验，他都作出了重大贡献，成为中国核武器研制工作的开拓者和奠基者。

20 世纪 50 年代末，苏联撕毁援助协议，撤走全部专家。在国外严密封锁的情况下，邓稼先率领理论部的十几人，在一无权威资料、二无实践经验的条件下，克服极端艰难困苦，攻克了核试验系统工程的关键理论。1963 年，中国第一颗原子弹理论设计方案按预定计划诞生。为争取时间，根据上级指示，邓稼先和他领导的理论部班子原封不动地转移到氢弹的研制上，一举突破氢弹技术难关，为成功试验第一颗氢弹建立了卓越功勋。

为了获取准确数据和爆炸标本，邓稼先身先士卒，经常出入靶区第一线。从 1964 年 10 月 16 日，我国第一次核试验成功，到 1986 年 7 月邓稼先逝世，我国先后进行了 32 次核试验，而邓稼先在现场指挥的，就有15次。1986年7月29日，邓稼先终因体内侵入放射物质过多，患直肠癌医治无效而逝世，终年62岁。临终前，他所关心的仍然是如何发展我国的尖端武器，并语重心长地说："不要让人家把我们落得太远……"中共中央、国务院、中央军委、九三学社等单位为他举行了追悼会，称他为"我国科技工作者的典范，我国科技工作者的骄傲"。

★ 赵九章

赵九章（1907—1968），浙江湖州市人，大气科学家、地球物理学家、空间物理学家。1933年，从清华大学物理系毕业后，通过庚款考试，他于1935年赴柏林大学学习，1938年获德国柏林大学博士学位。回国后，赵九章在西南联大任教，1944年，经竺可桢教授推荐，主持中央研究院气象研究所工作。1946年，赵九章在芝加哥大学作学术报告，引起国际气象学界的高度重视。国际气象学界公认，在气象学发展史上，"公元1946年，中国赵九章提出行星波不稳定概念"。中华人民共和国成立后，赵九章促成组建中国科学院地球物理研究所。1955年，赵九章当选为中国科学院学部委员；1956年，任国家科学技术委员会气象组组长。赵九章与涂长望携手合作，组建联合天气预报中心和联合资料中心，为新中国气象事业中两个最基本的分支（天气分析预报和气象资料）的发展奠定了基础。赵九章在气象学、地球物理学、空间物理等领域作出了突出贡献，并为科学事业培养了大批人才。

赵九章是中国人造卫星事业的倡导者和奠基人之一。1957年10月4日，苏联成功发射了世界第一颗人造地球卫星。竺可桢、赵九章、钱学森等纷纷发表讲话、写文章，阐述发射卫星的重要意义，还建议中国也应考虑研制卫星的规划设想，并及早准备。中科院将科学家的建议反映到中央。1958年5月17日，毛泽东在中共八大二次会议上说："我们也要搞一点卫星。”① 随之，主管科技的国务院副总理聂荣臻责成张劲夫等进行研制卫星的规划设想安排。为此，中科院成立“581组”，组长钱学森，副组长赵九章、卫一清。“581组”下设技术组，由赵九章主持。1958年10月，他提出“中国发展人造卫星要走自力更生的道路，要由小到大，由低级到高级”的重要建议。20世纪60年代三年困难时期，赵九章及时调整发展计划，把主要力量放到投入资金和人力较少的气象火箭，逐步开展其他高空物理探测，同时探索卫星的发展方向。1964年12月，赵九章写信给周恩来，建议将发射卫星正式列入国家计划。这一建议受到周恩来的重视。经中央专委1965年5月十二次会议和1965年8月十三次会议研究批准，发展卫星正式立项。1966年1月，中科院成立卫星设计院（代号651设计院），赵九章被任命为院长。赵九章对中国卫星系列的发展规划和具体探测方案的制订，对中国第一颗人造地球卫星、返回式卫星等总体方案的确定和关键技术的研制，起了重要作用。在他领导下，我国还完成了核爆炸试验的地震观测和冲击波传播规律，以及有关弹头再进入大气层时的物理现象等研究课题。

1985年，赵九章获得国家科技进步奖的特等奖。1999年在国庆50周年之际，中共中央、国务院、中央军委隆重表彰为研制“两弹一星”作出突出贡献的23位科技专家，并授予“两弹一星功勋奖章”，赵九章是其中一位。

周培源（1902—1993），江苏省宜兴县人，流体力学家、理论物理学家、教育家和社会活动家，我国近代力学奠基人和理论物理奠基人之一。1971年林彪事件发生后，周恩来主持党中央的日常工作，力争在可能的条件下和范围内努力纠正“文化大革命”的错误，减少破坏性恶果。1972年7月14日，周恩来在接见美籍华人科学家访问团时对周培源提出，要把北大理科办好，提高基础理论水平，并强调要认真清理教

① 中共中央文献研究室编：《毛泽东年谱（1949—1976）》第三卷，中央文献出版社2013年版，第351页。

育科研工作中的极左思潮，“有什么障碍要清除，有什么钉子要拔掉”。[①] 7月20日，周培源上书周恩来，分析了造成中国基础科学停滞不前的三方面原因，真实地反映了当时环境下，广大科学工作者欲干不能，欲罢不忍的思想状态。周恩来指示相关部门以信为依据好好议一下，并要认真实施，不要如浮云一样，过了就忘了。周培源又在《光明日报》发表《对综合大学理科教育革命的一些看法》，表达了当时备受压抑的广大科学工作者的心声，却被“四人帮”诬蔑为“修正主义回潮”“复辟”。周培源牢记周恩来的嘱咐，始终坚持原则，毫不退缩，抵制了“四人帮”的干扰和围剿，坚持了科学的教育观点和发展我国基础理论科学的方针。

九三学社中央副主席潘菽是中国现代心理学的奠基人之一。十年动乱中，他被打成“反动学术权威”，但依然坚信“心理学作为一门科学是砸不烂的，也是取消不了的，前途是光明的”。他坚持以马克思主义的辩证唯物论为指导，密切结合我国社会主义建设的实际，努力探索和建立具有中国特色的科学心理学体系。他借写“交代”“检查”的机会，抱病著书立说，写出了50多万字的《心理学简札》初稿。

谭其骧（1911—1992），浙江嘉善人，历史学家、历史地理学家。早年他研究地理沿革、疆域史地和民族问题，自成体系。受毛泽东委托，1955年起主持编纂《中国历史地图集》。《中国历史地图集》被称为史学界的两大基础工程之一（另一工程为二十四史的点校），从开始设计到完成历时30年之久。在“文化大革命”期间，他依然默默为此事业耕耘，为我国历史地理学的发展打下了坚实的基础，解决了许多长期没有解决的问题。《中国历史地图集》是新中国成立以来中国社会科学最重要的成果之一。谭其骧还主编了《中国自然地理》《历史自然地理》等重要著作，成为中国历史地理学科的主要奠基人和开拓者之一。

黄汲清、谢家荣、王淦昌、邓稼先、赵九章、周培源、潘菽、谭其骧

① 周培源著：《周培源文集》，北京大学出版社2002年版，第476页。

等是九三学社社员的杰出代表。在“反右”和“文化大革命”的困难环境中，九三学社广大社员面临严峻考验，但他们始终坚信中国共产党的领导，没有动摇走社会主义道路的决心，为祖国的社会主义建设事业和科学技术的发展，作出了彪炳史册的贡献。

第五章

恢复活动后为社会主义现代化建设作贡献

一、迎接新时期的到来

（一）粉碎“四人帮”后逐步恢复活动

1976年10月，中共中央政治局一举粉碎了“四人帮”，结束了持续十年之久的“文化大革命”。举国上下，一片欢腾。各条战线深入开展揭批“四人帮”罪行的活动，中国共产党领导的统一战线得以重新恢复和发展。

1977年2月18日，在历经十年劫难之后，全国政协第一次举行各界爱国人士春节联欢会，叶剑英、李先念、邓颖超等中央领导人参加。12月27日至29日，全国政协第四届第七次常委扩大会议在北京举行。在京的中共中央政治局委员、全国人大常委会副委员长、国务院副总理、各民主党派和各人民团体的负责人、无党派爱国人士以及中共中央统战部和有关单位的负责人出席了会议。这是十几年来规模最大的、具有广泛代表性的一次政治协商会议。在这次会议上，叶剑英在讲话中重申了中国共产党同各民主党派要实行“长期共存、互相监督”的方针，恢复、发扬统一战线民主协商的优良传统。叶剑英号召，把人民政协、各民主党派、有关人民团体的工作活跃起来；在新的历史时期，“加强全国各族人民的大团结，进一步发展工人阶级领导的、工农联盟为基础的包括爱国民主党派、爱国人士和台湾同胞、港澳同胞、海外侨胞的统一战线”，为争取社会主义事业和统一祖国大业的完成作出贡献。

叶剑英的讲话，为统一战线、人民政协、各民主党派、知识分子工作在政治上进行了拨乱反正，为恢复和发展统一战线掀开了新篇章。各民主党派和爱国人士普遍反映，叶剑英代表中共中央的讲话，肯定了统战工作的成绩，肯定了党外人士的不断进步。有了这两条，就把林彪、“四人帮”搅乱了的路线是非澄清了，大家纷纷表示要在有生之年，为国家建设贡献力量。

在粉碎“四人帮”后，全国29个省、自治区、直辖市相继召开了新一届的政协会议。在此基础上，1978年2月24日至3月8日，中国人民政治协商会议第五届全国委员会第一次会议在北京举行。中国共产党、中国人民解放军、各民主党派、各民族、各条战线的代表及台湾同胞、港澳同胞和归国华侨的代表共1988人参加了会议。中国人民政治协商会议第四届全国委员会副主席、九三学社中央主席许德珩代表政协常委会向大会作了《工作报告》，政协副主席韦国清作了《关于修改政协章程的说明》。许德珩在报告中，回顾了政协第四届全国委员会常委会13年来的工作，批判了林彪、“四人帮”破坏统一战线、破坏全国人民大团结的罪行，指出毛泽东革命路线在统战工作中始终居于主导地位，提出了今后的主要任务。他强调，要发挥人民政协在国家大事中民主协商的积极作用，充分发挥人民政协在发展革命统一战线中的重要作用。

大会一致通过了《中国人民政治协商会议章程》，重申中国人民政治协商会议是中国共产党领导下的革命统一战线组织。

会议通过决议，号召全国各族人民、广大知识分子、各民主党派、各人民团体、各界爱国人士、台湾同胞、港澳同胞和华侨，在中国共产党领导下，进一步清除“四人帮”的流毒和影响，发扬社会主义民主，发展革命统一战线，加强各族人民大团结，为巩固人民民主专政，解放台湾、统一祖国，在本世纪内把中国建设成伟大的社会主义现代化强国而共同努力。

大会一致选举邓小平为五届全国政协主席。邓小平在闭幕会上讲话。他说，这次会议开得很好。各方面人士济济一堂，共商国家大事，提出了许多好的意见，体现了中国共产党历来主张的民主协商的精神。他指出，现在，中国进入了一个新的历史发展时期，实现社会主义四个现代化是前所未有的伟大事业，是一场极其深刻的革命。中国革命统一战线必将在实现新时期的总任务的斗争中，在向四个现代化的伟大进军中，发挥它的重要作用。他希望各方面的朋友们、同志们，再接再厉，继续前进，共同为这个伟大的事业贡献自己的全部力量。

这次会议是中国人民政治协商会议全国委员会在停止活动十年之后召开的首次会议，它标志着人民政协组织和统一战线的恢复和发展。

1977 年 5 月 5 日、7 日，中共中央统战部分别向中共中央报送了《关于爱国民主党派开展活动问题的请示报告》和《关于全国工商联开展活动问题的请示报告》，建议中共中央邀集各民主党派中央和工商联的负责人座谈。9 月 27 日，中共中央召开各省、自治区、直辖市党委组织部部长、统战部部长会议，集中讨论了帮助各民主党派恢复活动的问题。①

10 月 11 日，中共中央统战部同各民主党派、工商联负责人协商恢复和开展各民主党派、工商联组织活动事宜，首先是恢复、建立各民主党派中央的领导班子。经过各民主党派酝酿确定：领导班子健全的，不再变动；正副主席都没有的，提出临时领导班子的组成人员和负责人名单；主席空缺、只有几位副主席的，商定临时负责人；领导班子人员过少的，补充一二人。

1977 年冬，九三学社组成了由许德珩、周培源、潘菽、茅以升、严济慈、孙承佩等参加的临时领导小组。1978 年 4 月 3 日，九三学社中央领导小组成立。领导小组成立后，着手调查、了解成员情况，组织成员学习有关方针政策，整顿加强各级领导班子，重建了一批基层组织。九三学社的组织活动开始逐步恢复。

1978 年 8 月下旬，中共中央统战部部长乌兰夫分三次邀请新产生的各民主党派中央和全国工商联负责人举行座谈，讨论各民主党派开展活动的有关问题。乌兰夫提出，希望各民主党派、全国工商联把工作活跃起来，为实现四个现代化更好地贡献力量。他还支持各民主党派在适当的时候召开各自的全国代表大会或代表会议。

1978 年 12 月，中共中央召开了十一届三中全会，这是中国共产党历

① 刘延东主编：《当代中国的民主党派》，当代中国出版社 1999 年版，第 376—377 页。

史上具有深远意义的一次会议。会议决定停止使用“以阶级斗争为纲”的口号，作出把工作重点转移到社会主义现代化建设上来的战略决策。这次会议标志着中国共产党重新确立了马克思主义的路线。全会坚持“实践是检验真理的唯一标准”的马克思主义原则，坚持拨乱反正，逐步消除“文化大革命”和“文化大革命”以前“左”的错误，开创了我国社会主义现代化建设的新时期，也很快恢复了中国共产党同民主党派密切合作关系。

1978 年春，邓小平在全国科学大会上指出：从旧社会过来的知识分子，“他们的绝大多数已经是工人阶级和劳动人民自己的知识分子，因此也可以说，已经是工人阶级自己的一部分”。① 1979 年，在政协五届二次会议上，邓小平又指出，国内的阶级状况已经发生根本变化，民主党派“已经成为各自所联系的一部分社会主义劳动者和拥护社会主义的爱国者的政治联盟，都是在中国共产党的领导下，为社会主义服务的政治力量”。② 这就摘掉了反右斗争以来给民主党派戴上的“资产阶级政党”的帽子。中共中央还平反了大批冤假错案，实事求是地解决了多种历史遗留问题，使民主党派的工作得到恢复和顺利开展。

★ 1981 年 2 月 5 日，许德珩（左一）在全国政协春节茶话会上与邓小平互致节日问候。

① 《邓小平文选》第二卷，人民出版社 1994 年版，第 89 页。
② 同①，第 186 页。

（二）协助党和政府落实政策，调动社员积极性

中共十一届三中全会指出：解决历史遗留问题，必须遵循毛泽东一贯倡导的实事求是、有错必纠的原则。只有坚决地平反假案，纠正错案，昭雪冤案，才能够巩固中国共产党和人民的团结，维护中国共产党和毛泽东的威信。在揭批“四人帮”的群众运动结束以后，落实政策的任务还相当艰巨，要坚决抓紧完成。九三学社在协助党和政府拨乱反正、落实政策方面，做了大量工作。九三学社中央成立了落实政策领导小组，组成由孙承佩、李毅领导的两个调查组，分赴各地，深入调查了解社地方组织和社员在“文化大革命”中受冲击和落实政策的情况。

1957 年“反右”扩大化，九三学社共有 649 人被划为“右派分子”。打倒“四人帮”以后，除个别人外，绝大多数“右派分子”都获得了改正。

1979 年 12 月 29 日下午 3 时，九三学社中央在人民大会堂台湾厅举行迎春茶话会，九三学社中央副主席严济慈带来一个好消息，他说：“在国务院嘉奖农业、财贸、教育、卫生、科研战线全国先进单位和全国劳动模范的第二次授奖仪式上，九三学社有九位同志受到嘉奖，其中八位被评为全国劳模，一位是先进集体的代表。这在民主党派来说，人数是最多的。他们是：杨鸿祖、徐采栋、吴霁棠、周尧、黄文魁、卢衍豪、卢锦汉、尚天裕、吴学周。”

这九位同志在“文化大革命”期间，顶着来自各方面的压力和干扰，在极其艰难困苦的条件下，坚持科学研究，有的受到冲击，被加上莫须有的种种罪名，有的被关进“牛棚”，但仍然矢志不渝，坚持科学研究，取得了卓著成绩。

（三）第三次全国代表大会

1979 年 10 月 11 日至 20 日，九三学社召开了具有历史意义的第三次全国代表大会。这次代表大会距 1958 年召开的九三学社第二次全国代表大会已有 21 年。

这次代表大会是在中共十一届三中全会和五届人大二次会议精神指引下，全国工作重点转移到社会主义现代化建设上来以后召开的。会议的目的就是要在中国共产党的领导下，进一步动员、团结广大社员和社员所联系的群众，为促进社会主义现代化建设的发展而共同奋斗。

许德珩在开幕词中号召九三学社社员团结奋斗，为实现振兴中华的夙愿贡献才智。周培源作了《解放思想、献身“四化”》的工作报告。报告指出，这次大会是总结历史经验、同心同德向前看的团结大会，也是解放思想、奔向“四化”的动员大会。他号召全社同志为把我国建设成为一个现代化的社会主义强国而共同奋斗。大会对九三学社章程进行了重大的修改，明确指出：九三学社“是中国共产党领导的革命的爱国的统一战线中的一个组成部分，是一个以社会主义知识分子为主要成分的民主党派，是社会主义劳动者和拥护社会主义的爱国者的政治联盟，是党领导下的为社会主义服务的政治力量”，并且把坚持四项基本原则写进了社章的总纲。

在这次大会进行过程中，10 月 19 日晚，邓小平在政协全国委员会和中共中央统战部宴请各民主党派及工商联代表的招待会上，发表了重要讲话。

第三次全国代表大会选举产生了九三学社的第六届中央委员会，选举许德珩为九三学社中央主席，周培源、潘菽、茅以升、严济慈、税西恒、金善宝、卢于道、王竹溪、柯召、孙承佩为中央副主席，孙承佩任秘书长（兼），李毅任副秘书长。

第三次全国代表大会是九三学社恢复活动以来的第一次代表大会，奠定了九三学社以后发展的基本框架，在九三学社的历史上具有重要意义。

二、实现工作重点转移

（一）统一战线的新形势和新任务

中共十一届三中全会后，我国的统一战线进入了一个新的历史发展阶段。1979年6月和10月，邓小平就新时期统一战线问题发表了两次重要讲话，对新时期统一战线的形势任务作了全面科学的分析，对新时期民主党派的性质、地位和作用作了深刻明确的阐述。邓小平指出，在新的历史时期，统一战线仍然是中国共产党的一个重要法宝，不可以削弱，而是应该加强；不是缩小，而是应该扩大，其任务是调动一切积极因素，团结一切可以团结的力量，为在本世纪内把我国建设成为现代化的社会主义强国而共同奋斗，还要为促进台湾回归祖国，完成祖国统一大业而共同努力。邓小平说，各民主党派和工商联都是我国革命的爱国的统一战线的重要组成部分，同中国共产党有过长期合作、共同战斗的历史，是中国共产党的亲密朋友，它们在争取新民主主义革命胜利、建立中华人民共和国的斗争中，在社会主义革命和社会主义建设事业中都发挥过重要作用，作出过重大贡献。现在，各民主党派已经成为各自联系的一部分社会主义劳动者和拥护社会主义的爱国者的政治联盟，成为进一步为社会主义服务的政治力量。他特别强调了我国实行中国共产党领导的多党合作政治制度的问题。他说："在中国共产党的领导下，实行多党派的合作，这是我国具体历史条件和现实条件所决定的，也是我国政治制度中的一个特点和优点。""1956年我国社会主义制度基本确立以后，党中央、毛泽东同志又进一步提出了同各民主党派实行'长期共存、互相监督'的方针，这是一项长期不变的方针。"邓小平说："在当前新的长征中，中国共产党同各民主党派，在四项基本原则的指引下实行互相监督，这对于增强和维护安定团结，共同搞好国家大事是非常重要的。"他诚恳希望各民主党派要"以主人翁的态度，关心国家大事，热心社会主义事业，就国家的大政方针和各方面的工作，勇敢地、负责地发表意见，提出建议和批评，做我们党的诤友，共同地把国家的事情办好"①。

邓小平的这两次重要讲话，深刻阐发了新时期统一战线的形势和特点，提出了统一战线的历史任务和应起的作用，是指导新时期统一战线的

① 《邓小平文选》第二卷，人民出版社1994年版，第203—205页。

纲领性文件，也是民主党派开展工作的行动指南。

（二）为社会主义现代化建设作贡献

从1979年10月到1983年年底的四年间，九三学社在中国共产党的领导下，不断开拓新的工作领域，积极为社会主义现代化建设作贡献。

1. 参加国家大政方针的协商讨论，开展有关“四化”建设的调查研究

九三学社各级组织的许多领导同志和部分社员参加了人大、政协。许德珩、严济慈当选为全国人大常委会副委员长，周培源、茅以升当选为全国政协副主席。在召开六届全国人大和全国政协的时候，有179位社员担任了全国人大代表、全国政协委员。有1246人担任了各省、自治区和省辖市的人民代表和政协委员。九三学社中央和各地方组织的领导同志，不少人在各级人大、政协中担任领导职务，有些同志还担任了各级政府的领导工作，如安振东当选为黑龙江省副省长。这些都表明了党的统一战线政策的进一步落实。从五届到六届全国人大、政协会议期间，九三学社在历次会议上都以国家主人翁精神，对政府的重大方针政策和“四化”建设工作进行了认真的协商讨论，积极地反映情况，发表意见，献计献策，协助政府把事情办好。

四年间，中共中央和地方党委恢复了同党外人士进行民主协商的优良传统。九三学社中央领导同志参加了中共中央召开的历次民主协商座谈会，就中共和国家的重大决定进行协商。九三学社各级地方组织的领导同志也参加了中共地方党委举行的民主协商活动。

通过调查研究、专题座谈等形式对“四化”建设中的重要问题提出建议，供中共和政府参考，是九三学社在新时期参加国家政治生活的新形式。1980年2月，中共中央十一届五中全会决定，把确定适合国民经济发展需要的教育计划和教育体制列为1980年工作要点。九三学社中央积极响应中共中央的决定，号召各级组织关注这一问题。半年中，各级组织上报有关材料200多件，提出上千条意见，九三学社中央综合整理成《关于教育计划和教育体制问题的讨论意见提要》。九三学社中央又于7月28日

至8月10日，邀请部分同志在青岛举行座谈会，深入探讨这一问题，最终形成了《对我国高等教育体制改革的几点建议》，上报有关部门，受到了高度重视，起到了很好的作用。此后，为响应胡耀邦同志关于开发大西北、种草种树、发展畜牧业的号召，九三学社中央邀请农、林、牧专家举行专题座谈，提出建议。九三学社各级地方组织在这方面的活动也日益活跃，所提建议内容广泛。如北京分社关于北京水资源问题的建议；上海分社关于上海市机电、纺织工业调整改革问题的建议；天津分社关于培养研究生工作的建议；重庆、天津、西安等分社关于医院改革问题的建议，等等，都受到有关部门的重视。

发扬社会主义民主，维护社会主义法制，是新时期国家政治生活中的重要内容。在新宪法的制定过程中，九三学社中央和各地方组织都认真组织了关于新宪法修改草案的学习和讨论，提出了修改意见。1980年公开审判林彪、江青两个反革命集团时，李毅代表九三学社参加了最高人民法院特别法庭的审判工作，维护了法制，伸张了正义。

2. 组织和推动社员学习马列主义、毛泽东思想和时事政策

加强政治学习，帮助社员学习马列主义、毛泽东思想，正确理解党的路线、方针、政策，进行自我教育是九三学社的传统。四年间，九三学社组织学习了《建国以来党的若干历史问题决议》，中共十二大重要文件，历次全国人大、政协会议重要文件，新宪法和政协章程，以及《邓小平文选》。社员通过学习认清了毛泽东的历史地位和毛泽东思想的指导作用，从中国共产党在中华人民共和国成立以来正反两方面的历史经验中，明辨了是非，增强了维护四项基本原则的自觉性。大家衷心拥护中共十一届三中全会以来的路线、方针、政策和中共十二大提出的宏伟战略目标，对国内外越来越好的形势感到由衷高兴。社员通过学习《邓小平文选》，对中共十一届三中全会路线的由来与发展，对中共十二大提出的全面开创社会主义现代化建设新局面的方针任务，有了进一步理解，增强了信心。

响应中共中央关于建设高度社会主义精神文明的号召，九三学社中央和各地分社通过举行各种形式的经验交流会，通过《红专》和地方社讯，

宣传和介绍在“四化”建设中有突出贡献的社员的先进事迹，反映他们刻苦治学、公而忘私的精神面貌，使广大社员深受教育。

九三学社北京市分社和北京市青联联合举办“了解祖国，建设祖国知识”系列讲座，分专题向广大青年介绍我国古代文明和现代成就，帮助他们提高文化素养，激发对社会主义祖国的热爱。山西省九三工委与政协、民盟联合举办了介绍“中国文化名人”系列讲座，帮助青年丰富历史知识，增强爱国主义感情，收到较好效果。尤其应当指出的是，许多同志在工作岗位上以身作则，言传身教，为青年一代健康成长树立了榜样。

3. 推动社员积极为“四化”建设贡献力量，面向社会开展智力开发，科技咨询和智力支边、支农等活动

四年间，九三学社广大社员以高度的热忱为“四化”服务，作出了可喜的成绩和贡献。有 94 位九三学社员被选为中国科学院学部委员，占全部学部委员的近 1/4。大批九三社员在新时期作出了突出贡献。在 1982 年 2 月召开的全国优秀科技图书发奖大会上，黄汲清、王泽农、柯应夔、徐芝纶、陈騊声、杨起等社员获 1977—1981 年的全国优秀科技图书奖。在 1982 年 10 月 23 日召开的全国科学技术奖励大会上，黄汲清、谢家荣、王淦昌、邹承鲁、周培源等 49 位社员（57 人次）获奖。这一时期，有 964 位社员分别获得各级劳动模范、先进工作者、三八红旗手等光荣称号，有 1023 位社员受到各种奖励。其中，邹承鲁领导的科研团队人工合成牛胰岛素，王应睐、王德宝人工合成核糖核酸，都是当时世界领先的科研成果。

在这个时期，广大社员重新振奋精神，在科研和教学岗位上勤奋工作。不少社员年逾古稀还在著书立说，培养研究生，指导科学实验，为振兴中华作贡献。大批中年社员成为各条战线业务骨干，有不少脱颖而出，成为新一代专家，在科技战线发挥着承前启后的作用。退休社员也通过多种形式发挥余热为“四化”出力。

不断开拓新路子，积极为“四化”服务，也是这一时期工作的一个显著特点。智力开发、科技咨询服务活动，呈现蓬勃发展的局面。这一时期，九三学社有 34 个地方组织举办了讲座、培训班；27 个地方组织主持

办学，举办各类大学、提高班 48 所，在校学员 10833 人，毕业 3177 人；26 个地方组织开展了科技服务活动，17 个地方组织开展科技支农，8 个地方组织开展科技支边。九三学社响应中共中央统战部和国家民委号召，开展支援边疆少数民族地区的工作，8 个地方组织承接了智力支边项目 69 项。

4. 协助党和政府落实知识分子政策，代表社员合法利益，反映意见，提出建议

1982 年，根据党中央关于检查知识分子工作的指示，九三学社中央建立了知识分子工作调查研究小组，并向各地方组织发出《关于知识分子政策落实情况开展调查研究的决定》。经过近半年的调查研究工作，九三学社中央向中共中央书记处提出了《关于进一步落实知识分子政策的几点建议》，得到有关部门的重视和好评。九三学社中央对社员反映落实政策方面的来信来访都做了认真的研究，并转请有关部门和单位处理。

另外，在开展对台、港、澳同胞及海外侨胞联络工作方面，九三学社中央和地方组织也做了许多工作，为祖国统一大业贡献力量。

在为“四化”作贡献的同时，九三学社坚持“通过工作发展，发展为了工作”的组织工作方针，在中共的关怀帮助下，四年间组织得到较大发展，吸收社员 6546 人，到 1983 年年底，社员总数达到 11014 人，在新社员中，中青年社员占 70%，九三学社平均年龄下降了 14.1 岁。新建地方组织 44 个，九三学社地方组织达到 78 个，基层组织 579 个。除西藏、台湾外，各省、自治区、直辖市都建立了九三学社的工作委员会或工作委员会筹委会，使九三学社成为一个具有一定规模和活力的民主党派。

这一时期，九三学社中央机关工作机构基本建立。1979 年，九三学社六届一次中常会通过了中央委员会工作机构和主要负责人名单。李毅担任副秘书长，薛公绰担任组织部部长，金克木担任宣传部部长，袁翰青担任科学工作委员会主委，魏寿昆担任文教工作委员会主委，邓家栋担任医药卫生委员会主委。1980 年 1 月，九三学社中央机关刊物《红专》复刊，李毅兼任主编。

（三）第四次全国代表大会

九三学社第四次全国代表大会于1983年12月2日至14日在北京召开。出席大会的有来自全国28个省、自治区、直辖市的代表300人。这是建社以来规模最大的一次盛会。会议的主要议程是：审议第六届中央委员会的工作报告，审议和通过新的《九三学社章程》，选举新的领导机构。

中共中央对这次代表大会极为重视。在开幕式上，中共中央书记处书记、中宣部部长邓力群代表中共中央致贺词。贺词对九三学社的工作给予高度评价，称九三学社“是我们党的亲密战友”；赞扬九三学社“在我国革命和建设中发挥了重大作用”；对九三学社“在为‘四化’服务中开拓新路子”给予了高度评价；希望九三学社社员“在科学、教育、技术领域，尤其是在为国家培养又红又专的科技教育人才方面，取得新的成绩，作出自己独特的贡献”。

大会执行主席严济慈主持开幕式。大会执行主席许德珩致开幕词。许德珩说，这次代表大会，是在全国各族人民遵照中共十二大所制定的宏伟纲领，全面开创社会主义现代化建设新局面的大好形势下召开的。代表大会群贤毕至，少长咸集，盛况空前，是一次具有深远意义的大会。他号召全体社员要同心同德，再接再厉，为社会主义的物质文明和精神文明建设，为争取台湾回归祖国、完成祖国统一大业，作出更大的贡献。

大会执行主席周培源作了题为《团结奋斗、振兴中华，为社会主义现代化建设作出新贡献》的工作报告。报告分三个部分：统一战线的大好形势；九三学社的工作开始出现新中国成立以来未有的新局面；今后的主要任务。周培源着重报告了六个方面的成绩。他指出，四年多来，九三学社在中国共产党的领导和帮助下，在为社会主义现代化建设服务的轨道上，开拓了新的工作领域，走出了新的路子，开始出现了新的局面。他强调，社今后的主要任务就是认真贯彻中共十二大和十二届二中全会精神，在中共的领导下，同心同德，艰苦奋斗，为建设社会主义物质文明和精神文明，实现20世纪80年代三大任务而努力奋斗！

出席开幕式的还有全国人大常委会副委员长廖汉生，国务委员姬鹏飞，全国政协副主席、中共中央统战部部长杨静仁和各民主党派及有关部门的负责人。

党和国家领导人胡耀邦、邓小平、彭真、邓颖超等于12月3日下午在人民大会堂亲切会见了大会全体代表，再次向大会表示祝贺，并同代表们合影留念。

4日下午，中共中央统战部、国家民委在人民大会堂宴会厅举行茶话会，招待九三学社及农工党、致公党等党派的全体代表。茶话会由中共中央统战部副部长李定主持。中共中央统战部部长、国家民委主任杨静仁在会上致辞。许德珩在会上讲话。

大会执行主席孙承佩在4日的全体会议上传达了邓小平、陈云在中共十二届二中全会上的重要讲话和胡耀邦在党外人士座谈会上的讲话。

5日和6日，大会分组讨论《工作报告》，代表们踊跃发言，围绕统一战线工作的新形势，九三学社近几年来的各项工作和今后任务等问题进行讨论。

在讨论《九三学社社章（草案）》时，代表一致认为，原社章是1979年制定的，四年多来，国家实现了历史性的伟大转变，九三学社的面貌也发生了深刻变化，原社章已不能适应新形势的要求，这次大会对社章作某些修改是必要的。大家在讨论中对九三学社的性质、发展重点和组织系统等问题提出了许多意见和建议。

11日下午，大会举行全体会议。执行主席孙承佩主持大会，执行主席李毅对各小组讨论《工作报告》和《九三学社社章（草案）》的情况和修改意见作了汇报说明。全体代表采取举手表决的方式，一致通过了《工作报告》和新的《九三学社章程》。《九三学社章程》将九三学社的性质表述为："九三学社是中国共产党领导的爱国统一战线的组成部分，是以科学技术界高、中级知识分子为主要成分的民主党派，是为社会主义服务的政治力量，是社会主义劳动者和拥护社会主义的爱国者的政治联盟。"

大会还以无记名投票方式选出了九三学社第七届中央委员会委员

169 人，候补中央委员 24 人。

新产生的第七届中央委员会第一次全体会议于 12 日下午举行。会议选举了中央委员会的负责人。94 岁高龄的许德珩再次当选为中央主席，选举周培源、潘菽、茅以升、严济慈、金善宝、卢于道、柯召、孙承佩、徐采栋、郝诒纯、安振东为副主席。

会议选举了 62 名常务委员，选出了以孙承佩为主任的中央执行局成员，负责主持九三学社中央的日常工作。选举赵伟之为秘书长。通过了中央委员会顾问名单。

会议期间九三学社中央举行茶话会，欢迎出席大会的妇女代表。茶话会由九三学社中央妇女工作委员会主任郝诒纯主持。许德珩亲临会场，发表讲话，对女社员在“四化”建设中所作出的贡献表示祝贺。40 多位妇女代表参加会议。

12 月 14 日上午，代表大会闭幕。闭幕式由周培源主持。许德珩在闭幕式上首先讲话。他希望大家把这次会议的精神传达好、贯彻好。中共中央统战部副部长李定、全国政协及各民主党派负责人出席了闭幕式。潘菽致闭幕词。他说，这次大会是一次团结进取、承先启后、继往开来的大会，必将成为开创社工作新局面的新起点。他号召全体社员要在帮助中共整顿党风的工作中，大胆和实事求是地提出意见及建议；在精神文明建设中，发挥积极作用；在中国共产党的领导下，全心全意为完成 20 世纪 80 年代的三大任务而奋斗，把自己的知识和智慧全部贡献给振兴中华的伟大事业！

三、投身改革开放宏伟事业

（一）参政议政职能增强，工作领域逐步拓宽

九三学社第四次全国代表大会后，参政议政工作进一步加强，无论是

九三学社中央还是各地方组织，参政议政所涉及的领域越来越广泛，形式越来越多样，作用和影响也越来越明显，表现出更多的主动性和建设性。

在七届全国人大和全国政协中，九三学社有 98 人当选为人大代表，127 人担任政协委员。另外还有 3117 人当选地方各级人大代表和担任各级政协委员；一批同志在省、市政府中任职。九三学社的人大代表和政协委员在历次会议上就科技、教育、物价、不正之风、知识分子、工程建设等问题恳切直言，提出议案提案，认真行使了参政议政、民主监督的职能。

中共中央和国务院在召开重要会议之前，一般都邀请党外人士进行座谈，就会议将要决定的重要问题通报情况，听取意见。如 1985 年中共全国代表会议关于党中央领导机构新老交替和制定“七五计划”建议草案；中共十二届六中全会关于社会主义精神文明建设的决定；中共十三大的政治报告；1988 年七届全国人大的政府工作报告和中共十三届三中全会关于物价、工资改革的初步方案等，都事先座谈讨论，征求民主党派意见。九三学社以高度负责的精神，提出了许多意见和建议。

在 1988 年中共十三届三中全会召开之际，九三学社参加了中共召集的党外人士座谈会，发表了意见，并推荐一些同志参加国务院组织的检查组，参与政府的检查工作。

九三学社中央与政府有关部门的联系也在加强。九三学社中央应邀参加了科技体制改革和教育体制改革工作会议，对改革实施过程中出现的问题，及时向国家科委、国家教委、劳动人事部反映，提出改革完善相关制度、纠正弊端的建议。1988 年春以来，教育问题是社会关注的热点之一。九三学社中央参加了各民主党派和知识界同国家教委的多次对话，就教育发展规划、教育体制改革、教育经费和教师待遇等问题，提出了不少意见。

九三学社中央还经常参加中共中央统战部召开的各种形式的座谈会，就统一战线和民主党派工作中的重要问题交流情况，反映意见，提出建议。

从1983年年底到1988年年底的五年间，九三学社中央就国家重大经济建设项目、科技和教育体制改革、知识分子问题等组织了专题调查，并首创研讨会的形式，反复论证，提出书面意见和方案，供中共中央、国务院领导在决策时参考。

举世瞩目的三峡工程从设想、勘察、规划、论证到正式开工，经历了75年，是在不同声音的激烈论辩中建设起来的。1986年，九三学社中央工程技术工作委员会举行关于三峡工程问题座谈会，并写出了《关于三峡工程问题的意见和建议》，上交有关部门。周培源主张三峡工程建设，“在决策过程中，需要认真贯彻民主化和科学化的方针，只有贯彻真正的广泛的民主，才能取得符合科学化要求的结论”。1988年，86岁的九三学社中央主席周培源，率领194位政协委员奔赴湖北和四川视察。回京后，周培源给中共中央写了报告，据实提出建议。

★ 1988年，周培源（前排左二）率全国政协委员考察长江三峡地区。

1986年，九三学社中央召开中年知识分子问题研讨会，就解决中年知识分子工资、职称等问题提出意见和建议，最终形成了《关于中年知识分子问题的意见和建议》，正式上报中共中央统战部并转中共中央、国务院领导及有关部门研究参考，受到了中共中央和国家的重视，引起了社会各界的极大关注。

九三学社的社员也在各自的领域内积极参政议政。1986 年 3 月 3 日，九三学社成员王淦昌、陈芳允、王大珩、杨嘉墀四位老科学家给中共中央写信，提出要跟踪世界先进水平，发展我国的高技术。邓小平两天后批示“宜速决断，不可拖延”。经过广泛、全面和极为严格的科学和技术论证后，中共中央、国务院批准了《高技术研究发展计划纲要》(即“863 计划”)。“863 计划”是科教兴国的一个重大战略部署。计划的实施对我国高科技的发展产生了巨大的推动作用。计划实施以来，大批科技领域的“九三人”为之作出了不懈的努力，发挥了重要作用。

★ 陈芳允

九三学社各地方组织一方面经常向社中央反映情况和意见，一方面也在当地积极参与政治协商，提出了很多建议、提案、调查报告、论证材料等。从各地上报九三学社中央的几十份材料看，涉及范围很广，具有相当的科学性和可行性，受到当地有关领导部门的重视。

九三学社四大以后，社工作领域逐步拓宽，主要体现在以下几个方面。一是社组织支持和推动社员努力做好本职工作，发挥骨干作用，为国家科技事业贡献才智和力量。广大社员为发展科学教育事业，攀登科学高峰，培养“四有”新人，辛勤劳动。许多同志在工作岗位中做出了显著成绩，还出现了一批从事科技开发和推广应用的企业家。据不完全统计，九三学社四大至社五大五年间，获全国和省、市级荣誉称号和奖励的共 6546 人，占社员总数的 18%。许多同志克服工作和生活上的困难，努力拼搏，在学术上作出了突出贡献，在国内外赢得了赞誉。1985 年 10 月，九三学社有 45 位同志在全国各民主党派、工商联为“四化”服务先进集体和先进个人表彰大会上受到表彰。1986 年 5 月，王淦昌、邓稼先荣获“原子弹的突破及武器化”“氢弹的突破及武器化”两项国家科技进步特等奖。

二是在社会服务方面，发挥智力优势，开展支边扶贫、科技咨询等活动。早在 1980 年，社上海长宁区支社和浙江温州市分社率先开始了这方面的工作。1984 年 6 月，中共中央统战部专门转发了九三学社成都、渡口两个分社关于支边扶贫、科技咨询方面的经验材料。1986 年，九三学社成都市委会与四川广元市正式签订了关于建立科学技术长期合作协议书，“九广合作”由此发端。截至 1988 年，九三学社地方组织建立科技服务机构 115 个，总计完成科技服务项目 6063 个，创办和联合举办大、中专院校累计 268 所，学员 67471 人；举办各种函授、培训班 1691 个，学员 107 018 人。这些工作都取得了良好的社会效益。

从 1983 年年底到 1988 年年底的五年间，九三学社的科技服务工作从城市地区向支援老、少、边、贫地区发展；从承接单项咨询服务向宏观咨询服务发展；从各地方组织单独工作向几个省、市组织的横向联合发展。这种开拓和探索更加适应社会的需要，也更有利于发挥九三学社的人才优势。1988 年，在中共中央统战部和国家民委的大力支持下，九三学社开始了对贵州毕节地区和黔南州惠水县的长期定点支援，帮助改变当地的落后面貌。1988 年年底，由九三学社中央牵头，在北京召开了大西南经济振兴对策研讨会，联合西南四省五方的社会科学界，通过调查研究，为开发大西南和长江上游，提出了系统的对策建议，在社会上引起了较大的反响。

三是在维护安定团结的政治局面方面做了大量工作。20 世纪 80 年代中后期，社会上曾出现各种思潮，一些人特别是一些知识分子思想上出现种种困惑。针对这种情况，九三学社各级组织自觉地把思想工作提上议事日程，创造了不少经验，对于一些过激情绪，社许多地方组织和在高等学校工作的同志，都通过对话讨论，实事求是地进行疏导，收到很好的效果。社员思想总体呈现稳定的局面，广大社员面对各种社会思潮，态度鲜明地坚持中国共产党的“一个中心，两个基本点”的基本路线。

四是积极参与社会主义法制建设。社四大以后，九三学社先后参加了《中华人民共和国义务教育法》《中华人民共和国企业法》《中华人民共和国香港特别行政区基本法》《中华人民共和国行政诉讼法》等法律草案的讨论，提供了修改意见。与此同时，社各级组织也积极向有关部门反映情况，维护社员合法权利。

五是积极开展海外联络工作。1987 年，九三学社中央以民间形式组团访问美国，与当地华人组织、华人学者、台湾省留学生等广泛接触，介绍祖国大陆的形势和党的有关政策，收到较好的效果。各地组织成立了对外联络机构，进行调查研究，开展各种活动，有的以学术会议形式，同香港、澳门及海外华人学者建立联系，广交朋友。在社组织的帮助下，许多社员也做了接待外籍华人学者以及回大陆探亲的台湾省亲友的工作，联络了感情，增进了相互了解。

六是参与人民外交活动。1988 年 3 月，应波兰统一农民党的邀请，九三学社首次派出以社中央副主席郝诒纯为团长的代表团，参加了该党第十次全国代表大会和关于保护自然环境的国际会议。此外，九三学社的全国政协委员还先后参加了全国政协的代表团，分别访问朝鲜、保加利亚、匈牙利、捷克斯洛伐克、罗马尼亚等国，有的社员还参加了全国人大代表团访问澳大利亚。

七是努力为社会主义精神文明建设贡献力量。除了致力于办学培训，提高群众的科学文化水平外，九三学社还开展了多种形式的宣传活动，如同青年学生座谈，发表文章，对教育问题、青年思想政治工作问题，宣传社的主张。1987 年 10 月，经新闻出版署批准，九三学社中央组建了学苑出版社。这是由民主党派主办的第一家专业出版机构，主要出版科技、教育类图书。经过一年的努力，出版图书 66 种、234 万册，取得了较好的社会效益。

（二）组织不断发展，思想趋于活跃

1982 年 9 月，中国共产党召开第十二次全国代表大会。邓小平在开幕讲话中指出："我国各民主党派在民主革命时期同我们党共同奋斗，在社会主义时期同我们党一道前进，一道经受考验。在今后的建设中，我们党还要同所有的爱国民主党派和爱国民主人士长期合作。”① 中共十二大发展了统战工作方针，在“长期共存、互相监督”的基础上增加了“肝胆相照、荣辱与共”。1982 年五届人大五次会议通过的《中华人民共和国宪法》，肯定了中国共产党领导的包括民主党派在内的爱国统一战线“将继续巩固和发展”，规定了包括民主党派在内的各政党“必须以宪法为根本的活动准则，并且负有维护宪法尊严、保证宪法实施的职责”，从而为我国多党合作提供了法律保证。党的一系列方针政策极大地调动了民主党派贯彻新时期党的基本路线的积极性和主动性。九三学社在自身建设方面取得了新的成绩，有了新的发展和进步。1987 年 6 月 23 日，九三学社中央执行局通过了《关于加强我社思想建设和组织建设的几点意见》，思想建设和组织建设进一步加强。

1. 组织不断发展，大批新社员为九三学社增添了活力，领导班子的年轻化开始逐步实现

九三学社坚持发展与巩固相结合的方针，在严格掌握质量的前提下，社员人数在 1983—1988 年的五年间有了大幅度增长，1988 年已达 37000 多人，比 1983 年四大时期增长了两倍。新社员多为中年同志，九三学社社员平均年龄 1983 年为 58. 3 岁，到 1988 年下降为 53. 9 岁。大批中年同志入社，为九三学社注入了新鲜血液，增添了活力。九三学社的地方组织和基层组织也有了较大增长，全国除西藏、台湾外，29 个省、自治区、直辖市和 149 个市建立了委员会或筹委会（筹备组）。九三学社四大以来，组织建设的重点是领导班子建设，逐步实现年轻化。至 1988 年，绝大多数省级组织召开了社员代表大会，提前换届，一批中年骨干选入领导班子，在建立一个新老合作、更富有朝气的领导班子方面，有了明显进步。截至 1988 年年底，省级组织新当选委员 402 人，委员平均年龄下降了 6. 94 岁；新当选主委、副主委 27 人，秘书长 4 人。为了适应组织扩大和工作量增加的需要，省级领导班子中的专职领导干部增至 33 人。

---

① 《邓小平文选》第三卷，人民出版社 1993 年版，第 4 页。

2. 与改革开放的形势相适应，社员思想趋于活跃

在思想建设工作方面，九三学社着重进行了“坚持一个中心，两个基本点”的宣传教育，着力增强广大社员对改革的信心。同时，大力宣传和表彰先进人物的事迹及他们的高尚精神风貌。对新社员和骨干，九三学社各地组织通过多种形式进行社章、社史和社的优良传统教育。学习宣传工作的内容和形式都在发生变化，九三学社中央和一些地方组织进行了新的探索和尝试。

在改革的形势下，社员的民主意识、自主意识、政党意识有所加强，要求扩大民主权利，改善民主党派的政治地位，更多地参政议政，参加协商和监督，同时对九三学社的自身建设也提出了更高的要求。为适应这种情况，九三学社各级组织及时召开了各种专题研讨会、座谈会，对话沟通，集思广益，起了很好的作用。其中部分成果经九三学社中央研究室编为《民主党派与多党合作》一书，由学苑出版社出版。

社刊是九三学社中央与社员联系的重要纽带。九三学社中央机关刊物《红专》的水平和质量进一步提高，对推动社自身建设、交流工作经验，起了积极的作用。根据形势发展和广大社员的意见，1988 年，《红专》改版，更名为《民主与科学》，于 1988 年 10 月试刊，1989 年 12 月正式出版《民主与科学》（创刊号），周培源为该刊撰写了《弘扬民主科学精神，促进社会主义事业》的发刊词。由于《民主与科学》面向社会公开发行，经九三学社中央决定，另办一份内部发行的《九三中央社讯》，作为社中央的机关刊物，于 1989 年 1 月开始出版发行。

（三）第五次全国代表大会

1987 年 10 月，中国共产党第十三次全国代表大会在北京隆重举行，会议的中心议题是进一步加快和深化改革。会议提出了党在社会主义初级阶段的基本理论和基本路线，即“以经济建设为中心，坚持四项基本原则，坚持改革开放”。中共十三大还提出了进行政治体制改革的任务，指出人民代表大会制度，中国共产党领导的多党合作和政治协商制度，按照

民主集中制的原则办事，是我国社会主义民主政治的特点和优势；进行政治体制改革的重要内容之一，就是“坚持‘长期共存、互相监督、肝胆相照、荣辱与共’的方针，完善共产党领导的多党合作和政治协商制度，进一步发挥民主党派和无党派爱国人士在国家政治生活中的作用”。这为多党合作进一步发展指明了方向。

1988 年 12 月 31 日至 1989 年 1 月 8 日，九三学社召开了第五次全国代表大会。参加大会的代表有 485 人。

1988 年 12 月 31 日，大会开幕。出席开幕式的有中共中央委员会、中共中央顾问委员会、全国人大常委会、国务院、全国政协的领导同志，以及中共中央统战部、各民主党派、工商联的负责人。

开幕式由大会常务主席严济慈主持。中共中央、各民主党派的代表致贺词。周培源致开幕词。周培源说：“这次大会有三项任务：一是审议第七届中央委员会的工作报告，总结我们工作的成绩和新鲜经验，找出缺点和不足，以利继续前进；二是修改社章，进一步明确社的性质、任务、地位、作用，完善社的组织制度；三是选举新的中央领导机构，向年轻化和新老合作的体制迈进。要通过这些工作，在政治上、思想上、组织上，为社今后的发展奠定更加坚实可靠的基础。”

孙承佩受社七届中央委员会委托，向大会作了题为《发扬民主科学精神，为建设有中国特色的社会主义努力奋斗》的工作报告。报告指出，五年来九三学社的工作成绩是“继续开创新局面的五年”，表现在四个方面：一是参政议政职能日益增强，参与政治协商、民主监督，发挥了积极作用；二是工作领域逐步拓宽，努力为以经济建设为中心的各项任务服务；三是．九三学社的组织不断发展，大批新社员为社增添了活力，领导班子的年轻化正在逐步实现；四是与改革开放的形势相适应，社内思想活跃。

孙承佩在报告中向九三学社各级组织提出三项重大历史性课题：“一、积极投身改革开放的伟大事业；二、坚持和完善中国共产党领导的多党合作制度；三、增强政党意识、健全政党机制。”关于今后的工作，孙承佩提出四项任务：一是积极参政议政，参加政治协商和决策咨询，参加民主监督；二是继续为发展科技、教育事业和发展社会生产力服务；三是加强海外联络工作，促进开放、引进和祖国统一事业；四是扎扎实实搞好九三学社的自身建设。

徐采栋作了《关于修改〈九三学社章程〉的说明》的报告。他说："社章总纲突出了三个指导思想：一、突出了民主与科学；二、突出了九三学社的知识分子政党的性质；三、强化了政党功能，提高了自主意识。"新的社章总纲对九三学社表达为："九三学社是由科学技术和文化教育、医药卫生界高、中级知识分子组成的致力于社会主义事业的具有政治联盟特点的政党。本社参加中国共产党领导的爱国统一战线和多党合作，一切活动以中华人民共和国宪法为根本准则。"

会议审议通过了第七届中央委员会的工作报告，审议通过了修改后的新社章。1 月 8 日选举产生了九三学社第八届中央委员会，中央委员 201 人，候补中央委员 40 人。新的中央委员会第一次会议上，周培源被选举为中央委员会主席。

周培源，1952 年加入九三学社，中国科学院院士，长期从事流体力学、理论物理学等领域研究并取得重要成果；1924 年毕业于清华学校高等科，1926 年获得美国芝加哥大学数理系学士和硕士学位，1928 年获得美国加州理工学院理学博士学位，1929 年回国后在清华大学物理系担任教授。20 世纪 30 年代，周培源曾参加爱因斯坦领导的广义相对论讨论班，从事相对论引力论和宇宙论的研究；先后任清华大学教务长、校务委员会副主任，北京大学教务长、副校长和校长，中国科学院副院长等，在我国科技界和教育界享有极高声誉。

孙承佩、徐采栋、郝诒纯、安振东、王文元、杨樾、吴阶平、陈明绍、陈学俊被选为副主席。许德珩被推举为名誉主席。赵伟之担任秘书长。

此次会议还产生了中央参议委员会领导机构，王淦昌为主任；黄汲清、袁翰青、谢立惠、陈立、高觉敷、陈恩凤、侯宗濂、笪移今、启功、刘及辰、李毅为副主任；秘书长由李毅兼任。

第六章

在建设有中国特色社会主义道路上奋勇前进

从九三学社第五次全国代表大会到第八次全国代表大会的时期，我国从容应对一系列关系国家主权和安全的国际突发事件，战胜在政治、经济领域和自然界出现的困难和风险，社会主义现代化建设取得举世瞩目的成就。1993 年中共召开十四届三中全会，作出《中共中央关于建立社会主义市场经济体制若干问题的决定》，对社会主义市场经济体制的基本内容和实施步骤作出总体规划。1997 年，我国政府恢复对香港行使主权。1999 年，全国人民迎来了中华人民共和国成立 50 周年，我国政府恢复对澳门行使主权。2001 年，中国共产党成立 80 年，中国正式加入世界贸易组织，北京申奥成功。当人类社会跨入 21 世纪的时候，我国进入全面建设小康社会、加快推进社会主义现代化、为实现第三步战略目标而奋斗的新的发展阶段。

这一时期，九三学社中央和地方各级组织，带领全体社员始终坚持以邓小平理论、“三个代表”重要思想、中共十四大、十五大和历次全会精神为指导，始终坚持和完善中国共产党领导的多党合作和政治协商制度，按照九三学社六大、七大的总体要求和部署，切实加强自身建设，积极履行参政党职能，各项工作取得了新的成绩和进展，呈现出朝气蓬勃的气象。

一、中国共产党领导的多党合作进入新的发展阶段

（一）参与《中共中央关于坚持和完善中国共产党领导的多党合作和政治协商制度的意见》的制定

为了使有中国特色的社会主义政党体制更科学化、制度化，1989 年 1 月，邓小平建议中共中央“组成一个专门小组（成员要有民主党派的），专门拟定民主党派成员参政和履行监督职责的方案，并在一年内完成，明年开始实行”[①]。根据这一指示，中共中央立即邀请各民主党派领导人会同中共中央组织部、宣传部、统战部以及全国人大常委会、国务院、全国政协等有关部门的负责人一起，共同组成一个专门小组，在全面总结过去民主党派参政议政、实行民主监督方面经验的基础上，商讨和研究有关民主党派成员参政和履行民主监督职责的具体方案。九三学社中央常务副主席孙承佩代表九三学社参加了小组工作。1989 年春，九三学社中央还专门召开了研讨会，形成了一些意见和建议。

经过近一年的多次研讨和反复修改，12 月 30 日，正式形成了《中共中央关于坚持和完善中国共产党领导的多党合作和政治协商制度的意见》（以下简称 1989 年《意见》），下发各级党委于 1990 年起实施，不久又在报纸上全文公布。

九三学社作为中国八个民主党派之一，自始至终参与了这个文件的研究和协商，提出的意见在文件中得到了充分的反映。周培源指出：“这本身就体现了多党合作的精神。我社是由高中级知识分子组成的政党，我们的宗旨就是在中国共产党的领导下，致力于推进我国的社会主义事业。现阶段，我社要坚持和完善共产党领导的多党合作制度；在这个正确、有效

① 中共中央文献研究室编：《邓小平思想年谱（1975—1997）》，中央文献出版社 1998 年版，第 419 页。

的制度规范下，积极发挥作用，为振兴中华、统一祖国贡献力量。”

1989 年 12 月 30 日，中共中央召集各民主党派负责人座谈 1989 年《意见》，九三学社名誉主席严济慈说：“九三学社中央自始至终参加了这个文件的讨论和修改。我们的一些意见也被吸收，反映在文件上。”因此，1989 年《意见》的制定和公开发表本身，再次表明了中国共产党维护这一具有中国特色的基本政治制度的决心。

1989 年《意见》首先强调：中国共产党领导的多党合作和政治协商制度，是我国一项基本政治制度；坚持和完善这项制度，是我国政治体制改革的一项重要内容。

1989 年《意见》贯穿了两条主线：一是加强和改善中国共产党的领导；二是发扬社会主义民主，充分发挥民主党派的作用。围绕这两条主线，文件突出强调了中国共产党的领导核心作用和多党合作的根本政治原则，明确指出“中国共产党是社会主义事业的领导核心，是执政党”，各民主党派“是接受共产党领导的、同中共通力合作、共同致力于社会主义的亲密友党，是参政党”，“我国的多党合作必须坚持中国共产党的领导，必须坚持四项基本原则，这是中国共产党同各民主党派合作的政治基础”。1989 年《意见》指出，中共对各民主党派的领导是政治领导，即政治原则、政治方向和重大方针政策的领导。1989 年《意见》重申：“长期共存、互相监督、肝胆相照、荣辱与共”是中国共产党与各民主党派合作的基本方针。

在发扬社会主义民主，充分发挥民主党派作用方面，1989 年《意见》强调：中共和各民主党派都必须以宪法为活动根本准则，负有维护宪法尊严、保证宪法实施的职责；民主党派享有宪法规定的权利和义务范围内的政治自由、组织独立和法律地位平等；处于执政地位的中国共产党，要支持民主党派独立自主地处理自己内部事务，并帮助他们改善工作条件，支持他们开展各项活动，维护本组织成员及其所联系群众的合法利益和合理要求。

1989 年《意见》提出，民主党派参政的基本点是：参加国家政权，参与国家大政方针和国家领导人选的协商，参与国家事务的管理，参与国家方针、政策、法律、法规的制定执行。发挥民主党派监督作用的总原则是：在四项基本原则的基础上，发扬民主，广开言路，鼓励和支持民主党派与无党派人士对党和国家的方针政策、各项工作提出意见、批评、建议，做到知无不言，言无不尽，并且勇于坚持正确的意见。

1989 年《意见》从加强中国共产党和各民主党派之间的合作与协商，进一步发挥民主党派成员、无党派人士在人民代表大会中的作用，举荐民主党派成员、无党派人士担任各级政府及司法机关的领导职务，进一步发挥民主党派在人民政协中的作用以及支持民主党派加强自身建设等五个方面，提出了坚持和完善这一基本政治制度的 24 条具体要求和措施。

1989 年《意见》是一个具有里程碑意义的文件。文件第一次把民主党派定位为"参政党"，总结了新中国成立以来、特别是新时期以来多党合作的经验，将中国共产党与各民主党派合作共事的成功做法加以规范化和制度化，提出了一系列具体的政策措施，为民主党派在国家政治生活中发挥作用、履行职责，加强自身建设，指明了方向，确立了准则。1989 年《意见》的发表，标志着中国共产党领导的多党合作进入了一个新的发展阶段。

（二）开创工作新局面

1989 年《意见》发表以后，九三学社各级组织和广大社员通过多种形式广泛深入学习，切实贯彻落实，使社的参政议政、民主监督、社会服务、海外联络、思想建设、组织建设等方面的工作都上了一个新台阶。

1. 认真履行参政议政、民主监督职能

从 1989 年年初到 1992 年年底的四年间，九三学社中央领导同志参加了历次中共中央召开的党外人士座谈会，就中共历届中央全会的有关决定、中共中央总书记江泽民在国庆 40 周年和建党 70 周年的讲话、《中共中央关于制定国民经济和社会发展十年规划和"八五"计划的建议》和《纲要》、中共中央工作会议、邓小平 1992 年年初视察南方的重要谈话、中

共十四大的报告等，听取情况通报，提出意见和建议。九三学社中央领导同志还多次列席国务院全体会议，就有关议题提出许多重要的意见和建议。

在这一时期，在全国和地方政协会议上，九三学社的发言、提案数量增加，质量提高。以1992年全国政协七届五次会议为例，社组织和委员提出提案140件，大会发言14份，在会内外产生了良好的影响。九三学社中央围绕开发大西南、发展农业生产、搞活大中型企业和促进科技进步的问题，深入实际，调查研究，提出系统的意见和建议。九三学社中央在政协大会上关于促进科技进步的发言，在社会上产生了较大的影响。九三学社各级地方组织在当地政协会议上，就各地重要问题，也提出了许多好的意见建议，受到重视，有的被采纳。

在参加政府工作方面，到1992年7月底，九三学社共有9位同志担任省、部级领导职务；42位同志担任厅、局级和市级政府机构的领导职务；459位同志担任各级特约监察员、检察员、审计员、督导员。

九三学社中央加强了同国务院有关部门如国家科委、计委、民委、农业部、扶贫办、教委的联系，承担了一批合作咨询项目。

九三学社中央各专门委员会先后参加了《中华人民共和国集会游行示威法实施条例》《中华人民共和国香港特别行政区基本法》《中华人民共和国澳门特别行政区基本法》《中华人民共和国著作权法》《中华人民共和国教育法》《中华人民共和国教师法》《中华人民共和国妇女权益保障法》《中华人民共和国未成年人保护法》《中华人民共和国科学技术进步法》以及《中华人民共和国国家赔偿法》草案的讨论，提出许多修改意见；还分别对科技体制改革、投资体制改革、高等教育、医药卫生工作、妇女工作、计划生育等问题开展了调研，形成了一批报告和建议。

2. 大力开展科技服务、支边扶贫工作

为振兴大西南经济服务。1989年，九三学社中央召开了振兴大西南经济研讨会，组织了50余位专家参加讨论，形成了《关于建立长江上游生态保护和资源开发区的建议》（以下简称《建议》）。《建议》上报后，于1991年由国务院三线办牵头实施。1992年4月，九三学社中央又召开

了第二次振兴大西南经济研讨会，提出了《大西南连片贫困岩溶地区脱贫与振兴经济建设报告》及8个附件。经国家科委、计委等6个部（委、办）及6个省12地州的领导同志和社内专家共同论证后，由周培源函报中共中央总书记江泽民。

九三学社的地方组织在参与地方经济建设方面也创造了一些好形式，总结出一些好经验。如社四川省委会在“九广合作”中，发挥九三学社科技优势，开展支持广元市发展经济而开展的智力支边扶贫活动，效果显著。

为扶贫开发服务。1991年，九三学社承接了黔西南州“星火计划”的5个项目（蔗糖、蚕桑、农业、林业、果树），组织了6个省市的专家考察，进行可行性研究，项目通过论证后顺利实施，取得了良好效果。1991年，九三学社中央与社内蒙古区委会、赤峰市委会协同，在赤峰市喀喇沁旗东六家村建立城郊型生态农业村试点，获得成功，并在全旗推广。许多省（市）委员会承担各种扶贫项目，为贫困地区发展作出了贡献。此外，九三学社还受国家科委、计委、民委、支边办、卫生部、全国妇联等部门的委托，在实施“星火计划”、医疗服务、资源开发等方面做了许多工作。

1991年，在国家各部委召开的“七五”“星火计划”表彰会上，徐采栋荣获“星火特别荣誉奖”。

截至1992年年底，九三学社已有地方科技服务机构193个。据不完全统计，九三学社五大以后的四年间，完成科技服务项目7622个，开办大专院校54所，中等专业学校23所，举办培训班1380个，培训学员76249人。

从1989年年初到1992年年底的四年间，九三学社广大社员继续在本职工作上辛勤耕耘，努力奉献，取得了可喜的成绩。据不完全统计，九三学社社员获全国和省、市级荣誉称号和奖励的共有8486人次，占社员总数的17.4%，有14位同志被增选为中科院学部委员。

3. 积极开展海外联络工作

1992年，恰逢周培源90寿辰，中国台湾著名物理学家吴大猷教授等国际知名学者回大陆，参加了有关学术会议和祝寿活动。九三学社吴阶平、黄汲清、邹承鲁、李林等知名学者到台湾省参观访问，在海峡两岸及海外产生了广泛的影响。

各地方组织认真学习贯彻有关海外统战工作的方针政策，充分发挥九三学社组织和社员个人两方面的积极性，加强了同台湾、香港、澳门及海外华人学者的联系，联络感情，广交朋友。同时，以科技、经济、文化交流为主线，各地方组织在引进资金、技术和人才上多做实事，为所在地区改革开放和经济发展作出了贡献。仅据浙江、广东、上海、四川、湖南5个省市的不完全统计，从1989年年初到1992年年底的四年间共引进项目54个。1993年11月，九三学社中央在深圳召开了“海外联络工作研讨会”，总结交流了各地方组织的工作成绩和经验，提出了加强和改进海外联络工作的建议。

4. 发扬自我教育的优良传统，开展社的思想建设

从1989年年初到1992年年底的四年间，九三学社紧紧围绕中国共产党的中心任务，坚持中国共产党的基本路线，发扬同中国共产党亲密合作的优良传统，坚定社会主义信念为指导思想，积极开展宣传和思想工作。特别是通过学习邓小平视察南方的重要谈话和中共十四大精神，全社同志精神振奋，决心为加快改革开放和现代化建设的步伐，夺取有中国特色社会主义事业的更大胜利作出自己的贡献。

九三学社深入开展形势教育、国情教育和社会主义教育。根据中共中央全国统战工作会议和1989年《意见》的精神，九三学社中央和地方组织加强了对思想建设工作的领导。九三学社八届六次中常会通过了《九三学社中央关于加强思想建设的意见》，先后召开了社全国组织宣传工作会议和全国思想宣传工作会议。许多地方组织积极、主动、创造性地开展思想建设工作，坚持了自我教育的优良传统和以正面教育为主、积极疏导的方针，深入调查研究，有针对性地开展工作，并提出了一些行之有效的办法和措施。

5. 坚持发展与巩固相结合的方针，加强组织建设

为了更好地履行参政党的职能，九三学社八届六次中常会提出了加强

组织建设的补充意见，社中央还制定了有关组织工作的一系列规定。截至1992 年 6 月底，九三学社共有社员 48766 人，比五大时增加 1 万多人，四年增长约 26.2%；社员平均年龄为 55.4 岁；有省级组织 29 个，市级组织 187 个，基层组织 2845 个。

根据九三学社八届三中全会决定，省级组织提前在 1992 年换届。27 个省级组织顺利完成换届改选或部分调整班子的任务，省级领导班子和工作班子的建设以及新老合作交替方面都迈出了一大步。通过换届，新当选委员 352 人，占委员总数的 30%；新当选主委、副主委 58 人，秘书长 15 人，其中专职副主委、专职秘书长或专职副主委兼秘书长共 38 人。各市级组织也进行了换届改选，引进了一批新人。

1990 年 12 月，九三学社八届三中全会增补赵伟之为社中央副主席，兼任秘书长。

（三）第六次全国代表大会

1992 年 12 月 26 日至 30 日，九三学社第六次全国代表大会在北京举行。这次大会的主要议题是：学习中共十四大精神；听取和审查第八届中央委员会的工作报告；审议并通过《九三学社章程》；讨论并通过《九三学社中央参议委员会组织条例》；选举中央委员会；选举中央参议委员会；选举中央名誉主席。

12 月 26 日，大会在人民大会堂隆重开幕。全国人大常委会副委员长彭冲，国务委员、国家科委主任宋健，全国政协副主席胡绳，全国政协秘书长宋德敏以及中共中央统战部蒋民宽、刘延东副部长，各民主党派中央、全国工商联的领导同志应邀莅会。来自九三学社全国各级组织的代表共 535 人出席了开幕式。

开幕式由大会主席团常务主席吴阶平主持。大会主席团常务主席周培源致开幕词。中共中央政治局派代表到会宣读了中共中央贺词。民建中央主席孙起孟代表各民主党派中央和全国工商联向大会致贺词。大会主席团常务主席徐采栋代表第八届中央委员会向大会作了题为《发挥科技优势，提高参政水平，为加快改革开放和现代化建设贡献力量》的工作报告。大会主席团常务主席郝诒纯作了关于修改《九三学社章程》的说明。大会主席团常务主席王淦昌代表中央参议委员会在开幕式上讲了话。

29日下午，九三学社中央委员会举行全体会议，一致通过了《九三学社章程（修改草案）》。新的《九三学社章程》将九三学社的性质表述为：“九三学社是以科学技术界高、中级知识分子为主的具有政治联盟特点的致力于社会主义事业的政党。”会议通过了《九三学社中央参议委员会组织条例》，然后以无记名投票的方式选举产生了九三学社名誉主席、第九届中央委员会委员、候补中央委员和中央参议委员会委员。

30日上午，大会举行闭幕式，一致通过了九三学社第八届中央委员会的工作报告，通过了《九三学社第六次全国代表大会决议》和大会给周培源的致敬信。中共中央统战部副部长刘延东在闭幕式上讲话，祝贺大会圆满成功。吴阶平致闭幕词。

代表大会闭幕后，九三学社第九届中央委员会第一次全体会议和中央参议委员会全体会议分别举行。

九届一中全会选举产生了第九届中央委员会主席、副主席、秘书长和常务委员。吴阶平当选为新一届中央委员会主席。

吴阶平，江苏常州人。1952年加入九三学社。中国科学院、中国工程院院士。1942年毕业于北平协和医科大学，获博士学位；1947年赴美国芝加哥进修，师从诺贝尔奖得主哈金斯教授。吴阶平是中国泌尿外科的奠基人之一，曾先后7次获得全国性的科学技术奖。新中国成立后，他曾担任毛泽东、周恩来等多位中共中央领导人的医疗小组组长。从1954年起，吴阶平先后奉命为金日成、苏加诺、胡志明、费迪南德·马科斯等外国元首提供过医疗服务，对发展中国与其他国家的友好关系作出了特殊的贡献。

徐采栋、郝诒纯、安振东、王文元、杨樾、陈明绍、陈学俊、赵伟之、洪绂曾、金开诚当选为副主席；刘荣汉为秘书长；周培源、严济慈、金善宝被推举为名誉主席。

此次会议还产生了参议委员会领导机构，王淦昌为主任，黄汲清、袁翰青、柯召、谢立惠、陈立、高学敷、陈恩凤、笪移今、启功、葛庭燧、方亮、李毅为副主任，李毅兼任秘书长。

二、跨世纪的政治交接

（一）着力提高参政议政水平

1. 参政议政逐步规范化、制度化

坚持中国共产党的领导和发扬社会主义民主，这是贯穿中共中央1989年《意见》的两条主线。从1992年年底到1997年年底的五年间，九三学社在重大政治原则问题上，始终同以江泽民同志为核心的中共中央保持一致，坚定接受中国共产党的领导，坚持正确的政治方向。同时，按照中共中央1989年《意见》的规定，加大了参政议政和民主监督的力度。

1993年3月，在第八届全国人民代表大会第一次全体会议上，吴阶平当选为八届全国人大常委会副委员长。九三学社有81位同志当选为新一届全国人大代表，其中常委会委员6人；另有102位同志担任新一届全国政协委员，其中常委21人。九三学社有1109人被选为省、市级人大代表，3689人担任省、市级政协委员；有1639位同志在市级以上新一届政府中担任领导工作。

九三学社中央领导多次应邀参加中共中央召开的有关重大问题的协商会、情况通报会、座谈会，参加国务院常务会议和有关工作会议，并积极发言，对有关党和国家的重大方针政策提出意见和建议，其中许多得到采纳。

1994年和1995年两年，吴阶平代表九三学社中央，3次直接致函中共中央总书记江泽民，分别就纪念抗日战争和世界反法西斯战争胜利50周年、建设延安革命传统教育基地及与该地区经济建设相结合、建立国家

★ 1994 年 3 月，江泽民同志在八届全国人大二次会议上和吴阶平亲切交谈。

农业建设基金问题，反映情况、提出建议。江泽民高度重视并批转有关部门认真办理，建议取得了富有成效的结果，特别是关于延安问题的建议得到采纳，国家有关部门制定并且实施了延安保护建设方案，由中央、陕西省和延安地区共同筹措资金，其中中央拨款1.7亿元，延安革命纪念地的保护工作得以全面展开。

★ 1995年吴阶平在革命圣地延安参观考察。

九三学社中央领导同志还多次参加了中共中央统战部组织的大型考察调研活动，先后赴三峡工程、山东、苏南、上海及京九铁路沿线调查研究，并写出考察报告，参加专题座谈，对这些地区的进一步开发建设问题提出意见和建议；多次参加全国人大、全国政协、国务院、中纪委组织的执法检查和反腐败调查团（组）的工作。如1996年，吴阶平率团对《中华人民共和国教育法》执法情况以及耕地保护问题进行检查。

九三学社有6000多名同志担任各级人大代表、政协委员，参加政府工作；有860多人担任各级特约监察员、检查员、审计员、督导员。他们通过政协会议以及其他多种形式和渠道反映社会政治信息和社情民意，提出了一系列重要建议，发挥了民主监督的作用，也使参政议政取得了更切实的效果。在全国政协第八届会议期间，九三学社中央共提交大会发言和提案376件，其中涉及经济建设的160件，科技、教育、卫生的130件，法制建设的60件，其他内容的26件。九三学社30个省级组织提交地方政协的发言、提案以及各种建议共7381件。

在开展调查研究的选题决策、工作程序、工作方法、内外联系、上下结合、信息沟通、时间安排、经费使用等方面，九三学社都做了努力探索，取得了一些行之有效的办法和成功经验。政协提案工作的征集、遴选、加工、提交、转复、报道等，也初步建立了一套工作机制。九三学社中央专委办和研究室每年征集加工后的提案经主席会议通过后，交政协九三组的委员分类采用，得到了委员们的好评。

1995年6月在九三学社九届十次中常会上，首次制定了《九三学社中央关于参政议政、民主监督的暂行规定》，对九三学社中央参政议政工作的任务、方针、办法和组织领导等问题做了明确规定。这是九三学社参政议政走向规范化、制度化的重要步骤。

2. 突出重点，广泛深入地开展调查研究

从1992年年底到1997年年底的五年间，九三学社中央和各地方组织，围绕国家经济建设、改革开放和重大社会问题，有重点、有组织、坚持不懈地开展调查研究，召开了一系列专题研讨会，其广度和深度，都是九三学社的历史上前所未有的。广泛深入的调查研究，使社员了解了社会变革中的许多新情况、新问题，为九三学社参政议政特别是在各级政协会议上的发言和提案提供了依据，使九三学社参政议政的水平得到了进一步提高。

1993年7月，为促进经济与科技的结合，中共中央统战部部长王兆国和吴阶平共同商定九三学社围绕"促进科技成果转化为现实生产力"问题开展专题调研，中共中央统战部给予了巨大的支持。其后三年，九三学社中央组织各地方组织，围绕这个总题目，分别就科研院所、高等学校、国有大中型企业、高新技术产业开发区、农业等方面的科技成果转化问题，进行了深入、持久、广泛、系统的调查研究，形成调研报告等材料近200篇。九三学社中央组织调查组先后赴江苏、浙江、湖南进行了三次

调研，召开了多次调研预备会和专题研讨会。在这些工作的基础上，九三学社中央在1994—1996年连续三年的政协大会上作了大会发言，并提出了20多个重要提案。

九三学社中央科技经济委员会分别开展了“科技体制改革与科技队伍状况”“千烟洲经验的意义和推广”专题调研。九三学社中央教育卫生委员会分别开展了“研究生教育面临的问题和对策”“关于加强研究生思想道德教育”“关于加强贫困地区特别是革命老区卫生扶贫工作”的专题调研。九三学社中央专门委员会办公室先后开展了“土地资源合理利用”“做好节水管水工作，促进我国水资源的合理开发利用”和“关于粮食问题”的专题调研。九三学社中央法制委员会等有关专门委员会先后就《中华人民共和国教育法（草案）》等18条法律（法案）进行研讨，提出修改意见，报全国人大常委会。

以上这些专题调研和活动，都形成了全国政协大会的发言或提案。

在调研和参政议政过程中，更加注重取得有关党政部门的支持和配合，是这个时期的一大特点。五年间，九三学社中央同农业部、国家科委、教委、计委等部门的联系更加密切，在他们的支持配合下形成的许多重要的议政建议，都具有较高的针对性、科学性和可行性，受到有关党政部门的重视和好评。

3. 积极开展海外联络工作，促进“一国两制”和祖国统一大业

1997年7月1日，按照邓小平“一国两制”的伟大构想，中国政府恢复对香港行使主权。吴阶平代表九三学社，作为中国政府代表团成员，出席了在香港举行的交接仪式。

从1992年年底到1997年年底的五年间，九三学社在对外联络方面通过“走出去”“请进来”等形式，向台港澳同胞和海外华侨华人宣传祖国社会主义现代化建设的伟大成就，宣传党和政府的有关政策，特别是关于祖国统一的方针政策，并及时向党和政府反映有关信息和情况。加强联络工作的组织，积极开展各种活动。鼓励、协助社员在所联系的港澳台和海外人士中积极开展“三引进”工作，为经济建设服务，并通过加强两岸

经济交往促进祖国和平统一。仅据浙江、陕西、天津三省市的统计，五年间九三学社社员已协助引进外资6652万美元，753万港元，人民币1970万元。

（二）积极探索科教服务与参政议政相结合的有效形式

1. 推动沿海地区组织大规模开展对口支援和科技合作

根据九三学社实际，确定“九广”“九临”“九通”3个科技合作区和国务院分配给九三学社的扶贫联系县四川广元旺苍县作为重点。从1993年起，连续五年先后在南京、杭州、海口、福州、广州召开了5次“九三学社沿海地区科技开发暨支援三九合作区研讨会”，组织沿海15个省市区对“三九”合作区进行对口支援。1996年5月，九三学社中央下发《九三学社中央委员会关于“三九合作区”工作的几点意见》，就如何加强此项工作做了具体规定，明确了各个对口支援的地区和责任。五年间，“三九合作”取得显著成效，在社会上产生了一定影响，受到中共和国家领导人的充分肯定。在全国政协八届四次会议上，中共中央总书记江泽民亲临九三组发表重要讲话，并对此予以赞扬。

2. “三九”合作不断取得成效

自1991年九三学社四川省委会与广元市签订五年合作协议起，“九广”合作即列入九三学社中央的重要工作日程。吴阶平以及徐采栋、郝诒纯、安振东、洪绂曾、黄其兴、刘荣汉多次到广元视察。1996年4月，福州会议确定由社上海、江苏、浙江、广西四个省（区、市）委员会重点支援广元后，“九广”合作进入了更高的层次和领域。五年间，九三学社共组织援广专家、教授、科技人员、企业家共146批530多人次，签订工、农、医、科、教等合作协议150多项，为广元培训各类专业人员，并配合有关单位争取落实项目资金。广元被国家九部委列为西南地区唯一的“全国农科教结合示范区”，被农业部列为“全国乡镇企业东西合作示范区”。九三学社一批领导和专家被聘为“九广”合作高级顾问。

1992年，九三学社山西省委会组织专家考察并制定《临汾地区科技兴区战略方案大纲》，开启了“九临”合作。在一批科技服务项目取得成功的基础上，九三学社中央对“九临”合作给予了足够的重视，先后组织社天津市委会和河北、山东省委会的专家多次赴临汾考察。九三学社天津市委会帮助制订了《临汾地区依靠科技进步振兴经济发展的规划》，确定 11 个重点行业为突破口，得到地区领导的认可。九三学社河北省委会提供的“华孚植物助长剂”连续两年在该地区部分县示范推广，小麦平均亩产增长 10% 以上。在 1996 年福州会议上，九三学社中央正式决定，由社河北、天津、山东三个委员会对口支援临汾，以加大“九临”合作的力度。

“九通”合作始于 1993 年 11 月，九三学社内蒙古区委会与哲里木盟行署签订《九通科技合作协议书》，哲盟行署聘请九三学社十名专家为科技顾问。九三学社帮助哲盟论证、编制了《哲里木盟近中期经济与社会发展战略规划》。其后三年，九三学社辽宁、吉林、黑龙江省委会积极开展对哲盟的对口支援工作，鞍山、抚顺、四平、哈尔滨四个市级组织也分别与哲盟的四个旗正式建立对口合作关系，开始了具体的科技合作。

3. 加大对定点扶贫联系县——旺苍县的扶贫攻坚支持力度

九三学社组织专家为该县提供决策咨询服务，帮助该县开发实施一批生产项目，包括矿产资源的开发；杜仲生产加工；发展银杏生产并申请到 50 万元专项资金；化学法制碱新工艺应用；年产 10 万吨的水泥生产线技改项目在四川省经委立项，总投资 4738 万元；黄羊扩繁基地项目纳入“九五”肉山羊发展规划。1997 年，在中共中央统战部的支持帮助下，九三学社中央争取到台湾人士捐资办学项目一个，在旺苍县木门镇建立双凤小学。九三学社中央将该小学及其分校确定为定点联系学校，长期给予扶持。

除对旺苍县的定点扶贫工作外，九三学社中央继续做好黔西南州“星火计划”工作。由九三学社主抓的百万亩旱地粮食高产工程项目，在万亩示范中，玉米亩产量达到 650—750 公斤。1996 年 9 月，在“星火计划”实施十周年表彰大会上，徐采栋因贡献突出，被国家科委授予“星火计划特别荣誉奖”。

据统计，至1997年年底，九三学社已有科技服务机构119个，办学87所，这些学校共向社会输送17.3万名各类人才。1996年11月，九三学社中央召开全国教育科技工作会议，认真总结和交流了社会办学和科教扶贫的经验，研究部署了今后工作。科教合作，兴学育才，支边扶贫，多办实事，在九三学社各级组织和成员中得到了普遍重视。

（三）围绕政治交接总目标加强自身建设

1. 以深入学习邓小平建设有中国特色社会主义理论为根本，加强理论武装

中共十五大闭幕以后，九三学社中央立即召开了主席会议、常委会议、中央学习会，组织传达、学习十五大精神。九三学社中央宣传部专门下发了通知，对全社学习十五大精神作出了具体的部署和安排。通过举办多种形式的理论研讨班、读书班、培训班等，引导成员认真研读原著，全面系统地把握中国特色社会主义理论的科学体系，重点学习邓小平同志关于改革、发展、稳定的关系和新时期统一战线与民主党派工作的有关论述，从而不断增强广大成员对建设有中国特色社会主义的自觉性和坚定性。在学习理论的同时，积极引导成员深入社会实践，参与社会热点、难点问题的调研，把宣传思想工作寓于参政议政、民主监督的工作实践中，用理论指导实践，在实践中深化对理论的认识。

2. 弘扬爱国主义传统并赋予其新的时代内涵，提升思想建设实践

九三学社是一个具有爱国主义光荣传统的政党，老一辈九三学社社员都是杰出的爱国主义者，他们为祖国的繁荣富强始终不渝地奋斗和奉献。从1992年年底到1997年年底的五年间，九三学社大力开展爱国主义教育，特别是中共中央《爱国主义教育实施纲要》发布以后，全社各级组织把贯彻《爱国主义教育实施纲要》作为思想建设的重要内容，结合实际制定了具体实施规划，爱国主义教育搞得丰富多彩，有声有色。

1994年年初，针对体制转轨时期出现的新情况，九三学社中央宣传

部及时了解社员思想状况，探索在建立社会主义市场经济体制的新形势下开展宣传思想工作的新路子，下发了《关于开展思想调研工作和总结宣传思想工作经验的通知》，根据各地上报材料，经归纳整理，写出了《当前我社成员思想状况调查分析综述》，上报上级领导及有关部门参阅。10 月，在苏州召开了九三学社全国宣传思想工作研讨会。

1995 年是中国人民抗日战争和世界反法西斯战争胜利 50 周年，也是九三学社建社 50 周年。中共领导人江泽民、李鹏、乔石、李瑞环分别为建社 50 周年题词。江泽民的题词是："继承发扬爱国主义传统，为统一祖国振兴中华而奋斗。"李鹏的题词是："发挥科技优势，为科教兴国作出新贡献。"乔石的题词是："尊重知识尊重人才，科教兴国落到实处。"李瑞环的题词是："推进民主，倡导科学。"乔石、丁关根、布赫、杨汝岱等同志出席了 9 月 1 日九三学社中央在北京召开的纪念大会。会上，乔石代表中共中央宣读了贺词，吴阶平发表讲话。九三学社中央宣传部还与学苑音像出版社联合拍摄了一部九集历史专题片《莫忘国耻》。在建社 50 周年期间，九三学社开展了大规模的纪念活动，学社史，讲传统，使社庆活动成为一次深刻的爱国主义教育活动。

1997 年，为庆祝香港回归，九三学社中央召开了常委会议和以"迎香港回归、倡爱国主义"为主题的两院院士座谈会，与会院士以自己的亲身经历，畅谈"只有社会主义才能使中国强盛"的切身感受，抒发热爱祖国、决心致力于祖国统一和振兴大业的豪迈情怀。首都 12 家新闻单位予以报道，引起了较好的社会反响。各个地方组织也开展了多种形式的活动，如召开座谈会、文艺演出、书画展、征文、出版专刊等。

3. 着眼跨世纪的政治交接，推进组织建设

九三学社第六次代表大会提出组织发展工作注重质量、坚持巩固和发展相结合方针和"三个为主"原则。1993 年，九三学社中央下发《关于当前组织工作的几点意见》，进一步提出组织发展工作要在注重质量的前提下转向有计划的稳步发展，并规范了发展社员程序。1994 年，九三学社全国组织工作会议上检查了 1993 年提出的组织发展意见落实情况，在

《九三学社中央关于加强自身建设的意见》中进一步重申了上述要求。1995 年九三学社全国组织工作会议上再一次讨论如何掌握重视质量这一前提，如何有计划地稳步发展。1996 年九三学社全国组织工作会议形成的有关文件中，再次强调发展工作的基本方针和原则，要处理好发展和巩固、数量和质量、重点和非重点、骨干成员和一般成员的关系，不追求速度，切实做到有计划的稳步发展。对组织发展程序又进一步作了规定。

20 世纪 90 年代是九三学社新老交替的关键时期，能否选拔和培养出合格的接班人，关系到九三学社能否继承和发扬与中国共产党亲密合作的优良传统，关系到中国共产党领导的多党合作制度能否得以健康发展。1992 年换届时，九三学社中央就明确提出切实加强后备队伍建设的任务，特别是在《九三学社中央关于加强自身建设的意见》中，要求各级组织领导刻不容缓地把这项工作作为大事来抓，要立即研究，从实际情况出发制定规划，并明确提出物色人选的要求和方法。九三学社各级组织予以了高度重视。1995 年年底，各省级组织在上下结合、认真考虑的基础上，提出了后备队伍名单。

九三学社中央和各地方组织都为 1997 年的换届做了大量的准备工作。在中央会议上，吴阶平多次发表重要讲话，强调一定要从跨世纪的政治交接的高度，认识和做好换届工作。九三学社中央专门召开会议，讨论研究领导班子届中调整和微调问题，以及 1997 年换届工作，并下发了一系列指导性文件。在九三学社九届四次和五次全会上，增补了王选和黄其兴两位副主席及多位中央委员、常委。新建了省级组织重庆市委会和一批市级、基层组织。

1997 年，九三学社地方组织换届全面展开，至 7 月中旬，30 个省级组织均顺利完成换届工作。在换届工作中，各省级组织以做好政治交接为重点，积极稳妥地进行新老交替，在领导班子中充实了一大批政治素质高、德才兼备、能与中国共产党亲密合作、有较强参政议政能力和组织领导能力、年富力强、有一定代表性的领导骨干，改善了领导机构的年龄结构和人才结构，健全了工作机制。这次省级换届调整幅度较大，省级委员会委员调整幅度平均达50%，最高达76.3%，最低的为39%。30个主委中有22个是新当选的，年龄最大的主委71岁，年纪最轻的52岁。省级委员会委员共1249名，平均年龄51.9岁，女同志占19.8%；主委、副主委共178名，平均年龄57.6岁；副主委以55岁至65岁为主体，大多数省级组织有一名55岁以下的副主委。地方组织换届工作的完成，使九三学社地方领导班子的跨世纪政治交接实现了良好的开端。

九三学社认真贯彻民主党派组织发展有关政策精神，社的组织健康发展，成员数量稳步增加。截至1997年第二季度，九三学社已有省级组织30个，市级组织216个，基层组织3437个，成员68440人。

从1992年年底到1997年年底的五年间，九三学社成员兢兢业业，在自身的岗位工作中作出了突出贡献。有58个集体、134名个人受到九三学社中央和全国统战系统的表彰，284个集体、1407名个人受到社省级组织表彰。有1461人次获得国家级奖励，5657人次获省部级奖励，5263人次获市级奖励。九三学社中央主席吴阶平、九三学社中央参议委员会常委严仁英荣获首届我国人口方面的最高常设奖——“中华人口奖”。

此外，在机构建设方面，按照国家组织人事部门的统一部署和中共中央统战部的意见，九三学社中央机关开始实行参照《国家公务员暂行条例》进行管理，完成了定编定员、定岗定职定责的工作，逐步向公务员管理过渡；逐步建立、完善学习培训制度、会议制度、干部考核制度、招聘和退休制度、值班制度等；调整和充实了部门负责人。经主席会议决定，1997年上半年，九三学社中央成立信息中心，各省级组织设立信息员，加强信息工作。

（四）第七次全国代表大会

在全国人民喜庆香港顺利回归和中国共产党第十五次全国代表大会胜利闭幕后不久，1997年11月8日至13日，九三学社在北京召开了第七次全国代表大会。

中共十五大是在我国改革开放和社会主义现代化建设承前启后、继往开来的重要时期召开的具有重大历史意义的会议，大会通过的江泽民同志关于《高举邓小平理论伟大旗帜，把建设有中国特色社会主义事业全面推向二十一世纪》的报告，对我国改革开放和社会主义现代化建设跨世纪的发展作出了全面部署，是中国共产党面向新世纪的政治宣言和行动纲领。

九三学社第七次全国代表大会，是在世纪交替的重要历史关头召开的一次新老交替和政治交接的大会。来自全国各地的586名代表出席了大会。此次大会的主要议程是：学习贯彻中共十五大精神，听取并审议九三学社第九届中央委员会的报告，讨论通过《九三学社章程修正案》，选举第十届中央委员会。

11月8日大会开幕。中共中央政治局委员、国务院副总理吴邦国，全国人大常委会副委员长、农工民主党中央名誉主席卢嘉锡，全国人大常委会副委员长布赫，全国政协副主席、中共中央统战部部长王兆国，全国政协副主席朱光亚等党和国家领导同志以及各民主党派中央、全国工商联、国家教委、国家民委、农业部等有关方面负责人出席了开幕式。

大会主席团常务主席吴阶平作开幕讲话。他指出："九三学社是中国共产党领导的多党合作和政治协商制度中的参政党。我们要深刻认识我社的历史责任，充分发挥参政党作用，正确履行自己的职责，为推动社会主义民主政治建设，为振兴中华，统一祖国大业作出新的更大的贡献。"

吴邦国代表中共中央致贺词。他对九三学社为我国经济腾飞和科技、教育事业发展，为社会主义民主和法制建设所作出的贡献给予充分肯定，对九三学社努力参加社会主义精神文明建设的实践，在推动社会道德、文化建设方面所做的大量工作及显著成绩，给予了高度评价，对即将产生的九三学社的新一届领导班子寄予殷切希望。

卢嘉锡代表各民主党派中央和全国工商联宣读贺词，向大会表示热烈祝贺。

大会主席团常务主席徐采栋受社九届中央委员会委托，作题为《在邓小平理论伟大旗帜指引下，向着新世纪的宏伟目标阔步前进》的报告。报告分“新形势和新任务”“五年工作的主要经验及体会”“对今后工作的建议”三个部分。报告在对九三学社六大以来所取得的主要经验及体会进行了概括和总结后指出，在21世纪到来之际，九三学社正经历着新老交替的重大变化，新一代领导成员将成为领导班子的主体，年轻成员大量增加。如何提高整体素质，在新老交替的基础上实现政治交接，保持政治方向、优良传统和优势特点不变，是九三学社面临的一个十分现实而重大的课题。他代表社第九届中央委员会，对今后工作提出原则建议：第一，认真学习贯彻中国共产党第十五次全国代表大会的精神，用邓小平理论武装思想；第二，致力于建设有中国特色社会主义事业，努力参政议政，提高参政水平，促进社会主义民主政治建设；第三，集中智力资源，发挥科技优势，为实施“科教兴国”和可持续发展战略，为实现“九五”计划和2010年远景目标作出更大贡献；第四，全面加强自身建设，继续推进跨世纪的新老交替和政治交接。

九三学社十届一中全会审议通过《九三学社第七次全国代表大会关于〈九三学社章程（修正案）〉的决议》，选举产生了由225人组成的九三学社第十届中央委员会，推举王淦昌为九三学社中央名誉主席，推举徐采栋、柯召、郝诒纯、杨樾、陈明绍、陈学俊为九三学社中央名誉副主席，推举方亮、叶恭绍、师昌绪、汤定元、李毅、启功、张光斗、陈立、陈恩凤、唐有祺、笪移今、葛庭燧、程裕淇、魏寿昆为九三学社中央顾问。吴阶平再次当选为中央委员会主席，安振东、王文元、赵伟之、洪绂曾、金开诚、王选、黄其兴、刘应明、闵乃本、谢丽娟当选为副主席。任命刘荣汉为秘书长。

这次换届的主要成果，是一批年富力强的优秀同志走上了九三学社的领导岗位。中央委员会调整比例达到43%。在保证政治素质的前提下，年轻化也迈出了一大步。新一届中委平均年龄57岁，比上届下降2.6岁；

常委平均年龄62岁，比上届下降4.3岁；主席、副主席平均年龄65.8岁，比上届下降3岁。

三、努力建设适应新世纪要求的参政党

（一）议政建言工作呈现新局面

从1997年年底到2002年年底的五年间，九三学社始终坚持正确的政治方向，同以江泽民同志为核心的中共中央保持高度一致，遵照“长期共存、互相监督、肝胆相照、荣辱与共”的方针，紧密围绕党和国家的中心任务，结合自身特点和优势，进一步疏通渠道，拓宽领域，发挥了越来越重要的作用。

1. 参与高层政治协商，参加重大专题考察调研

中国共产党领导的多党合作和政治协商制度在国家政治生活中的地位和作用越来越重要，重大问题坚持协商于决策之前已基本形成制度。五年间，九三学社中央领导人多次参加中共中央召开的党外人士协商会、座谈会，共商国是，对有关党和国家的重大方针政策提出意见与建议；参加国务院有关部门的工作会议，了解情况，建言献策；多次陪同国家领导人参加重要外事活动。中共十五届中央委员会历次全会召开之前，九三学社中央领导人出席中共中央召开的座谈会，代表九三学社先后就农业和农村工作、国有企业改革和发展、“十五”规划的制订、加强和改进中共党的作风建设等重大问题，提出意见和建议。九三学社中央领导人出席国务院提交第九届全国人民代表大会历次会议审议的《政府工作报告（修改稿）》的征求意见座谈会，参加中共中央、国务院召开的基础教育改革和发展、公民道德建设实施纲要等问题的征求意见座谈会，提出意见和建议。同时，紧紧围绕经济社会发展中的重大问题，深入考察调研，积极建言献策，发挥了参政党的积极作用。

九三学社中央领导人积极参加各民主党派中央、全国工商联和无党派人士联合进行的大型考察活动。五年间，相继就京九铁路沿线经济和社会发展、对台工作、保护和合理利用国土资源、西部大开发、“三农”和可持续发展等问题进行专题调研。每次考察活动结束后，中共中央均举行党外人士座谈会，就上述问题征求、交换意见，九三学社中央领导人代表九三学社中央发言，提出意见和建议。

2. 健全机制，加大力度，参政议政、民主监督取得新成绩

从1997年年底到2002年年底的五年间，九三学社在参政议政、民主监督方面，进一步加大了工作力度。九三学社中央常务副主席王文元亲自主持和参与调查研究，推动工作。自全国政协九届一次会议起，五年间王文元领导主持的调研课题有17个，在深入调查研究的基础上形成一批政协高质量的提案和大会发言。

充分发挥社中央各专门委员会作用。由九三学社中央副主席分工负责科技、农林、教文、经济、医卫、联络、妇女、政法、院士专门委员会工作，各专门委员会围绕党和国家的中心工作，发挥自身优势，确定选题，取得一系列成果。

成立参政议政工作研究中心。2000年，九三学社中央参政议政工作研究中心成立。研究中心在深入研究论证基础上先后就西部大开发、长江沿岸城市经济发展、政府职能转变、人力资源开发与人才能力建设、环保市场化、电子政务等课题进行多次考察、调研，并形成提案。

制定《九三学社中央关于加强参政议政工作的若干意见》（以下简称《意见》）。《意见》的制定促进了参政议政工作更加制度化、规范化。

充分发动群众，发挥组织功能，凝聚集体智慧。九三学社中央每年在全社范围征集政协大会提案，制定了发言、提案征集和奖励条例，建立起一套征集、使用、转复和激励的机制，调动广大社员参政议政的积极性，发挥社的群体优势；深入调查研究，细致论证，保证提案质量；实行九三学社组织与社会有关方面、社内社外专家，九三学社中央与九三学社地方组织“三结合”。这些措施、方法有力地推动了参政议政、民主监督工作。

★ 2001 年 11 月 13 日至 15 日，九三学社中央参政议政工作研讨会现场。

拓宽参政议政、民主监督渠道。积极反映社情民意，开展信息工作，是这一届中央委员会的新举措。九三学社中央成立了信息中心，地方组织设置了信息员，建立起全社信息网络，制定《九三学社中央关于加强信息工作的若干意见》，信息工作逐步制度化、规范化。五年间，共向九三学社中央主席会议、全国政协信息中心、中共中央统战部报送信息近 1200 份。从 1999 年起，九三学社中央信息中心连续三年被评为“全国政协信息工作先进单位”。

九三学社中央政法委员会就特约人员工作进行调研后形成的《完善特约人员工作，推进民主监督事业》提案，得到中共中央统战部充分肯定，不仅提案的建议得到采纳，而且推动中共中央统战部加强了对这项工作的领导，健全了特约人员工作的基本制度，明确了特约人员工作的主要内容，使这项工作进一步制度化、规范化。

这一时期，九三学社参政议政、民主监督工作取得了新成绩。据统计，在全国政协九届一次至五次会议期间，九三学社界别共提出提案 509

件，大会发言88篇。其中，以九三学社中央和政协九三学社组名义提出提案50件，以九三学社中央名义作大会发言21篇。提案和发言的数量、质量逐年提高。在全国政协九届五次会议上，九三学社3篇发言被选为大会口头发言；九三学社所提《建立智力产权制度》《加强无形资产工作》《推动民营科技企业发展》等一批提案受到政府部门的重视与好评。例如，九三学社中央副主席、农林委员会主任洪绂曾提出的《关于切实做好我国“入世”后农业应对准备的问题》的提案，由于客观、深刻分析了我国“入世”后农业所面临的问题，所提建议切实可行，受到全国政协提案委员会和农业部的高度重视和评价，全国政协专门为此提案召开了协商办理座谈会，推动相关部门研究落实。

在2002年召开的政协第九届全国委员会优秀提案和先进承办单位表彰会上，九三学社共有15件提案被评为优秀提案，受到表彰。其中，以九三学社中央名义提出的提案2件：《关于切实做好我国农业“入世”应对准备的紧急建议案》《关于环保产业市场化若干建议案》；以政协九三学社组名义提出的提案1件：《关于东西部开展科技合作的思路与对策案》；以九三学社社员个人名义或领衔提出的提案12件：《提高利用外资的层次案》（陈家骅等人）、《关于切实重视和加强高等职业教育案》（谢丽娟等人）、《关于依靠科技进步促进粮食生产的建议案》（黄懋衡等人）、《关于对我国西北少数民族地区扶贫工作的建议案》（汪愚等人）、《关于固体废物污染现状及其防治对策的建议案》（冯培恩等人）、《关于吁请依法行政，切实制止耕地剧减的建议案》（邓浦东等人）、《关于调整收入分配格局实现共同富裕案》（唐大智等人）、《关于中国“入世”的法律准备的建议案》（冯培恩等人）、《关于重视非传统矿产资源研究和开发案》（蔡克勤等人）、《关于西部地区生态保护和建设的建议案》（龚振栋）、《关于加快垃圾收费及资源化的建议案》（赖明）、《建立以资源循环利用和材料无害化处理为核心的家电报废体系的建议案》（王贤才）。

为了展现1989年《意见》颁布后九三学社中央参政议政取得的成绩，2002年2月，九三学社中央还编辑出版了《九三学社中央国是建言集萃》。

2002年3月3日至13日，全国政协九届五次会议在北京召开。会议期间，江泽民等中共中央和国家领导人看望了出席会议的九三学社、无党派民主人士界别的委员，参加了联组会，听取委员们的意见和建议并发表了讲话。江泽民说："九三学社同中国共产党有着长期合作的历史。九三学社成立及其发展的历程表明，在中国，各行各业的许多杰出人士，都把个人的事业与祖国和民族的命运紧密联系在一起，都把能够将自己的学识奉献给祖国和人民作为一生最大的追求。这种爱国爱民的抱负和品质，是九三学社的光荣传统，也是中华民族的光荣传统。我们应当十分珍惜并永远保持和发扬这个传统。"

3. 为促进两岸交流和维护祖国统一，为促进国际交流、维护世界和平与促进共同发展贡献力量

1999年12月20日，中葡澳门政权交接仪式隆重举行，中国政府对澳门恢复行使主权。全国人大常委会副委员长、九三学社中央主席吴阶平作为中央政府代表团成员出席了政权交接仪式。九三学社中央也举行了庆祝澳门回归座谈会。

实现祖国的完全统一，是海内外中华儿女的共同心愿。从1997年年底到2002年年底的五年间，在历次各民主党派中央、全国工商联和无党派人士举行的纪念江泽民《为促进祖国统一大业的完成而继续奋斗》重要讲话发表座谈会以及有关两岸关系座谈会上，九三学社中央领导人多次代表九三学社发言，坚决支持"一个中国"原则，支持"和平统一，一国两制"的基本方针，严正批判任何旨在制造"台湾独立""两个中国""一中一台"的言行，坚决反对"台独"分子分裂祖国的罪恶行径。

五年间，九三学社中央领导人多次接待来访的台港澳和海外人士，介绍形势，宣传政策，增进了解。九三学社中央联络委员会积极开展民间外交和统战工作，协办了由"茅以升科技教育基金委员会"主办的海峡两岸土木工程合作交流活动，向台胞展示、宣传祖国内地桥梁建设的成就，组织社内土木工程方面有关专家赴台参观访问。许多成员利用多种渠道积

极引进资金、技术和人才，为祖国的经济建设服务，为推动祖国和平统一做实事。

和平与发展是时代的主题。维护世界和平与促进共同发展也是九三学社义不容辞的责任。1988 年，第 43 届联合国大会通过将每年 11 月 11 日所在周定为“国际科学与和平周”的决议，要求各会员国在此期间举办相应活动，宣传科技进步对维护世界和平、促进人类社会发展所起的重要作用，鼓励人们为争取和平稳定的国际环境作出努力。1989 年起由中国科学技术协会、中国人民争取和平与裁军协会联合几十个部委、人民团体、民主党派、科研院所和新闻单位等组成“国际科学与和平周中国组织委员会”。1999 年，吴阶平担任组委会主席。2000 年，九三学社首次作为第十二届“国际科学与和平周”组织委员会主办单位之一参与该活动。自此，九三学社中央每年积极参与举办“国际科学与和平周”活动，号召各地方组织以“发展科学、维护和平”为主题，开展大规模的宣传活动，得到了各地方组织的热烈响应。九三学社各级组织精心组织了各种丰富多彩的热爱和平、崇尚科学的活动，为发展科学与和平事业作出了努力和贡献。此后几年，九三学社中央连续荣获国际科学与和平周中国组织委员会授予的“国际科学与和平周特别贡献奖”。

2001 年 11 月，九三学社中央、联合国儿童基金会、瑞典国际开发署、广西壮族自治区人民政府共同在广西南宁市主办了“首届国际生态卫生科学大会暨国际生态卫生技术与产品展示会”。这是第一次由民主党派参与主办的国际学术会议。全国人大常委会副委员长、九三学社中央主席吴阶平，九三学社中央副主席安振东、洪绂曾、黄其兴，秘书长刘荣汉等九三学社中央领导以及来自欧洲、北美洲、非洲、亚洲的 30 多个国家、地区和我国 20 多个省、区、市的代表 300 余人就“生态卫生与人类可持续发展”进行了讨论和交流，并在 8 个生态卫生村进行了实地参观考察。

九三学社中央还以周培源基金会的名义，组成科技、生态卫生等访问团，先后赴日本、澳大利亚、美国、德国等国考察，对加强对外科技文化交流、开阔眼界、提高科教服务水平，对增进我国与世界各国的相互了解、拓展国际合作、维护世界和平与促进共同发展，都起到了积极作用。

（二）适应新世纪要求加强自身建设

1998 年 8 月，各民主党派中央有关部门和部分省级组织负责人举办研讨班，针对自身建设进行专题讨论。之后，各民主党派中央领导人又多次举行会议，总结近些年来自身建设的成果和经验，分析存在的问题和面临的任务，就新形势下加强自身建设若干问题达成共识，并于 1999 年 5 月11 日形成《各民主党派中央关于加强自身建设若干问题座谈会纪要》。九三学社中央主席吴阶平，常务副主席王文元，副主席赵伟之、金开诚及秘书长刘荣汉参加了会议。

九三学社七大之后，根据各民主党派中央在新形势下加强自身建设方面达成的共识精神，以建设适应新世纪要求的参政党为目标，为加强自身建设，做出了新的努力。

1. 回顾总结历史，坚持和推动完善中国特色政党制度

九三学社七大后，为使广大社员深入了解社的历史，学习、弘扬社的优良传统，加强社自身建设，九三学社中央决定编撰《九三学社简史》，并于 1998 年 5 月出版发行。《九三学社简史》是九三学社自身建设的重要文献。它记载了自抗日战争后期九三学社筹建，至 1997 年 11 月社七大召开的历史；反映了九三学社在新民主主义革命时期、社会主义革命和建设时期，以及改革开放以来半个多世纪的光荣历程。吴阶平为《九三学社简史》撰写了《民主党派的历史道路和优良传统》的代序。1998 年 6 月，九三学社中央下发通知，决定在全社范围内开展一次“学社史，继传统，迎接新世纪”的读书活动。在为期一年的读书活动中，各地各级组织和广大社员积极响应，踊跃参加。这次读书活动对于九三学社发扬优良传统，加强自身建设，坚持发展中国特色的多党合作制度起到了十分重要的作用，正如 1999 年 9 月 15 日吴阶平在《中国民主党派史》出版座谈会上所讲的那样：搞好政治交接，努力建设面向新世纪的参政党，是摆在各民主党派面前的重大课题，是今后一个时期自身建设最重要的任务。这当

中，如何正确认识民主党派的历史道路，把民主党派老一辈在长期革命和建设实践中形成的优良传统和高尚风范一代一代传下去，保证中国共产党领导的多党合作和政治协商制度得到坚持和发展，是政治交接的核心。

2000 年 12 月 4 日至 6 日，第十九次全国统战工作会议在京召开。江泽民同志在会上发表重要讲话，他全面分析了统一战线面临的新形势、新情况，进一步明确了新的历史条件下统一战线的地位和作用，系统论述了当前和今后一个时期统一战线的方针政策与主要任务，深刻阐明了统一战线一系列带有根本性、全局性、战略性的重大理论和实践问题。江泽民说："确立和实行适合国情的政治制度和政党制度，对一个国家的发展和稳定具有极为重要的意义。"他指出，中国共产党领导的多党合作和政治协商制度，"是中国人民长期奋斗的成果，也是中国人民政治经验和智慧的结晶"，是符合中国国情的。他强调，在新世纪，必须进一步坚持好、完善好、落实好这项行之有效、具有巨大优越性的基本政治制度。这是中国共产党和民主党派的共同责任。①

九三学社中央及时传达了全国统战工作会议精神。2000 年 12 月，九三学社第十届中央委员会第四次全体会议上，常务副主席王文元代表九三学社中央主席会议作了题为《把中国共产党领导的多党合作和政治协商制度坚持好、完善好、落实好》的闭幕讲话，他对九三学社自成立以来，半个多世纪长期实践中所形成的经得起历史检验的基本经验、优良传统和自身特色进行了总结，概括为：第一，发扬爱国主义光荣传统，参加中国共产党领导的爱国统一战线，与全国人民一起，始终不渝地致力于中华民族的伟大振兴。第二，以宪法为根本活动准则，履行维护宪法尊严、保证宪法实施的职责，享有宪法规定的权利和义务范围内的政治自由、组织独立和法律地位平等。第三，坚定接受中国共产党政治领导，坚持"长期共存、互相监督、肝胆相照、荣辱与共"的方针，做中共的挚友、诤友。第四，坚持以邓小平理论为指导，坚持中共在社会主义初级阶段的基本理

① 《江泽民文选》第三卷，人民出版社 2006 年版，第 138 页。

论、基本纲领、基本路线，坚定走有中国特色社会主义道路。第五，组织动员广大社员和所联系的群众，紧紧围绕中国共产党和国家的中心任务开展工作，在社会主义初级阶段，就是紧紧围绕经济建设这个中心，为实现社会主义现代化而开展工作。第六，四项基本原则是九三学社同中国共产党合作的政治基础，在中国共产党领导的多党合作和政治协商制度的政治体制内，作为参政党，要找准位置、明确职责，努力发挥参政党作用。第七，坚持九三学社以科技界高、中级知识分子为主体，具有政治联盟特点的组织特色，坚持进步性与广泛性相统一，代表广大社员和所联系的群众的意愿，了解他们的切身利益，反映他们的特殊要求，为中国共产党团结领导广大社员和九三学社所联系的群众发挥桥梁和纽带作用。第八，中国共产党始终代表中国先进社会生产力的发展要求，代表中国先进文化的前进方向，代表中国最广大人民的根本利益，也是最彻底地为中国民主、科学事业奋斗的政党。在中国共产党领导下，九三学社一贯坚持和弘扬民主与科学精神，为中国民主、科学事业不懈奋斗。第九，努力继承、发扬本社老一代在长期革命和建设实践中形成的优良传统和高尚风范，始终坚持正确的政治方向，在新老交替中注重政治交接。第十，努力学习马克思主义、毛泽东思想、邓小平理论，坚持不懈地加强自身建设，全面提高自身素质，以适应中国革命和建设事业发展的要求。王文元强调，上述基本历史经验、优良传统和自身特色，既是九三学社过去 55 年中能够不断健康发展的基础和条件，也是进入 21 世纪后，九三学社为坚持好、完善好、落实好中国共产党领导的多党合作和政治协商这一基本政治制度作出新贡献的基础和条件。

2. 改进工作方法，探索思想建设新路子

九三学社中央在总结以往思想建设工作经验的基础上，于 1999 年 6 月制定了《九三学社中央关于加强思想建设的若干意见》，在思想建设方面，不断探索新路子，采取有效措施，收到很好的效果。

以重要事件为契机，有针对性地进行思想宣传工作。抓住中共“五一口号”发布 50 周年、中共十一届三中全会召开 20 周年、《中共中央关

于坚持和完善中国共产党领导的多党合作和政治协商制度的意见》发表10周年，反对“法轮功”邪教组织、抗议以美国为首的北约轰炸我驻南斯拉夫使馆的暴行、新中国成立50周年、澳门回归、中国共产党成立80周年、中国加入世贸组织、北京申奥成功等重大事件，九三学社中央及时发出通知，做出安排，在广大社员中开展形式多样的爱国主义、社会主义教育活动。通过这些活动，加深了广大社员对党的基本路线、邓小平理论的理解，增强了对多党合作重要性的认识，也增强了社组织的凝聚力和向心力。

建立、完善学习制度。进一步加强社各级领导干部和骨干的学习培训。九三学社中央多位领导人参加“统一战线和多党合作与实践研究班”。2001年，九三学社中央和北京市委会联合对300多名社员骨干分批进行了培训；调整充实社中央理论中心组，吸引在京中青年成员参加，提高成员对参政党的认识和政治理论修养，努力造就高素质的干部队伍和骨干队伍；坚持每月召开一次理论学习会，把握思想建设的重点，力求做到理论学习与深入基层调研相结合，系统学习与专题学习相结合，增强学习实效性。九三学社中央每年组织8次至10次社中央学习会，学习有关文件，讨论有关问题。以会代训，九三学社中央召开“全国思想建设和信息工作会议”，对与会的省级组织负责人和从事宣传工作的机关干部进行社章、社史、统战理论和多党合作形势、任务的教育，对全社的思想建设起到有力的推动作用。

发挥典型的示范和导向作用。在九三学社各级组织开展向王选和黄昆同志学习的活动，在社内外刊物上大力宣传他们的先进事迹及社员学习他们的心得体会。召开座谈会，激励广大社员在实施科教兴国战略中奋发进取，勇攀高峰，建功立业，为国争光。在报纸杂志上刊登获国家重大奖项社员的业绩，大力宣传他们追求真理的科学精神和爱国情怀。在九三学社中央支持下，由学苑出版社提议和组织编写、出版《九三学社院士风采》，展现在中国近现代科学技术发展进程中，九三学社成员以赤子之心报效祖国、献身科学的精神风貌。加强与新闻媒体的联系，开通地方组织宣传部门与新闻媒体的“直通车”，精心组织九三学社重要活动和典型人物的专题报道，扩大九三学社的影响，增强社会对九三学社的认知。利用《九三中央社讯》《民主与科学》等宣传阵地大力宣传新时期统一战线和多党合作事业。学苑出版社还为社员出版了一些学术著作，受到好评。

深入实际，把调查研究作为做好思想建设工作的基础和前提。1999 年，由九三学社中央副主席金开诚带队，率领九三学社中央宣传部、研究室、组织部、办公厅等部门的同志赴河南、江苏两省五市，就九三学社的思想建设、组织建设、信息工作、社史研究与宣传等问题开展调研，与地方组织、基层社员进行了广泛接触和交流。回京后专门召开会议，对调研中了解到的情况及存在问题进行梳理和总结。

召开宣传思想工作会议，总结交流经验，鼓励创新。注重总结经验，九三学社中央每年都要召开思想建设宣传工作会议，不仅交流各地方组织思想建设情况，还研讨九三学社在新形势新阶段思想宣传工作的方法和改进措施。

开展理论研究。九三学社中央同一些地方组织合作，开展了关于参政党理论的研究，结合社员思想实际，就参政党若干理论问题进行了思考和探索。

解放思想，社史研究工作逐步从封闭走向开放，开展抢救发掘社史资料的工作。通过九三学社社庆、纪念九三学社先贤如王淦昌、严济慈、周培源等大型活动，加强社史人物的专题研究，弘扬九三学社的光荣传统。

3. 以政治交接为主线，搞好组织建设，建立、健全组织工作制度

为使组织建设进一步制度化、规范化，根据九三学社七大修订的《九三学社章程》以及 1996 年各民主党派中央就组织发展形成的共识、1999 年各民主党派中央就加强自身建设形成的共识，在充分调查研究的基础上，九三学社中央于 1999 年制定了《九三学社中央关于加强组织建设的若干规定（试行)》（以下简称《规定（试行)》)。此后的三年

间，九三学社各级地方组织认真贯彻执行《规定（试行)》，组织建设稳步推进。

坚持组织发展工作的方针。在组织建设中，组织发展指导思想明确，坚持“三个为主”（“以协商确定的范围和对象为主”“以大中城市为主”“以有一定代表性人士为主”)，严格把握发展成员的条件，坚持“发展是为了工作”和“在工作中发展”的原则，处理好发展与巩固、数量与质量、重点与非重点、发展骨干成员和发展一般成员的关系，保持了九三学社作为民主党派进步性与广泛性统一的特点。发展的重点放在发展骨干成员和高素质的后备干部上。组织发展基本上步入了规范化、制度化轨道。

从 1997 年到 2002 年的五年间，九三学社发展新社员 19654 人，其中具有高级职称的 6721 人，占新社员总数的 34.20%；40 岁以下的 13217 人，占新社员总数的 67.25%；平均年净增率为 4.2%。到 2002 年 6 月，九三学社共有社员 85543 人，平均年龄 54.38 岁，比五年前降低了 0.3 岁；具有高级技术职称的占社员总数的 59.60%，比五年前增长了 4.9%；担任政府实职的社员 2539 名，占社员总数的 3.0%。组织发展呈现出新社员中具有高级技术职称的比例逐年提高、新社员平均年龄略有下降、社员年净增率下降、离退休社员的比例逐年增加等特点。在组织发展中，既注意总体上把握了年增长不超过 5% 的发展速度，做到了有计划、有重点，注重质量；也注意防止片面追求发展成员年轻化的倾向。至 2002 年，九三学社共有省级组织 30 个，市级组织 261 个，基层组织 3934 个。其中新建市级组织 45 个、基层组织 497 个。

领导班子建设、后备干部队伍建设和基层组织建设取得了新进展。2000 年 12 月，九三学社十届四中全会上增补了社中央常委、社山东省委会主委陈抗甫，社中央委员、社北京市委会副主委韩启德为社中央副主席。2001 年 12 月，九三学社十届五中全会上，增补了于建华等 7 人为社中央委员。省级组织大部分进行了届中调整。加强后备干部建设，奠定新老交替的坚实基础。根据中共中央印发的《2001 年—2005 年全国干部教育培训规划》基本精神，结合九三学社实际，制定了《九三学社中央关于加强后备干部队伍建设工作的意见》和九三学社后备干部教育培训规划。配合换届工作，后备干部队伍建设得到进一步加强。基层组织工作取得了新成绩。在2001年九三学社中央组织工作会议上，总结交流基层工作经验，对61个先进基层组织给予表彰。

九三学社社员中有全国人大代表81人，省人大代表301人，地市人大代表673人；全国政协委员113人，省政协委员1008人，地市政协委员3146人。有5人担任政府省部级领导职务，62人担任厅局级领导职务。有国家级政府特约工作人员8人，省级特约工作人员252人，地市级特约工作人员1101人。1998年3月，在全国政协九届一次会议上，九三学社中央常务副主席王文元当选为全国政协副主席；在第九届全国人大第一次会议上，九三学社中央主席吴阶平再次当选为全国人大常委会副委员长。

五年间，社员中有870多人次获得国家级奖励，4430多人次获得省部级奖励，5450多人次获得地市级奖励。其中，社员王选、黄昆两位院士同时获得2001年度国家最高科学技术奖。

★ 王选

王选是享誉海内外的著名计算机学家，1995年加入九三学社。他是中国计算机汉字激光照排技术创始人，他主持研制成功的汉字激光照排系统、方正彩色出版系统得到大规模应用，实现了中国出版印刷行业“告别铅与火、迎来光与电”的技术革命，成为中国自主创新和用高新技术改造传统行业的杰出典范，被誉为“当代毕昇”。1985年，王选获首届中国发明协会发明奖，1986年获日内瓦国际发明展览会金奖，1987年和1995年两次获国家科技进步一等奖，1989年获中国专利金奖，1990年获陈嘉庚技术科学奖，1991年获国务院特殊津贴，1995年获联合国教科文组织科学奖、何梁何利基金科学与技术进步奖。

★ 黄昆

黄昆是国际著名的物理学家，1957 年加入九三学社。他是中国固体物理学先驱、中国半导体技术奠基人，提出著名的“黄方程”和“声子极化激元”概念，与后来成为他妻子的里斯共同提出了“黄－里斯理论”。与玻恩教授合著《晶格动力学》，该书是固体物理领域一部享有世界声誉的经典著作，在西方学术界享有这一领域“圣经”的美誉。他参加制定了新中国第一个科学技术发展远景规划，为发展我国半导体物理提出了具体规划及措施建议，为推动建设我国固体物理和半导体物理学科做了大量卓有成效的工作。

以政治交接为主线，在新老交替的基础上，九三学社做好换届工作。为把九三学社建设成为适应新世纪要求的参政党，九三学社第十届中央委员会以邓小平理论、“三个代表”重要思想、中共十五大及全国统战工作会议精神为指导，以政治交接为主线，认真贯彻《关于民主党派 2002 年换届有关方针政策》的精神，相继制定出《九三学社中央关于 2002 年省级组织换届的意见》，以及《关于九三学社中央 2002 年换届的意见》《关于做好 2002 年省级组织换届工作的意见和建议》等一系列指导性文件，并成立了九三学社中央换届领导小组，统一思想认识，加强对换届工作的领导和宏观把握。九三学社中央召开常委会、中央全会、组织工作座谈会，学习、贯彻、落实有关方针、政策。对省级组织换届工作进行了部署和安排，对换届工作中可能会碰到的困难和问题进行了研讨，并提出解决处理办法。各级地方组织领导班子成员高度重视，加强政治引导，做了大量深入细致的思想工作，结合本地实际认真贯彻落实有关换届文件精神，努力搞好政治交接。2002 年全部圆满完成了社各省级换届任务，一大批优秀同志走上了领导岗位。

（三）继续推进科教服务与支边扶贫工作

1. 积极参与和服务于西部大开发

世纪之交，在我国即将开始实施现代化建设第三步战略部署的时候，中共中央高瞻远瞩，不失时机地提出实施西部大开发战略，加快中西部地区发展。

根据《中共中央关于制定国民经济和社会发展第十个五年计划的建议》提出的西部大开发的基本思路和战略重点，九三学社中央专门召开西部大开发研讨会，并多次在参政议政工作会议、常委会及全委会上研究讨论，决定集中力量，从实际出发，按照把实事办好，把好事办实，坚持重实绩、重效益的原则，发挥九三学社优势，结合实施西部大开发战略，把科教支边扶贫、“三九合作”等工作提高到新水平；要进一步调动广大成员的积极性、创造性，鼓励、推动他们为实施西部大开发战略献计出力；要求社的各级组织切实加强对九三学社参与西部大开发工作的领导，并要制订工作计划，认真组织实施。

2000 年 5 月，九三学社中央常务副主席王文元，副主席洪绂曾、金开诚和社内有关专家学者参加了中共中央统战部组织的各民主党派中央、全国工商联和无党派人士西部大开发考察活动，与云南、贵州两省党政领导座谈，就实施西部大开发战略问题提出许多建设性意见和建议。9 月，中共中央举行党外人士座谈会，征求各民主党派中央、全国工商联负责人和无党派人士对实施西部大开发战略的意见，王文元代表九三学社中央发言。11 月，九三学社十届十一次中常会在重庆召开。其间，与中共重庆市委签订《九三学社中央与中共重庆市委关于加快重庆科技发展的合作协议》，九三学社中央副主席安振东代表九三学社中央在合作协议上签字。这是九三学社为西部大开发贡献力量的又一重要举措。根据重庆市科技发展的意向，九三学社中央组织了社内专家学者就“以信息化带动工业化，推动重庆老工业基地改造，促进产业升级”“对三峡库区生态环境保护和建设提供科技支持”等方面开展调查研究和咨询、论证等工作。

九三学社各级组织发挥自身优势，组织社内专家学者，或实地调研考察，确定合作项目；或为当地义诊讲学，赠送物资器材，免费培训科技人才；或召开研讨会、座谈会，以多种形式，为实施西部大开发贡献力量。一些成员还提出申请，愿意到西部工作，扎根西部，奋斗奉献。新闻媒体对九三学社积极参与、服务于西部大开发进行了专题报道。2000 年 8 月 6 日，中央电视台《焦点访谈》节目播出了对王文元关于西部大开发问题的访谈。2002 年 4 月 16 日的《人民政协报》报道了社四川省委会在智力支边、科教扶贫、维护安定、建言献策等方面的突出成绩。

2. 进一步加大“九广”“九临”“九通”科技合作区和旺苍县定点扶贫工作的力度

1998 年，九三学社中央召开了“第六次沿海地区科技开发暨支援‘三九’合作区研讨会”。会议总结了多年来“三九合作区”的工作经验，深入研究并确定了今后科教合作及扶贫工作“不脱贫不脱钩，脱了贫也不脱钩”的指导思想及具体措施。

九三学社中央领导多次赴广元、临汾、通辽三地考察。九三学社浙江省委会为广元市引入的娃哈哈矿泉水生产线，2001 年产值已突破 7000 万元。在九三学社四川省委会的帮助下，广元市广福制药厂从濒临倒闭发展成为年产值上千万元的现代化制药厂。九三学社山西省委会帮助临汾市安泽县建立了具有科技含量和相当规模的食用菌生产基地，取得良好的经济效益。九三学社北京市委会为通辽市所做的城市规划得以实施，效果明显；投资援建的通辽市九三门诊部成为当地闻名的医疗机构。此外，九三学社联系农业部在通辽奈曼旗的节能、种植固沙、科学养殖、打井取水“四合一”的农舍建设，以及节能住房、沼气、大棚种植“三合一”的农业示范基地也取得可喜成果。

在加强“三九合作”工作力度基础上，九三学社重点做好定点扶贫联系县——旺苍县的定点扶贫工作，特别是对双峰村及木门小学进行的“一村一校”扶贫工作，成果显著。

3. 支持老少边穷地区经济建设和社会发展

九三学社中央副主席安振东、洪绂曾、黄其兴，秘书长刘荣汉多次率队到老、少、边、穷地区进行考察和调研，检查项目运作情况，听取意见、建议，召开研讨会，组织有关社员研究论证，商讨具体事宜，以利发挥自身优势，进一步密切协作，为老、少、边、穷地区的经济建设和社会发展提供有力支持。

九三学社长期坚持开展科技咨询、人才培训、送医送药等活动，涉及全国省级组织、近百个市级组织和近万名社员，收效明显，得到国务院扶贫办、当地党政部门和人民群众的好评，江泽民同志给予了充分肯定。

为了促进科技成果在农村的迅速转化，配合灾区重建家园，建立高起点的农业生产体系，1998 年，九三学社中央与中华全国供销合作总社共同举办“救灾、重建与农业持续发展高层研讨会”，并组织以专家学者、农业人才为主体的“科技快车”下乡服务，受到地方政府的高度重视和群众喜爱。

自 1993 年与贵州省毕节地区威宁县结成支边扶贫“帮扶对子”以来，九三学社中央和贵州省委会上下联动，倾心帮助威宁解决发展过程中遇到的一些困难。2000 年，九三学社中央在威宁县及贵阳市附近的乡村，结合农村生态能源建设，推广九三学社移植的瑞典国际开发署的生态卫生厕所项目。2001 年，九三学社中央在北京郊区和贵州省毕节地区威宁县建立了生态卫生厕所示范户，又在广元四县三区边搞示范边推广。

为了更好地贯彻落实中共中央扶贫开发会议精神，进一步在全社形成“人人为贫困地区献爱心、送温暖”的氛围，九三学社与民盟中央、《中国日报》、中华全国新闻工作者协会、中国扶贫信息网共同倡导开展“手挽手”系列扶贫活动。2002 年 10 月，此项扶贫活动正式启动。吴阶平担任此次活动组委会名誉主任。

1998 年，九三学社中央在河南郑州召开了办学工作研讨会，对九三学社近年办学工作取得的成绩、存在的问题、面临的形势进行了深入讨论和分析。1999 年，九三学社各级组织对民办学校的类别、资格、教职员工人数、专业设置、资产设备等情况进行了书面调查，并对各地方组织办学工作中出现的新情况、新问题进行了研讨。2000 年，九三学社中央向社各省级组织发出《关于开展向贫困地区捐助活动的通知》，通知发出后，各省级组织积极响应，行动迅速，仅这一次就组织捐款 714563 元，捐物 93106 件；全部捐款主要用于支持贫困地区的基础教育、助学、助教、师资培训、教具添置等。

2002 年 7 月，九三学社中央召开科教服务、支边扶贫总结表彰大会，会议回顾了九三学社开展科教服务、支边扶贫近 20 年的工作，授予徐采栋、安振东、洪绂曾、黄其兴、刘荣汉、高继中、卢光琇、吴若秋 8 位同志“荣誉奖”，授予九三学社四川省委会等 28 个地方组织“九三学社科教服务、支边扶贫先进集体奖”，授予杨宗义等 58 位同志“九三学社科教服务、支边扶贫先进个人奖”。

（四）第八次全国代表大会

2002 年 12 月 3 日至 8 日，九三学社第八次全国代表大会在北京隆重召开。时值中国共产党第十六次全国代表大会胜利闭幕不久。

中共十六大是在新世纪、新阶段中国共产党开始实施社会主义现代化建设第三步战略部署的新形势下召开的，具有重大而深远的意义。江泽民同志所作的《全面建设小康社会，开创中国特色社会主义事业新局面》的报告，进一步阐明了贯彻“三个代表”重要思想的根本要求，明确提出了中国共产党在新世纪头 20 年的奋斗目标和推进各方面工作的方针政策，深刻回答了关系中国共产党和国家长远发展的一系列重大问题，对建设中国特色社会主义经济、政治、文化和中国共产党的建设等各项工作作出了全面部署。

九三学社第八次全国代表大会，是在中共十六大精神的鼓舞下召开的，是九三学社进入 21 世纪后召开的第一次全国代表大会，具有承前启后、继往开来的重要意义。来自全国各地的 624 名代表参加了代表大会。大会的任务是：高举邓小平理论伟大旗帜，贯彻中共十六大精神，回顾总结社七大以来的工作和经验，明确今后五年的奋斗目标和任务，搞好政治交接，做好换届工作，建设适应新世纪要求的参政党。大会议程是：学习、贯彻中共十六大精神；听取和审议九三学社第十届中央委员会报告；审议、通过《九三学社章程修正案》；选举九三学社第十一届中央委员会。

12 月 3 日，大会隆重开幕。中共中央政治局委员、全国政协副主席、中共中央统战部部长王兆国，全国人大常委会副委员长曹志，全国人大常委会副委员长、民盟中央主席丁石孙，全国政协副主席宋健等党和国家领导同志，中共中央统战部常务副部长刘延东，全国政协副秘书长范西成，以及各民主党派中央、全国工商联、国家经贸委、国务院西部地区开发领导小组、科技部、农业部、卫生部、教育部、国土资源部、国家环境保护总局、国家林业局、中国科学院、中国工程院、中共北京市委等有关方面负责人出席了开幕式。

大会主席团常务主席吴阶平作开幕讲话。他说：“九三学社八大要认真学习中共十六大报告，深刻领会报告的精神实质，把思想统一到中共十六大精神上来。”他指出：“通过换届实现社中央领导的新老交替和政治交接，是八大的一项历史性任务。”他强调：“政治交接的核心是进一步加强思想建设，以邓小平理论为指导，认真学习‘三个代表’重要思想，切实履行参政党职能，巩固和发展同中国共产党亲密合作的思想政治基础。政治交接的目标是建设适应新世纪要求的参政党。”

王兆国代表中共中央致贺词，对九三学社的光荣历史和优良传统给予了高度评价，对九三学社七大以来的工作给予充分肯定和鼓励。他代表中共中央向九三学社的同志们致以崇高的敬意，对即将选出的社的新一届领导班子寄予厚望。

丁石孙代表各民主党派中央和全国工商联宣读贺词，向大会表示热烈祝贺。

大会主席团常务主席王文元受九三学社第十届中央委员会委托，作题为《与时俱进，开拓创新，为建设适应新世纪要求的参政党团结奋斗》

的报告。报告分“七大以来工作的回顾”“几点基本认识和经验体会”“对十一届中央委员会工作的建议”三个部分。报告对过去五年的工作和经验从七个方面进行了总结。报告阐述了“几点基本认识和经验体会”：必须认真学习“三个代表”重要思想，深刻认识中国共产党的先进性，坚定接受中国共产党领导的信念；必须坚持中国共产党领导的多党合作和政治协商制度，促进社会主义民主政治建设；必须高举爱国主义和社会主义旗帜，不断开拓创新，为中国特色社会主义事业贡献力量；必须坚持与时俱进，建设适应新世纪要求的参政党。报告对十一届中央委员会工作提出五点建议：深入学习中共十六大精神，加强政治思想工作，坚持正确的政治方向；勇于进取，开拓创新，完善工作机制，切实履行职能；加大力度，发挥优势，为实施科教兴国战略和可持续发展战略作出更大贡献；以政治交接为主线、领导班子建设为重点，保证组织健康发展，增强活力；大力开展科技文化交流，加强对外联络工作，促进祖国和平统一事业。

在12月3日的全体大会上，大会主席团常务主席洪绂曾就起草《九三学社章程修正案（草案）》情况做了说明。会议审议通过了《九三学社第八次全国代表大会关于〈九三学社章程修正案〉的决议》。新的《社章》将九三学社的性质表述为：“九三学社是以科学技术界高、中级知识分子为主的具有政治联盟特点的政党，是接受中国共产党领导、同中国共产党亲密合作、致力于建设中国特色社会主义事业的参政党。”

会议选举产生了由于建华等225人组成的九三学社第十一届中央委员会。这一届中委，具有高级职称的占88%，平均年龄为51.5岁，比上届下降了6.2岁。

在12月7日举行的九三学社十一届一中全会上，韩启德当选为九三学社第十一届中央委员会主席。

韩启德，浙江慈溪人。1995年加入九三学社。中国科学院院士，发展中国家科学院院士，长期从事分子药理学与心血管基础研究并获重要成果。1968年，毕业于上海第一医学院的韩启德被分配到陕西临潼的一个公社卫生院，当上了一名“赤脚医生”，一干就是十年。1979年，他考入西安医学院攻读研究生，1985 年到美国埃默里大学药理系进修，1995 年任北京医科大学副校长，2000 年任北京大学常务副校长、研究生院院长、医学部主任。

当选九三学社十一届中央副主席的有王选、陈抗甫、洪绂曾、金开诚、刘应明、闵乃本、谢丽娟、冯培恩。吴阶平被推举为九三学社中央委员会名誉主席，王文元、徐采栋、杨槱、陈明绍、陈学俊、赵伟之、黄其兴为名誉副主席。选举产生了由王选等 45 人组成的中央常务委员会。会议通过了《九三学社中央关于深入学习贯彻中国共产党第十六次全国代表大会精神的决议》。

第七章

为全面建设小康社会
作出新贡献

从中共十六大到中共十八大的十年，以胡锦涛同志为总书记的中共中央带领全国各族人民，面对复杂多变的国际环境和改革发展的艰巨任务，高举邓小平理论、“三个代表”重要思想、科学发展观伟大旗帜，紧紧抓住和利用好我国发展的重要战略机遇期，战胜一系列重大挑战，奋力把中国特色社会主义推进到新的发展阶段。2008 年以后，国际金融危机使我国发展遭遇严重困难，中共中央科学判断、果断决策，采取一系列重大举措，在全球率先实现经济企稳回升。我国先后夺取抗击“非典”、汶川特大地震等严重自然灾害和灾后恢复重建的重大胜利，成功举办北京奥运会、残奥会和上海世博会，取得一系列新的历史性成就，为全面建成小康社会打下坚实基础。

这一时期，九三学社中央新一届领导集体牢记使命、不负重托，坚定不移走中国特色社会主义政治发展道路，大力弘扬爱国、民主、科学的优良传统，按照中共十六大、十七大的部署，围绕推动科学发展认真履行职能，积极服务于改革发展稳定的大局，发挥了重要作用，取得了显著成绩。同时，深入学习贯彻中共中央两个《意见》和第二十次全国统战工作会议精神，紧紧围绕“建设什么样的参政党”的时代课题，从理论和实践的结合上不断进行探索和谋划，提出了“思想上坚定、履职上坚实、组织上坚强”的参政党建设目标，并为之付出极大努力，形成了一套具有九三学社特点的参政党建设思路、原则和方法，推动各项工作再上新台阶。

一、探索推进工作新机制，开创各项工作新局面

（一）胡锦涛总书记走访九三学社中央机关

2002 年 12 月 27 日，中共中央总书记胡锦涛和中共中央政治局常委贾庆林，中共中央政治局常委、中央书记处书记曾庆红，中共中央政治局候补委员、中央书记处书记王刚等领导同志一起走访九三学社中央，与九三学社中央领导共商巩固和发展爱国统一战线、坚持和完善中国共产党领导的多党合作和政治协商制度的大计。这是中华人民共和国成立以来中共中央总书记第一次走访民主党派中央机关，是统一战线和多党合作事业中的盛事，也是九三学社历史上的大事。

胡锦涛等中共中央领导同志与九三学社中央领导同志进行了座谈，就深入学习贯彻中共十六大精神、加强中国共产党领导的多党合作、推进改革开放和现代化建设等问题交换了意见。全国人大常委会副委员长、九三学社中央名誉主席吴阶平，九三学社中央主席韩启德分别介绍了九三学社主要情况和召开九三学社第八次全国代表大会的情况，并代表九三学社所有老同志和九三学社新一届领导集体、机关全体干部，代表所有九三学社社员，向中共中央领导同志表示最热烈的欢迎和衷心感谢。

胡锦涛在讲话中指出，“我们中共中央的同志和各民主党派中央的同志有一个共同的心愿，那就是要继续坚持和发扬中国共产党和各民主党派在长期团结奋斗中形成的亲密合作的优良传统，更好地发挥我国社会主义政党制度的特点和优势，同心同德地为全面建设小康社会、开创中国特色社会主义事业新局面而奋斗”。胡锦涛肯定了九三学社爱国、革命的光荣历史和为我国革命、建设和改革事业作出的重要贡献，希望九三学社深入学习贯彻中共十六大精神，更广泛地凝聚广大成员的智慧和力量，为实现全面建设小康社会的宏伟目标作出新的贡献。座谈会结束后，胡锦涛等

★ 2002 年 12 月 27 日，胡锦涛同志走访九三学社中央。

中共中央领导同志还到九三学社中央专委会办公室亲切看望机关工作人员，了解有关工作情况。

中共中央统战部部长刘延东等有关部门负责人也参加了走访和座谈。

全国政协副主席、九三学社中央名誉副主席王文元，九三学社中央副主席洪绂曾、金开诚、王选、陈抗甫，九三学社中央名誉副主席徐采栋、陈明绍、赵伟之，秘书长徐国权参加了座谈。

胡锦涛同志走访九三学社中央，充分体现了以胡锦涛同志为总书记的中共中央用实际行动诠释多党合作时代内涵。召开座谈会并看望机关工作人员，给九三学社广大社员以极大鼓舞。九三学社广大社员表示，要更加努力，不辜负胡锦涛同志对九三学社的殷切希望，进一步就经济、政治、文化建设和改革深入调研，献计出力，为实现全面建设小康社会的宏伟目标作出新贡献。

（二）积极投身抗击“非典”战斗

2003 年上半年，九三学社中央新一届领导集体履任后不久，“非典”袭来。这场传染性非典型肺炎疫情首先在广东爆发。随后，广西、山西、北京等省（自治区、直辖市）也陆续发生疫情并迅速蔓延，严重威胁了人民群众的身体健康和生命安全，也影响了我国的经济发展、社会稳定和国际往来。面对突如其来的“非典”疫情，九三学社各级组织及广大社员坚决拥护和认真贯彻中共中央、国务院关于抗击“非典”的各项决策部署，充分发挥自身优势，众志成城地投入防治“非典”的战斗中，表现出了对国家和人民高度的使命感、责任感和良好的精神面貌，为夺取这场战斗的胜利作出了贡献。

4 月 15 日，九三学社中央召开机关全体大会，传达了 4 月 11 日国务院与党外人士座谈会有关情况，着重传达了中共中央、国务院对“非典”防治工作的有关部署。会议要求机关全体干部把思想统一到中共中央精神上来，认识“非典”防治工作的艰巨性、长期性、复杂性，坚决贯彻“早发现、早报告、早隔离、早治疗”的要求，在做好防治的同时保持正常的工作、生活秩序。

4 月 21 日，九三学社中央成立了以主席韩启德为组长，常务副主席陈抗甫为副组长的非典型肺炎防治领导小组，提出了严格的防治工作要求。22 日，发出了《九三学社关于加强非典型肺炎防治工作的紧急通知》，要求各省级组织加强领导，迅速建立全社防范非典型肺炎组织领导机构，建立健康、快速的信息网络，建立具体应急预案，有效地应对突发情况，鼓励从事科技和医学研究的社员为防治工作多作贡献。

九三学社各级地方组织也相继成立了机关防“非典”小组，层层负责，责任到人。各级领导同志身先士卒，纷纷深入一线，看望慰问医务人员，调查了解“非典”疫情。各级组织在一手抓防治“非典”的同时，一手抓九三学社的各项工作，保持了良好的工作秩序，确保了两手抓两不误。

★ 2003 年 4 月，在十届全国人大常委会二次会议上，韩启德（左一）当面向列席会议的吴仪（右二）就非典型肺炎防治工作提出建议。

九三学社充分发挥人才荟萃、智力密集的优势，积极向中共中央、国务院和中共各级党委、政府献智出力，得到党和国家领导人的充分肯定。韩启德在深入一线调查研究的基础上，先后在国务院总理温家宝主持的国务院工作座谈会、中共中央统战部召开的民主党派中央和全国工商联负责人座谈会、全国人大常委会上，以及与国务院副总理吴仪、北京市代市长王岐山、教育部部长周济的交谈中，就防治非典型肺炎工作提出在偏远郊区建立大的隔离区来加大力度切断污染源，广泛深入发动群众，加强科技联合攻关等建议。韩启德还专门致信吴邦国委员长，建议防治“非典”工作要依法办事，严格执行《传染病防治法》。韩启德的建议得到中共中央、国务院和中共北京市委、市政府的高度重视和采纳，转化为多项具体措施落地，对控制“非典”疫情发挥了积极作用。

在祖国和人民最需要的时候，九三学社成员中的许多医务工作者，以对人民负责的精神，无私无畏，恪尽职守，义无反顾地投身于这场战斗中。据统计，九三学社共有1716名社员战斗在抗击“非典”第一线，涌现出许多动人的先进事迹。如北京大学第一医院“非典”防治医疗队总护士长柴洁，在医院抗击“非典”的战斗中主动请缨，勇挑重担，从战斗开始至结束的两个月里，她始终战斗在第一线，带领护士队伍，为北京市抗击“非典”作出了突出贡献，被授予首都劳动奖章。柴洁、邹金盘、丁惠国、林材元四名社员，作为统一战线抗击“非典”的先进个人，受到全国政协主席贾庆林等中共中央领导同志的亲切接见。

九三学社各级组织和广大社员积极捐款捐物，累计达240余万元。老社员、北京大学第一医院王光超教授和严仁英教授夫妇，均是90岁以上的老人，但他们不忘为国分忧，主动通过《北京青年报》记者认购价值2万元的180台坐地电扇捐给医院。九三学社中央妇委会编辑了《九三巾帼——记在抗击“非典”斗争中的九三学社女社员》一书，送全国妇代会，产生良好反响。

（三）围绕我国经济和社会全面发展参政议政

1. 创新参政议政工作机制

从2003年到2007年的五年间，为适应开创参政议政工作新局面的要求，九三学社以改革的精神，积极探索新的工作机制。九三学社中央在原有的9个专门委员会的基础上，增加人口资源环境委员会；重新组建了参政议政研究中心；制定了《九三学社中央专门委员会通则》和《九三学社中央参政议政研究中心工作通则》，进一步优化了参政议政工作规范和程序。

九三学社支持在各级人大、政协、政府和司法机关任职的社员履行职责。2003年3月，十届全国人大一次会议和全国政协十届一次会议在北京举行。70名九三学社社员当选为第十届全国人大代表，104名九三学社社员担任第十届全国政协委员。其中，九三学社中央主席韩启德当选为全国人大常委会副委员长，副主席王选当选为全国政协副主席，常务副主席陈抗甫被任命为全国政协副秘书长，副主席刘应明出任全国人大科学文化委员会副主任，副主席金开诚担任全国政协文史资料委员会副主任。九三学社有各级人大代表1530人，各级政协委员7554人，与上届相比，省辖市以及县级市人大常委会副主任增加8名，政协副主席增加14名。在各级政府和司法机关有113名厅局级干部，484名县处级干部，与上届相比，分别增加46名和211名，辽宁、山东、浙江、广西等地担任实职的人数比往届有大幅上升。九三学社中央和各级地方组织加强了与这些社员的联系，在帮助他们发挥个人作用的同时，也积极通过他们反映九三学社的集体意见。这些同志认真履行职责，参与国家和地方事务，对经济社会发展中的重大问题，积极发表意见和建议。

为进一步提高参政议政工作的质量和水平，2004年5月，在江苏无锡召开了以加强参政议政能力建设为主题的九三学社十一届七次中常会。会议围绕新世纪、新时期参政党应该发挥什么作用和怎样发挥作用这一重大问题进行了深入的讨论，进一步统一了思想，厘清了思路。

韩启德作了主题报告。他从正确定位、注重质量、强化特色、强化基础研究、依靠群众、拓展渠道、建立激励机制、改进文风、加强人才建设、努力学习十个方面对如何增强九三学社的参政议政能力、提高全社参政工作的质量和水平作了全面系统的阐述。韩启德说，九三学社作为中国共产党领导的多党合作制度中的参政党，新时期的主要任务就是促进国家经济与社会的全面发展，参政议政是完成这一任务的主要手段和途径。要选好题、要有聚焦，提出独到、创新性见解。要突出科技特色，在科技政策、科技体制改革、科技发展规划等重大问题上，在涉及经济建设重大战略问题的科学论证上，在非科技领域的科技角度上，在反映科技人员要求、维护科技人员利益上，发表见解，提出建议。要加强参政议政的基础性研究，根据自身条件选择若干方面，进行深入调研和长期积累，逐渐形成强项和品牌。要处理好依靠骨干与依靠群众的关系，加强参政议政人才队伍建设，广泛发动群众。

会议审议并原则通过了《九三学社中央关于加强参政议政工作的若干意见》（以下简称《意见》）。

2005 年在青岛召开的社十一届十一次中常会，强调参政议政工作要强化战略性、前瞻性和综合性。年底召开的社十一届四中全会，提出参政议政工作要建立中央和地方以及地方和基层组织的互动机制。

在上述会议精神和《意见》的指导下，九三学社创新参政议政工作机制，整合全社参政议政资源，促进上下互动和联动，探索了以专题常委会研讨参政议政课题的新方式，建立起信息与提案互相转化以及与政府部门联系沟通和合作调研机制，最大限度地调动广大社员的积极性，充分利用外部资源，取得了比较显著的成效。“上下互动”主要有以下三种形式：一是课题招标。从 2003 年起，每年二季度，九三学社中央在全社范围内开展参政议政课题招标活动，九三学社中央出题，省级组织申报，专门委员会和参政议政中心的专家评选、指导、验收。这种形式从启动阶段就发动和凝聚全社特别是地方组织力量，形成合力。二是提案征集。每年四季度，九三学社中央向省级组织征集用于组织名义的提案。三是信息转化。九三学社中央全年向省级组织征集信息，对于一些选题好的信息经过再调研和加工完善而形成提案。

在 2006 年 5 月召开的九三学社十一届十五次中常会上，九三学社对资源整合、上下互动的工作机制进行了一次成功尝试。会议围绕“提高自主创新能力”“促进农民增收”“推进医疗卫生事业改革”三个课题进行了充分研讨，有20位九三学社中央常委作了发言，形成了一些质量较高的参政议政成果。

为提高参政议政质量，九三学社加强了与社外有关方面的联系与协作。从2003年到2007年的五年间，九三学社中央与科技部、农业部、知识产权局、海洋局、发改委等政府部门密切合作，开展了多项参政议政调研。例如，九三学社几乎所有以科技为主题的重要调研活动、研讨会，都邀请科技部相关部门参与，双方还经常就科技问题进行互访，交流沟通。2006年6月，韩启德两次与科技部主要领导会晤，就九三学社与科技部的合作进行商谈，并达成四点共识：第一，就一些科技重大问题不定期交换意见；第二，每半年举行一次情况沟通会，科技部领导通报科技工作进展情况，了解九三学社关注的科技热点问题及科技界的反映；第三，确定一些重大课题共同组织联合调研；第四，确定科技部一位副秘书长负责与九三学社中央联系，协调有关工作。由此，九三学社中央与科技部的对口联系初步制度化。总之，通过与政府部门的经常性合作，大大提高了九三学社参政议政的质量。

韩启德、王选等九三学社中央主要领导加大了以个人名义“直通车”致函中共中央、国务院领导同志的力度，对发挥九三学社参政议政作用产生了重要影响。九三学社中央还探索建立了为高层政治协商做准备的工作机制：一方面，发挥参政议政研究中心和各专门委员会的作用。九三学社中央领导参加参政议政研究中心、各专门委员会的调研与各项活动。各专门委员会根据自身特点，紧密围绕国家的中心工作，加强与政府相关部门的对口联系，确定参政议政重点，有针对性地开展深入调研，为高层政治协商提供素材。另一方面，九三学社中央参政议政部、研究室开展基础研究，在积累资料的同时调动社内外人才资源，联合研讨，为高层政治协商准备参政议政材料。

2. 议政建言成果丰硕

从2003年到2007年的五年间，通过一系列机制的创新，九三学社的参政议政工作取得了丰硕成果。

推动建立“三江源自然保护区”。“三江源”地处青藏高原腹地，是长江、黄河、澜沧江三大河流的发源地，素有“中华水塔”的美誉。然而由于人口膨胀和过度开发，“三江源”地区的生态状况日益恶化。这一问题引起了长期关注生态资源保护的九三学社的高度重视。2003 年 7 月，韩启德带队深入青海湖、柴达木盆地、青藏铁路昆仑山口等地考察，与当地干部群众座谈。在深入调研的基础上，九三学社中央形成了《九三学社中央关于加大“三江源”地区生态保护与建设力度的建议》，并于当年 8 月报送中共中央和国务院，得到中共中央和国务院领导的高度重视。8 月 21 日，中共中央领导同志作出批示，要求有关部门认真研究九三学社中央的建议，推进三江源地区生态环境保护和治理工作。2005 年新春，国务院审议通过了《青海三江源自然保护区生态保护和建设总体规划》，一期保护工程国家投资约 75 亿元人民币用于三江源国家级自然保护区的保护和建设，使该地区生态恶化的趋势得到初步遏制。

推动提高国有企业离退休科技人员养老金待遇。20 世纪 90 年代以前，国有企业与机关事业单位实行统一的退休制度，退休人员待遇基本持平。然而随着改革开放的进一步深入，国有企业退休人员与机关事业单位退休人员的待遇差距越来越大。2003 年年底，邵阳市一名九三学社社员写信给韩启德，反映“国企退休高级工程师养老金过低，生活困难”问题。韩启德收到来信后十分重视，指示有关部门就此问题进行调查研究。此后，陆续有西安、武汉、宁波、无锡等地的社员就相同问题致信韩启德。2004 年，韩启德专门到上海、武汉等地的国有大中型企业和科研院所进行调研。根据掌握的第一手资料，结合社员来信反映的情况，韩启德拟就《解决国企退休科技人员退休金过低问题的函》并于 3 月以“直通车”方式呈报中共中央和国务院。中共中央领导同志先后作出重要批示。根据批示精神，在进一步调研基础上，国家劳动和社会保障部与财政部联合下发了《关于从 2004 年 7 月 1 日起增加企业退休人员基本养老金的通知》（劳社部发〔2004〕24 号文），决定从 2004 年 7 月 1 日起，为 2003 年 12 月 31 日以前办理退休手续的国企退休人员按照当地上年企业在岗职工平均工资增长率45%的比例提高基本养老金，并向退休早、养老金偏低的人员适当倾斜。

不久，又有九三学社社员来信反映，劳社部发〔2004〕24号文对国有企业退休人员养老金虽然有所增加，但因幅度有限，又是普调，国有企业退休人员养老金水平过低问题并没有根本解决。在进一步调查研究的基础上，韩启德于2005年1月31日再次就解决国有企业科技人员养老金过低问题致函中共中央和国务院。中共中央领导同志作出重要批示，推动政府继续采取有关措施加以解决。此后，国家连续多年大幅度提高国有企业离退休人员的养老金水平，从而使之前国有企业离退休人员和机关事业单位离退休人员的待遇差距大大缩小。

为引导高校毕业生到基层就业、缓解大学生就业难建言献策。随着我国高等教育的飞速发展，每年高校毕业生人数不断增加，出现了就业率不高且过度集中于大中城市，而基层特别是农林人才不足的问题。2005年年初，韩启德致函中共中央，就引导高校毕业生到基层就业提出建议。该建议受到中共中央领导同志的高度重视和批示。遵照中央领导同志的批示精神，中组部、人事部、教育部等部门专门组织调研，采纳了韩启德所提建议，形成了《关于引导和鼓励高校毕业生面向基层就业的意见》，由中共中央办公厅、国务院办公厅印发全国。这一文件的贯彻落实，缓解了大学生就业难，充实了基层人才，也提高了九三学社的声望和影响力。

此外，九三学社中央副主席王选“关于加大昆曲抢救和保护力度的建议”，得到中共中央领导同志的批示，政府从2005年起连续五年，每年拨款1000万元用于昆曲保护和传播工作。王选《关于移动通讯技术产业化的建议》，得到中共中央领导同志的高度重视，批示责成有关方面认真研究。九三学社中央副主席洪绂曾提出了《关于落实温家宝总理指示，加快呼伦贝尔草原保护的建议》，得到国务院有关领导同志的重视并批示给有关部门具体处理。

在高层政治协商中，九三学社提出的“关于纪念抗日战争胜利60周年活动中应当重视的问题的建议”“关于‘十一五’规划编制的几点建议”“关于建设青藏高原经济带的建议”“关于实施海洋开发战略的建议”“改进我国当前医疗卫生工作的10条建议”“对《监督法（草案）》的修改建议”“大力发展服务业”“稳定住房市场，促进经济健康发展和社会和谐”“切实抓好节能降耗工作”“加大生物质能源发展力度”等，都受到中共中央、国务院的重视，对相关政策的制定和实施产生了积极影响。

充分利用政协平台建言献策。从2003年到2007年的五年间，九三学社在全国政协大会上提交大会发言42篇、九三学社中央提案84篇、九三学社界别提案71篇，政协常委会、专题协商会发言10篇。其中，关于自主创新的一系列提案被国家中长期科技发展规划及其配套政策所吸纳和采用；关于海水资源利用的一系列提案对促成有关部委制定海水利用专项规划产生了重要的影响和作用；关于住房保障的一系列提案对促进国家建立健全住房保障制度产生了积极的影响；《关于推进城乡统筹，实现城乡经济社会协调发展的建议案》被确定为重点提案和全国政协十届二次会议的现场交办提案；《关于推行“以房养老”的建议》，入选全国政协《重要提案摘报》，并得到有关部委的重视和好评。

3. 积极反映社情民意，民主监督质量有所提高

开创信息工作新局面。为做好反映社情民意工作，2006年，九三学社中央制定了《九三学社中央信息工作先进单位和先进个人表彰奖励办法》和《九三学社中央特邀信息员聘任办法》，着力加强信息采集机制建设，在九三学社中央各专委会中聘任了信息员，对社内信息资源进行了初步整合，建立了信息工作绩效考评制度。这些举措提高了信息工作质量，拓宽了民主监督渠道，对于推动广大社员积极反映社情民意起到了很大的促进作用。

从2003年到2007年的五年间，九三学社中央采编形成《九三信息》《九三信息专报》3398份。其中《不能以牺牲生态环境促进拉萨市的繁荣发展》《农业税征收不宜提倡“双过半”》《社会主义新农村建设需注重成本管理》等29篇信息得到中共中央领导同志的批示，还有部分信息得到中共中央和国务院有关部门的答复。九三学社中央信息中心连续五年获得

“全国政协信息工作先进单位”称号。

通过多种途径履行民主监督职能。通过政治协商与参政议政的途径实现履行民主监督职能。五年间，对事关全局以及国计民生的一些重大问题，对经济与社会生活中存在的不良现象，九三学社通过高层政治协商、政协大会、联组发言等方式，提出许多有价值的批评性意见、建议，如《关于切实加强食品安全工作的建议》《建议逐步推行干部职务消费货币化改革》《关于解决我国矿难频发问题的建议》等，发挥了民主监督作用。

在2003年2月国务院总理温家宝主持召开的党外人士座谈会上，韩启德对城市医疗服务体制改革问题提出了五个方面的建议，出席会议的国务院副总理吴仪立即指示卫生部采取措施，并亲自召集座谈会，请韩启德组织相关专家参加，参与医疗服务体制改革政策的讨论和制定。

在全国政协十届五次会议第四次全体会议上，九三学社中央副主席冯培恩作了“加大节约型政府建设力度刻不容缓”的大会发言，尖锐地批评了政府“三公”经费居高不下、浪费严重，呼吁加强制度建设，控制政府行政成本，建设节约型政府，赢得与会委员的热烈掌声，也引起了中共和政府的高度重视。

充分发挥监督（督察）员的作用。截至2007年12月，九三学社有各级各类特邀监督（督察、督导）人员2233人。这些同志广泛参与政府部门组织的各种检查监督活动，认真履行监督职责，为民主监督工作作出了贡献。

4. 加强港澳台工作，为扩大爱国统一战线作贡献

为进一步加强港澳台工作，促进祖国和平统一，2005年，九三学社中央成立了港澳台工作小组。2004年10月，在九三学社中央副主席金开诚的推动下，九三学社中央和中华文化学院共同主办了“茗谈中华传统文化”座谈会。五年间，九三学社中央举办了“海峡两岸产业化论坛”“知识经济与高科技产业发展座谈会”等活动。九三学社中央主要领导先后会见港澳台来京访问的各类团体及个人30批次200余人，3次率团赴香港、澳

门特别行政区访问，这些活动在促进两岸三地的经济文化交流和合作，凝聚两岸三地人心方面起到了积极作用，为促进祖国和平统一作出了贡献。

（四）学习贯彻中共中央两个《意见》和第二十次全国统战工作会议精神

1. 两个《意见》的制定与主要精神

在2004年年初的党外人士迎春座谈会上，中共中央总书记胡锦涛提出，要认真总结多党合作实践的好经验、好做法，进一步推进中国共产党领导的多党合作和政治协商的制度化、规范化、程序化，扎扎实实地把我国多党合作事业推向前进。根据这一精神，2004年年初，成立了由中共中央统战部、各民主党派中央和无党派人士参加的多党合作文件起草领导小组。在文件起草过程中，经多次和各民主党派中央、无党派人士进行协商，文件稿前后修改了36次，有近1000人次参加了讨论，充分吸收了各方面的意见和建议。中共中央总书记胡锦涛在文件出台前专门召开座谈会，听取各民主党派中央和无党派人士的意见，最终形成了《中共中央关于进一步加强中国共产党领导的多党合作和政治协商制度建设的意见》（以下简称2005年《意见》）。

2005年《意见》在与1989年《意见》相衔接、保持各项方针政策的连续性和稳定性基础上，根据新形势、新任务和新要求，着力推进多党合作和政治协商制度建设，提出了一系列新的理论观点和政策思想，概括起来有：提出了我国多党合作和政治协商必须坚持和遵循的一些重要政治准则；提出要坚持把发展多党合作和政治协商作为根本的任务；完善了对我国民主党派性质的表述；进一步明确了无党派人士在多党合作和政治协商中的地位、职能和作用；完善了政治协商的内容、形式和程序；进一步提出要充分发挥民主党派、无党派人士的参政议政作用；丰富了民主监督的若干理论和政策；进一步提出要支持民主党派加强自身建设；明确了加强和改善中国共产党对多党合作和政治协商的领导；等等。这些都为保证新世纪新阶段我国多党合作事业始终沿着正确的方向健康发展提供了重要的政治规范和政策依据。

2005 年《意见》的颁布实施，是发展社会主义民主政治、建设社会主义政治文明的重要步骤，是落实科学发展观、全面建设小康社会的客观需要，是维护社会政治稳定、构建社会主义和谐社会的有力保障，对于抵御国际敌对势力西化、分化图谋，发挥我国政治制度和政党制度的优势，具有重大战略意义。

2006 年，中共中央又颁发了《中共中央关于加强人民政协工作的意见》(以下简称 2006 年《意见》)。2006 年《意见》深刻阐明了新形势下加强人民政协工作的必要性，人民政协的性质、地位和作用；提出了新世纪新阶段人民政协所应承担的历史任务和人民政协工作必须遵循的基本原则，全面加强人民政协自身建设的基本要求；科学规范了人民政协政治协商、民主监督、参政议政的内容、形式和程序；强调了加强和改善中国共产党对人民政协领导的重要性，是指导新世纪新阶段人民政协事业发展的纲领性文件。

7 月 10 日至 12 日，第二十次全国统战工作会议在北京召开。中共中央总书记、国家主席胡锦涛发表重要讲话。胡锦涛从党和国家事业发展的战略高度，对新世纪新阶段统一战线的重要地位、主要任务、工作要求等重大理论和实践问题作了全面深刻的阐述。胡锦涛指出，中国共产党领导、多党派合作，中国共产党执政、多党派参政的多党合作的政治格局，体现了我国社会主义民主政治的本质要求，是我国社会主义制度的一个政治优势。巩固和发展我国社会主义政党关系，实现我国政党关系长期和谐，根本在于坚持走中国特色社会主义政治发展道路，关键在于坚持和完善中国共产党领导的多党合作和政治协商制度。会后，中共中央于 7 月 24 日颁发了《中共中央关于巩固和壮大新世纪新阶段统一战线的意见》。

2. 抓好文件和会议精神的贯彻落实

2005 年《意见》颁布后，九三学社立即进行认真学习并积极贯彻落实。2005 年 3 月 21 日，九三学社中央向各省、自治区、直辖市委员会发出《关于学习贯彻〈中共中央关于进一步加强中国共产党领导的多党合作和政治协商制度建设的意见〉的通知》，要求九三学社各级组织把2005年《意见》精神学习好、宣传好、贯彻好。23日，韩启德出席中共中央统战部在京西宾馆召开的“加强中国共产党领导的多党合作和政治协商制度建设”座谈会，并就民主监督问题发言。24日，九三学社中央在机关召开学习会，传达2005年《意见》精神。九三学社中央常务副主席陈抗甫对如何学习贯彻2005年《意见》精神作了重要讲话。

5月，九三学社以学习贯彻2005年《意见》精神为主题在山东青岛召开第十一届中央常务委员会第十一次会议。韩启德发表主题讲话。韩启德指出，要按照2005年《意见》要求，适应新形势新任务的需要，不断提高九三学社领导干部的政治把握能力、参政议政能力、组织领导能力、合作共事能力，把各级领导班子建设成为一支政治坚定、作风民主、求真务实、锐意进取、团结和谐、社员信得过、经得起考验的坚强领导集体，使之能够团结带领广大社员在全面建设小康社会的宏伟事业中有所作为。

2006年，九三学社各级组织从实际出发，围绕学习贯彻2006年《意见》和第二十次全国统战工作会议精神，及时组织召开学习会和各种形式的报告会、座谈会，并邀请社内外专家举办专题讲座，提高了对一些重大问题的认识和理解，形成了共识，收到了较好的学习效果。

通过学习贯彻中共中央两个《意见》和第二十次全国统战工作会议精神，九三学社的规范化、制度化建设取得了很大进步，工作机制更加完善，参政议政、社务服务、思想建设、组织建设、机关建设都逐步形成了一套行之有效的制度。

3. 纪念九三学社创建60周年，开展社史和传统教育

2005年9月3日是九三学社创建60周年纪念日。九三学社以此为契机，把学习贯彻2005年《意见》精神与纪念建社60周年有机结合起来，紧紧围绕“总结历史经验，坚持多党合作，弘扬优良传统，提高参政能力，发挥更大作用”的主题，开展了多种形式的纪念活动。

9月6日，九三学社中央在北京隆重召开九三学社创建60周年纪念大

会。中共中央政治局常委、全国政协主席贾庆林代表中共中央致贺词。贾庆林充分肯定了九三学社在中国革命、建设、改革各个历史时期发挥的重要作用和作出的积极贡献，对九三学社如何做好今后的工作提出了明确要求。

全国人大常委会副委员长、九三学社中央主席韩启德作了题为《秉持传统、凝聚力量，为实现中华民族伟大复兴而奋斗》的讲话。他在讲话中回顾了九三学社建社 60 年来所走过的历程，号召九三学社广大成员更加紧密地团结在以胡锦涛同志为总书记的中共中央周围，为全面建设小康社会、实现中华民族的伟大复兴而努力奋斗。

纪念大会上，九三学社中央还表彰了先进基层组织 100 个、优秀社员 1000 名，给入社 30 年以上的 1754 名老社员和从事专职社务工作 20 年以上的 284 名老同志颁发了荣誉奖牌。这是九三学社中央有史以来第一次举办如此大规模的表彰活动，使广大社员深受鼓舞，调动了广大社员进一步做好社务工作的积极性。

在此期间，九三学社中央还举办了书画展和历史图片展，共展出书画作品 203 件和历史图片 86 幅；举办了以“携手共创辉煌”为主题的大型文艺晚会和“多党合作和政治协商及社史知识竞赛”活动；编辑出版了《九三学社简史（2005 年修订版）》和《九三学社六十年》纪念画册；制作了建社 60 周年纪念邮折；召开了“九三学社与构建社会主义和谐社会”专题研讨会；九三学社中央主要领导还参加了在重庆举行的九三学社成立旧址纪念碑揭碑仪式。全国各地的九三学社组织也分别以召开纪念会、座谈会、编辑出版纪念画册、举办科学报告会、图片展、文艺晚会等丰富多彩的形式，纪念九三学社建社 60 周年。

通过一系列形式多样、隆重热烈的纪念活动，在九三学社进行了一次生动的社史和社的光荣传统教育，广泛宣传了中国共产党领导的多党合作和政治协商制度以及统一战线在国家政治生活中的地位、作用，进一步增强了广大成员坚持走中国特色社会主义政治发展道路的自觉性与坚定性，增强了九三学社的凝聚力，扩大了九三学社的社会影响。

（五）全面加强自身建设

1. 以学习为抓手，推进思想建设

把思想建设作为重中之重的工作来抓，是九三学社八大以后九三学社中央新一届领导集体确定的工作思路。

从 2002 年年底到 2007 年年底的五年间，九三学社中央新一届领导集体以邓小平理论为指导，高度重视中共十六大及中共十六届历次中央全会精神、“三个代表”重要思想、科学发展观的学习和落实，不断巩固多党合作的共同思想政治基础。

九三学社十一届一次中常会，认真分析了国内外形势、统一战线的新发展、民主党派面临的新任务以及全社的思想状况，形成了高度共识，即九三学社作为参政党，第一位重要的就是要保持坚定正确的政治方向、政治立场和政治路线。只有如此，九三学社才能在遇到各种困难与政治风浪时经受住考验，才能不断加快发展和增强凝聚力，才能为中国特色社会主义事业作出更大贡献。会议强调必须把学习放在首位。九三学社十一届二次中常会，对学习“三个代表”重要思想提出了具体要求：第一，抓住“解放思想，实事求是，与时俱进”这个精髓，深入领会精神实质；第二，坚持把发展作为第一要务，以奋发进取的精神推进九三学社各项工作；第三，紧密联系九三学社思想实际，务求澄清各种糊涂、错误的思想认识；第四，与学习九三学社社史相联系；第五，从领导班子做起，九三学社的各级领导干部要带头学习，推动全社学习的不断深入。

2003 年 7 月，在大连召开的九三学社十一届三次中常会就如何加强全社思想政治工作进行了专题研究。会议认为，九三学社各级组织对思想政治工作是高度重视的，做了大量工作，积累了许多经验，取得了很大成绩，广大社员的思想主流是好的。但在参政党思想政治工作运行机制、工作特色和参政党理论建设等方面，还有待进一步加强。会议通过了《关于学习实践“三个代表”重要思想，切实加强思想建设的决定》，提出加强九三学社的思想建设要努力做到“五个结合”和“三个下功夫”。通过

这次会议，大家对思想建设重要性的认识更加明确，对在新形势下做好思想政治工作的思路更加清晰，进一步推动了九三学社的思想建设。

2003 年下半年，九三学社在全社各级组织和广大社员中开展了“三增强”“四热爱”教育活动（即增强对“三个代表”重要思想的认识，增强对社会主义优越性的认识，增强中华民族凝聚力；热爱中国共产党，热爱祖国，热爱社会主义，热爱人民），掀起了九三学社学习“三个代表”重要思想和中共十六大精神的新高潮。

这一年，九三学社中央和部分省级组织开通了门户网站，构建了对内对外宣传、塑造九三学社形象新的平台与窗口。九三学社各级组织的网站、《民主与科学》杂志、学苑出版社和社刊社讯，在做好常规性宣传报道工作的基础上，加强了对履行职能、发挥作用的实践活动及九三学社先进人物的宣传报道，进一步树立了九三学社良好的形象，为全社思想建设发挥了应有作用。

从 2002 年年底到 2007 年年底的五年间，九三学社广泛深入开展思想调研和走访活动。九三学社中央领导深入 30 余个省、区、市进行考察调研，利用各种机会走访地方和基层组织，与社员面对面交流。在九三学社各级组织开展了较大规模的社员思想问卷调查 3 次，编印《宣传思想工作通讯》15 期，分析和把握社员的思想脉搏，及时了解他们的需求。

在掌握大量第一手材料的基础上，九三学社不断探索新形势下思想政治工作的新机制、新方法、新形式。2004 年和 2005 年，九三学社中央在长沙和南宁分别召开了部分省市思想建设工作研讨会。2006 年，九三学社中央先后召开全社思想建设工作座谈会和全社理论研究与社史工作座谈会，制订了《九三学社中央社史工作三年规划》，编辑出版《九三学社思想建设文集》《九三学社理论研究和社史工作论文集》。在深入调研、广泛征求意见的基础上，九三学社中央下发了《九三学社中央关于进一步加强和改进思想建设的若干意见》（以下简称《意见》）。《意见》针对思想建设中存在的问题，着重提出了加强九三学社思想建设工作的 7 项原则和 12 条具体措施及主要方法，为全社进一步加强和改进思想建设提供了指导。

2004年，九三学社中央成立了“思想建设研究中心”，九三学社安徽、湖南、云南省委会和九三学社哈尔滨市委会等不少地方组织也建立了思想建设研究中心或小组。通过成立思想建设研究中心或小组，逐渐建立起一支以社员为主体的思想建设队伍，发现和培养了一批思想素质高、政治性强、热心社务工作的中青年骨干社员。

树立先进典型，注重示范引导，是九三学社加强思想建设的一个显著特点。2006年2月，九三学社中央副主席王选同志不幸逝世。王选同志是当代知识分子的楷模，是九三学社的骄傲。他的一生，始终对国家、对人民忠心耿耿；坚持中国共产党的领导，积极参政议政，建言献策；执着追随当代世界科学技术发展的脚步，献身科学，追求真理，勇于创新；提携后学，甘为人梯，淡泊名利，乐于奉献。3月，九三学社中央作出了向王选同志学习的决定，并按照中共中央宣传部、统战部和国家教育部的通知精神，开展了一系列纪念活动：举办各种追思纪念座谈会；发出纪念王选同志的征文通知，在短短十余天的时间里，征集到数百篇各类纪念文稿，在九三学社中央网站、社刊、社讯上刊发；从5月开始，中共中央宣传部、统战部、国家教育部和九三学社共同组织王选同志先进事迹宣讲团，在全国各地宣讲数十场，历时两个月，在社会上引起强烈反响。九三学社成员从学习王选同志的活动中受到深刻教育，激发了爱国报国的热情，王选精神成为鼓舞广大社员积极投身全面建设小康社会、建设创新型国家的重要动力。

按照王选同志生前遗愿，王选同志的夫人陈堃銶教授捐赠给九三学社100万元，用于为离退休老社员中经济困难的重病患者提供医疗补助。为保证此捐款合理使用和更好地发挥效益，九三学社中央决定，于6月成立了北京九三王选关怀基金会，旨在通过开展资助、关爱因患病而致生活困难的老社员等活动，倡导相互关爱的精神，促进九三学社思想建设和组织建设，增强凝聚力，推进社会和谐。北京九三王选关怀基金会成立后，定期开展捐助活动。接受资助的老社员们深受感动，捐助活动在社内外引起强烈反响，成为九三学社各级组织开展思想建设工作，凝聚人心的生动教材。

在2007年2月27日国家科学技术奖励大会上，中国科学院院士、九三学社第十一届中央委员会顾问闵乃本和他领导的课题组凭借《介电体超晶格材料的设计、制备、性能和应用》荣获了国家自然科学奖一等奖，实现了这一奖项连续两年空缺的突破。这是中国基础研究的最高荣誉，代表着一个时期基础研究和原始创新的中国水平，广大社员为此深受鼓舞。九三学社中央决定，在全社各级组织和广大社员中广泛深入开展向闵乃本同志学习的活动。

6月，九三学社在中央社会主义学院举行了闵乃本先进事迹报告会及相关学习教育活动，并把报告会制作成光盘向全社发行。开展学习闵乃本同志的活动，是继学习王选同志之后九三学社切实加强思想建设、更好地履行参政党职责的又一重要举措。这一活动的开展，使各级九三学社组织和广大社员学有榜样、赶有目标，对全社形成学习先进、创优争先的氛围产生了积极效果。

举办“九三讲堂”活动是九三学社加强思想建设的又一重要举措。通过邀请社会各领域著名专家学者举办讲座，拓展广大社员的学术视野，激发机关人员的学习热情，提高履行参政党职能的能力水平，扩大九三学社的社会影响。“九三讲堂”的举办，为推动九三学社形成良好的学习风气发挥了重要作用。

建立和完善学习制度。建立了由九三学社中央主席、在京副主席组成的九三学社中央理论中心组学习制度、九三学社中央常务委员会学习制度、九三学社中央学习会制度和九三学社中央机关政治学习制度。九三学社中央学习会把政治理论学习、参政党理论研究和思想调研结合在一起。根据社员的要求，九三学社中央学习会还办到了基层，深受基层社员的欢迎。各级九三学社组织也大多建立了理论中心组学习制度。

2007年4月中旬，为了确保在换届中实现组织上和政治上的顺利交接，进一步加强自身建设，努力提高政治把握能力、参政议政能力、组织领导能力和合作共事能力，九三学社中央在全社启动了以坚持走中国特色社会主义政治发展道路为主题的政治交接学习教育活动。九三学社中央成立政治交接学习教育领导小组，下发了《九三学社中央关于开展以坚持走中国特色社会主义政治发展道路为主题的政治交接学习教育活动的意见》，并选择社辽宁省委会、哈尔滨市委会、北京市海淀区委会作为试点单位，先行开展政治交接学习教育活动，为全社开展活动积累经验。九三学社十一届十九次中常会对全社的政治交接学习教育活动作了具体部署。

政治交接学习教育活动的进行，从政治、思想上为社第九次全国代表大会的召开做了准备。

2. 人才强社战略的提出与加强组织建设

实施人才强社战略，是九三学社加强组织建设的一项重大举措。九三学社八大以后，九三学社中央新一届领导集体十分重视组织建设这项基础性和根本性工作。社中央新一届领导集体认为，面对建设适应新世纪高素质参政党的要求，九三学社人才现状已不能适应时代和事业发展的需要，主要存在以下四个方面的问题：一是界别优势逐渐下降；二是年龄趋于老化；三是专业结构不合理；四是后备干部队伍建设任务繁重，时间紧迫。韩启德在九三学社中央十一届二次中常会提出，实施人才强社战略，大力发展优秀人才。时任九三学社中央副主席王选建议，应马上动手，采取积极有效的措施，吸收优秀人才入社。

在深入进行调研、总结经验、分析情况的基础上，九三学社中央于2004年制定实施了《九三学社中央关于实施人才强社战略的意见》（以下简称《意见》）。

《意见》提出，实施人才强社战略是落实人才强国战略的具体体现，是中国共产党领导的多党合作事业长期存在和发展的需要。实施人才强社战略的着眼点在于提高九三学社的“四种”能力。要突出抓好旗帜性、代表性人才队伍，专职领导干部队伍，机关工作人员队伍，后备干部队伍这四支队伍建设。建设素质优良、规模适当、结构合理、适应需要的人才队伍，为九三学社的建设、发展和履行职能提供强有力的人才保证。

2005年，社中央又制订并施行了《九三学社中央关于加强组织建设的若干规定》(以下简称《规定》)，对组织发展提出了具体的要求。

在《意见》和《规定》指导下，社中央领导及地方组织领导带头做好吸引人才的工作，在发展一大批科技界领军人物的同时，还积极发展了一批社会科学、法律、经济、艺术、新阶层人士等其他界别的有较强代表性的优秀人才，进一步优化了组织结构。

截至2007年12月，九三学社共有30个省级组织；274个省辖市级组织，22个县级市组织；4332个基层组织。社员109736人，全年发展率4.75%。其中大学以上文化程度的社员102541人，占社员总数的93.44%；具有高级职称的社员66411人，占社员总数的60.52%；女社员40313人，占社员总数的36.74%；离退休社员46203人，占社员总数的42.10%；两院院士63名。据统计，五年间，九三学社成员获国家级奖励者1037人次，获省部级奖励者5366人次，获地市级奖励者6573人次。在2006年9月召开的全国各民主党派、工商联、无党派人士为全面建设小康社会作贡献经验交流暨表彰大会上，九三学社15个先进集体、50名先进个人受到表彰。

除组织发展外，九三学社组织建设的其他方面也取得显著进展，主要体现在以下几个方面。

第一，领导班子建设得到加强。建立健全了领导班子工作机制，探索了内部约束机制，制定并实施了《九三学社中央常务委员会工作制度》《九三学社中央主席会议制度》《九三学社地方各级委员会工作规则》等制度。突出常委会作为工作班子的作用，坚持重要决策必须经过中央常委会充分讨论和研究，并形成制度。有针对性地制定了《九三学社中央关于加强地方组织领导班子建设的意见》《九三学社中央关于省级组织换届工作的意见》。进一步规范工作程序，明确民主集中制和集体领导的原则，从制度上保证各级领导班子建设的健康发展。

九三学社中央领导班子先后两次进行届中调整。2003年，在九三学社十一届二中全会上，增补贺铿为副主席；2005年，在九三学社十一届四中全会上，洪绂曾、金开诚、闵乃本从领导岗位上退了下来，增补王志珍为常委、副主席，增补邵鸿为副主席，增补 19 名中央委员。通过届中调整，进一步加强了九三学社中央的领导力量，改善了九三学社中央领导班子的结构。

第二，后备干部队伍建设进一步制度化、规范化，为九三学社各级领导班子新老交替和进行正常的进退调整提供了人才储备。建立了后备干部队伍名单，建立了九三学社人才数据库。加强对后备干部的培养、锻炼和使用。五年间，从中央到地方有计划、分层次地安排了 650 多人次在中央社会主义学院进行学习培训，有近 100 名同志到国家部委和中西部地区挂职锻炼。

第三，积极探索基层组织新的活动形式。九三学社中央和地方组织都建立了到基层调研和机关干部下基层制度。涌现出一批优秀基层组织负责人。为方便社员参与活动，提高活动质量，一些地方组织改变传统的基层组织以单位为主的组建形式，建立了行业支社、地区支社、社区支社、离退休人员支社和青年支社等。九三学社北京市委会根据行业特点，组建了金融支社、文艺支社、经济支社、水利支社等；九三学社上海市委会根据社区发展，组建了以社区为单位的社区支社等；九三学社深圳市委会将人数较多的支社改编成若干个小的支社，既便于组织活动，又调动了社员参加组织活动的积极性。这些有益的尝试，大大活跃了基层生活。

第四，机关管理进一步规范。九三学社中央和省市级机关按照《公务员法》的要求，完成了机关公务员的登记备案工作，制定了《九三学社中央关于加强机关建设的意见》。九三学社中央完善了考勤制度，制定了鼓励机关公务员在职继续攻读学位、挂职锻炼等制度。

（六）社会服务步入制度化规范化轨道

1. 将“三九合作”扩大为“九地合作”

从 2002 年年底到 2007 年年底的五年间，九三学社中央新一届领导集体为了适应新形势，通过召开全国会议、实地调研等多种形式加强了对社会服务工作的交流和研讨。2005 年，在及时总结实践经验的基础上，制定了《九三学社中央关于加强社会服务工作的意见》，对新形势下社会服务工作的定位、重要性、指导思想和原则以及开展工作的思路和领域提出了指导性意见，推动社会服务工作步入了制度化、规范化的轨道。九三学社还整合了社内外专家资源，组织成立“九三学社中央社会服务咨询委员会”，先后聘请了来自各个领域的 30 余位院士、专家、学者、专业技术人员，对开展的各项社会服务活动进行咨询、论证，为社会服务工作的持续开展提供有效保证。

多年分管社会服务工作的九三学社中央副主席洪绂曾这样说：作为一个民主党派，虽然主要职能是参政议政，但是如果仅仅搞一些调研，然后写成建议上报，还是停留在“看”和“说”的层面上。对于民主党派来讲，“做”也很重要。面向社会提供服务，既可以深入基层，了解社情民意，又可以协助执政党排忧解难，实际上是民主党派参政议政的一种有效途径和延伸。

五年间，九三学社在继承和发扬“三九合作”优良传统的基础上，将与地方的合作逐步扩大为“九地合作”（即在九三学社中央的指导与协调下，以九三学社省级组织为主，与地方政府开展合作，帮助地方解决发展中的若干问题），实现了社会服务向全方位为地方经济社会发展作贡献的跨越。

截至 2007 年 12 月，正式签约确定的“九地合作”达到 12 个，分别是九广（四川广元市）、九临（山西临汾市）、九通（内蒙古通辽市）、九万（重庆万州区）、九绵（四川绵阳市）、九安（陕西安康市）、九漯（河南漯河市）、九攀（四川攀枝花市）、九青（山东青岛市）、九鹤（河南鹤壁市）、九兰（黑龙江兰西县）、九顺（贵州安顺市）合作。“九地合作”内容不再局限于传统意义上的支边扶贫，而是在实践中不断强化科技服务的力度，为促进区域优势产业的发展提供不同方面、不同层次的科技服务。

开展“九地合作”的九三学社省级组织和地方政府从各自优势和实

际情况出发，努力在实践中探索出了各自工作的切入点和重心，逐渐形成了各自的特色和亮点。例如，“九漯合作”主要以构建中国食品城为切入点。九三学社河南省委会帮助协调引进3亿元资金投入漯河食品加工业。在推动项目的同时，针对该地经济发展和项目实施中的有关问题，九三学社河南省委会还帮助邀请相关专家，举办“专家论坛”，讲解前沿项目课题的一些新知识和新技术。“九绵合作”围绕科技产业项目的培育，组成“院士专家咨询团”，对绵阳科技城建设的中长期发展规划及构建“数字绵阳”和加快实施现代制造业等问题开展咨询建议活动。“九安合作”以促进中药产业化发展为重点，举办了“九安合作安康中药产业发展咨询论证会”，对安康中药产业发展提出了意见和建议，并达成了多个重点合作项目。“九攀合作”以资源开发利用和发展特色农业产业为重点，成功召开了“海峡两岸产业化论坛”，先后完成了攀枝花市循环经济“十一五”发展规划、盐边县循环经济“十一五”发展规划和仁和区生态示范县建设规划，并牵线搭桥引进有关企业在该市投资建设万亩优质芒果基地。“九鹤合作”以发展循环经济和促进城乡一体化为重点，召开了“河南省鹤壁市城乡一体化高层咨询论证会”，为鹤壁市区域经济发展提供发展战略、区域规划以及政策信息咨询。“九广合作”以打造“生态广元”为重点，帮助广元大力实施生态家园富民计划，推动广元经济社会实现可持续协调发展。

“九地合作”在开展过程中还注重发挥民主党派参政议政的优势，把从合作实践中产生的成果、经验凝练成参政议政成果，为国家和地方的发展建言献策。例如，“九万合作”积极围绕库区经济社会发展和移民扶持，开展“解决三峡库区产业空虚问题的对策研究”等系列调研，并提出了针对性强、有价值的对策建议，九三学社重庆市委会在此基础上形成了《以体制创新破解三峡库区产业空虚难题》的提案，受到了中共重庆市委会的高度重视。

五年间，“九地合作”发展得越来越好、越来越快，呈现出了积极活跃的工作局面，社会影响日益增强，从而成为九三学社社会服务工作的一个新品牌，为民主党派服务经济建设探索了一种好的模式。

2. 确立扶贫工作方针，助推贫困地区发展

从2002年年底到2007年年底的五年间，九三学社紧密结合自身实际，发挥优势，在扶贫工作实践中逐渐形成了以“科技扶贫、教育扶贫、观念扶贫”为主的工作方针。

九三学社积极组织专家对贵州威宁、黔西南州、四川广元等地区的“十一五”发展规划的编制工作开展咨询、论证等活动。同时，在科技部的支持下，九三学社还组织专家分别帮助黔西南州、威宁县制定了《十一五科技扶贫发展规划》，帮助地方明确“十一五”期间科技扶贫的基本原则、指导思想、主要目标和任务。

九三学社从观念扶贫入手，先后多次组织专家对贵州黔西南州、广西百色地区、贵州毕节地区、广元旺苍县的草地畜牧业发展、农村劳动技能培训与劳动力转移培训、旅游业和食品加工业发展、加强完善区域发展战略规划与生态环境建设和生态产业规划、生态产业的培育、农产品的深加工、资源开发及利用等问题开展专家咨询，向地方提出相关的建议和意见。

在国务院扶贫办等部委的支持下，九三学社在贵州黔西南州晴隆县石漠化严重地区实施了“草地畜牧业科技扶贫项目”，先后多次组织专家到当地开展技术培训指导和咨询论证，帮助引进优质品种，建立信息平台，引导当地改变传统的养殖模式，不断提高当地草地畜牧业的科技含量和整体效益。经过多年的实践，成功探索出了一条石漠化地区群众脱贫致富与改善生态环境相结合的科技扶贫新路子。国务院扶贫办充分肯定了晴隆县退耕还草、种草养畜的科技扶贫模式。2006年6月，国务院扶贫办、中央智力支边协调小组联合在晴隆县召开全国科技扶贫（南方草地畜牧业）现场经验交流会，向西南地区的11个省（区、市）推广晴隆县的经验。

此外，九三学社还先后在贵州威宁县草海镇白岩村、四川旺苍县东河镇双龙村建立了优质杂交肉牛养殖示范小区、矮晚柚种植科技示范基地。这些科技示范项目的实施发挥了辐射带动作用，有效推动了贫困地区农村

产业结构调整，增强了贫困农村自主发展的能力。

五年间，九三学社积极协调和帮助贵州、四川、广西的贫困地区争取到农业部“生态家园富民计划”项目资金约 8000 万元，建成沼气池 8 万口；帮助贵州黔西南州争取到“天然草场恢复和保护项目”800 万元、国务院扶贫办草地畜牧业建设扶贫资金 600 万元；帮助引进“阳光工程”“新型农民科技培训”等项目 1000 多万元。这些项目的实施，对加快贫困地区的生态环境治理与恢复，改善生产生活条件，促进农民增产增收起到了积极的推动作用。

九三学社多次组织社内专家深入贫困地区开展技术培训和科普专题讲座等活动，先后举办了养鱼、水稻施肥、茶叶生产技术、桑蚕生产技术、水果高产优质高效栽培技术、农业有害生物防治技术等专题讲座和技术培训班 40 多期，切实解决了贫困地区农民生产和生活中的实际问题，使农民通过掌握实用技术而脱贫致富。2007 年 4 月，为了切实帮助贫困地区广大妇女提高参与发展的能力，培养她们成为“贫困村致富带头人”，九三学社和广西壮族自治区扶贫办首次联合举办广西首期贫困村妇女主任培训班，通过现场教学、参观考察等形式为来自百色市凌云、乐业两县贫困村的 111 名学员传授了较新且实用的农业科学技术知识。

2005 年，中共中央有关领导同志对九三学社支边扶贫工作情况作出重要批示，充分肯定了九三学社发挥人才荟萃、智力密集的优势，在科技扶贫、智力支边方面取得的积极成果和积累的宝贵经验。

3. 探索社会服务与参政议政紧密结合的新方式

从 2002 年年底到 2007 年年底的五年间，九三学社发挥智力、人才优势，先后与中国农学会、中国农业工程学会、中国农业大学等单位联合召开了“预防 SARS 论坛”“2003 国际农业生物环境与能源工程论坛”“中国首届葡萄与葡萄酒产业发展高峰论坛”“首届中国欧米伽健康理论高峰论坛”“云贵川资源‘金三角’农业发展战略研讨会”“全国都市农业可持续发展论坛”等一系列的研讨会和论坛。这些高层论坛在围绕国家经济发展重点开展高层次、高质量学术交流的同时，与九三学社的参政议政工作紧密结合，努力实现办实事与提建议、为民造福与参与决策的统一。

2004年，九三学社中央与中国工程院等单位共同主办了“中国粮食安全高层论坛”。与会专家围绕加快科技创新、粮食发展战略等问题提出意见建议，共商新世纪确保我国粮食安全的大计。会议形成的《关于实施“农业科技入户示范工程”的建议》得到了中共中央领导同志的重要批示。根据建议，农业部在全国100个县正式启动了“全国农业科技入户示范工程试点行动”。

九三学社在广元市苍溪县召开“全国生态家园富民计划高层专家论坛”，不仅组织了两院院士和一大批农业专家为广元调整农业结构、发展特色产业提供智力支持，而且在会上总结了广元多年来生态建设成绩和经验，形成《关于提升生态家园富民计划，推进农村小康建设的建议》，得到了国务院有关领导同志的高度重视和批示。根据批示，农业部加大对广元市生态家园富民计划的支持力度，苍溪县被农业部评为农业生态示范县。

九三学社还针对云贵川地区在国家西部大开发中具有重要战略意义同时也是九三学社开展社会服务工作重点地区的情况，与有关部门联合召开了“云贵川资源‘金三角’农业发展战略研讨会”，并向中共中央、国务院反映情况，提出加快云贵川资源“金三角”农业综合开发的专家建议。

在成功举办一系列高层论坛的基础上，九三学社中央及时把一些行之有效的做法加以总结和升华，并创办了每年一度的“九三论坛”。2006年9月、2007年10月，九三学社成功举办了两届以“新农村建设与和谐社会”和“农村金融与新农村建设”为主题的论坛。两次论坛对新农村建设的目标和战略任务的落实，对农村基层组织和制度创新以及农村金融支农机制等方面问题进行了广泛的探讨，提出了建设性意见，对促进新农村建设的科学决策起到了积极的促进作用。通过“九三论坛”这个平台，凝聚和发挥了社内外的人才力量，增强了九三学社组织的活力和影响力，拓展了社会服务与参政议政工作结合的新路子。

4. 开展科普活动，启动“亮康行动”

从2002年年底到2007年年底的五年间，九三学社作为“国际科学与和平周”主办单位之一，连续参与“国际科学与和平周”活动，并荣获“国际科学与和平周”中国组委会颁发的“杰出贡献奖”“最高荣誉奖”“特别贡献奖”。九三学社各级地方组织以“热爱祖国、热爱科学、热爱和平”为主题，大力倡导和平，弘扬科学，为构建和谐社会，开展丰富多彩、主题鲜明、形式多样的科普活动。特别是举办的院士报告、科普讲座等活动，在社会上产生了良好影响，受到地方政府和群众的广泛赞誉。五年间，九三学社各级组织共举办各种专题讲座、座谈会、研讨会230次，听众达46095人次；咨询服务近100场，咨询人数33620人次，举办专题展览8场，发放科普技术、健康、环保等资料142422余份（册）；义诊33433人次，赠送药品价值278400元人民币；援助社会贫困群体及赈灾款额共计176万元人民币，招商引资项目推介落实的资金达5500万元人民币。

早在2002年，九三学社河北省委会、临沂市委会等部分地方组织就先后在山东、四川、西藏、青海等地为550余名贫困白内障患者免费实施手术。在此基础上，九三学社中央整合社内资源，于2007年正式启动了以“关爱弱势群体、普及健康观念”为主题的“亮康行动”，并成功组织河北医卫专家分别为广元市、贵州威宁县99名贫困白内障患者实施了复明手术。“亮康行动”在助残复明的同时，还组织有关医卫专家深入贫困农村、社区，通过义务医疗咨询、健康科普、保健讲学等形式宣传预防与治疗疾病的知识，推广和普及科学的健康观念，倡导健康文明的生活方式，成为推动九三学社科普工作持续长效开展的重要平台和手段。

五年间，九三学社还主动与国家体育总局、中国科协等有关部门加强合作，先后在北京、广西、陕西、云南等地开展了“生态卫生富民行动”“青少年学生奥林匹克教育活动”“金秋科教富民兴村”科普活动，等等。活动不仅得到了当地群众的广泛赞誉，取得了良好成效，而且在与有关部门、单位的合作中积累了许多成功的经验，建立了良好的合作关系。

（七）第九次全国代表大会

2007 年 12 月 8 日至 13 日，九三学社第九次全国代表大会在北京隆重召开。此次会议是在全国各族人民深入学习贯彻中共十七大精神，加快推进社会主义现代化建设的重要时刻召开的。

10 月 22 日胜利闭幕的中共十七大，是在我国改革发展关键阶段召开的一次十分重要的大会。胡锦涛同志代表中国共产党第十六届中央委员会作了《高举中国特色社会主义伟大旗帜，为夺取全面建设小康社会新胜利而奋斗》的报告。报告总结了中共十六大以来五年的工作，回顾总结了改革开放的伟大历史进程和宝贵经验，对继续推进改革开放和社会主义现代化建设、实现全面建设小康社会的宏伟目标作出了全面部署，对以改革创新精神全面推进党的建设新的伟大工程提出了明确要求。报告鲜明地向党内外、国内外宣示了在改革发展关键阶段党举什么旗、走什么路、以什么样的精神状态、朝着什么样的发展目标继续前进，以战略性思维和前瞻性眼光描绘了我国改革发展的宏伟蓝图。中共十七大为九三学社今后的工作指明了前进方向。

正是在这样的背景下，九三学社第九次全国代表大会的主要任务是：高举中国特色社会主义伟大旗帜，深入贯彻落实中共十七大精神，总结九三学社八大以来所取得的成绩和经验，以政治交接为主线，确定今后五年九三学社建设目标和任务，修改社章，选举新一届中央领导机构，动员全社力量，为不断开创九三学社各项工作新局面、为实现全面建设小康社会宏伟目标而努力奋斗。

中共中央政治局常委、中央纪委书记贺国强会见全体与会代表并代表中共中央致贺词。贺词中说，九三学社秉承爱国、民主、科学的优良传统，走过了 60 多年的光荣路程。五年来，九三学社坚持以邓小平理论和“三个代表”重要思想为指导，深入贯彻落实科学发展观，自觉遵循多党合作的政治准则，积极履行参政议政、民主监督职能，为推动中国特色社会主义事业发展、坚持和完善中国共产党领导的多党合作和政治协商制度作出了积极贡献。希望九三学社成员认真学习贯彻中共十七大精神，万众一心，开拓奋进，共同开创中国特色社会主义事业新局面、谱写人民美好生活新篇章。

全国人大常委会副委员长、民革中央主席何鲁丽代表各民主党派中央和全国工商联致贺词，向大会表示热烈祝贺。

大会主席团常务主席韩启德致开幕词并代表九三学社第十一届中央委员会作《高举中国特色社会主义伟大旗帜 把我社建设成为适应新时期要求的参政党》的报告。报告回顾了九三学社五年来的工作，认为九三学社坚持遵循多党合作的政治准则，按照社八大提出的总体要求和工作部署，以科学发展观指导各项工作，围绕经济社会发展的一些重大问题深入调查研究，积极履行参政党职能，努力加强自身建设，求真务实，与时俱进，成绩显著。

报告总结了七点经验和体会。第一，坚持多党合作的政治准则，不断增强对参政党性质、地位和历史使命的认识。第二，坚持围绕中心、服务大局，把发展作为参政议政第一要务。第三，坚持弘扬民主精神，相信和依靠群众。第四，坚持科学求实精神，不断开拓创新。第五，坚持实施“人才强社”战略，始终保持九三学社的人才优势。第六，坚持以人为本的理念，不断增强组织凝聚力。第七，坚持把九三学社的各项工作纳入制度化、规范化轨道。

报告对今后工作提出了原则要求：第一，高举中国特色社会主义伟大旗帜，坚持走中国特色社会主义政治发展道路。第二，继承和发扬九三学社优良传统，搞好政治交接。第三，以科学发展观为指导，进一步提高履行职能水平。第四，发挥优势，突出重点，进一步推进社会服务和港澳台工作。第五，把学习摆在突出位置，进一步加强思想建设。第六，继续实施“人才强社”战略，进一步加强组织建设。第七，坚持求真务实，进一步加强作风建设。第八，细化措施，规范程序，进一步提高制度建设水平。

在 12 月 8 日的全体大会上，大会主席团常务主席贺铿就起草《九三学社章程（修正案）》情况进行了说明。

大会审议并通过了《九三学社第九次全国代表大会关于九三学社章程（修正案）的决议》，决定修正后的《九三学社章程》自公布之日起生效。大会一致同意章程修正案将九三学社的“指导思想”一段修改表述为：“本社以马克思列宁主义、毛泽东思想、邓小平理论、‘三个代表’重要思想为指导，高举中国特色社会主义伟大旗帜，坚持中国特色社会主义道路和中国特色社会主义理论体系，深入贯彻落实科学发展观，为把我国建设成为富强、民主、文明、和谐的社会主义现代化国家而奋斗。”大会一致同意章程修正案对总纲部分九三学社的性质、基本任务、多党合作的政治准则、历史、自身建设等内容和条文部分所作的修改、完善和补充。

大会学习了中共十七大精神；通过了《九三学社第九次全国代表大会关于第十一届中央委员会报告的决议》；选举产生了由丁玉龙等 225 人组成的九三学社第十二届中央委员会。在大会期间召开的九三学社十二届一中全会上，会议选举产生了新一届领导班子，韩启德再次当选社中央主席，陈抗甫、冯培恩、贺铿、王志珍、邵鸿、谢小军、张桃林、赖明、马大龙当选为社中央副主席。会议还选举产生了由马大龙等 44 名委员组成的九三学社第十二届中央常务委员会。在九三学社十二届一次中常会上，徐国权被任命为秘书长。一批德才兼备、年富力强的骨干社员进入新一届中央委员会和中央领导班子，充分反映了多党合作和九三学社事业的兴旺发达与蓬勃朝气。

九三学社九大是一次民主、团结、求实、鼓劲的大会。大会的成功召开，为九三学社在未来五年的发展指明了前进方向，奠定了坚实的思想政治基础，提供了可靠的组织保证。

12 月 24 日上午，中共中央总书记胡锦涛在中南海同各民主党派中央、全国工商联新老主要领导人座谈并发表重要讲话。胡锦涛强调，中国共产党领导的多党合作和政治协商制度，体现了我国社会主义民主政治的本质要求，符合中国特色社会主义事业的发展要求。要巩固和发展多党合作的良好政治格局，发展我国各政党民主团结、生动活泼的和谐政治关系，同心同德坚持和发展中国特色社会主义。

韩启德代表九三学社向胡锦涛简要汇报了刚刚胜利闭幕的九三学社第九次全国代表大会的情况。韩启德表示，九三学社第十二届中央领导班子要深入学习贯彻中共十七大精神，自觉接受中国共产党的领导，做中国共产党的亲密友党，认真开展中国特色社会主义主题教育活动，坚持和发扬优良传统，不断加强自身建设，积极履行参政党职能，为夺取全面建设小康社会新胜利、开创中国特色社会主义事业新局面，不断作出新贡献。

二、建设“思想上坚定、履职上坚实、组织上坚强”的参政党

（一）持续开展学习教育活动

1. 深入开展政治交接学习教育活动

九三学社九大前后，于2007年4月启动的以坚持走中国特色社会主义政治发展道路为主题的政治交接学习教育活动已全面铺开。政治交接的重点是继承和发扬民主党派老一辈长期与中国共产党合作的政治信念、优良传统和高尚风范，关键是增强接受中国共产党领导的自觉性和坚定性，核心是坚持走中国特色社会主义政治发展道路，目的是巩固多党合作和政治协商的政治基础，推动和实现我国统一战线和多党合作事业的可持续发展。其时，九三学社大多数省级组织完成了第一阶段的动员试点，进入活动的第二阶段——学习教育阶段。

九三学社九大换届之后，九三学社中央新一届领导集体精心部署，周密安排，继续稳步推进学习教育活动。2008年4月，恰逢“五一口号”发布60周年，九三学社各级组织开展了形式多样的纪念活动。在西柏坡毛泽东同志故居前，韩启德语重心长地说：“‘五一口号’是当

时历史条件下反对国民党独裁统治和建立新中国的宣言，今天我们纪念‘五一口号’，就是要坚持中国共产党领导的多党合作，把统一战线工作做好。”

2008 年 4 月，九三学社中央在大连组织召开了全社政治交接学习教育活动经验交流会议。九三学社中央副主席贺铿总结了全社开展政治交接学习教育活动的情况、成绩和经验，并就深入开展政治交接学习教育活动、推进建立政治交接的长效机制提出了具体要求。5 月，九三学社在成都召开了以政治交接学习教育活动为主题的常委会。韩启德在会上指出，开展政治交接学习教育活动，一要回头看，就是继承和发扬九三学社爱国、民主、科学的优良传统，坚定与中国共产党团结合作的政治信念；二要向前看，就是顺应时代发展潮流，认清九三学社在新时期的历史使命；三要低头看，就是找出差距特别是思想政治上的差距，努力加强自身建设。

大连经验交流会和成都常委会的召开，标志着九三学社政治交接学习教育活动总体转入了查找问题的第三阶段和总结提高的第四阶段，学习教育活动取得了阶段性成果。

此后，九三学社各级组织通过开展自查、召开谈心会等形式，全面查找了自身建设和履行职能中的突出问题和不足，并在总结经验的基础上，努力建立健全各项规章制度，搞好政治交接的长效机制的建设。

至 12 月底，九三学社基本完成政治交接学习教育活动的各项预定任务。在此过程中，九三学社中央共编发《政治交接学习教育活动通讯》23 期、《政治交接学习教育活动学习资料》14 期，为学习教育活动的顺利开展提供了指导。在 12 月举行的九三学社十二届二中全会上，九三学社中央对政治交接学习教育活动进行了总结，并对辽宁省委会等 61 个政治交接学习教育活动先进集体进行了表彰。

政治交接学习教育活动，进一步提高了社员对九三学社优良传统和中国特色社会主义政治发展道路的认识，进一步推动了参政议政、社会服务等各项工作，加强了与中共各级组织的联系与合作，增强了各级组织的活力和凝聚力，取得了显著成效。

2. 开展坚持走中国特色社会主义道路学习教育活动

2009年，九三学社以新中国成立60周年和多党合作制度确立60周年为契机，开展了多种形式的纪念活动，特别是坚持走中国特色社会主义道路学习教育活动。

在五四运动90周年前夕，九三学社中央在五四运动的发祥地北京大学举办“传承‘五四’精神，弘扬民主科学”专题座谈会。韩启德、邵鸿、马大龙等与中青年社员进行了座谈交流。韩启德强调，作为“九三人”，要加强历史感、时代感和责任感。九三学社60多年的历史表明，爱国主义是贯穿其中的一条主线，追求民主与科学在本质上与爱国主义是一脉相通的。

7月，九三学社中央组织开展“六个‘为什么’”学习座谈活动；8月，举办庆祝新中国成立60周年书画展、文艺汇演和征文活动；9月，召开了庆祝新中国成立60周年暨九三学社创建64周年座谈会。发动社员积极参与有关部门组织的“双百”人物评选活动，王选、邓稼先入选100位新中国成立以来感动中国人物。

9月，九三学社中央整合全社研究力量，分别成立九三学社中央参政党理论研究中心和社史研究中心，初步建立起一支理论研究与社史研究的骨干队伍。同时，积极扩大与社外的合作，深入开展理论研究，并多次召开专题研讨会，促进了九三学社的理论研究工作。

这些活动和举措，扩展了学习教育活动的内涵，进一步巩固了政治交接主题学习教育活动的成果。

3. 学习践行社会主义核心价值体系

建设社会主义核心价值体系是中共十六届六中全会提出的一个重大命题和战略任务。为巩固多党合作共同思想政治基础，2010年年初，九三学社又在全社开展学习践行社会主义核心价值体系活动，将其作为中国特色社会主义主题学习教育活动的深化和延伸。

在2009年12月召开的九三学社十二届三中全会上，韩启德从学习践行社会主义核心价值体系的基本内容、必要性、存在基础、与中华传统文化的关系、现代中国价值体系必须以社会主义为核心、九三学社如何学习践行社会主义核心价值体系这六个方面作了论述，起到了动员和指导作用。由此拉开了九三学社学习践行社会主义核心价值体系活动的序幕。

九三学社中央对学习践行核心价值体系活动高度重视，以此为主题召开了九三学社十二届十一次中常会研究部署，制定了三年实施方案。活动共分为三个阶段：2010 年是学习宣传年，2011 年是基层建设年，2012 年是组织换届年。

这一活动的开展具有以下几个持点：第一是注重学习研讨，注重培育“九三文化”。九三学社中央组成专题调研组赴四川、陕西、广东和广西的十几个地市，通过召开座谈会、个别交谈等形式，了解社员对核心价值体系的认识情况。围绕社会主义核心价值体系先后召开 9 次理论研讨会，在九三学社开展征文活动。通过学习研讨，深入了解社员的思想动态，在解决实际思想问题上下功夫。举办了“学哲学、学历史、读经典”活动；开展了“学习社章、遵守社章”活动；举办“九三讲堂”“九三文化系列讲座”“理论研究沙龙”科学精神研讨会等学习活动；全社共组建“九三书画院”37 个，“九三艺术团”24 个，进一步丰富了九三学社爱国民主科学精神的时代内涵，增强了组织凝聚力。

第二是注重典型示范。在全社推荐的 53 个先进典型基础上，九三学社中央精心遴选 4 名个人和 1 个集体，在九三学社中央“主题常委会”上作事迹宣讲并刻成光盘下发全社；大力宣传荣获 2010 年、2011 年度国家最高科学技术奖的师昌绪和谢家麟院士勇攀科技高峰的赤子情怀和先进事迹；在基层组织开展“讲述身边人故事”活动，进一步增强典型的亲和力和感染力。

杨佳同志是中科院研究生院教授。她 29 岁双目失明，但以坚韧意志勇攀专业研究高峰，以满腔热忱投身服务残疾人事业，以深厚爱国情怀致力于扩大中国国际影响力。2011 年，九三学社在全社开展向杨佳同志学习活动，拍摄杨佳先进事迹专题片，组织学习征文，与中共中央统战部联合组织“杨佳同志先进事迹巡回报告会”，在 12 个省市接连举办 17 场报告会。观众听了报告以后，普遍感到震撼，深受启迪和激励。九三学社中央副主席丛斌这样评价杨佳同志的报告：“我多次聆听杨佳同志的报告，每次都深受感动，每次都有新的体会。杨佳用自己的言行为社会作出了贡献，实现了人生价值，很好地诠释了社会主义核心价值。”

2012 年，九三学社还开展了向刘瑞玉同志学习的活动。刘瑞玉同志是我国著名海洋生物学家、中国科学院资深院士、中科院海洋研究所研究员。他矢志报国、追求真理，耄耋之年依然奋斗不已，身患绝症仍然坚持工作，直至生命最后一刻。刘瑞玉同志的感人事迹得到胡锦涛等党和国家领导人的高度肯定，赢得社内外科技工作者的广泛赞誉。通过扎实开展学习杨佳同志和刘瑞玉同志的活动，极大地丰富了九三学社学习践行社会主义核心价值体系的成果。

第三是注重发挥社史作用。三年间，九三学社大力推进社史工程，以九三前辈的光辉业绩和崇高品格教育、激励广大成员树立和践行社会主义核心价值。“九三学社人物丛书”招标立项 27 个课题，《王选传》等 10 部传记首批出版；拍摄完成 5 集社史专题片；编写出版《社史研究通讯》。各级地方组织的史志编撰工作也取得了较好成绩。举办吴阶平同志追思会和社章社史知识竞赛；利用褚辅成史料陈列室、张雪岩纪念馆、茅以升纪念馆、涂长望陈列馆、九院科技馆、王选事迹陈列馆等开展组织生活；搜集和抢救九三学社老一辈代表人物的口述、文稿、图片、影像、实物等史料，举办社史资料影像巡回展。

第四是注重与履职结合。九三学社各级组织把社会主义核心价值体系丰富内涵和基本要求体现于履职思路和实践过程，不断拓展服务社会新领域，使思想建设和履职政党职责二位一体，互相渗透，互相促进。

第五是注重机制建设和率先垂范。逐步健全了以社章为根本、以民主集中制为核心的制度体系。把领导干部和骨干社员作为学习践行活动重点，坚持上级为下级作表率，骨干为社员作表率，领导班子为机关作表率，有效带动了广大社员的认真学习、积极参与和努力践行。

2010 年至 2012 年，九三学社共举办报告会、学习会、座谈会 1213 次，建立学习践行基地 132 个，树立先进典型 574 个，培训骨干社员 15687 名，开展参观考察活动 632 次，举办主题征文、知识竞赛、图片（书画）展 281 次。在九三学社十二届三中全会上，九三学社中央对 100 个先进集体和 100 名优秀社员予以表彰。在九三学社上下共同努力下，历时三年的学习教育活动实现了预期目标，取得了显著成效。

在加强与传统媒体联系的同时，九三学社探索开辟与新兴媒体的合作，积极向人民网、光明网等推荐稿件；九三学社中央有关领导做客人民网，就重大民生、经济热点等问题与网友在线交流。充分利用社刊社讯、网站等媒体展示九三学社参政议政、社会服务和自身建设取得的丰硕成果。《民主与科学》杂志办刊质量不断提高，社会影响进一步扩大。学苑出版社加快产品结构调整，以图书出版为主营业务，朝着“专精特新”方向发展，发展活力和市场竞争力有所增强。

（二）在推动科学发展中履行参政议政和民主监督职能

1. 整合力量，完善机制，突出科技特色

从 2007 年年底到 2012 年年底的五年间，九三学社中央新一届领导集体继续朝着完善参政议政工作机制的方向努力，并且采取了一系列整合力量的措施，切实提高参政议政质量和水平。

在 2008 年 3 月召开的十一届全国人大一次会议和全国政协十一届一次会议上，九三学社中央主席韩启德再次当选为全国人大常委会副委员长，副主席王志珍当选为全国政协副主席，常务副主席陈抗甫再次被任命为全国政协副秘书长，副主席贺铿担任全国人大财经委副主任，副主席邵鸿担任全国政协提案委员会副主任。63 名社员当选为第十届全国人大代表，其中常委会委员 5 人；104 名社员担任第十届全国政协委员，其中常委 20 人。8 月，九三学社中央副主席张桃林被任命为农业部副部长。此外，在地方各级人大、政协、政府和司法机关，也有许多九三学社社员任

职。这些同志忠于职守，努力工作，在参政议政、民主监督方面作出了重要贡献。

2008年4月，为进一步发挥专委会作用，九三学社中央对专委会进行了重新调整，设立了经济、科技、农林、教育文化、社会与法制、人口资源环境、医药卫生七个专门委员会，同时设立了院士、文化、海外联络、妇女四个工作委员会和特约人员联席会议，进一步整合了全社参政议政资源。为了贯彻社九大精神，整合全社参政议政人才资源，加强九三学社中央参政议政人才库建设，九三学社中央还邀请各省级组织推荐参政议政专门人才，各专门委员会都在各省级组织推荐基础上吸收了部分京外社员，进一步充实了力量。

2009年以后，九三学社中央又进一步完善了课题招标和提案征集机制、提案信息转化机制、九三学社中央与省级组织上下互动机制、九三学社中央专门委员会工作机制、激励机制、保障机制等。

九三学社中央把申报和评审确定课题承担者的课题征集制，改为“以奖代补”制，即由省级组织自由申报课题、最终以被采纳的提案确定奖励对象的征集制。改革参政议政奖励办法，扩大奖励名额，由省级组织自主确定多数奖励对象。丰富九三学社中央与省级组织的上下互动的形式，加强九三学社中央与各省级组织的联合调研。主要采取以下几种形式：一是九三学社中央确定题目，省级组织参与。如2010年，九三学社中央“加大对粮食主产区支持力度”课题，有河南、吉林、黑龙江等多个粮食主产区省级组织参与。2011年进行的“科技管理体制改革研究”课题，有十多个省级组织参与前期调研。二是省级组织确定题目，九三学社中央参与。如九三学社河南省委会提出的“建立中原经济区”和“在河南粮食主产区设立农村金融改革试点地区”课题，九三学社中央积极参与并将成果报送中共中央和国务院。三是九三学社中央与省级组织共同确定题目、共同开展调研。如2012年“工业绿色发展”与“林权改革与林业发展”课题，就是九三学社中央与江苏、福建两个省级组织协商确定题目并一起开展调研。

以上这些做法充分调动了九三学社中央各部门和地方组织参政议政的积极性，提高了参政议政的质量。

2009年，在福州召开的九三学社十二届七次中常会，围绕科技发展和自主创新、城乡统筹与三农、发展低碳经济、保增长扩内需调结构措施的实施对策四个问题，交流调研成果，互动碰撞体会、激发创新思维，常委们对如何创新和完善参政议政工作机制，产生了更多更好的想法与建议。

在不断创新和完善参政议政工作机制，整合参政议政资源的同时，九三学社还努力探索如何把全社力量都整合起来的办法。

为充分发挥九三学社中央各专门委员会的人才优势，九三学社中央将信息工作由办公厅调至参政议政部，并增加了专职工作人员。九三学社中央各专门委员会也充分发挥专业专长，多次组织并参与调研课题。

韩启德在2012年召开的九三学社十二届十九次中常会上指出，加强机制建设、整合全社力量，是九三学社肩负参政党责任和使命的迫切需要。他说，要进一步加强九三学社组织纵向和横向之间的力量整合，加强参政议政、社会服务和自身建设各项工作之间的力量整合，加强九三学社组织与政府有关部门之间的力量整合，加强九三学社组织与中共党委统战部门之间的合作，努力形成左右互动、上下联动的工作格局。韩启德提出要从十个方面的机制和途径来实现力量整合：一是完善组织网络；二是搭建平台；三是完善课题招标制度；四是建立制度；五是建立激励机制；六是加强组织培训活动；七是注重加强省委会与省会城市市委会之间关系的协调；八是组织大型活动；九是发现、培养、使用人才；十是建立实用的信息系统。

这次会议对九三学社形成合力、拓展参政议政和社会服务工作的广度和深度、创出新品牌、扩大社会影响、以工作机制创新实现各项工作新跨越，起到了重要的促进作用。

突出科技特色是这一时期九三学社推进参政议政工作的又一特点。在韩启德的倡议下，九三学社中央于2008年成立“促进科技发展和自主创新”专题课题组，由副主席王志珍任课题组组长，副主席冯培恩、邵鸿、张桃林、赖明任副组长，从“科技创新投入”“科技创新管理”“科技人力资源建设”“科技成果转化”四个方面着手进行相关研究。此后的四年间，课题组通过一系列问卷调查、专题调研和座谈，形成了《维护科技奖励尊严，深化奖励制度改革》《改变行政化趋向，推动高等教育健康发展》《关于深化改革，进一步提高自主创新能力的建议》等成果，作为历年政协大会九三学社的口头发言和提案。

2. 发挥优势，抓住重点，为推动科学发展建言献策

从2007年年底到2012年年底的五年间，九三学社中央抓住低碳经济、绿色建筑、牧区生态建设等几个重大问题深入调查研究，并提出切实可行的建议，产生了良好的政治影响和社会效应。

气候变化问题深刻影响着人类的生存与发展。早在2007年年初，九三学社中央在研究今后一个时期参政议政选题时，恰逢联合国政府间气候变化专门委员会（IPCC）发布第四次气候变化评估报告。报告指出，近50年气候变暖主要由人为活动引起的可能性，从2001年第三次评估报告的66%提高到90%以上，进一步从科学上确认了人为活动引起全球气候变化的事实。九三学社中央结合中国国情和发展的阶段性特征敏锐地意识到，应当把“全球气候变化对我国经济社会发展的影响”作为参政议政的长期课题，持续关注和进行深入的研究。韩启德提出，确定参政议政选题要聚焦，确定选题后要突出难点，再聚焦。按照这一思路，九三学社中央决定，在研究气候变化对我国影响的“大目标”下，将目光聚焦到推动低碳发展上，同时确定，围绕这一课题开展深入调研。

2008年，九三学社社员陈利浩在珠海率先建议“低碳经济示范”，促成了横琴“低碳岛”的实践并促成广东成为全国首个“低碳示范省”。九三学社中央鉴于陈利浩在推动低碳发展上所做的大量工作，鼓励他站在全国的角度以更加开阔的视野提出建议。陈利浩随即撰写了相关材料。九三学社中央迅速组织力量开展工作，在资料搜集和走访座谈的基础上，对陈利浩撰写的材料进行了修改完善。次年3月，全国政协十一届二次会议开

幕。九三学社中央提交了《发展低碳经济提升综合国力》的大会发言和《关于发展低碳经济的建议》提案，在“两会”内外引起了热烈反响。

2009 年“两会”闭幕后不久，韩启德即率队赴广东调研低碳经济发展情况，考察了 16 家企事业单位，召开了 10 场专题座谈会。6 月，九三学社中央以“发展低碳经济”为主题形成调研报告，报送中共中央、国务院，得到党和国家领导人的高度重视和批示。

在 2010 年召开的全国政协十一届三次会议上，九三学社中央提交的“关于把握机遇，走中国特色低碳发展道路的提案”，被列为政协大会一号提案。3 月 4 日，九三学社中央在北京举行新闻发布会，全国政协常委、九三学社中央副主席赖明等就该提案接受媒体联合采访。新华社、《人民日报》、《人民政协报》等 20 多家媒体记者参加了发布会。由该提案掀起的一股“低碳热”，在 2010 年“两会”期间引起公众的广泛关注。

2010 年，九三学社中央继续将低碳问题的切入口具体化，将关注的目光投向节能建筑。5 月 24 日至 28 日，韩启德率九三学社中央调研组赴辽宁省就“发展低碳技术，推动绿色建筑发展”开展专题调研。通过调研，九三学社中央认为，加快绿色建筑发展是节能减排和应对气候变化的重要抓手。在调研基础上，九三学社中央向中共中央、国务院报送了《关于促进绿色建筑发展的调研报告》，中共中央有关领导同志作出重要批示，促进了国家绿色建筑行动计划的出台和实施。

2010 年 7 月，王志珍率九三学社中央调研组到内蒙古呼伦贝尔市，就牧区生态建设及生态建设补贴等问题进行专题调研，形成了一份关于加强牧区生态建设的调研报告，报送中共中央、国务院。该报告提出的意见建议对国家制定和实施相关政策产生了积极影响。

从 2007 年年底到 2012 年年底的五年间，九三学社在跟踪调研基础上持续推动三江源生态保护与建设，推动国家制定实施三江源保护二期工程规划，并加大对三江源保护区的投资力度；就做好南水北调中线水源保护工作，建立国家生态保护综合改革试验区提出建议，得到中共中央领导的高度重视，并被纳入相关规划；对玉树灾后重建和生态恢复工作积极建言献策；连续四年围绕“统筹城乡经济社会发展”这一中共和国家的中心任务开展调研，相关建议得到中共中央领导的高度重视和采纳；通过实地调研就辽宁沿海经济带、海峡两岸、河西走廊、滇桂黔石漠化贫困片区等地的实际情况，提出促进区域经济社会发展的对策建议，推动了相关发展规划出台。

3. 积极履职，在多个方面取得显著成绩

从 2007 年年底到 2012 年年底的五年间，九三学社中央主要领导参加中共中央、国务院就《政府工作报告》、经济形势分析和经济工作、“十二五”规划、文化体制改革等举行的高层政治协商活动，分别围绕推进政治体制和行政体制改革、深化科技管理体制改革、进一步提高自主创新能力、推动战略性新兴产业发展、促进医疗体制改革、推动城镇化健康发展、切实解决分配不公和贫富差距过大、加强党风廉政建设、细化“十二五”规划实施方案、深化国有企业改革、着力改善中小企业发展环境、应对结构性就业难题、稳健调控房地产市场、推进人民币国际化以及促进文化产业发展等问题发言，提出了具有操作性的建议，受到中共中央、国务院的高度重视。

五年间，九三学社在全国政协大会上共提交大会发言 70 篇、九三学社中央提案 193 件、政协九三学社界别提案 136 件，政协常委会发言 20 篇。其中，《关于在新农村建设中加强环境保护与生态建设》《关于发展服务外包业，促进我国资源枯竭型城市转变经济发展方式》等 60 件提案，或入选全国政协《重要提案摘报》，或入选提案办理协商会，被列为全国政协重点提案。《关于加强我国农田水利基础设施建设，保障粮食生产安全》等 11 件提案被评选为十一届全国政协优秀提案，在各民主党派中名列前茅。《深化改革，提高自主创新能力》《改变高校行政化趋向，推动高等教育健康发展》《着力克服制度缺陷，推进股市健康发展》以及《着力加强制度建设，努力遏制公款吃喝》等 9 篇政协大会口头发言引起很大社会反响。

2011 年 3 月 4 日，中共中央总书记胡锦涛亲切看望了参加全国政协十一届四次会议的农工党、九三学社界委员，并在联组会上同大家一起讨论。联组会上，闵乃本、赵海英、黄润秋、支建华、李彬、赖明等九三学社界委员先后以《团结奋斗，实现中华民族的伟大复兴》《建议尽快组织专人制定国家金融发展战略》《大力推进体制机制改革，让大学真正回归学术》《关于进一步加大对粮食主产区政策性支持的建议》《加大政策支持力度，促进东西部协调发展》《关于促进产业自主创新的建议》为题作了发言，得到胡锦涛的充分肯定。

五年间，九三学社中央高度重视履行民主监督职能，并在实践中把民主监督寓于履行职能的各项工作之中，通过高层政治协商、“直通车”建议、政协发言和提案以及反映社情民意的信息工作等方式，积极发挥民主监督作用。提出了《关于深化预算监督机制改革，进一步强化人大监督力度》《关于尽快建立环境公益诉讼制度》等提案和建议，得到有关部门高度重视；多次就《教育中长期发展规划纲要》的修改完善向有关部门提出意见，并以政协大会发言和提案等方式，为推动做好规划实施工作积极努力。九三学社中央领导应邀出席最高人民法院、最高人民检察院、中共中央统战部召开的座谈会和情况通报会，就有关方面的突出问题提出建议。九三学社各级组织广开言路、完善载体，不断丰富监督形式，拓宽监督范围，细化监督程序，推动有关方面将特约监督员等监督方式规范化、制度化；九三学社担任各级特约监督员、监察员、检察员、审计员和教育督查员的社员，以高度的政治责任感，认真参加执法监督检查、行风政风评议，在加强廉政建设，推进依法行政中发挥了积极作用。

九三学社中央从近万份的来稿中采编形成《九三信息》《九三信息专报》，向全国政协、中共中央统战部等部门报送了 2600 多篇有情况、有分析、有建议、质量较高的社情民意信息，近 430 篇被全国政协采用，连续多年被全国政协评为信息工作先进单位。其中，《建议将辽宁沿海经济带开发建设纳入国家总体发展战略》《关于用科学发展观统领医改，避免过度政绩化》《政府在经济萧条时要注意处理好眼前利益和长远利益之间的关系》《关于调整与优化政协界别设置的3点建议》等45篇信息得到中共中央和国家领导人的批示，对有关工作起到了促进作用。

国际金融危机爆发后，九三学社中央原副主席谢丽娟及时撰写了《汲取美金融人才莫失良机》的信息，经九三学社中央报送后多位党和国家领导人作出批示，推动了我国金融人才队伍建设。社员龚震在工作之余撰写500余篇信息，67篇被全国政协采用，400多篇被九三学社中央采用，17次得到党和国家领导人批示，多次获九三学社中央“信息工作先进个人”称号。

五年间，九三学社中央举办了五届“九三论坛”，涉及“新农村建设”“城乡统筹与城镇化”以及“产业转型升级”等主题，汇集了各地各方专家学者的真知灼见，拓展了参政议政的渠道和领域，提高了建言献策的质量。主办或与相关单位联合举办“低碳经济与绿色建筑产业发展高峰论坛”、两次“医疗设备自主创新发展研讨会”、“南水北调中线水源区生态建设论坛”、“三江源生态保护与平衡发展暨玉树灾后生态重建实践论坛”、“第二届创业资本论坛”等，扩大了九三学社的影响。

地方参政议政工作也成绩斐然。九三学社地方各级组织和广大社员围绕地方经济建设和社会发展认真履行职责，多项建议得到当地主要党政领导的重视和批示，多件提案成为地方政协重点督办的提案，被有关部门采纳。在九三学社中央副主席谢小军和九三学社重庆市委会积极推动下，九三学社中央联合重庆市委会、四川省委会、湖北省委会、云南省委会、贵州省委会，共同开展“三峡库区及长江上游水污染防治”课题调研，取得了初步成效。同时，九三学社地方各级组织积极参与九三学社中央课题招标工作，为提升九三学社的“两会”提案、议案质量提供了保障；切实完成各项调研任务，为参政议政和民主监督提供了支撑；积极承接“九三论坛”、参政议政和信息工作会议，为提升九三学社参政议政和信息工作能力及水平作出了贡献。

九三学社中央先后组织12个团组赴14个国家和地区参加“中国的和平崛起与亚洲的关系”“中华文化与交流”“首届城市化可持续发展”等

论坛或研讨会，开展科技管理体制、城镇化发展、推动两岸乡情延续工程、中国企业“走出去”等课题调研。九三学社中央主办或与地方组织等联合举办“皖台农业合作高层论坛”“2012 年海峡两岸经贸发展论坛”“首届海峡两岸生态旅游高峰论坛”和以建设中华民族共有精神家园等为主题的两岸三地文化交流、联谊活动；组织 3 个团组 20 人次赴台交流考察。九三学社中央领导多次会见港澳台以及海外来访团。九三学社中央和地方组织还开展了形式多样的海外联谊活动。周培源基金会先后 9 次接待 600 多名台湾学生到大陆参访，组织 4 个团组 26 人次访台；学苑出版社组团赴台参加“第三届海峡两岸民间文化论坛”暨“成功大学闽南文化论坛”；茅以升科技教育基金会多次与台湾科技、教育界人士进行互访，开展海峡两岸学术交流活动；九三学社北京市委会接待 7 批来大陆交流的台湾科技、教育和经济等领域的相关人士；江苏省委会联合江苏棋院主办“中国象棋走进外国留学生”系列活动；九三学社中央和浙江省委会共同开展了“推进大陈岛科学发展”的课题调研；福建省委会借助“海峡农业科技论坛”平台，推动漳州市申报并获批“中国食品名城”称号；四川省委会加强同台湾、香港慈善团体和友人的交流，建立长期帮扶贫困山区教育的工作基地。

（三）打造服务社会“九三”品牌

1. 积极投身抗灾救灾，为奥运会、世博会贡献力量

2008 年 5 月 12 日，四川省汶川地区发生特大地震，给当地人民群众的生命财产造成重大损失。灾情发生后，九三学社中央高度重视并于次日发出《关于发挥九三学社优势迅速投入抗震救灾工作的紧急通知》，要求全社各级组织迅速行动起来，为抗震救灾贡献力量。

韩启德在第一时间给九三学社四川省委会打电话，了解灾情，表达对灾区人民与全川社员的亲切慰问；王志珍亲临一线慰问受灾群众，并代表九三学社中央向灾区捐款；陈抗甫以及其他多位副主席陆续到灾区慰问受灾群众，就灾后恢复重建工作进行专题调研。九三学社四川省委会主委黄

润秋是地质专家，灾害发生后，他第一时间奔赴灾区，实地指导抗震救灾工作；组织专家排查地质灾害隐患点，并根据排查情况与有关部门在不到一个月的时间完成了《四川省“5·12”特大地震灾后恢复重建地质灾害防治专项规划（2008—2011年)》的编制；撰文总结汶川地震地质灾害研究；为北川等12座城镇进行了重建选址评估；执笔和参与撰写重要建议26份，大多被各级政府采纳。九三学社还充分发挥在科技方面的优势，就汶川大地震灾后重建问题向中共中央和国务院主要领导提交了7篇建议，为中共中央和国务院的科学决策提供了有益参考。

九三学社各级组织采取多种方式向灾区伸援手、献爱心、送温暖。地震发生的第二天，九三学社中央领导同志就带头捐款，全社各级组织和广大社员也积极响应。九三学社中央紧急筹措了价值63万元的药品送往广元、绵阳和德阳三地灾区。学苑出版社迅速组织编印了27万册《地震灾后防病必备常识》，于5月下旬紧急送往灾区。6月，九三学社中央发出《灾后重建伸援手募集善款献爱心倡议书》。九三学社总计募集善款6000多万元人民币，并完成“帮扶青川县沙州镇江边村第二合作社灾后恢复与重建”“帮扶成都都江堰天马敬老院生活配套设施用房建设”“帮扶绵阳游仙区新桥镇民主村灾后重建”“帮扶德阳什邡市南泉镇农村新能源建设”4个项目，总投入资金382万元。其中江边村轻钢结构农房建设项目被四川省政府确定为灾后重建推广模式之一。九三学社各级组织和广大社员还积极开展义务献血、义务诊疗、开办励志夏令营和帮扶伤残单亲母亲等活动，为抗灾救灾作出了贡献，产生了良好的社会效益。

2008年8月8日至24日，北京奥运会成功举办。九三学社为奥运会的成功举办贡献自己的力量。2008年年初，九三学社举办了“迎奥运社会主义新农村农民乒乓球赛”，以此促进全民奥运的开展，传播奥林匹克精神，推动社会主义新农村的建设。在建言献策方面，2001年以后，九三学社北京市委会一直将为奥运建言献策列为参政议政的重点，提出许多意见和建议，如《关于在人文奥运中注重弘扬北京传统文化的几点建议》《关于对奥运行动实施民主监督的建议》等，得到中共北京市委的好评。

社员中的杰出代表也积极为北京奥运会作贡献。据统计，在北京奥运会的火炬传递中，九三学社共有40余位社员光荣入选奥运火炬手。有的社员直接参与北京奥运会的筹备工作。仅北京市就有17位社员参加奥组委工作，16位社员参加奥运工程规划、建设等项目，另有30位社员从事奥运会的教练、裁判、卫生、监督、教育、宣传等工作，如北京奥组委委员田麦久，国家体育场——鸟巢的中方总设计师和工程设计主持人李兴钢等。北京奥运会结束后，中共北京市委、北京市人民政府专门致信九三学社中央，感谢对北京奥运会的支持和帮助。

2010年上海世博会也同样洒下了广大九三学社社员的辛勤汗水，凝结了九三社员的智慧。在解读世博理念的院士中，在讲述中国文化的学者中，在负责技术事务的专家中，在组织协调的行政领导中，在为五洲四海的嘉宾服务的志愿者中都有“九三人”。

2. “九地合作”不断深化，多党合作社会主义新农村示范项目成效显著

为促进“九地合作”工作规范化、制度化和持续化发展，2011年，九三学社中央制定了《九三学社中央关于加强和完善“九地合作”工作的意见（试行）》（以下简称《意见》），明确了新形势下“九地合作”工作的定位、基本原则、条件以及工作程序等。在《意见》指导下，九三学社各级组织不断探索“九地合作”的新模式，深化合作内容，提升合作水平。

2008年9月，九三学社上海市委会与河南省委会签署“沪豫科技合作”协议；2010年4月，山西省委会与河南省委会签署“晋豫合作”协议；2011年8月，四川省委会和重庆市委会签署“川渝合作”协议。协议双方建立长期的科技交流与合作关系，共同组织推介合作项目，并建立两地之间考察互访、工作经验交流等合作机制。这种省际合作开辟了“九地合作”的新模式，充分发挥了合作方各自的优势，有效整合和实现社内资源共享，促进“九地合作”工作向深层次发展。

2011年，九三学社中央选择河南煤化集团作为首家推动企业自主创新试点单位，由九三学社河南省委会、河南煤化集团、河南工业大学共建研究所，形成了“九校地合作”“九企合作”等产学研相结合的新模式。九三学社四川省委会、云南省委会也都开展了“九校地合作”“九院地合作”，充分发挥了“产学研相结合”的优势。

截至2012年年底，已有21个省级组织与50多个地方政府开展了“九地合作”。五年间，先后为合作地开展544次咨询建议活动，协助引进项目1786个，协调落实资金12亿元，开展涉及工业、农业、服务业等合作研究和开发推广项目上百项，推广绿色生态农业技术并进行新品种示范100多万亩。

2008年以后，九三学社在北京、河南、重庆等十个省市，实施了多党合作社会主义新农村示范项目，效果显著。试点从当地实际出发，以生产发展为重点，以农村和谐进步为目标，围绕产业发展、科技培训、生态建村、文化强村等方面进行，有力地促进了当地产业结构调整，培育了优势产业，增加了农民收入，起到了示范带动效果。

3.“亮康行动”不断扩展，扶贫工作再上新台阶

“亮康行动”自2007年启动后，注重在细节上的探索与创新，力争使服务更加深入细致、程序更加紧凑流畅、资金使用更加节俭高效。至2012年，九三学社组织医疗队累计实施贫困白内障患者复明手术2万余例。在山东、河北、湖北建立三个“九三学社亮康行动推广基地”。九三学社中央还联系协调有关基金会援建贵州威宁县眼科中心，启动了“共创威宁无白内障盲县”项目计划；联系协调有关基金会与九三学社内蒙古区委会、海南省委会合作，启动实施贫困少儿大病救治合作项目。“亮康行动”成为九三学社社会服务工作的又一重要品牌。

2009年，九三学社被国务院扶贫开发领导小组评选为中央国家机关等单位定点扶贫先进单位。在九三学社中央副主席贺铿、丛斌的推动下，建立并完善了九三学社河北、上海、江苏、浙江、福建和广东六省市委员

会分别对口帮扶威宁县六个乡镇的对口帮扶机制，协调外地优质教育资源培训威宁教师，提高威宁教师水平；向威宁县有关中学先后捐赠价值110多万元的学习用品等。九三学社积极争取、多方联系有关基金会，引进资金500多万元用于支持四川省旺苍县、贵州省安顺市、青海省贵德县等贫困地区教育事业。围绕定点帮扶地区的新农村建设、产业结构调整等方面争取多方支持，扎实推进帮扶工作。

4. 创新科普形式

从2009年开始，九三学社中央决定每年在全社开展“百名专家进乡村入学堂”活动。此后的三年间，九三学社开展“百名专家进乡村入学堂”和“国际科学与和平周”活动共9000余场次，受众达200万人次；捐款及捐赠药品价值682万元，发放科普资料105万份；推介招商引资项目463项，产生了良好的经济效益和社会效益。

九三学社各级组织也积极探索创新科普形式。北京市委会与北京市科协共同举办的“首都科学讲堂”，由名家讲科普，贴近群众，贴近生活，深受欢迎。山东省委会与山东省科协合作，逐年逐地市开展“百名专家企业行”活动，指导企业生产经营活动，为企业破解难题，反响强烈，出现了各地市争做活动主办地的情况。江苏省委会探索出周期长、范围广、内容实、形式新颖的“专家工作站”模式，把活动做成了“工程”。广州市委会在当地中学开展“科普小喇叭”活动，极大地激发了中学生学科学、爱科学、用科学的热情。全社建立了“九三院士工作站”“九三专家工作站”“九地合作专家工作站”“科普进学堂活动基地”“科技服务直通车”“一村一博”“九三院士专家讲科普”“九三名家科普讲坛”“九三学社院士专家行”“高校巡回学术报告团”以及“九三学社博士工作站”等具有九三学社特色的社会服务平台。

（四）继续实施人才强社战略和建立社内监督机制

1. 继续大力实施人才强社战略

从2007年年底到2012年年底的五年间，九三学社继续大力实施“人才强社”战略，进一步加强和推进组织发展、后备干部队伍建设和基层组织建设。

组织发展是九三学社吸收新鲜血液，不断壮大的基础。九三学社中央按照实事求是的原则，在把握政策前提下，认真总结以往组织发展工作中的成功经验和做法，处理好组织发展中“数量与质量、总体把握和分类指导、出特色与优化结构”的三个关系；及时针对新形势下组织发展中遇到的新问题和新情况，坚持解放思想、与时俱进的精神，在深入进行调研、总结经验、分析情况的基础上，于2009年制定实施了《九三学社中央关于进一步做好组织发展工作若干问题的意见》，对新社会阶层代表性人士发展对象的确定、发展程序以及省辖市级组织的建立等一系列热点问题加以明确和规范。

九三学社中央领导班子先后三次进行届中调整。2009年，在九三学社十二届三中全会上，陈抗甫辞去九三学社中央副主席、常委、委员及监督委员会主任职务；2010年，在九三学社十二届四中全会上，贺铿辞去九三学社中央副主席、常委、委员职务，增选丛斌为副主席，增选许仲梓为常委；2011年，在九三学社十二届五中全会上，增选田玉科、刘晓梅、武维华为常委。

2012年年初，中共中央颁发了《关于新时期加强党外代表人士队伍建设的意见》(以下简称《意见》)。《意见》强调了加强党外代表人士队伍建设的重要性和紧迫性，提出了党外代表人士队伍建设的指导思想、工作原则、目标任务和政策措施，对党外代表人士的发现储备、教育培养、选拔任用以及监督管理分别作出了明确规定。这是在新形势下，中共中央对参政党最大的关怀和支持，为参政党更好地履行职责奠定了基础，创造了条件。

《意见》颁发后，九三学社在十二届十八次中常会上进行了认真学习。韩启德在会上强调，《意见》的颁发对于全社是一个巨大鼓舞，九三学社各级组织要认真学习贯彻《意见》精神，继续实施人才强社战略，加强后备干部队伍建设，处理好保持特色与发挥作用的关系，制定措施，强化责任，抓好落实。

截至2012年12月底，九三学社共有省级组织30个，省辖市级组织316个，县级组织28个。基层组织5398个，其中基层委员会594个，支社4628个，小组176个。社员总数136758人，其中女社员55283人。平均年龄54.05岁。离退休社员48715人。

五年间，广大九三学社社员在本职岗位上奋发进取，建功立业，获国家级奖励1105人次，省部级奖励5446人次。2011年11月，九三学社有3个先进集体、16名先进个人、7项建言献策优秀成果和4项社会服务优秀成果在各民主党派、工商联和无党派人士为全面建设小康社会作贡献表彰大会上受到表彰。

师昌绪、谢家麟分别荣获2010年度和2011年度国家最高科学技术奖，为九三学社赢得了崇高荣誉。

★ 师昌绪

师昌绪是著名金属学与材料学家，中国高温合金的开拓者之一，中国科学院院士，中国工程院院士。1956年加入九三学社。20世纪50年代，师昌绪冲破重重阻力毅然回到祖国全力投身新中国建设，几十年来，他艰苦奋斗，屡克难关，成长为我国高温合金科学的奠基人、金属腐蚀与防护领域的开拓者、世界著名金属学及材料科学大师和战略科学家。他成功研制出中国第一个“铁基高温合金808”，此后又承担并成功研制了我国第一代空心涡轮叶片，使我国航空发动机的性能上了一个新台阶。他主持组建了我国第一个腐蚀专业研究所，两次建议中央成立中国工程院，主持制定首届国家自然科学基金评审制度，他参与确立了国家自然科学基金学术管理理念和资助工作原则并沿用至今。

★ 谢家麟

谢家麟是中国粒子加速器事业开拓者和奠基人之一，著名加速器物理学家，中国科学院院士。1956 年加入九三学社。1951 年获美国斯坦福大学物理系博士学位。在美期间，谢家麟曾领导研制成功世界上能量最高的医用电子直线加速器。1955 年回国后，于 20 世纪 60 年代初领导完成了可向高能发展的电子直线加速器、大功率速调管和电子回旋加速器等科研项目。20 世纪 80 年代他领导北京正负电子对撞机工程的设计、研制和建造，20 世纪 90 年代初领导建成北京自由电子激光器。

九三学社德高望重的老科学家躬耕不止、誉满天下，越来越多的中青年科技工作者迅跑直追，屡攀科研高峰。

20 世纪 90 年代，卢柯开始了纳米材料研究，在这个当时最时尚最活跃的研究领域作出了突出贡献。他于 2003 年 11 月增选为中科院院士时，年仅 38 岁，是当时最年轻的中科院院士。在量子信息领域取得了一系列开创性研究成果的潘建伟，2011 年年底当选中科院院士，这年他 41 岁，成为当时我国“两院”院士中最年轻的一位。

九三学社一方面加大了优秀人才的吸收力度，一方面重点加强了领导班子和后备干部队伍建设。2008 年，九三学社中央制定实施了《九三学社中央关于加强省级组织领导班子后备干部队伍建设的意见》，进一步规范相关工作，加强了领导班子成员与后备干部的培训工作。2008 年专门举办了中央委员培训班，47 位新任中央委员参加了培训班的学习。五年间，有计划、分层次地举办各种类型的学习班、研讨班、培训班以及出国考察学习班等，累计培训 1000 多人次。九三学社中央共推荐 300 多名干部参加在中央社会主义学院举办的民主党派干部培训班和进修班。领导班子成员和后备干部素质得到普遍提高。加强了对干部的锻炼和使用，注重与中共统战部门、组织部门的沟通协商，通过推荐担任实职、安排挂职，使他们在实践中得到锻炼和提高。启动了社员和组织信息管理系统建设，初步形成覆盖全社、信息全面、动态即时、查找方便的全社人才信息网络。

基层组织活动内容和形式不断丰富创新。在政治交接和学习实践活动中，加强基层组织建设是最主要的目标和任务之一。九三学社中央领导经常带头深入基层，联系社员，参加基层组织活动。一些基层组织加强了横向交流，联合开展活动，开拓了社员视野，达到了资源共享和优势互补。一些基层组织结合参政议政工作，就某个专题开展调研和议政活动，体现了九三学社的政党特色，也极大地调动了社员的积极性。2010 年和 2012 年，九三学社中央先后制定实施了《九三学社中央关于加强基层组织建设的意见》（以下简称《意见》）、《九三学社中央基层组织和社员、社务工作者先进评选表彰办法》。《意见》总结了基层组织建设中的六条经验，对基层组织建设中的制度建设、活动内容与形式等提出具体要求，解决了在现有条件下如何更好推动基层组织工作开展的问题，使基层组织工作有章可循，制度进一步细化，有效促进了基层组织工作的规范化水平。

机关建设不断加强。五年间，九三学社中央三次召开机关工作会议，专题研究部署机关建设工作，着力加强制度建设。制定发布适应九三学社新时期工作需要的规章制度，推进了机关各项工作的制度化、规范化、程序化。努力推进学习型机关建设，机关人员素质得到提升，机关学风、文风和工作作风均有较大改善。九三学社各级地方组织也采取各具特色的有效措施不断加强机关建设。

2. 建立和完善社内监督机制

从 2007 年年底到 2012 年年底的五年间，九三学社中央严格按照民主集中制的要求，不断完善议事规则和程序，相继制订了新一届中央委员会、常务委员会、主席会议、主席办公会议工作规则等制度。规定了不同议事形式的职责、权限及程序，以确保集体领导和个人分工负责相结合的领导制度的落实。九三学社各地方组织也建立和完善了领导班子会议制度和议事规则以及领导班子考核评议等制度。

加强社内监督，建立监督机制，是九三学社为实现组织坚强而采取的一项重要举措。在九三学社八大会议上，有代表提出加强社内监督的建议。采纳代表的建议，九三学社八大修改社章时，增写了第三十九条，规定了建立领导干部考核评议制度，健全社内自我约束和自我监督机制。九三学社八大以后，随着社组织的不断发展，随着中国特色社会主义和多党合作事业对九三学社自身建设、履行职能各项工作要求的不断提高，建立社内监督机制的需要更加突出。为此，九大章程修正案把建立社内监督机制着重提了出来。除了在总纲的“自身建设”部分增写了“建立内部监督机制”外，在第二章“组织制度”中增写了第十四条，规定“社组织设监督机构，履行社内监督职能”。

2008 年，九三学社中央决定建立九三学社中央监督委员会。在充分发扬民主，广泛征求意见的基础上，起草了《九三学社中央监督委员会工作条例》（以下简称《工作条例》），在第十二届中央常务委员会第四次会议上征求意见，并经第十二届中央常务委员会第五次会议通过。

《工作条例》规定：中央监督委员会在中央委员会的领导下开展工作。中央监督委员会的职责是：

> 一、根据社章的要求，结合社的实际情况，对社内监督工作向中央委员会提出意见和建议；二、按照中央委员会对领导班子及其成员遵守社章和多党合作准则、贯彻民主集中制、廉政建设的情况进行内部监督的部署和决定，负责做好组织、协调、实施等具体工作事宜；三、开展调查研究，了解掌握情况，总结交流经验，推进社的地方组织加强内部监督工作；四、受理涉及社的各级地方组织及其领导成员违法违纪等问题的反映，提出处理意见和建议；五、对内部监督中的重要事项和重大问题及时与有关部门进行沟通和协商。

在 2008 年 12 月举行的九三学社十二届二中全会上，会议表决产生了九三学社首个中央监督委员会，初步建立起以自我约束为重点的内部监督机构。陈抗甫任监督委员会主任，邵鸿任监督委员会副主任。侯义斌等九人任监督委员会委员。

九三学社中央监督委员会成立后，辽宁、重庆、河北等省级组织也相继成立了监督委员会。截至2012年年底，共有八个省级组织成立监督委员会。

内部监督工作，对于民主党派来说是一个新鲜事物。无论是工作实践，还是理论积累，都需要有一个不断摸索的过程。九三学社中央监督委员会成立后，积极开展内部监督工作，在中央委员会领导和地方组织大力支持下进行了一些有益尝试，到2012年年底，主要开展了以下一些工作。

逐步建立和完善监督工作制度，规范工作程序。根据《工作条例》要求，先后制订了一系列规章制度，包括《九三学社中央监督委员会工作细则》《社员来信来访工作流程》《九三学社中央监督委员会办公室工作职责》《九三学社中央关于地方组织建立健全领导班子谈心会制度的意见》等。

深入基层调查研究，总结监督工作经验。2010年上半年，分别到辽宁、山东、黑龙江和江西等省，开展调研活动四次。2011年，又先后到云南、甘肃、江西、黑龙江等省调研。通过调研活动，及时了解和掌握社内监督工作的情况和地方领导班子履行职责情况，加强对各级领导班子和成员的督察。

开展谈心会、述职和民主评议工作。九三学社中央通过派人参与，印发社内监督学习资料，宣传报道各地开展内部监督工作情况等形式，督导地方组织谈心会、述职和民主评议工作的开展，更好地促进了领导班子的民主建设。仅在2010年上半年，就有11个省级组织开展了领导班子谈心会，有15个省级组织进行了述职和民主评议。

打造监督信息交流平台，加强内部监督理论研究。2011年，九三学社中央监督委员会开办了《监督通讯》，以此为载体，介绍经验、通报情况、交流信息。2010年9月，九三学社中央监督委员会在前期征文的基础上，在南京召开了九三学社内部监督理论研讨会。这是九三学社中央监督委员会成立后第一次召开全国性理论研讨会。通过会议研讨，与会人员形成共识：当前社内监督工作开展主要面临着监督意识淡薄、认识模糊、监督机制缺失、措施办法少、制度不完善等问题。要破解以上问题，首先要进一步提高对内部监督的认识，明确推进社内监督工作是建设适应新形势发展的参政党的必然要求；其次要认清内部监督的基本对象是各级领导班子及其成员，重点是他们履行职责和遵守社章的情况；最后要从实际出发，积极稳妥推进内部监督工作开展。这次研讨会，对九三学社内部监督工作的开展起到了积极推动作用。

做好信访接待办理，畅通监督工作渠道。对收到的社员来信来访分类归档，及时按照社中央领导的指示与地方组织沟通处理，并将受理情况给社员回信回电明确答复，督促地方组织做好整改工作。

（五）第十次全国代表大会

2012 年 11 月 30 日至 12 月 4 日，九三学社第十次全国代表大会在北京召开。这次大会是在九三学社深入学习贯彻中共十八大精神、奋力开创各项工作新局面的关键时期召开的。

此前闭幕的中共十八大，凝聚全党智慧，承载人民期望，是一次高举旗帜、继往开来、团结奋进的大会。胡锦涛代表中共十七届中央委员会所作的报告，分析了国际国内形势的发展变化，回顾总结了过去五年的工作和中共十六大以来的奋斗历程及取得的历史性成就，确立了科学发展观的历史地位，提出了夺取中国特色社会主义新胜利的基本要求，确定了全面建成小康社会和全面深化改革开放的目标，对新的时代条件下推进中国特色社会主义事业作出了全面部署，描绘了全面建成小康社会、加快推进社会主义现代化的宏伟蓝图，为各民主党派致力于中国特色社会主义事业指明了方向。

在中共十八大精神的鼓舞下，11 月 30 日上午，九三学社第十次全国代表大会开幕。大会的主要任务是：深入学习中共十八大精神，回顾社九大以来的工作，总结经验、分析形势、查找不足、探索对策、谋划与部署今后五年的工作，修改社章，选举新一届社中央领导机构，动员全社各级组织和广大社员，坚定不移地沿着中国特色社会主义道路前进，为全面建成小康社会、不断开创九三学社各项工作新局面而奋斗。

中共中央政治局常委、国务院副总理李克强代表中共中央致贺词，指出：过去的五年，是我们在中国特色社会主义道路上奋勇前进的五年，是我们经受住各种困难和风险考验、夺取全面建设小康社会新胜利的五年，也是统一战线和中国共产党领导的多党合作事业蓬勃发展的五年。五年来，九三学社自觉服务于改革发展稳定大局，充分发挥自身特点和优势，为社会主义经济建设、政治建设、文化建设、社会建设、生态文明建设作出了积极贡献。他希望九三学社团结和带领广大成员，进一步继承和发扬老一辈领导人的优良传统，筑牢思想基础，深化政治交接，提高自身建设水平，为统一战线和中国共产党领导的多党合作事业的巩固发展作出新贡献；适应全面建成小康社会的新要求，进一步提高履职能力，发挥科技界智力密集、人才集中的优势，紧紧围绕实施科教兴国战略、人才强国战略、可持续发展战略等深入调查研究，积极建言献策，为全面深化改革开放，夺取中国特色社会主义新胜利贡献智慧和力量。

大会主席团常务主席韩启德致开幕词并代表九三学社第十二届中央委员会作《弘扬传统、凝心聚力，坚定不移沿着中国特色社会主义道路前进》的报告。

报告指出，过去的五年，是九三学社事业取得长足进步和突出成绩的五年。实践充分证明，九三学社九大以来确定的指导思想、目标任务和一系列决策部署是科学正确的。报告总结了过去五年的实践经验和体会：第一，坚持中国共产党领导，走中国特色社会主义道路，是九三学社发挥作用的政治保证；第二，坚持把推动科学发展作为履行职能第一要务，是九三学社实现自身价值的主要途径；第三，坚持弘扬民主精神，实行民主集中制原则，是实现九三学社正确决策和团结和谐的坚实基础；第四，坚持科学求实精神，不断开拓创新，是九三学社科技特色的集中体现；第五，坚持完善工作机制，整合全社力量，是推动社务工作发展的重要方法；第六，坚持以人为本，实施人才强社战略，是保证九三学社事业持续发展的关键。

在分析九三学社社情随着世情、国情新变化而出现的阶段性特征以后，韩启德指出，今后五年九三学社工作的总体要求是：高举中国特色社会主义伟大旗帜，以邓小平理论、“三个代表”重要思想、科学发展观为指导，学习贯彻中共十八大精神，着力加强以爱国民主科学为核心价值理念的文化建设，努力提高参政议政、民主监督的能力和水平，积极开拓服务社会新机制和新途径，继续推进人才强社战略，为全面建成小康社会，把九三学社建设成为一个思想上坚定、履职上坚实、组织上坚强的参政党而奋斗。

思想上坚定，就是要始终保持对中国特色社会主义的高度自觉和自信，把坚持和发展中国特色社会主义，作为同中国共产党亲密合作的最大共识，作为巩固共同思想政治基础的着力点；履职上坚实，就是要弘扬九三学社优良传统，求真务实，突出科技特色，为党和政府科学决策、民主决策建诤言、献实策，作出实实在在的新贡献；组织上坚强，就是要建立一支由高素质人才组成的、具有完善组织和纪律的、紧密团结的、能战斗的队伍。

报告还对今后五年的工作进行了具体部署。

全国人大常委会副委员长、民盟中央主席蒋树声代表各民主党派中央和全国工商联向九三学社第十次全国代表大会的召开表示热烈祝贺并祝大会取得圆满成功。

大会主席团常务主席丛斌代表九三学社第十二届中央委员会做《九三学社章程修正案（草案）》的说明。

大会审议并通过了《九三学社第十次全国代表大会关于九三学社章程（修正案）的决议》，决定修正后的《九三学社章程》自公布之日起生效。大会一致同意章程修正案将九三学社的“指导思想”一段修改表述为：“本社以马克思列宁主义、毛泽东思想、邓小平理论、‘三个代表’重要思想、科学发展观为指导，高举中国特色社会主义伟大旗帜，坚持中国特色社会主义道路、中国特色社会主义理论体系和中国特色社会主义制度，为把我国建设成为富强、民主、文明、和谐的社会主义现代化国家而奋斗。”大会一致同意章程修正案对总纲部分九三学社的基本任务、自身建设等内容和条文部分所作的修改。

会议期间举行的九三学社第十三届中央委员会第一次全体会议选举产生了由 47 人组成的新一届九三学社中央常务委员会和九三学社中央领导机构。韩启德再次连任主席，邵鸿、谢小军、张桃林、赖明、马大龙、丛斌、赵雯、卢柯、武维华、印红当选副主席。会议还选举产生了由 16 名委员组成的九三学社第十三届中央委员会监督委员会，邵鸿当选主任委员，丛斌、刘政奎当选副主任委员。九三学社第十三届中央常务委员会第一次会议任命印红为九三学社中央委员会秘书长（兼任）。

九三学社十大明确提出“思想上坚定、履职上坚实、组织上坚强”的参政党建设目标，并加以具体阐述，对凝聚全社人心、鼓舞全社斗志，具有重大意义。把九三学社建设成为一个“思想上坚定、履职上坚实、组织上坚强”的参政党，这是社中央在全面分析社情的基础上作出的历史性决策，为九三学社今后的发展确立了目标，指明了方向。

第八章

建设新时代中国特色社会主义参政党

中共十八大以后，面对错综复杂的国际形势、艰巨繁重的国内改革发展稳定任务，以习近平同志为核心的中共中央以巨大的政治勇气和强烈的责任担当，团结带领全党全国各族人民，励精图治、力挽狂澜，革故鼎新、开拓进取，解决了许多长期想解决而没有解决的难题，办成了许多过去想办而没有办成的大事，推动党和国家事业发生历史性变革，中华民族伟大复兴向前迈出了新的一大步。

这一时期，中共中央对坚持好、发展好、完善好多党合作制度作出了一系列重大决策部署，出台了一系列重要文件，为新时代多党合作事业发展指明了方向、提供了根本遵循。九三学社各级组织和广大社员，以习近平新时代中国特色社会主义思想为指导，深入学习贯彻中共十八大、十九大和历次中央全会精神，大力弘扬爱国民主科学优良传统，聚焦国家改革发展重点领域中的重大问题履职尽责，着力加强中国特色社会主义参政党建设，各项工作取得了显著进展，为中国特色社会主义事业作出了新贡献，开创了九三学社事业的新局面。

一、为全面建成小康社会而努力奋斗

（一）习近平总书记走访九三学社中央机关

2012 年 12 月 25 日 9 时 10 分许，中共中央总书记习近平和中共中央政治局常委俞正声一起，登门走访九三学社中央机关，看望九三学社工作

★ 2016 年 1 月，习近平总书记在北京同党外人士共迎新春时，与韩启德亲切握手。

人员，并与九三学社中央领导同志座谈，就如何进一步巩固和发展爱国统一战线、坚持和完善中国共产党领导的多党合作和政治协商制度征求九三学社中央领导的意见。这是统一战线和多党合作事业发展史上的盛事，也是九三学社历史上的大事。

走访活动现场洋溢着团结奋进的热烈气氛。20 多天前，九三学社刚刚举行了第十次全国代表大会，完成了换届。习近平总书记代表中共中央，向九三学社中央新一届领导班子成员表示衷心的祝贺，向不再担任社中央领导工作的老同志表示良好的祝愿，向九三学社中央机关全体干部职工和广大社员表示诚挚的问候。

习近平表示，长期以来，各民主党派作为中国共产党久经考验的亲密友党和社会主义参政党，始终同中国共产党风雨同舟、患难与共，紧密合作、团结奋斗，为民族独立、人民解放和国家富强、人民幸福，为坚持和发展中国特色社会主义作出了不懈努力。这充分体现了各民主党派的同志们对中华民族伟大复兴的责任感和使命感。

习近平强调，实现中华民族伟大复兴，需要全体中华儿女携手努力。中共中央将坚定不移坚持和完善中国共产党领导的多党合作和政治协商制度，坚定不移贯彻“长期共存、互相监督、肝胆相照、荣辱与共”的方针，加强同民主党派合作共事，支持民主党派更好履行参政议政、民主监督职能。各民主党派人才荟萃、各具优势。希望各民主党派弘扬优良传统，团结带领广大成员为全面建成小康社会、实现社会主义现代化、实现中华民族伟大复兴作出新的贡献。

座谈会上，全国人大常委会副委员长、九三学社中央主席韩启德，全国政协副主席、九三学社中央原副主席王志珍介绍了九三学社的主要情况和召开九三学社第十次全国代表大会的情况，并代表九三学社新一届领导集体和所有老同志、机关全体干部，代表所有九三学社社员，向中共中央领导同志表示最热烈的欢迎和衷心感谢。

韩启德说，九三学社十大进一步明确建设目标，即把九三学社建设成为一个思想上坚定、履职上坚实、组织上坚强的参政党。九三学社作为中国共产党领导的多党合作的重要一员，应该尽到参政党的责任，和中国共产党同舟共济，肝胆相照，荣辱与共，尽一切力量做好我们的工作。韩启德还就切实贯彻落实“八项规定”，遏制“两节”送礼之风问题提出了建议。

中共中央政治局委员、书记处书记、中央办公厅主任栗战书等领导同志也参加了走访和座谈。

九三学社中央常务副主席邵鸿，原常务副主席陈抗甫，原副主席贺铿，副主席赖明、马大龙、丛斌、武维华、印红参加了座谈。

中共中央和各民主党派中央的换届刚刚结束，习近平总书记就走访、看望九三学社中央的同志，这充分体现了中共中央和总书记对多党合作事业的高度重视，对九三学社发展的真诚关心，使九三学社各级组织和广大社员深受鼓舞。九三学社广大社员表示，一定不辜负习近平总书记对九三学社的殷切希望，进一步围绕实施创新驱动发展战略等重大问题深入调研，为国家经济社会发展献计出力，为全面建成小康社会作出新贡献。

（二）学习贯彻中央统战工作会议和《中国共产党统一战线工作条例（试行）》精神

1. 中央统战工作会议的召开和《中国共产党统一战线工作条例（试行）》等法规文件的制定

中共十八大以后，中共中央就推进协商民主广泛多层制度化发展，建设社会主义政治文明，推进国家治理体系和治理能力现代化作出一系列重大部署。2014 年，我国隆重庆祝了全国人民代表大会成立 60 周年和中国人民政治协商会议成立 65 周年，习近平总书记在两个庆祝大会上发表了重要讲话，提出要不断推进社会主义民主政治制度化、规范化、程序化。2015 年年初，中共中央印发《关于加强社会主义协商民主建设的意见》（以下简称《意见》）。《意见》明确了社会主义协商民主的本质属性和基本内涵，阐述了加强社会主义协商民主建设的重要意义、指导思想、基本原则和渠道程序，对新形势下开展政党协商、人大协商、政府协商、政协协商、人民团体协商、基层协商、社会组织协商等作出全面部署，是指导社会主义协商民主建设的纲领性文件。10 月，中共中央办公厅印发《关于加强政党协商的实施意见》。这一时期，人民政协在推进工作创新方面采取了不少新举措：恢复了双周协商座谈会，制定了全国政协年度协商工作计划，增加了专题议政性常委会等，形成了常态化的协商议政新格局。这些都为九三学社做好工作注入了新的动力和活力。

2015 年 5 月 18 日至 20 日，中央统战工作会议在北京召开。习近平总书记出席会议并发表重要讲话。习近平总书记从党和国家战略全局的高度，科学回答了新形势下需要不需要统一战线，需要什么样的统一战线，以及怎样巩固和发展统一战线等重大问题。中共中央政治局常委、全国政协主席俞正声在总结讲话中，对学习贯彻习近平总书记重要讲话、《中国共产党统一战线工作条例（试行）》（以下简称《条例》）和会议精神提出了具体的要求。中共中央政治局委员、中央统战部部长孙春兰就《中国共产党统一战线工作条例（试行）》作了详细说明。

《条例》是中国共产党关于统一战线工作的第一部党内法规，于 5 月 18 日正式颁布实施。《条例》进一步明确了新形势下统一战线的性质、地位、作用和目标任务、范围对象，总结完善了统一战线各领域理论、方针、政策和举措，对各领域各方面统一战线工作作出了规范，为统一战线事业发展提供了政治保障、组织保障、法制保障。

这次中央统战工作会议，创新发展了新形势下统一战线的重大理论政策，进一步丰富了中国特色社会主义统一战线理论，破解了制约统一战线工作的突出问题，在统一战线发展史上具有里程碑意义。

2. 抓好会议精神和《条例》等法规文件的贯彻落实

会议召开和《条例》颁布后，九三学社立即组织学习传达并积极贯彻落实。九三学社中央及时印发《关于学习贯彻中央统战工作会议精神的通知》，对全社学习贯彻中央统战工作会议精神需要把握的重点、方法步骤作出具体部署。九三学社中央第一时间通过网站转发相关文件法规，要求社各级组织把相关文件法规精神学习好、宣传好、贯彻好。2015 年 5 月27 日，九三学社中央在京召开学习贯彻中央统战工作会议精神座谈会。韩启德出席会议并讲话。他要求，要把学习贯彻中央统战工作会议精神作为九三学社当前和今后一个时期工作的重中之重，联系实际，积极主动地学习，创造性地开展工作。7 月，九三学社中央理论学习中心组专题学习中央统战工作会议精神。九三学社中央领导和机关各部门负责人结合工作实际，就如何贯彻落实中央统战工作会议精神进行深入研讨。大家认为，学习贯彻中央统战工作会议精神要与深化坚持和发展中国特色社会主义学习实践活动相结合。10 月，韩启德等九三学社中央领导参加统一战线深入学习贯彻中央统战工作会议精神和《条例》研讨班学习。2016 年 1 月，九三学社中央理论学习中心组专题学习关于加强社会主义协商民主建设、关于加强政党协商的文件精神。韩启德、邵鸿、赖明、丛斌、印红交流学习体会。

九三学社各级组织也立足实际，通过网站、社刊开辟专栏，召开座谈会、报告会，邀请专家进行专题讲座等多种形式，认真开展学习研讨。通过学习，九三学社各级组织对协商民主是适合中国特色社会主义民主的实现方式、要不断提高履职能力特别是政党协商能力等重大问题形成共识，大力推动了参政议政工作机制的创新和完善，收到较好效果。

（三）着力创新工作机制和方式

九三学社十大后，为适应党和国家事业发展的要求，九三学社中央全面推进工作创新，力争实现新的跨越。

为贯彻落实习近平总书记走访九三学社中央重要讲话精神，最大限度调动一切积极因素，凝聚一切积极力量，新一届领导班子从 2013 年开始，每年年初专门召开战略研讨会，研究和谋划事关九三学社发展的重大战略问题和履职思路，同时召开民主生活会。通过战略研讨会的研讨与交流，九三学社中央领导班子在贯彻落实中共中央重要工作部署上达成高度一致，同时也形成了不少新的工作思路和具体工作意见。

为更好发挥中央委员会作用，九三学社建立了中央委员会建议案制度，制定印发《九三学社中央委员会建议案工作规程（试行）》（以下简称《规程》）。根据《规程》，九三学社中央委员在中央全会期间，可以个人名义、联名或集体名义，向中央委员会提出有关社务工作的书面意见和建议，经审查立案后交有关部门办理。这一制度为中央委员履行职责、加强社内监督、推进社务工作提供了新渠道和新方式。

为改进工作作风，密切社中央与基层的联系，及时了解和掌握地市级暨基层组织状况，研究问题、推动工作，九三学社中央于 2016 年 5 月制定实施《九三学社中央领导联系地市级组织工作方案（试行）》，将社中央领导每年每人负责联系一个地市级组织的工作要求制度化。

为弘扬爱国、民主、科学优良传统，进一步整合研究力量，为参政议政提出原创性建议，九三学社中央从 2014 年开始举办科学座谈会。科学座谈会邀请社内外专家学者就一些重大科学技术问题和从科学技术角度切入的经济社会发展重大问题进行“争鸣式”探讨，为国家和地方发展提出高质量的政策建议，发挥了增进学术交流、建言创新发展、推动科技进步的平台作用，促进了参政议政工作。同时创新调研组织形式，形成“社中央指导、一省牵头、多省联动”的做法，实现了合作调研，成果共享，极大地提高了调研广度和效率。

为进一步提升全社组织化水平，从 2013 年开始，九三学社中央确立了巡视督导制度（后更名为督导检查），由九三学社中央领导带队，九三学社中央监督委员和组织部等部门同志参与，组成九三学社中央巡视督导组，对各省级组织领导班子及社务工作情况进行督导，了解情况、听取意见、加强沟通、指导工作，对全社工作起到了很好的推动作用。

为使广大社员学有榜样、行有示范，从 2014 年开始，九三学社每年评选 10 名在建设中国特色社会主义事业和九三学社事业发展中作出突出贡献的社员，授予“九三楷模”荣誉称号，并作为社内最高个人荣誉在中央全会上隆重表彰，较好地推动全社形成崇尚楷模、见贤思齐、争做先锋的良好氛围，激发了全体社员建功立业的积极性。

为推动和加强全社青年队伍建设，2015 年，九三学社中央成立青年工作委员会。之后，22 个省级组织和部分市级组织也先后成立青年工作委员会。各级青年工作委员会的成立，提升了青年工作的制度化和规范化水平，为青年社员全面、深度参与社务工作搭建了有力平台。

上述这些创新举措让九三学社工作呈现出活跃向上的新气象。

（四）致力思想更加坚定

1. 深入开展坚持和发展中国特色社会主义学习实践活动

坚持和发展中国特色社会主义学习实践活动，是由各民主党派中央、全国工商联和无党派代表人士提议，经中共中央批准的一项重要思想教育活动。这既是九三学社深入学习贯彻中共十八大和十八届三中、四中全会精神的重要举措，也是加强参政党自身建设的基础工程和“铸魂”工程。

为开展好这项活动，九三学社进行了充分的准备。2013 年 12 月，成立了以韩启德任组长，邵鸿、赖明、丛斌、印红任副组长的九三学社中央开展坚持和发展中国特色社会主义学习实践活动领导小组，研究部署学习实践活动，并向全社印发《关于开展坚持和发展中国特色社会主义学习实践活动的实施方案》。在九三学社第十三届中央委员会第二次全体委员会议上，韩启德从五个方面对开展活动的重要性、必要性、历史继承性和时代性等问题做了全面论述，并对活动进行总动员总部署。30 个省级组织成立由主委任组长的学习实践活动领导小组，并结合当地实际制定实施方案。

在充分动员基础上，九三学社开展了一系列活动。

加强理论学习。为进一步增强社中央领导班子政治理论素养、提升政策和领导水平，2014 年 9 月成立由九三学社中央主席担任组长、常务副主席担任副组长、专职副主席为成员的九三学社中央理论学习中心组，制定了原则上每季度集中学习 1 次，全年集中学习时间不少于 4 次的学习制度。九三学社中央理论学习中心组围绕习近平总书记系列重要讲话、中共十八大和十八大以来历次中央全会精神、中央统战工作会议精神以及中共中央重大决策部署等及时开展集体学习，不仅深化了对以习近平同志为核心的中共中央治国理政新理念新思想新战略的认识，也有力带动了全社的理论学习。

组织“菜单点题”式巡回宣讲活动。九三学社中央组织宣讲团，向全社印发“点题菜单”，由地方组织“点人点题”，开展理论教育和先进模范事迹宣讲。从2014年到2017年，在九三学社进行理论和模范人物事迹巡回宣讲120余场次，受众达2万多人次。

开展评选“九三楷模”活动。王明雯、王智彪、许进、张卫明、陈利浩、杨佳、罗卫红、周翔、高富军、潘建伟10名同志获得首批“九三楷模”荣誉称号。其中，潘建伟同志是我国量子卫星首席科学家，他矢志报国、勇于攻关，率领科研团队，在广域量子通信和光学量子信息处理等领域取得一系列具有重要国际影响的原始创新成果，为我国在量子信息产业抢占先机、成为领跑者奠定了坚实科学基础，作出了突出贡献。以潘建伟同志为代表的“九三楷模”的先进事迹在九三学社引起了强烈反响，起到了很好的榜样和示范作用。

召开主题常委会，举办专题研讨论坛。2014年5月，在银川以“开展坚持和发展中国特色社会主义学习实践活动”为主题，召开九三学社十四届七次中常会；11月，在太原召开九三学社“全面深化改革与共同体意识”研讨会；围绕如何认识中国特色社会主义科学内涵和实践要求等问题开展征文并举办专题论坛。与会人员反映，通过研讨，受到了深刻的中国特色社会主义思想理论教育和九三学社爱国民主科学优良传统的熏陶，加深了对坚持和发展中国特色社会主义重大理论和全面深化改革重大实践问题的认识，进一步增强了做好各项社务工作的责任感和使命感。

大力开展九三学社优良传统教育。2015年7月，九三学社中央首批命名20个“九三学社全国传统教育基地”，为广大社员学习社的优良传统提供好载体。8月，九三学社中央在北京隆重召开庆祝九三学社创建70周年大会。中共中央政治局委员、中央统战部部长孙春兰出席大会并代表中共中央致贺词。孙春兰充分肯定了九三学社70年来为夺取中国革命、建设、改革事业胜利和推进统一战线和多党合作事业发展作出的重要贡献，对九三学社如何进一步抓好当前工作重点和做好今后工作提出了明确要求。韩启德在大会上回顾了九三学社70年光辉历程，总结了九三学社积累的宝贵经验，号召全体社员坚定不移地沿着中国特色社会主义道路前进，谱写九三学社历史的新篇章。地方及基层组织也开展了报告会、座谈会、读书征文等形式多样的继承优良传统活动。通过优良传统教育，广大社员对九三学社的发展历程和先辈们的感人事迹有了更加深刻的理解认识。

2017年11月，为了表彰先进，九三学社中央分别授予100个单位为“坚持和发展中国特色社会主义学习实践活动全国先进集体”，100名同志为“坚持和发展中国特色社会主义学习实践活动全国先进个人”，起到了激励示范作用。

这些活动和举措，在社员中凝聚了中国特色社会主义共识，切实增强了“四个意识”，坚定了“四个自信”，使得学习实践活动达到预期目标。

2. 推动参政党理论和社史研究持续深化

从理论上阐述清楚多党合作制度的合理性和优越性，从九三学社发展的历程中学习经验，保持清醒头脑，对九三学社思想建设意义重大。社中央高度重视参政党理论和社史研究，于2014年和2016年先后召开两次全国参政党理论和社史研究工作会议，进一步明确了参政党理论和社史研究的原则、方向和重点，切实推动参政党理论和社史研究持续深化。

九三学社围绕坚持中国特色社会主义政治发展道路和多党合作基本政治制度、学习贯彻习近平总书记关于多党合作重要论述、民主监督和法治建设等重大问题，通过课题招标等方式积极开展理论研究，组织撰写有关研究报告和理论文章，形成了《改革和完善基层人民代表大会制度的调查报告》《关于人大财政预算监督研究报告》等30余篇研究成果，编辑出版《九三学社参政党理论研究论文集》，其中一些成果直接体现在社中央文件和领导同志讲话中。举办九三讲堂、理论沙龙和各类理论研讨会等活动，深入开展理论研讨和交流。各级地方组织也积极开展参政党理论研究，取得一定成绩。

从2012年年底到2017年年底的五年间，九三学社中央继续推进社史工程，组织修订撰写了《九三学社简史》（2015年修订版）、《九三学社史话》和《九三学社人物传略》（第一辑）三部重要的著作，为九三学社更好开展社史学习和教育、加强思想建设提供了帮助。“九三学社人物丛书”项目进展良好并取得丰硕成果，《王选传》《杨樞传》《陈学俊传》《谢立惠传》《张雪岩传》《王卓然传》《褚辅成年谱》《杨振声年谱》《潘菽传》《涂长望传》等先后出版。为搜集和抢救九三学社老一辈代表人物史料，社中央正式启动“九三学社口述史”项目并取得阶段性成果，完成《80年代至90年代初九三学社中央机关工作者口述史》《祁龙威先生口述史》等十余部口述史项目。举办九三先辈诞辰纪念会，制作并下发“社史专题片”光盘。发挥《社史研究通讯》平台作用，组织撰写了一批水平较高的社史研究文稿。此外，社各级地方组织也积极组织编撰社史，《辽宁九三学社简史》《海南九三学社史》《云南九三口述史》先后出版。

逐步建立与外部研究机构的联系与合作机制。走访社科院农村发展研究所社会问题研究中心、中国与全球化智库等研究机构和智库，并与上述机构的专家学者就开展合作研究达成初步的合作意向。与华东师范大学等高校建立了合作研究机制，启动“上海市九三学社早期历史研究”。

3. 不断扩大宣传阵地

九三学社中央和各级地方组织主办主管的媒体始终坚持正确政治方向，突出爱国、民主、科学优良传统，发挥好舆论阵地作用。加强与各级各类媒体合作，充分利用新媒体，及时全面展示九三学社重大活动及相关工作。从2012年年底到2017年年底的五年间，九三学社中央网站发稿3万多篇，访问量700多万人次。30个省级组织和100余个市级组织建立网站。2014年12月，九三学社中央“九三学社之声”微信公众号正式开通，各级组织开通微信公众号76个，累计推送信息1000余条，产生较好社会影响。2017 年，为进一步实现组织架构的扁平化，提高社务工作效率，增强组织活力、合力和动员力，社中央正式启动了“社员之家”平台建设试点推广工作并初见成效。

学苑出版社继续朝着“专精特新”的方向发展，出版图书1800 余种，有 20 多种图书获得各级各类奖项，多个项目列入国家出版重点规划，连续入选“中国图书世界馆藏影响力出版 100 强”。《民主与科学》杂志全新改版，质量不断提升，转载引用率提高，受到社内外读者好评。

（五）致力履职更加坚实

1. 进一步整合力量

九三学社中央进一步整合力量，创新机制，积极发挥当选全国人大代表、担任全国政协委员的社员和地方组织、专委会作用，深化与相关部委、机构和组织的合作，议政建言工作取得突出成绩。

在 2013 年 3 月召开的十二届全国人大一次会议和全国政协十二届一次会议上，九三学社中央主席韩启德当选为全国政协副主席，常务副主席邵鸿被任命为全国政协副秘书长，副主席丛斌担任全国人大法律委员会副主任委员，副主席赖明担任全国政协提案委员会副主任。60 名社员当选为第十二届全国人大代表，其中常委会委员 7 人。103 名社员担任第十二届全国政协委员，其中常委 19 人。2013 年 10 月，九三学社中央副主席印红当选为全国妇联副主席。2016 年 6 月，九三学社中央常委潘建伟当选中国科协副主席。九三学社中央为这些同志更好履职搭建各种平台，这些同志也恪尽职守，努力工作，代表九三学社在参政议政、民主监督、参加中国共产党领导的政治协商等方面作出了突出贡献。

九三学社中央坚持上下联动，形成合力，促成了全社参政议政和信息工作“一盘棋”的良好局面，也提升了地方组织参政议政和信息工作的能力和水平。九三学社中央加强了对地方组织上报调研课题和社情民意信息的沟通和指导，及时梳理甄选，破解重大难点问题。如在九三学社河南省委会、陕西省委会、山西省委会推动下，九三学社中央以“直通车”

方式向国务院提出了《关于支持晋陕豫“黄河金三角”国家区域协调发展综合试验区建设的建议》，得到国务院领导同志的高度重视和重要批示，国务院2014年3月31日正式批复《晋陕豫黄河金三角区域合作规划》，产生较大的社会反响。从2016年开始，每年全国“两会”前，九三学社中央召开省级组织专职干部等参加的社中央提案和大会发言统稿会，集中选稿改稿，提高提案和发言质量。地方组织围绕地方经济建设和社会发展建言献策，为地方党委政府科学民主决策提供重要依据，不少意见建议得到地方有关部门的重视和采纳，为地方经济社会发展作出了积极贡献。这一时期，地方组织积极参与社中央课题招标工作，积极承办“九三论坛”、科学座谈会等会议。

各专委会的“智囊团”作用进一步发挥。突出表现在三个方面：一是为九三学社中央领导出席政党协商座谈会和提出“直通车”建议、政协提案、大会发言提供材料。关注经济发展是社中央协商建言的重点，经济专委会不仅提供了不少有价值的建议，而且对相关建言进行专业把关。人资环专委会提供的《共抓大保护，修复母亲河》成为九三学社中央在政协十二届四次会议的大会口头发言，引起强烈反响。医卫专委会长期深度关注医药卫生体制改革，适时提出多方面改革和政策落实建议，为九三学社中央相关建言提供了重要支撑。教文专委会对高校人才评价指标问题、建立健全孤独症群体社会支持体系等进行了大量研究，为九三学社中央提出相关建议提供了有力支持。二是围绕九三学社中央相关课题、任务开展调研和活动。仅在2014年，各专门委员会30多人次参与了九三学社中央开展的调研和活动，围绕九三学社中央全局性工作自行开展调研和活动近20场次。为迎接中共十八届四中全会召开，在首个“中国人民抗日战争胜利纪念日”和九三学社创建69周年纪念日之际，九三学社中央于2014年9月3日在京举办第九届“九三论坛”，专题研讨“依法治国与国家治理现代化”，法律专委会为此做了大量工作。科技专委会为主题为“建立适应中国特色社会主义的科技体系”的第五次科学座谈会及相关调研提供了大力支持。农林专委会承担了九三学社中央“转基因工程研究与相关产业发展”课题调研。三是为九三学社中央其他履职活动提供支持。社会建设专委会参加全国政协人口资源环境委员会召开的“第五次人口与发展座谈会”，就我国养老领域的问题建言献策。

九三学社中央主动借助相关部委、机构和组织的力量，提升议政建言水平。中共中央和国务院等 20 余个部门的同志多次应邀参与调研，对九三学社建言工作帮助很大。此外，还与中国人民大学建立了数据、信息利用协作关系，与共青团中央合作开展了全国青少年科技兴趣课题调研。

2. 围绕国家战略重点任务深入调查研究

从 2012 年年底到 2017 年年底的五年间，九三学社中央紧扣统筹推进“五位一体”总体布局和协调推进“四个全面”战略布局，坚持新发展理念，围绕脱贫攻坚、深化供给侧结构性改革、国家三大战略实施、建设创新型国家和生态文明建设等重大任务深入调查研究。开展党派大调研和其他调研 150 余次，向中共中央、国务院和中央领导同志报送调研报告、“直通车”建议 101 份。

2013 年，中共中央明确了关于建设“长江经济带”的国家战略。长期关注长江流域生态保护的九三学社中央确立了发挥自身优势、在“长江经济带”建设大课题下选择好小切口的工作思路。按照这一思路，经过反复研讨，社中央将关注点放在“长江中上游水利水电工程对全流域生态环境的影响”上，将其作为 2015 年党派大调研课题。

九三学社中央联合有关部委、地方组织和专家组成调研组，并动员沿江 14 个社省级组织开展联合调研。2015 年 5 月，韩启德率调研组，在长江下游的安徽开展专题调研，其间在合肥以“长江中上游水利水电工程对全流域生态环境的影响”为主题召开了第十届“九三论坛”，调研组、课题组和相关国家部委、相关省级组织等共 100 余人进行了交流探讨。两个月后，九三学社中央副主席谢小军、赖明再次率调研组赴长江中游的湖北和上游的重庆进行专题调研。在充分听取各方面意见基础上，九三学社中央以“直通车”形式向中共中央、国务院报送了《关于长江上游水利水电工程对全流域生态环境影响的调研报告》。报告提出实施河流生态修复、优化生态保护、改革流域管理体制、健全流域协调与工程利益分配机制、改革水利科研体制等五个方面的工作建议，受到中共中央、国务院领导同志的高度重视。报告对国家制定“共抓大保护、不搞大开发”的长江经济带发展战略产生了积极影响。

科技是国之利器。九三学社作为以科学技术界高、中级知识分子为主的参政党，长期关注科技体制改革和科技企业的发展。2015 年，为探求新常态背景下，如何整合现有科技资源和创新要素，建立目标明晰的国家层级科技体系、形成协同高效的科技力量布局这一问题，九三学社中央进行了专题调研。7 月，围绕“建立适应中国特色社会主义的科技体系”主题，九三学社中央召开了第五次科学座谈会。九三学社中央还召开两场调研座谈会，与科技管理部门、科研院校和大型企业的负责人交流研讨。在深入调研基础上，九三学社中央于 2016 年年初形成《关于围绕国家战略目标，整合国家层级科技体系的调研报告》，提出了组建国家级研究平台、建立科学的研究平台管理和运行机制等意见建议，得到中共中央领导同志重要批示。

2017 年，为促进实体经济中最具潜力、最活跃的部分科技型中小企业更好发展，韩启德率队先后赴湖北、浙江、四川、北京等地调研企业 39 家，与近 200 位企业家和地方政府、部门负责人进行座谈。在调研基础上，形成了《关于促进科技型中小企业发展的调研报告》，提出了从释放创新创业动能、优化创新创业服务供给、降低企业经营成本、提升政策精准性四个方面着力的建议，得到国务院领导同志批示。

此外，一定数量的专题调研成果对解决相关领域问题、推动政府出台相关政策也起到积极作用。其中，建设中国特色的国家层级战略科技体系、大力推进量子通信技术发展、利用大数据等现代技术提升政府治理能力、推进黄河下游滩区扶贫开发、统筹川甘青交界地区藏区协调发展、促进农业绿色转型发展、加强农业面源污染治理、促进河西走廊节水农业发展、开展绿色建筑行动计划、加强海岸带治理以及实施黄土高原“固沟保塬”综合治理等建议，受到中共中央、国务院高度重视，不少建议得到落实，或纳入了国家有关规划和相关部门工作部署。

从2012年年底到2017年年底的五年间，九三学社中央领导重视改进调研方法，强调深入基层进行扎实调研，运用多种手段把调查研究做深、做实、做细，把情况摸准、摸清、摸透，力戒走马观花、浅尝辄止，为形成高质量调研报告和提案建议打下坚实基础。2013年，韩启德就九三学社江西省委会提交的两份调研报告《关于我省乡镇财税工作的调研报告》《关于我省乡镇招商引资工作的调研报告》作出批示，建议全社学习借鉴社江西省委会在调研中直击问题、多方求证、获得第一手翔实资料的做法和经验，推动全社参政议政工作迈上新台阶。韩启德等九三学社中央领导还身体力行，聚焦基层建设做了大量调研工作。2016年，为推动社区治理与社区服务提升到国家经济社会发展的战略高度，进一步推进社区治理与社区服务绿色发展，保障人民群众共享改革红利，九三学社中央将“社区治理与服务”作为当年党派大调研课题。韩启德带领调研组先后赴广东、北京、浙江和上海等地基层社区调研，在广泛研讨基础上形成研究报告，针对社区治理与服务存在的主要问题，提出了将发展具有中国特色的社区治理与服务上升为国家战略、完善法律法规制度保障、推进社区信息平台体系建设等意见建议，受到国务院领导高度重视。

3. 政党协商和政协协商展现新作为

从2012年年底到2017年年底的五年间，九三学社中央主要领导参加中共中央举行的政党协商座谈会30余次，提出多项意见和建议。有些意见和建议对中共中央不断推出标本兼治的改革举措、解决制约经济社会发展的关键问题有所助益。其中，关于加大国有股权划转社保基金比例，以及以法治理念和方式不断增强政治、政府、市场和社会理性的建议，在中共十八届三中、四中全会决定中得到体现；关于处理好党内监督与其他监督的关系、监督不留死角、坚持监督与爱护并重等建议，在中共十八届六中全会文件中得到体现；关于将国家财政的科技项目由政府具体管理改变为第三方管理，改变各政府部门分别设立科研基金的做法，对科研经费实行统一管理等建议被写入《国务院关于加快科技服务业发展的若干意见》

《关于深化中央财政科技计划（专项、基金等）管理改革的方案》；关于调整和完善农业扶持政策、调整粮食安全策略的建议，在《中共中央关于制定国民经济和社会发展第十三个五年规划的建议》中得到体现；关于发展房屋租赁市场的建议，得到中共中央领导同志高度重视，并对相关政策的出台起到推动作用；关于建筑垃圾资源化利用的建议，得到中共中央领导同志的批示和重视，被确定为2013年11月全国政协双周协商座谈会的协商主题，国家发展改革委、住房城乡建设部专门制定建筑产业化的专项规划。

五年间，提交全国政协提案403件，其中九三学社中央提案238件，界别提案165件。《关于加强绿色农业发展的建议》《关于发挥市场配置科技资源的决定性作用，让创新活力竞相迸发的建议》《关于以市场为导向深化农业供给侧改革的建议》，分别被列为全国政协十二届一次、二次和五次会议的一号提案。《关于推进科研资源统筹整合的提案》《关于强化规划的科学性、权威性，推进城镇化健康发展》《关于成立互联网安全“国家队”》《关于加强基层食品安全治理体系和治理能力建设》等13件提案被全国政协评选为优秀提案。《关于进一步推动我国科技成果转化的建议》《关于深化行政体制改革，进一步减少行政审批事项》《关于推进协商民主广泛多层制度化发展》《关于进一步完善中央财政科技计划管理的建议》《关于构建“规划一张图”体制机制的建议》等40件提案被列为全国政协重点提案。一些提案受到承办单位的高度重视，中共中央和国务院的有关部委或多次专门走访、或组织专项调研，落实提案建议。提交政协全会大会发言56篇，《共抓大保护，修复母亲河》《点赞正能量 厚爱正能量 弘扬正能量》《敢于担当，从我做起，为建设科技强国建功立业》等大会发言引起强烈反响。

2017年3月4日，习近平总书记看望参加全国政协十二届五次会议的民进、农工党、九三学社界委员，并参加联组会，听取意见和建议。武维华、印红、周锋三位九三学社界委员先后围绕加快农业补贴政策体系改革、抓好政策落实、重大工程建设须坚守科学之道等问题作了发言，得到习近平总书记的充分肯定。

升级信息工作平台，进一步完善信息奖励和信息选编机制。五年间，采编《九三学社信息》《九三学社信息专报》2627 篇，其中 225 篇信息被全国政协采用，《实施粮食生产方式的转型升级》等 16 篇信息得到党和国家领导同志批示。部分信息为九三学社中央在政党协商座谈会、政协协商会议上发言提供了参考或转化为提案。

4. 民主监督开辟新领域

从 2012 年年底到 2017 年年底的五年间，九三学社中央坚持将民主监督寓于参政议政、政治协商和社会服务之中，围绕贯彻落实党和政府重大方针政策中出现的问题、司法领域和其他部门行业存在的问题等提出批评和建议。其中，针对刑事案件涉案财产处理中的乱象，九三学社中央提出的“关于规范刑事诉讼涉案财产处理的建议”中的部分内容在中办、国办发布的《关于进一步规范刑事诉讼涉案财物处置工作的意见》中得到采纳。针对黄河金三角区域协同发展中出现的问题，九三学社中央提出的《关于以晋陕豫黄河金三角区域为示范深化省际区域统筹发展机制改革的建议》得到国务院领导同志的批示，国家发展改革委专门就此事与社中央进行沟通和协商。针对公立医院改革这个老大难问题，九三学社建议当前将改革重点放在以下三个方面：一是将医保支付改革作为公立医院改革的核心，二是终止基层卫生机构收支两条线的办法，三是紧急规范各类资本与公立医院合作办医。这三点意见针对性和可操作性较强，受到国家领导人和相关部委的高度重视。社中央提交的《司法改革中不应允许律师担任人民监督员》《应重视检察机关考评机制对刑事审判造成的负面影响》两篇信息得到最高人民检察院领导同志批示和详尽答复。2015 年 1 月，九三学社中央副主席丛斌在最高人民检察院召开的各民主党派中央、全国工商联负责人和无党派人士代表座谈会上发言中指出，要下大力气解决立案难和冤假错案等问题，建议受到最高人民检察院领导同志的重视。九三学社中央提出的《加快推进全国水上交通旅客实名制工作》的建议在交通部发布的《水路旅客运输实名制管理规定》中得到体现。担任各级各类特约监督人员的社员，以高度的政治责任感认真参加有关检查和监督工作，参与有关法律法规制定研究和重大案情调查，发挥了特约人员的作用。

2016 年，中共中央赋予各民主党派中央开展脱贫攻坚民主监督的新任务，并将陕西省确定为九三学社中央对口监督省份。7 月，九三学社中央十三届三十七次主席办公会专题研究脱贫攻坚民主监督工作，成立九三学社中央脱贫攻坚民主监督工作领导小组和工作小组，韩启德担任领导小组组长，副主席丛斌担任工作小组组长，领导小组办公室设在社会服务部。会议审议通过《九三学社中央开展脱贫攻坚民主监督工作实施方案》，确定了工作原则、重点内容、工作形式等。实施方案明确规定：今后五年，九三学社中央每年围绕一个重点主题，由主席或分管副主席带队赴陕西调研，听取当地党委和政府及有关部门情况介绍，并深入基层，实地了解脱贫攻坚工作中存在的问题和困难，向党委和政府反馈情况，提出意见建议。九三学社中央与中共陕西省委省政府交换意见，双方就脱贫攻坚民主监督工作的指导思想、主要内容、工作方式方法等达成共识，建立了三个层面的沟通联络工作机制、扶贫工作进展材料报送机制、信息获得机制和意见建议当面反馈机制。同时，建立了九三学社陕西省委会各级地方组织参加的脱贫攻坚民主监督工作联席会议制度，每季度召开一次，定期了解陕西全省的脱贫攻坚工作情况。

在具体工作中，九三学社中央采取“定点监测、解剖麻雀”工作方法，开展布点监测、入户调研、情况分析、对策研究等工作，以监督中共陕西省委和政府对中央脱贫攻坚决策部署的执行和落实情况为主要内容。截至 2017 年年底，共深入陕西省 5 市、12 县、24 村，访谈农户 690 户，针对发现的问题，提出 50 余条意见建议，并对整改情况“回头看”，有效助力陕西省打赢脱贫攻坚战。围绕“健康扶贫、易地扶贫搬迁和县级财政涉农资金整合使用”三个重点领域，动员中西部 21 个社省级组织共同开展课题研究，在广泛调研、深入研究的基础上，形成《关于脱贫攻坚民主监督情况的报告》。在报告中，对于三个重点领域中存在的问题，九三学社中央分别提出了医疗费用“一站式”结报、提升乡村医疗服务能力、树立大健康理念，严格执行建房标准和筹资政策、更加重视贫困人口就业产业问题、统筹各类移民搬迁政策和尊重贫困群众意愿，完善资金整合使用程序、优化资金整合使用模式等监督性建议。这些建议得到中共中央政治局常委汪洋同志的高度重视，认为有深度，对改进工作有帮助，并将建议转有关部门进行工作改进。与此同时，部分省级组织也在本省开展脱贫攻坚民主监督工作，取得一定成效。

（六）致力组织更加坚强

从2012年年底到2017年年底的五年间，九三学社中央制定和贯彻《关于进一步加强组织建设的若干意见》，切实推进政治交接，加快实施人才强社战略，组织建设全面推进，机关建设不断加强，为履行职能提供了坚强组织保障。

1. 扎实推进领导班子建设

九三学社中央领导班子以贯彻落实民主集中制为重点，在完善主席会议和主席办公会议制度基础上，定期召开民主生活会，沟通思想、交换意见、增进共识。每年召开战略研讨会，分析形势、研究社务、规划工作。完善中央常务委员会决策和工作班子职能，充分发挥中央常务委员作用。建立社员代表列席中央委员全会制度和委员建议案制度，为社员和中央委员参与社务决策提供新渠道。

九三学社中央通过大力加强培训提升干部素质。一方面协助中央统战部举办民主党派新任省级组织专职领导干部专题研究班，配合中央社会主义学院举办培训班和进修班。另一方面努力拓宽社内干部培训渠道，主办以提高履职能力为主题的新任中央委员培训班、全国组织工作干部培训班和西北地区干部培训班等，协助部分社组织举办中青年骨干培训班。仅在2014年，九三学社中央就举办16个培训班，培训各级干部约650名。培训班次和人员数量均为历年之最。2014年8月，首次在云南腾冲召开了省级组织专职副主委履职培训班，该培训研讨班对省级专职副主委的角色定位、职责范围、应具备素质、如何处理与各方关系等具体问题进行深入探讨，总结经验做法，有效提升了在九三学社组织建设中具有特殊地位的省级组织专职副主委的能力素质。

2. 组织化水平显著提升

2013 年 5 月，在吉林长春召开的九三学社十三届三次中常会专题研究组织建设工作，通过了《九三学社中央关于进一步加强组织建设的若干意见》（以下简称《意见》）。《意见》主要以全面提升社组织的组织化水平为目标，从六个方面明确了工作重点，涵盖了从社中央到地方各级领导班子、基层组织、干部队伍和代表人士队伍的建设，提出探索开展社内巡视督导工作等 18 项创新性举措。《意见》是指导九三学社组织建设的重要文件，社各地方组织根据实际情况对落实《意见》做出了部署。

2013 年 12 月至 2016 年 10 月，九三学社中央领导分别带队开展了社内首轮巡视督导工作，覆盖了全部 30 个省级组织。通过巡视督导，九三学社中央进一步了解了省级组织的工作情况，听取收集了地方组织、基层组织及广大社员的意见建议，加强了与中共地方党委统战部的联系，强化了对省级组织的工作指导，有力推进了省级组织的社务工作，提升了全社组织化水平。多次带队开展巡视督导工作的九三学社中央常务副主席邵鸿表示，巡视督导是提高组织化水平的一个很好的抓手，是一举多得的好事。巡视督导通过和地方组织负责人及社员代表近距离接触，能够了解到更加全面真实的情况，也可以听到基层社员的呼声和意见，既是一个发现问题的过程，也是加强上下级互动、交流的过程。而且，在督导中通过和地方党委统战部门的座谈和沟通，加强了工作联系，推动了问题的解决，为今后开展工作奠定了良好的基础。

2016 年，九三学社中央整合全社组织方面的专家，成立了组织建设研究中心，该中心开展组织发展相关政策调研，汇编基层组织建设典型案例 70 余篇，为全社组织建设提供咨询指导。加强组织协调，推动地方组织交流联动，特别是通过发动和组织省级组织参与九三学社中央重大课题调研活动，鼓励和支持地方组织在参政议政、社会服务、人员培训等方面进行横向交流与合作。服务社员，成立社中央医疗咨询小组，部分省级组织初步建成地方医疗咨询平台。实施“院士导师培养计划”，着力发挥九三学社院士队伍在国家高层次人才培养中的作用。“九三王选关怀基金会”持续资助患病困难社员，传递社组织温暖。

九三学社中央推动30个省级组织设立监督机构，实现省级社内监督机构全覆盖。通过参与九三学社中央对省级组织的巡视督导工作、列席省级组织领导班子述职和民主评议、加强换届监督、畅通信访渠道等不断丰富内部监督方式方法。2014年年底，为了更好地探索路径、积累经验，九三学社中央在河南启动了社内监督工作创新试点工作。经过试点，九三学社河南省委会形成了以思想建设、组织建设、制度建设为主体，以社务工作量化评价为抓手的系统的、行之有效的做法和经验。九三学社中央先后在河南召开社中央监督工作现场会和试点经验推进会，组织各省级组织学习借鉴河南试点工作经验和做法。

九三学社中央以发挥各级青年工作委员会作用为抓手做好青年工作。九三学社中央青年工作委员会开展了一系列卓有成效的工作，成功举办三届全国青年论坛、上海“科技创新与成果转化论坛”、深圳“九三学社全国青年创新创业论坛”，调动全社青年社员的积极性，增强了全社的凝聚力和组织活力。

3. 人才队伍建设和组织发展取得积极成效

从2012年年底到2017年年底的五年间，九三学社坚持实施人才强社战略，严把质量关，着力发展有代表性的优秀成员，全社的成员结构和素质更趋优化。组织发展严格程序，保持平稳健康态势，成员净增率保持在每年4.6%左右。截至2017年6月30日，九三学社共有30个省级组织、280个设区市市级组织、29个县级组织、167218名社员。社员中具有高级职称的94576人，占社员总数的56.6%，两院院士61人。有各级人大代表2381人，各级政协委员11885人；在各级政府和司法机关有6名省部级干部，155名厅局级干部，993名县处级干部。

五年间，广大社员在本职岗位奋发进取，建功立业，成会明、周成虎、郝跃、程和平、陈义汉、徐国良、刘耀光、陈化兰、陈晔光、顾东风等10名社员当选中国科学院院士，印遇龙、万建民、钱锋、潘复生、王俊等5名社员当选中国工程院院士，225名社员获国家科技奖，46名社员获全国五一劳动奖章，11名社员获全国三八红旗手荣誉称号。2014年1月，中国科学院院士程开甲荣获2013年度国家最高科学技术奖，成为继王选、黄昆、师昌绪、谢家麟之后，第5位获得国家最高科技奖的九三学社社员。

★ 程开甲

程开甲是著名物理学家，1953年加入九三学社。是中国核试验科学技术的创建者和领路人，在自由粒子狄拉克方程严格证明、五维场论等方面做出了出色的工作，在国内率先开展系统的热力学内耗理论研究，撰写了我国第一部《固体物理学》，发展了我国核爆炸理论，开创了我国抗辐射加固技术研究领域，为中国核武器事业和国防高新技术发展做出了卓越贡献。1985年获国家科技进步奖特等奖，1999年被国家授予“两弹一星”功勋奖章，2017年获“八一勋章”。

在2016年1月8日召开的国家科学技术奖励大会上，中国科学院院士潘建伟领衔的“多光子纠缠及干涉度量”项目荣获2015年度国家自然科学一等奖，刷新了该奖项最年轻第一完成人的记录。12月，潘建伟、严俊分别领衔的世界首颗量子卫星发射升空和世界上最大的单口径射电望远镜成功启用，这两项科研成果入选《自然》杂志重大科学事件。

4. 机关工作效能显著提高

2014年，在九三学社全国机关建设工作会议上，九三学社中央副主席兼秘书长印红作了题为《为打造高水平的九三学社各级机关而努力》的报告，提出建设“学习型、服务型、创新型、效能型、廉洁型、和谐型”的民主党派机关。

为实现这一目标，九三学社中央采取多项举措。2015 年至 2017 年，举办三期全国省级以下机关专职干部培训班，培训省级以下机关专职干部 700 余人。选择 82 个市级组织，开展了富有成效的机关能力建设试点工作。分片区召开全国机关建设工作座谈会，组织各区域省市级机关进行多层级深入交流。编撰《机关工作手边书系列》，制定《社内部分用语规范》，印发各级机关学习施行。持续开展信息化建设，组织管理、参政议政等信息平台在社内得到广泛应用。强化运行保障，编制《九三学社中央内部控制手册》，预算管理、决算和政府采购信息统计工作在中央和国家机关系统受到表扬。创新开展了全国机关建设交叉检查工作，由九三学社省级组织办公室负责人轮流牵头组成交叉检查小组，社中央办公厅至少派一名同志作为监督员随组指导，通过查阅台账、座谈听取意见等方式，对照《地级市组织机关正规化建设工作检查计分表》逐项打分。通过交叉检查，被检查单位透过他人的视角和眼光，查找和发现了自身工作中极易被忽视的问题，检查组成员也在对被查单位的督导和检查中，学习和借鉴了对方的优点和经验，起到了全面推动各地机关之间直接学习借鉴、以查促改、共同提高的良效。

以上举措卓有成效，九三学社各级机关普遍建立了较为完善的制度规范体系，各级机关工作科学化、制度化、规范化水平和工作质量进一步提高。

（七）扎实推进扶贫项目

1. 竭力助推脱贫攻坚

九三学社中央高度重视定点扶贫工作。2016 年 2 月 1 日，九三学社第十三届中央委员会第三十二次主席办公会议研究了社中央扶贫工作有关事宜，决定成立九三学社中央扶贫工作领导小组，韩启德任组长，丛斌任副组长，社中央机关各部门主要负责人为成员；领导小组办公室设在社会服务部。九三学社中央将定点扶贫工作列入每年工作要点，召开专题会议研究审议帮扶计划。

2013 年 8 月，韩启德就“草海综合治理、职业教育发展、六省市对口帮扶”等专题亲赴贵州省威宁县进行调研，并协调多位院士专家赴威宁考察，直接推动威宁草海生态环境保护和综合治理工作取得重大进展。2015 年 11 月，国家发改委批复同意《贵州草海高原喀斯特湖泊生态保护与综合治理规划》，涉及 8 个项目，总投资 107.9 亿元。九三学社中央积极联系促成上海雪榕生物科技股份有限公司、中农发集团等项目投资威宁，有效吸纳贫困户当地就业，取得显著的经济效益和社会效益。协调多个省市级组织参与对口威宁的教育、医疗等帮扶工作，形成了全社参与的工作格局。

四川省旺苍县是九三学社中央定点帮扶县，五年中，九三学社中央主要从四个方面定点扶贫旺苍。一是以产业帮扶推动助力旺苍脱贫工作，帮助旺苍县引进中药材生产企业，形成中药材种植加工产业链，支持旺苍黄茶产业发展；二是帮助协调引进中省项目资金，支持地方经济社会发展；三是多种途径开展教育帮扶，截止到 2017 年累计发放助学金 130 万元；四是整合资源开展健康帮扶项目，实施“农村幸福院建设”项目。

贵州省黔西南是社中央“星火计划、科技扶贫”试验区，2017 年，九三学社中央常务副主席邵鸿赴黔西南考察社中央援建项目。九三学社天津市委会、安徽省委会、浙江省委会在黔西南开展音乐教育、高考培训、学校结对、物资捐赠等教育扶贫活动。

五年中，多领域开展帮扶工作取得进展。“同心树人”项目在贵州省威宁县、望谟县、晴隆县，四川省旺苍县，黑龙江省延寿县累计开展 87 次培训活动，组织威宁县等贫困地区的 516 名骨干教师外出培训，安排发达地区 205 名优秀教师走进贫困地区送教。活动内容涉及中高考备考、英语、足球、心理健康等方面，累计培训教师 2809 人次，惠及师生 1 万余人次。“亮康行动”在河北、山东、江苏、内蒙古、重庆、湖北建设了推广基地，在西藏、贵州等 20 省份筛查 80.24 万人次，培训 1469 场，完成免费白内障手术 2.8 万例。其中，两次“九三学社中央亮康行动西藏行”活动，为藏族同胞实施免费复明手术 207 例，展示了多党合作制度的优越性，为加强民族团结作出了贡献。“同心康福”行动在河北、宁夏等8省份筛查脑瘫患者3647人，实施免费救治手术497例，减免患者手术费用1022.71万元。在河南濮阳实施免费髋关节置换手术602例。为河南、贵州、重庆552名贫困家庭残疾人免费安装假肢577件。在西藏、贵州等8省份为270名贫困家庭先天性心脏病儿童成功实施免费手术，帮助逾10万名适龄儿童获得免费筛查。九三学社中央投入502万元在广西、云南、青海、宁夏、甘肃等省份实施多党合作社会主义新农村建设示范项目45个，重点支持有脱贫攻坚任务的中西部省市扶贫产业发展，突出对建档立卡户的增收带动，增加村集体经济收入。

从2012年年底到2017年年底的五年间，九三学社涌现出一批脱贫攻坚先进人物。2016年，在全国脱贫攻坚表彰大会上，九三学社社员、北京大学药学院教授屠鹏飞荣获全国脱贫攻坚创新奖。屠鹏飞从1990年开始，矢志不渝地坚持中药肉苁蓉的研究和技术推广，为带动新疆南疆地区和内蒙古西部沙漠治理、经济发展和农牧民致富作出重要贡献。

2. 继续规范有序地推进“九地合作”

“九地合作”品牌在2012年年底到2017年年底的五年间取得丰硕成果，有20多个省级组织与50多个地方政府签订合作协议，主要以科技资源助力地方产业发展。“九广合作”大唐广元火电项目获得国家发改委批准。九三学社北京、上海、四川、陕西等省级组织在农业、教育、医疗、养老等方面与广元进一步开展合作，并通过“九广合作行”活动让项目签约落地。促成北京大学医学部与广元市人民政府签订合作协议。“九临合作”由九三学社山西省委会实施“农业社会化服务体系建设”项目，在全省推广生物有机肥技术。“九攀合作”农产品质量安全监督检测检验中心建设项目获得农业部列项支持。“中国（绵阳）科技城建设座谈会暨科技创新项目对接活动”成功举办，签订十余个合作项目协议，投资额超过10亿元。“沪豫科技合作”先后有40个科技项目落地。九三学社上海市委会与安徽省委会开展了“沪皖两地社组织合作共建”活动。九三学社中央搭建企业家社员与地方政府的合作平台，近60名企业家社员参与社会服务活动。

3. 不断拓展全社科普和文化服务工作

2013 年 8 月，九三学社中央成立科普工作委员会。九三学社中央副主席丛斌在科普工作委员会第一次全体（扩大）会议上强调，做好科普工作，要把握好“尽力而为、量力而行，找准定位、突出特色，分层科普、有所侧重”三个原则，要关注民生问题、社会管理、生态文明、科技成果转化四个问题。制定通过《九三学社中央科普工作委员会 2013—2017 年发展规划》，完善了九三学社科普工作的工作制度和联系机制，充实了科普工作的人才队伍。

从 2013 年到 2017 年，九三学社中央科普工作委员会和院士工作委员会共同组织“九三学社院士专家科普巡讲”活动，赴贵州、新疆、青海等 23 个省（市）开展科普讲座 250 场，反响较为热烈。继续组织“九三院士专家行”活动，分别到福建、宁夏、云南等地，围绕“绿色循环经济”“科学精神与科研创新”等主题举办多场报告，听众逾千人。九三学社中央文化工作委员会举办“古蜀道文化探寻书画、文学笔会”，九三学社中央书画院、北京九三书画院联合举办“送文化下乡，送春联入户”活动，九三学社内蒙古区委在边远农牧区建立“九三学社书屋”，丰富了基层群众文化生活。九三学社各级组织积极参与“百名专家进乡村入学堂”活动。九三学社宁夏区委会举办“九三学社专家宁夏林区行”活动，组织医疗专家为有关单位一线职工提供免费健康体检和医疗义诊服务。九三学社上海、陕西、浙江等省（市）委会以建立科普工作基地、专家工作站、科普讲师团等形式面向基层开展培训。九三学社北京、甘肃、山东、云南等省（市）委会与当地科协合作开展“科学讲堂”“百名专家科技下乡”等活动。

这一时期，九三学社开展科普活动 11708 场，发放科普资料 175 万余份，累计受众 219 万人次。涌现出“院士专家健康科普巡讲”“革命老区健康行”“名家科普讲坛”“科普之旅”“名医工作室”“九三书屋”等富有特色的服务品牌。

4. 服务“一带一路”倡议和“双创”战略

2013年9月和10月，国家主席习近平分别提出建设“丝绸之路经济带”和“21世纪海上丝绸之路”的合作倡议，推动构建人类命运共同体。九三学社积极参与“一带一路”建设，重点支持新疆“丝绸之路经济带核心区”建设。2016年10月，召开以服务“一带一路”建设为主题的社会服务工作论坛，围绕“一带一路”建设开展产业、教育、医疗等方面专题调研。以新疆和田肉苁蓉等产业为重点，助推地方经济建设。组织社内医疗专家赴新疆生产建设兵团举办义诊咨询及捐赠活动，协调清华大学社员专家支持新疆高等教育师资队伍建设。2016年至2017年先后在新疆、黑龙江、青海、宁夏等四地安排项目11个总计投入119万元。部分省级组织将服务“一带一路”建设与科普、脱贫攻坚等工作有机结合，构建“就医、就学、就业”一体化扶贫，效果良好。

为实施国家创新驱动发展战略，整合社内科研与创投资源助力“双创”，2016年，九三学社中央成立促进技术创新工作委员会。该委员会面向社内创新型科技人员及企业家，通过引进优质企业、开展项目合作和直接投资等方式搭建科技成果转化平台，加强与地方政府和企业之间的交流，服务社员、惠益组织、造福社会。自2016年开始，九三学社中央作为主办方参与中国创新创业成果交易会的筹办工作，组织多个社员项目参加了高端人才科技成果展。

（八）第十一次全国代表大会

2017年12月3日至7日，九三学社第十一次全国代表大会在北京召开。这次大会是在九三学社深入学习贯彻中共十九大精神、为决胜全面建成小康社会，夺取新时代中国特色社会主义伟大胜利，实现中华民族伟大复兴的中国梦而奋斗的关键时期召开的。

此前胜利闭幕的中共十九大，高举中国特色社会主义伟大旗帜，以马克思列宁主义、毛泽东思想、邓小平理论、“三个代表”重要思想、科学发展观、习近平新时代中国特色社会主义思想为指导，分析了国际国内形势发展变化，回顾和总结了过去五年的工作和历史性变革，作出了中国特色社会主义进入了新时代、我国社会主要矛盾已经转化为人民日益增长的美好生活需要和不平衡不充分的发展之间的矛盾等重大政治论断，深刻阐述了新时代中国共产党的历史使命，确立了习近平新时代中国特色社会主义思想的历史地位，提出了新时代坚持和发展中国特色社会主义的基本方略，确定了决胜全面建成小康社会、开启全面建设社会主义现代化国家新征程的目标，对新时代推进中国特色社会主义伟大事业和党的建设新的伟大工程作出了全面部署。

围绕贯彻落实中共十九大确定的目标任务，九三学社确立了十一大的主题，即深入学习贯彻中共十九大精神，以习近平新时代中国特色社会主义思想为指导，弘扬爱国、民主、科学优良传统，团结动员全社各级组织和全体社员，更加紧密地团结在以习近平同志为核心的中共中央周围，不忘合作初心、勇担政治责任，总结社十大以来的经验和不足，研究部署今后五年的工作，建设新时代中国特色社会主义参政党，为决胜全面建成小康社会，夺取新时代中国特色社会主义伟大胜利，实现中华民族伟大复兴的中国梦而奋斗。

中共中央政治局常委、中央纪委书记赵乐际代表中共中央致贺词时指出，过去的五年，党和国家事业取得了历史性成就、发生了历史性变革，统一战线不断巩固壮大，多党合作事业蓬勃发展。五年来，九三学社紧扣统筹推进“五位一体”总体布局和协调推进“四个全面”战略布局，充分发挥界别和人才智力优势，深入调查研究，提出许多重要意见和建议，为党和政府科学决策提供了重要参考。中共中央相信，九三学社新一届中央领导机构一定能够肩负起历史赋予的使命和广大成员的重托，深化政治交接，弘扬优良传统，全面加强中国特色社会主义参政党建设，不断开创九三学社工作新局面。

大会主席团常务主席韩启德致开幕词并代表九三学社第十三届中央委员会作《建设新时代中国特色社会主义参政党 为决胜全面小康实现中华民族伟大复兴而奋斗》的报告。

报告指出，过去的五年，社中央围绕思想上坚定、履职上坚实、组织上坚强的参政党建设目标，提出创新举措，推进重要工作，圆满完成社十大确定的目标任务，开创了九三学社事业的崭新局面。报告总结了过去五年的实践经验和体会：第一，坚持中国共产党领导，坚持和发展中国特色社会主义，是九三学社应始终坚持的政治原则；第二，坚持弘扬爱国、民主、科学优良传统，是九三学社砥砺前行的重要精神支撑；第三，坚持围绕中心、服务大局，是九三学社实现参政党价值的必然要求；第四，坚持全面推动工作创新，是九三学社永葆生机的力量源泉；第五，坚持强化组织，凝聚全社力量，整合工作和资源，是九三学社推进各项工作的有效方法；第六，坚持实施人才强社战略，是九三学社事业兴旺、不断发展的基本方略。

报告强调，站在新的历史起点上，九三学社必须根据多党合作和全社工作实际，再创新局面，实现建设新时代中国特色社会主义参政党的新目标。这就是：成为政治清醒、信念牢固的中国特色社会主义参政党；成为参政有为、履职有力的中国特色社会主义参政党；成为科学民主、富有活力的中国特色社会主义参政党。报告还对今后五年的工作作出了具体部署。

全国人大常委会副委员长、民进第十二次全国代表大会主席团常务主席严隽琪代表各民主党派中央和全国工商联致贺词。

大会审议并通过了《九三学社第十一次全国代表大会关于九三学社章程（修正案）的决议》，决定修正后的《九三学社章程》自公布之日起生效。大会同意章程修正案将九三学社的“性质”修改表述为：“九三学社是以科学技术界高、中级知识分子为主的具有政治联盟特点的政党，是接受中国共产党领导、同中国共产党通力合作的亲密友党，是中国特色社会主义参政党。”大会同意章程修正案将九三学社的“指导思想”修改表述为：“本社以马克思列宁主义、毛泽东思想、邓小平理论、‘三个代表’重要思想、科学发展观、习近平新时代中国特色社会主义思想为指导，坚持中国特色社会主义道路、理论体系、制度和文化，为把我国建成富强民主文明和谐美丽的社会主义现代化强国而奋斗。”大会同意章程修正案对总纲部分九三学社的基本任务、基本职能、自身建设等内容和条文部分所作的修改。

会议期间举行的九三学社第十四届中央委员会第一次全体会议，选举产生了由47人组成的九三学社第十四届中央常务委员会和新一届九三学社中央领导班子，武维华当选主席，邵鸿、张桃林、赖明、丛斌、赵雯、卢柯、印红、黄润秋、潘建伟、刘忠范当选副主席。会议还选举产生了由19名委员组成的九三学社第十四届中央委员会监督委员会，邵鸿当选为主任委员，丛斌、刘政奎当选为副主任委员。九三学社第十四届中央常务委员会第一次全体会议任命印红为九三学社中央委员会秘书长（兼任）。

武维华，山西孝义人。2010年加入九三学社。中国科学院院士，长期从事植物细胞信号转导分子机制等领域研究并取得重要成果。1982年，毕业于山西大学生物系植物生理专业。1984年，获中国科学院上海植物生理研究所植物生理专业硕士学位。1991年，获美国新泽西州立大学植物科学系植物科学专业博士学位。1999年，任中国农业大学生物学院院长。2002年，任中国农业大学植物生理学与生物化学国家重点实验室主任、生物学院院长。2012年，任中国农业大学植物生理学与生物化学国家重点实验室主任，国家自然科学基金委生命科学部主任。

武维华在闭幕会上的讲话中，衷心感谢全社同志们的信任，深感自己责任重大，决心同新一届中央领导集体一道，紧紧依靠全体社员，尽心尽力，夙夜在公，绝不辜负全社同志的信任和期待。他表示，将认真学习贯彻中共十九大精神，切实发挥九三学社第十一次代表大会报告对全社未来工作的指导作用，坚持人民立场，巩固多党合作共同思想政治基础，在实践中继承和发扬九三学社优良传统，以科学创新精神引领自身建设再上新台阶。

九三学社第十一次全国代表大会是在全社努力建设新时代中国特色社会主义参政党的关键时期召开的一次十分重要的会议，事关九三学社工作全局，事关多党合作事业长远发展，具有重要意义。这次大会明确了新时代九三学社建设的指导思想、目标和任务，为全社各级组织和广大社员指明了奋斗方向。大会选举产生了以武维华同志为主席的新一届九三学社中央领导班子，一批经验丰富、德才兼备、奋发有为的同志进入中央领导机构，显示了九三学社事业蓬勃兴旺、充满活力。

二、不忘合作初心，继续携手前进

2018 年，习近平总书记在党外人士迎春座谈会和全国“两会”上强调，中国特色社会主义进入新时代，多党合作要有新气象、思想共识要有新提高、履职尽责要有新作为、参政党要有新面貌，民主党派要做中国共产党的好参谋、好帮手、好同事。[①] 2019 年，中共中央出台关于加强中国特色社会主义参政党建设的文件。习近平总书记对民主党派提出的“四新”“三好”总要求和中央文件精神，为新时代多党合作事业发展和加强中国特色社会主义参政党建设，指明了前进方向，提供了根本遵循。

面对新的形势、任务和要求，新一届九三学社中央委员会继承和发扬爱国、民主、科学优良传统，团结带领全社各级组织和广大社员，不忘合作初心，继续携手前进，认真履行参政党职能，扎实推进自身建设，焕发新面貌、展现新作为，全社各方面事业进入崭新时期。

（一）思想共识得到新提高

进入新时代，九三学社把思想政治建设摆在突出位置，强化理论武装和政治引领，教育引导广大社员切实增强“四个意识”、坚定“四个自信”、做到“两个维护”，在思想上、政治上、行动上同以习近平同志为核心的中共中央保持高度一致，不断夯实新时代多党合作共同思想政治基础。

① 即“四新”“三好”总要求。

★ 2018 年 2 月，习近平总书记在北京同党外人士共迎新春时，与武维华亲切握手。

1. 深入开展“不忘合作初心，继续携手前进”主题教育活动

2019 年是中华人民共和国成立 70 周年，也是中国共产党领导的多党合作和政治协商制度确立 70 周年，为持续深入学习贯彻习近平新时代中国特色社会主义思想和中共十九大精神，坚持好、发展好、完善好我国新型政党制度，九三学社按照中共中央部署，开展“不忘合作初心，继续携手前进”主题教育活动。

九三学社中央对主题教育活动高度重视，多次召开主席办公会议专题研究，抓好顶层设计，进行充分动员和部署。武维华强调，要充分认识深入开展主题教育活动的重大意义，准确把握主题教育活动的主要内容、基本要求、阶段任务，切实加强组织领导，严格按照中共中央的部署扎实开展。7 月 26 日，成立以武维华为组长、各位副主席为成员的领导小组，设立领导小组办公室，制定了活动实施方案。7 月 30 日，召开动员部署大会，武维华做动员讲话。7 月 31 日印发《九三学社中央深入开展“不忘合作初心，继续携手前进”主题教育活动实施方案》。

这次活动注重在推进方式上动脑筋，在创新落实上下功夫，在工作实践中求升华，呈现出五个特点。

一是坚持把主题教育活动与各项社务工作、履职实践及自身建设紧密结合，坚持学思用贯通、知信行统一，把主题教育活动激发的正能量融入各项事业中，不断推动各项工作取得新成效。

二是抓住“关键少数”，各级领导班子成员率先垂范。8 月，九三学社中央印发《九三学社中央领导班子“不忘合作初心，继续携手前进”主题教育活动有关工作安排》，明确要求领导班子成员结合其他活动，到有关地方调研指导主题教育活动。九三学社中央主席武维华带头，从制定方案到部署落实、逐步推进，全程关切主题教育活动相关工作，多次围绕主题教育活动召开座谈会，发表讲话和文章。常务副主席邵鸿，副主席赖明、丛斌、印红等其他社中央领导班子成员通过作报告、调研等方式指导主题教育活动。省市组织领导班子成员深入基层调研，推动主题教育活动深入开展。

三是以理论学习为先导，强化学习研讨。《活动实施方案》将《习近平新时代中国特色社会主义思想学习纲要》列为学习内容必读书目。九三学社中央理论学习中心组带头专题学习习近平总书记关于新型政党制度重要论述和关于加强和改进人民政协工作的重要思想，准确把握精神实质与核心要义。5 月，以“不忘合作初心，继续携手前进——牢记参政党使命，巩固共同思想政治基础”为主题，在武汉召开九三学社十四届三次中常会。10 月，在桂林举办主题教育活动论坛，全国 30 个省级组织专职副主委等近百人参加。各省级组织召开集体学习会包括主委会议、常委会议、民主生活会等学习 260 多次，编发简报 450 多期。九三学社中央举办 5 次“网络课堂”政治理论专题辅导，远程在线学习累计达 9. 8 万人次。各省级组织共举办主题教育活动论坛 127 次、近 2 万人次参与。

四是树立先进典型，发挥激励引导作用。在九三学社第十四届中央委员会第三次全体会议上，武维华为王俊、王成堂、文圣常、邱大洪、陈志民、周铉、徐冬梅、贾德昌、程顺和、谢丽娟等 10 名社员颁发了“九三楷模”奖牌。九三学社中央利用网站等多种渠道，及时宣传第五批“九三楷模”和获国家级荣誉称号的社员。遴选 53 人组成“弘扬爱国奋斗精神、建功立业新时代”暨“不忘合作初心，继续携手前进”主题教育活动宣讲团，在九三学社巡回宣讲 700 多场，覆盖 5. 6 万多人次，在社内外引起热烈反响。

五是严格查找切实整改，完善制度建立长效机制。8 月，九三学社中央印发主题教育活动工作有关具体指导意见，列出 11 个方面“对照检查清单”，通过各种形式征求意见，查找不足。30 个省和社中央各部门提出 205 条，共 7 方面 30 类问题，在九三学社中央领导班子主题教育专题民主生活会进行通报。各省级组织开展征求意见活动 615 次，查找问题 1178 条。11 月，九三学社中央领导班子召开专题民主生活会，督促落实整改措施。九三学社中央办公厅发文，分别对各省提出的意见建议逐条答复，机关各部门、各省级组织逐项落实整改措施。

九三学社中央修订社中央主席办公会议、主席会议、常委会议、中央委员会工作规则；要求中央委员、中央常委特别是中央领导班子成员以身作则，模范遵守社章社纪，自觉接受监督，坚持以上率下，为全社作出示范。进一步加强九三学社中央领导联系市级组织工作，领导班子成员分别赴12个地市级组织进行调研、看望机关工作人员，切实了解、帮助地方组织解决有关困难问题，指导推动社务工作。印发《九三学社地方组织领导班子谈心会实施细则》，进一步规范谈心会制度。各省级组织进一步健全完善领导班子工作规则、民主生活会、联系基层、学习培训等制度。

通过开展“不忘合作初心，继续携手前进”主题教育活动，九三学社广大社员特别是各级组织领导班子和骨干社员，进一步增强“四个意识”，坚定“四个自信”，做到“两个维护”，对新时代中国特色社会主义参政党性质、地位和历史使命的认识普遍提高，社组织凝聚力、履职能力进一步增强。

2. 加强优良传统教育和宣传工作，讲好“九三故事”

2017年12月19日，时值九三学社十一大闭幕不久，武维华即率队前往重庆、河南，瞻仰九三学社成立旧址纪念碑、民主党派历史陈列馆、焦裕禄烈士陵园和纪念馆，回顾建社历程，追寻先贤足迹，接受革命和艰苦奋斗精神洗礼。

2018年，九三学社中央召开纪念中共中央发布“五一口号”70周年座谈会和庆祝改革开放40周年大会，举办征文、摄影作品征集、社章社史知识竞赛、“九三学社先贤”肖像画展、书画巡展等多种形式的活动，引导广大社员在重温历史中铭记初心，在弘扬传统中深化共识，收到很好效果。2020年，隆重举行庆祝九三学社创建75周年座谈会，开设宣传专栏，举办主题征文活动和艺术网络展等，激发和鼓舞广大社员的爱国爱社热情。

从2017年年底到2020年年底的三年间，九三学社宣传工作注重推动传统媒体与新媒体融合发展，九三学社中央网站、“九三学社之声”微信公众号等全面升级、优化管理，推动提高九三学社内部媒体影响力和传播力，产生较好社会影响。通过召开宣传工作研讨会，举办新闻宣传培训班，线上线下相结合的形式，提升骨干本领素质。通过制定新闻宣传通讯员管理办法等多项制度，进一步规范宣传管理。2020 年，首次评选出九三学社全国“十佳期刊”“十佳网站”“十佳微信公众号”，一批宣传工作的先进单位和个人受到表彰。“社员之家”试点推广工作有序开展，学习引导和思想凝聚作用逐步发挥。《民主与科学》杂志立足九三学社、面向社会，努力建设成为弘扬民主科学精神、引导全社工作的思想理论阵地。学苑出版社多个项目入选“十三五”国家重点图书出版规划等，创新开发的“问道伤寒 App”荣获 2018 中国数字出版创新论坛中国出版融合创新奖。

3. 持续深化参政党理论和社史研究

从 2017 年年底到 2020 年年底的三年间，九三学社中央持续深化参政党理论和社史研究。制定实施《2019 年—2022 年参政党理论研究规划》，增强理论研究的计划性、系统性、前瞻性。召开参政党理论和社史研究工作研讨会，深化了对参政党理论和社史研究工作规律的认识，进一步明确了九三学社中央参政党理论研究中心和社史研究中心的性质定位、使命任务、工作思路和工作重点。围绕学习贯彻习近平总书记关于加强和改进人民政协工作的重要思想、中共中央发布“五一口号”70 周年，《社会主义学院工作条例》颁布、改革开放 40 周年，五四运动 100 周年，新中国成立 70 周年，人民政协成立 70 周年等重大主题，积极开展理论研究，组织撰写理论文章。举办九三讲堂、理论沙龙和各类理论研讨会等活动，开展理论研讨和交流。

“九三学社人物丛书”项目持续推进，《许德珩传》《梁希传》《税西恒传》《赵九章传》《刘文典传》《王文元传》结稿。赴台湾省等地查询九三学社档案资料，搜集发掘出一批价值较高的史料。研究制定《九三学社全国传统教育基地管理暂行办法》，规范全国传统教育基地管理工作。九三学社全国传统教育基地普查、遴选工作有序开展，命名第二、第三批传统教育基地，总数增加到 35 个。2019 年，完成九三学社成立旧址纪念碑配套建设项目并对外开放。2020 年，为庆祝九三学社创建 75 周年，九三学社历史陈列馆在北京建成。陈列馆集中展现九三学社的奋斗足迹和杰出贡献，充分彰显我国新型政党制度独特优势，为九三学社各级组织和广大社员加强社史和优良传统教育提供了新的重要平台。

★ 2019年9月9日，九三学社成立旧址纪念碑配套建设项目在渝揭幕，武维华（左二）、邵鸿（左一）、王志珍（左三）与中共重庆市委有关负责同志为纪念碑配套建设项目揭幕。

（二）履职尽责取得新作为

在2018年3月召开的十三届全国人大一次会议和全国政协十三届一次会议上，九三学社中央主席武维华当选为全国人大常委会副委员长，常务副主席邵鸿当选为全国政协副主席，副主席赖明被任命为全国政协副秘书长、提案委员会副主任，副主席丛斌担任全国人大宪法和法律委员会副主任委员，副主席印红担任全国政协人口资源环境委员会副主任。64名社员当选为第十三届全国人大代表，其中常委4人；104名社员担任第十三届全国政协委员，其中常委21人。

从2017年年底到2020年年底的三年间，九三学社认真参与政党协商，围绕党和国家中心任务，结合各方面调研和社员反映，在中共中央召开的党外人士座谈会上，提出了一批务实有效的意见建议，得到中共中央领导高度重视。如尽快将草原生态保护上升为国家重大战略、以健康扶贫为抓手推进“互联网 + 医疗”发展、适度提高建筑抗震设防水平、加强重点区域农业面源污染治理、补足金融产品标准短板健全风险防范长效机制、加大深度贫困地区技能扶贫力度、加快国家技术创新中心建设、精准扶持科技型民营企业高质量发展、强化基层社会治理体系、推进金融治理体系建设、采取超常规多措并举稳就业、强化重大疫情防控科技支撑、坚定实施扩大内需战略等意见建议，为中共中央、国务院和有关部门决策施策提供了参考。

同期，九三学社还通过“直通车”向中共中央、国务院和中央领导同志报送黄河流域生态保护和高质量发展、加强网络安全管理、提高防震减灾能力、促进乡村环境综合治理、加强自然资源和空间规划工作、促进滇桂黔石漠化地区旅游扶贫等意见建议。《关于网络安全一些重大问题的建议》获中共中央领导同志批示；《关于加强黄河流域生态文明建设和可持续发展的建议》《关于尽快调整“黄河 87 分水方案”，推进黄河流域高质量发展的建议》《关于提高我国防震减灾能力的建议》等获中共中央领导同志批示。

三年间，九三学社不断完善参政议政工作机制，强调更广泛协商协作，动员更多社外力量参与，共同做好议政调研工作。2019 年 3 月，九三学社中央和中国人民大学共同成立了参政议政研究中心，九三学社中央常务副主席邵鸿和中国人民大学党委书记靳诺出席中心成立仪式，并代表双方签署合作协议。研究中心旨在依托中国人民大学人文社会学科优势和九三学社社内人才资源，通过与中央国家机关和地方政府、高等院校和科研单位的广泛合作，以组织咨询会议、专题调研和考察活动等形式，为履行参政议政、民主监督，参加中国共产党领导的政治协商职能提供高水平的研究成果和咨询建议。为做好黄河流域生态保护和可持续发展这个长期重点调研课题，自 2018 年开始，九三学社中央与财政部建立联合调研机制，每年选取一个重点课题共同研究，连续三年将黄河课题列为联合重点调研题目；重点围绕黄河流域生态保护和环境治理，与生态环境部建立常态化协商机制。为助推黄河上游川甘青水源涵养区生态保护和高质量发展，2020 年，九三学社中央和四川、甘肃、青海三省政协联合主办、全国政协人口资源环境委员会参与主办川甘青三省四州协商协作研讨会第一次会议。

武维华强调，参政议政课题“要实事求是，进行科学的可行性论证。只有通过深入调研和科学论证而形成的意见和建议可能才会有前瞻性、可能性和可行性”。这一时期，九三学社形成了一批重要的调研成果，产生了良好的政治影响和社会效益。

改善农村人居环境，建设美丽宜居乡村，是实施乡村振兴战略和生态文明建设当中的一项重要任务。为此，九三学社中央将乡村环境综合治理作为 2018 年的党派大调研课题。2018 年 3 月至 6 月，九三学社中央邀请科技部、自然资源部、生态环境部、住房和城乡建设部及农业农村部有关同志和社内外专家组成调研组，由武维华、邵鸿、赖明率队先后 4 次分别赴浙江、江苏、云南、江西、四川等地就乡村垃圾和固体废弃物治理、乡村污水处理技术与设施监管、文明乡村建设等问题开展调研。其间，在大理和南昌分别召开主题为“农村面源污染防控与河湖生态环境治理”和“以生态农业发展促进乡村环境治理”的科学座谈会，在南昌举办主题为“乡村环境综合治理”的第十三届“九三论坛”。在全国政协十三届一次会议上，九三学社界别委员就“乡村环境综合治理”问题进行专题研讨。九三学社各省级组织围绕“乡村环境综合治理”主题开展调研，形成 38 份调研报告和建议。在广泛调研和深入交流基础上，最后形成了《关于推进乡村环境综合治理的调研报告》，提出坚持规划先行、推行垃圾分类、健全农村生活污水处理投建管运一体化机制等建议，得到中共中央领导同志的重视和批示，有关部门也给予高度肯定。一些地方组织也结合省情就此问题向地方党委政府献计献策，达到围绕同一主题上下协同建言的效果。

自 2018 年起，新一届九三学社中央领导班子为破解黄河流域一些地区经济社会发展存在的不平衡、不充分问题，在多年持续关注黄河流域生态环境保护和经济社会发展基础上，将“黄河流域生态文明建设和可持续发展”作为长期重点调研课题，每年选定一两个具体问题深入调研，并形成高质量调研报告。2018年1月，武维华在九三学社中央资环专委会全体会议嘱托参会的委员，要“关注黄河”。5月，“黄河流域生态文明建设与可持续发展”课题论证会在北京召开。武维华强调，黄河流域是一个巨大的经济社会系统，拟开展的黄河流域调研课题涵盖生态、经济、政治、社会、文化等各个方面，推动黄河流域生态文明建设与可持续发展是一项长期而艰巨的任务，既要关注眼前，又要立足长远，多学科多角度探讨黄河流域相关问题。9月，九三学社中央邀请社内外专家学者，以“黄河流域生态保护与可持续发展”为主题召开第十八次科学座谈会，为后期调研成果的形成提供了重要理论依据和数据支撑。三年间，武维华、邵鸿、赖明多次率调研组到沿黄九省区（青海、四川、甘肃、宁夏、内蒙古、山西、陕西、河南和山东）及黄河主要支流进行调研，并部署沿黄九省区九三学社组织和九三学社中央相关专委会同步调研。形成《关于黄河流域生态文明建设和可持续发展的建议》《关于尽快调整“黄河87分水方案”，推进黄河流域高质量发展的建议》报送中共中央，提出将沿黄河区域定位为以现代特色农牧业为主、能源化工产业集约发展的国家生态经济带；全面加强上游水源涵养和中游水土保持；创新水沙调控方略；科学调整水资源分配方案；加快节水现代农业发展；加强支流水污染综合治理。两份建议均得到中共中央领导同志的重视和批示，为黄河流域生态保护和高质量发展国家战略出台起到了推动作用。

加强草原生态文明建设，对保障国家生态安全，维护边疆地区稳定，打赢脱贫攻坚战至关重要。九三学社中央长期关注草原生态和草原地区经济社会发展，自1995年起，多次以调研报告、提案、大会发言等形式建言献策。从2018年开始，九三学社中央将“草原生态修复与生产力恢复”作为长期重点调研课题，开展持续研究。1月，以草原生态文明建设为主题的九三学社中央第十五次科学座谈会在北京召开。武维华在会议上指出，草原生态文明建设在制度体系、产业政策、发展战略、技术措施、基础科学、人才队伍等方面仍然存在诸多短板和问题，需要进行科学深入的研究。随后，九三学社中央领导率队，先后赴内蒙古、新疆、宁夏等地开展持续调研。与此同时，九三学社中央又以国家牧草产业技术体系为依托，协调财政部、国家林草局等相关部委和单位支持，广泛调动社中央相关专委会和社省级组织力量，倡导并推动建立以天然草原免耕补播技术为主的科技示范点，三年间在全国11个省（区）建立试点22个，为进一步凝练调研成果、科学建言献策、促进草原生态修复和生产力恢复水平逐步提升，提供了有力的实践支撑。

为了解民族地区职业教育目前发展状况和存在的困难，提出破解方法，2018年8月至10月，九三学社中央常务副主席邵鸿率队赴甘肃、四川、青海等地进行调研，先后考察了10个地市州的16所职业院校、部分用工企业和实训基地，召开7次专题座谈会。形成《关于加强民族地区职业教育的报告》和《关于加强新疆职业教育的报告》，提出加强顶层设计和科学规划，全面推广国家通用语言文字教育，精准施策加大资金投入，兼顾“输血”与“造血”，完善对口支援和东西协作机制等意见建议，得到中共中央、国务院领导同志的重视和批示。在调研基础上形成的《关于进一步加强“三区三州”职业教育的提案》，入选全国政协十三届二次会议委员视察重点提案。全国政协副主席、九三学社中央常务副主席邵鸿率全国政协常委视察团赴甘肃省进行视察督办。提交的九三学社界别提案《关于全面加强国家通用语言文字普及工作的提案》得到教育部等承办单位高度重视。

在2017年以“促进科技型中小企业创新发展”课题调研成果的基础上，2019年，九三学社中央再次就科技型民营企业发展问题开展深入调研。在半年多的时间里，武维华、邵鸿、赖明先后率队赴湖南、广东、辽宁等地，走访大型企业、中小科技企业和智能制造装备新企业百余家，与200多位企业家座谈，听取各方面意见建议，较为全面地掌握了科技型民营企业生存发展的现状、面临的主要问题和迫切需求。为集全社之力科学地研究分析，把问题找准，九三学社中央分别于 4 月和 5 月在浙江桐庐、辽宁沈阳举办了以“科技创新与科技型民营企业高质量发展”为主题的科学座谈会和以“促进科技型民营企业高质量发展”为主题的“九三论坛”，形成了《关于促进科技型民营企业高质量发展的调研报告》。报告建议将促进科技型民营企业高质量发展作为重要国家战略，精准识别、精准分类、精准管理、精准施策，扶持科技型民营企业这个“关键少数”做强做优；以“高新技术企业”和“科技型中小企业”中的民营企业为主体，重点围绕事关国家安全的“卡脖子”技术、关键共性技术以及在民生等领域的重大技术创新，积极推进民企与国企开展科研合作，精准提升科技型民营企业创新能力。

2020 年，九三学社中央进一步聚焦问题，围绕“提升企业创新能力，做强国家技术创新体系”开展年度重点考察调研。武维华率队赴北京、安徽、上海和广东等地调研，详细了解国有企业发展情况、技术创新要素现状和面临的问题。九三学社中央邀请科技部、工业和信息化部、国务院国资委相关负责同志和有关专家组成调研组，赴安徽省部分国企实地调研，并就相关问题举办“九三论坛”和“科学座谈会”。九三学社各省级组织、各专门委员会、促创工委克服疫情影响，通过视频会议、实地调研、函件调研等形式同步开展调研，广泛了解情况。在汇集各方调研成果的基础上，形成了《关于提升国企创新能力做强国家技术创新体系的建议》报送中共中央，建议进一步提高国企对科技创新重要性的认识，着力引导国企提高研发投入水平、搭建国企参与的共性关键技术平台、发挥国企优势解决技术“卡脖子”问题、夯实国企创新发展人才根基。

此外，2019 年至 2020 年，九三学社中央还就京津冀协同发展、东北地区经济发展转型升级、海岸带“退围还湿”、节水农业发展、国家高速列车创新中心建设、三峡库区柑橘产业发展、推动乡村产业高质量发展等主题开展了调研。

从 2017 年年底到 2020 年年底的三年间，九三学社中央高度重视两会平台的作用，不断总结经验，广泛动员全社智慧，力求扩大提案工作的覆盖面。一是选准课题深入调研；二是向30个省级组织、社中央8个专委会和7个工委会开展提案征集工作，同时对各方面调研成果进行转化而形成提案。

2018年，在全国政协十三届一次会议期间，中共中央政治局常委栗战书参加九三学社与民建界委员联组会，九三学社周岚、周鸿祎、黄润秋和王东等4名政协委员围绕城镇化协调发展、工业互联网安全、政府依法行政、将科学精神贯穿重大工程建设等问题建言。

在全国政协十三届一次至三次会议上，邵鸿、印红、葛均波代表九三学社中央分别作题为《纪念“五一口号” 开创多党合作和人民政协事业新局面》《发挥政协优势，落实“精准商量”》《弘扬新时代科学家精神，为建设科技强国汇聚磅礴力量》的大会发言；九三学社提出九三学社中央名义提案137件、九三学社界别提案94件；提出平时提案6件；《关于制定金融产品“国标”的建议》等17件集体提案被遴选为全国政协重点提案。与全国政协教科卫体委员会共同承办以“强化基础研究，促进重大原始创新”为主题的双周协商座谈会和以“创新驱动发展”为主题的专题协商会。

在全国政协提案委员会评出的2018年度好提案（共60件）中，九三学社有6件提案入选，分别为：《关于推动人工智能安全发展的提案》（九三学社中央）、《关于完善工程总承包政策的提案》（九三界别）、《关于加强机关运行保障管理法制建设的提案》（印红）、《关于加强植物新品种保护的提案》（万建民）、《关于强化检察环保公益诉讼责任的提案》（雷后兴）、《关于实施乡村振兴战略“补短板”，切实解决农村安全饮水的提案》（李云才）。

在全国政协提案委员会评出的2019年度好提案（共55件）中，九三学社有4件提案入选，分别为：《关于试点“研发代工”产学研新模式的提案》（九三学社中央）、《关于完善自然资源统一确权登记制度的提案》（九三界别）、《关于基层干部“减负减压”的提案》（李云才）以及刘忠范提交的一件提案（题目不公开）。

值得一提的是，2019 年，政协第十三届全国委员会表彰全国政协成立 70 年来 100 件有影响力重要提案，九三学社共有 13 件提案入选。其中，以九三学社中央名义提出提案 3 件，分别是：

2001 年，在全国政协九届四次会议上提出的《建设面向 21 世纪的长江经济带案》；

2003 年，在全国政协十届一次会议上提出的《关于实施国家知识产权战略的提案》；

2004 年，在全国政协十届二次会议上提出的《关于尽快解决失地农民生活保障问题的提案》。

由九三学社社员提出的提案 10 篇，分别为：

1950 年，在中国人民政治协商会议第一届全国委员会第二次会议上，陈鹤琴等 5 人提出的《请速组织中央普及识字教育委员会及教学方法局专门负责识字教育工作并在委员会指导下成立文化军以消灭文盲案》；

1951 年，在全国政协第一届全国委员会第三次会议上，许德珩等 4 人提出的《节约时间提高办事效率，以适应抗美援朝节约增产的号召》；

1979 年，在全国政协五届二次会议上，李毅等 4 人提出的《请求党和国务院有关部门在调查研究的基础上，提出关于贯彻党的知识分子政策若干问题的意见》；

1982 年，在全国政协五届五次会议上，王之相提出的《建议规定宪法日进行守法宣传教育，树立守法思想，养成守法习惯案》；

1986 年，在全国政协六届四次会议上，赵从李提出的《关于加强生态环境监测的提案》；

1995 年，在全国政协八届三次会议上，王贤才等 7 人提出的《关于尽快实行每周五天工作制提案》；

2003 年，在全国政协十届一次会议上，郑祖康等 2 人提出《关于免征农业税的提案》；

2008 年，在全国政协十一届一次会议上，林绍彬等 13 人提出的《关于国家尽快设立平潭岛对台自由贸易区，构建两岸经贸合作实验基地的提案》；

2011 年，在全国政协十一届四次会议上，支建华提出的《关于加大东北黑土地资源保护的提案》；

2014 年，在全国政协第十二届二次会议上，李彬等人提出的《创新机制实施精准扶贫管理的建议》。

从 2017 年年底到 2020 年年底的三年间，九三学社收到社情民意信息 14509 篇，采编形成《九三学社信息》《九三学社信息专报》信息 2863 篇，被全国政协采用 377 篇。

（三）助力决胜全面小康

中共十九大明确把精准脱贫作为决胜全面建成小康社会三大攻坚战之一。作为参政党，在任务艰巨的脱贫攻坚战中，九三学社既是监督者，也是参与者。

1. 聚焦深度贫困，深入推进专项民主监督工作

随着脱贫攻坚战进入决胜关键期，2018 年，九三学社中央把脱贫攻坚民主监督工作重心放在陕西的深度贫困县上，确定了“每一位社中央领导负责对口监督一个深度贫困县”的思路。新一届领导班子分别率队赴陕西 11 个深度贫困县（区）开展脱贫攻坚民主监督。重点关注健康、教育、产业、居住条件改善、县级财政涉农资金统筹使用情况等领域以及扶贫领域作风问题，采取暗访与明察、全面调研与专题调研、监督与帮扶相结合等方式开展监督调研。根据调研情况，向中共中央报送脱贫攻坚民主监督工作报告，并提出意见建议。2018 年提出做好扶贫产业调查和风险评估等建议，2019 年提请国家层面重点关注贫困地区地方性债务风险、扶贫开发立法等五个方面问题。2020 年围绕统筹推进疫情防控和脱贫攻坚、构建防止返贫机制、脱贫攻坚与乡村振兴战略有效衔接、扶贫产业后续发展等重点问题深入研究，提出相关工作建议。三年间，九三学社累计深入陕西省 5 市 21 县（区）104 乡（镇）231 村 15 社区，走访农户 2794 户（其中，贫困户 2267 户，非贫困户 527 户），访谈各级扶贫干部和教育及医卫人员等 1657 人次，走访各类扶贫点、学校、卫生服务机构、县级

职能部门 670 个，提出意见建议 240 余条，并推动意见建议“件件有着落，事事有回音”。中西部 16 个九三学社省级组织也开展了各具特色的脱贫攻坚民主监督工作，得到当地党委和政府的高度认可。

★ 2019 年 4 月，武维华（右一）调研陕西省山阳县高坝店镇井岗村木耳扶贫产业。

在开展民主监督的同时，九三学社中央坚持监督与帮扶相结合，加强对当地发展指导，拨付专项资金在镇巴实施产业帮扶，在镇巴、岚皋开展农村卫生室建设。坚持凝聚脱贫攻坚民主监督合力，与中国农业大学等三所高校合作，组织学生开展暑期调研。

这一时期，其他民主监督工作也同样取得切实成果。九三学社中央将民主监督寓于履行职能的各项工作中，通过政党协商、政协提案和发言、“直通车”建议以及反映社情民意信息等方式，重点对防范化解金融风险、扶贫脱贫和污染防治政策措施落实过程中出现的问题，提出监督性建议。反映人才称号过多过滥问题，获中共中央领导同志批示。担任各级各类特约监督人员的九三学社社员，以高度的政治责任感参加有关检查和监督工作，有效发挥了民主监督作用。在最高人民法院座谈会上和最高人民检察院走访社中央座谈会上，分别对两院工作提出意见和建议。

2. 定点扶贫和对口帮扶工作质效双增

武维华在九三学社十四届二次领导班子战略研讨会上强调指出，“要以钉钉子精神继续深入推进对口帮扶和定点扶贫，协助地方如期打赢脱贫攻坚战”。九三学社各级组织和广大社员响应号召，充分发挥自身优势，凝智聚力，积极参与脱贫攻坚行动。

对口旺苍定点扶贫工作成效显著。2018 年至 2020 年，武维华连续三年到旺苍开展调研，主持召开深化定点扶贫暨“九广合作”工作座谈会，持续推动对接产业、教育、健康及消费扶贫工作。2019 年 3 月，九三学社中央向各省级组织下发了《关于进一步加强对旺苍县定点扶贫工作的通知》，号召全国 30 个省级组织从项目资金支持、教育卫生产业等多个领域帮扶、开展消费扶贫等方面给予旺苍县力所能及的支持。

三年间，九三学社累计为旺苍县协调各类资金 7720 万余元，捐物价值 250 余万元。产业扶贫方面，累计投入“多党合作乡村振兴示范项目”资金 126 万元，发展沙梨、脆红李等特色产业，探索集体经济发展模式。教育扶贫方面，组织 20 余名教育科研领域专家，开展“同心树人”活动培训教师 500 余人。健康扶贫方面，搭建北大人民医院与旺苍县人民医院远程医疗平台，促成深圳眼科医院与县人民医院签订眼科帮扶五年协议。挂牌成立“九三中央定点、浙川携手共建”名医工作室，为旺苍群众享受优质医疗资源构建快捷通道。邀请医疗专家 40 余人次赴旺苍开展义诊、讲座和科室建设，培训当地医生 400 余人。消费扶贫方面，协调京东和凤凰卫视、凤凰网等平台通过直播、众筹等渠道助力旺苍县水果销售渠道，发动社员开展消费扶贫。2019 年至 2020 年，九三学社购买和帮助销售贫困地区农产品 1464 万元。

参与毕节新发展理念试验区建设成果丰硕。2018 年 7 月，习近平总书记对毕节试验区工作作出重要指示。当月，武维华在毕节出席统一战线参与毕节试验区建设座谈会，会后赴对口帮扶的毕节市威宁县调研，重点考察草海保护区生态保护和治理、草地生态畜牧业和农业产业发展、教育和医疗卫生事业建设，走访易地扶贫搬迁户和社中央精准扶贫项目受益贫困户。九三学社中央认真学习贯彻习近平总书记重要指示精神，积极落实统一战线参与毕节试验区建设座谈会精神和部署。协调国家相关部委，推动威宁草海治理和机场项目取得重大进展。立足地方实际，助力培育特色产业，帮助威宁引进的食用菌产业项目年产值 8.4 亿元，吸纳就业 2500 人，其中贫困户 1591 人。2019 年，经九三学社中央联系，浙江一家肉制品企业投入注册资本 1000 万元，在威宁县设立全资子公司。教育方面，推进第三轮学校结对子活动，启动为期三年的“校园文化”建设专题定向培养，促成中国科协在威宁县羊街镇设立“农村中学科技馆”，协调贵州省教育厅教师“国培计划”向威宁倾斜，联系九三学社深圳市委会捐赠 18 万元在威宁九中建成“九三 · 新浩心理健康活动室”。医疗扶贫方面，河北、福建、江苏、上海等九三学社省级组织为威宁县 7 所标准化村卫生室捐赠医疗办公设备，开展威宁县（乡镇）全科医师规范化培训，协调社员向县人民医院捐赠总价值 150 万元的眼科设备。2020 年，九三学社深圳市委会、深圳市球爱同行慈善基金会赴威宁开展“九三学社 · 球爱慈善脊柱健康公益行”活动，对 2016 名高中学生进行青少年脊柱健康筛查，并筛查 164 名脊柱畸形贫困患者，救治 7 例。2018 年至 2020 年，九三学社共协调投入各类资金 1247 万元，捐物价值 324 万元，开展产业、教育、医疗、消费等方面的帮扶工作，累计直接受益群众 27084 人次。2020 年 11 月，威宁宣布正式退出国家贫困县序列，武维华代表九三学社中央致信祝贺。

帮扶黔西南“星火计划、科技扶贫”试验区取得新进展。教育方面，九三学社中央书画院、安徽省委会、浙江省委会、天津市委会组织开展书法音乐专题培训、学校结对、高考备考等帮扶活动，捐赠文体用品，设立“九三树人”奖学金。医疗方面，九三学社中央农村卫生室项目采购设施设备，用于改善当地 2853 名村民日常疾病预防及治疗条件，浙江省委会组织专家赴望谟县开展全科医生培训及教学交流活动，培训医生 200 名。2019 年，九三学社浙江省委会牵线企业家向黔西南州易地移民扶贫项目捐赠122台价值33.7万元的缝纫设备，助力搬迁群众实现稳定就业。2018年至2020年，九三学社为黔西南试验区协调捐物价值49.6万元，邀请专家66人次，培训2667人次。

三年间，“同心树人”项目累计开展74次培训活动，培训教师7745人次，惠及师生30728人次。“亮康行动”实施免费白内障治疗手术18973例，开展健康科普和医疗培训活动2766场。“同心康福行动”实施运动型脑瘫救治手术220例、先心病患儿124人，安装假肢397套，实施髋关节置换手术156例。建设完善农村幸福院12个、卫生室38个，开展慈善公益帮扶，推动地方社会建设。实施多党合作乡村振兴示范项目34个，以助力农村集体经济发展，建立长效脱贫机制为切入点，帮扶特色产业发展，关注新型农村集体经济模式探索。

在帮扶过程中，九三学社涌现出一批扶贫领域先进榜样。2018年，社员徐冬梅荣获全国脱贫攻坚贡献奖。2019年，九三学社贵州省委会社会服务处荣获“全国民族团结进步模范集体”称号，社员孟平红等4人荣获“全国民族团结进步模范个人”称号，社员陈志彪、廖杰远荣获全国脱贫攻坚创新奖。2020年，九三学社社员赵海伶获全国脱贫攻坚奉献奖，社员张金霞、常明昌获全国脱贫攻坚创新奖。

（四）“九地合作”和科普工作展现新气象

“九地合作”开启新篇章。2018年，九三学社中央与海南省政府签署“九琼合作”协议，为助推海南全岛自由贸易试验区和中国特色自由贸易港建设、热带高效农业发展、海岛生态文明建设等搭建工作平台。武维华率队赴海南调研海岸带生态建设，出席“海洋经济高质量发展”科学座谈会。开展“九三学社院士专家科普海南行”活动，实施“多党合作乡村振兴示范”项目，在海南医学院设立院士工作站，征集并与海南省有关部门对接“九琼合作”项目15个，九三学社北京、四川、河南、湖北、湖南、山东等省（市）级组织与海南省委会签订省际合作协议。2019年，九三学社中央与内蒙古自治区人民政府签订“九蒙合作”协议，助力内蒙古推进草原生态文明建设。安排资金200万元，联合国家财政部、林业和草原局，发挥国家牧草专业技术体系作用，在新疆、内蒙古等省（区）开展天然草原免耕或复耕补播苜蓿等科学试验初见成效。“九吕合作”持续推进，协调农业农村部在吕梁实施“农业产业强镇”项目，连续三年每年支持项目经费1000万元；邀请专家在吕梁开展中国科协“科技小院”项目前期调研，协调中国大数据与智能计算产业联盟和吕梁市军民整合协同创新研究院签订战略合作协议，促成吕梁市贺昌中学与清华附中永丰中学建立校际帮扶关系；协调京东集团在汾阳市打造农村便民金融服务网络；在汾阳医院设立院士工作站。“九临合作”不断加强，在临汾市中心医院设立院士工作站，协调专家设立名医工作室。

三年间，九三学社累计实施各类“九地合作”项目536个，协助有关单位落实项目资金9亿元，开展建议咨询活动1126次，组织发动各级组织和个人捐资捐物4136万元，举办各种讲座、培训班1031场次，培训各类人员15万人次。

服务国家重大战略实施，助力“一带一路”倡议。实施“助推京津冀协同发展行动”，促进京津冀三省市九三学社组织合作，为国家“京津冀协同发展战略”献计出力。组织医卫专家开展助推“一带一路”地区医疗水平帮扶活动，先后赴新疆生产建设兵团、云南玉溪多家医院，开展带教查房、讲座研讨及手术示教。组织专家调研“一带一路”核心区高等教育师资队伍建设，促成签订支援新疆大学“双一流”建设工作协议，推动新疆高等教育发展。连续三年在新疆、云南、黑龙江、青海、甘肃等地实施“‘一带一路’助推地方经济发展”项目10个，帮助发展特色产业，形成示范带动效应。三年间，九三学社中央作为主办方继续参与中国创新创业成果交易会的筹办工作，组织社员参加“九三学社社员科技成果展”，共展出241项原创科技成果，440余人与会。

整合社内外资源，提升科普和文化服务水平。坚持科普宣传和科技服务并举，推动科普工作创新发展，为地方经济社会发展出谋划策，帮助地方政府、企业和院士专家建立工作联系，为后续开展产学研全方位合作开辟新路。2018 年至 2020 年间，九三学社中央共邀请院士 20 人次、专家 526 人次赴 28 省 51 市开展专题调研，举办科普讲座 270 场、座谈会 25 场，受众累计 22.8 万人；九三学社各级地方组织开展各类科普讲座 3730 场、科技服务 4934 场、发放科普资料 93.19 万册，参与专家 25516 人次，累计受众 463 万人。举办“科普中国——科学大咖面对面”活动 7 场，线上直播收看人数达 113.4 万人次。与中共四川省委、四川省人民政府等共同主办第十八届中国西部海外高新科技人才洽谈会，助力吸引高端人才及创新创业团队。九三学社中央书画院赴多地开展送文化下基层进校园活动，丰富人民群众精神文化生活。2020 年，九三学社中央社会服务部科教处被科技部、中央宣传部、中国科协评为全国科普工作先进集体。

(五) 各级组织焕发新面貌

从 2017 年年底到 2020 年年底的三年间，九三学社认真践行习近平总书记对民主党派提出的“四新”“三好”总要求，努力建设政治坚定、组织坚实、履职有力、作风优良、制度健全的中国特色社会主义参政党。

继续深入加强领导班子和干部人才队伍建设，着力提高各级领导班子政治把握能力、参政议政能力、组织领导能力、合作共事能力、解决自身问题能力。2018 年，修订九三学社中央主席办公会议、主席会议、常委会议、中央委员会工作规则，要求中央委员、中央常委特别是中央领导班子成员以身作则，模范遵守社章社纪，自觉接受监督，坚持以上率下，为全社作出示范。印发《九三学社地方组织领导班子谈心会实施细则》，进一步规范谈心会制度。进行省级组织领导班子现状分析，开展省级组织代表人士和骨干代表人士人才资源现状的摸底调研。2019 年，正式启动对省级组织领导班子的新一轮督导检查工作，两年间完成对吉林等 10 个省级组织的督导检查。同时，对省级组织领导班子和市级组织主委、地方组织代表人士人才资源现状进行调研，有针对性地开展工作，指导省级组织加强代表人士队伍建设。

以深入贯彻落实关于加强中国特色社会主义参政党建设的三个文件精

神为引领，以制度建设为抓手，持续推进人才强社战略。先后出台《九三学社中央关于加强新时代组织发展工作的意见》《九三学社中央关于加强地方组织代表人士队伍建设的意见》《九三学社社费收缴、使用和管理暂行办法》《九三学社发展社员工作规程》等工作制度文件，九三学社组织建设的制度体系进一步完善。2020 年，为更好激励基层组织和广大社员为建设中国特色社会主义事业作出更大的贡献，九三学社中央表彰了北京市西城金融支社委员会等 100 个基层组织。

加强工作调研，认真分析九三学社组织发展情况，形成组织发展统计分析报告，开展关于省辖市工作委员会、民营企业和新社会阶层人士发展情况调查。以提升九三学社社员发展质量为重点，制定社员发展规划。从 2017 年年底到 2020 年年底的三年间，九三学社社员数量稳步增加，结构不断优化，界别特色明显。截至 2020 年 12 月 31 日，九三学社共有省级组织 30 个，市级地方组织 281 个，县级地方组织 29 个，基层组织 7438 个，社员总数 195702 人，平均年龄 54.4 岁；高、中级职称社员 174306 人，占比 89.1%；主体界别社员 151507 人，占比 77.4%；女性社员 81742 人，占比 41.8%；45 岁以下青年社员 62006 人，占比 31.7%；离退休社员 55133 人，占比 28.2%。

代表人士队伍建设取得实效，呈现出人才辈出的良好局面。三年间，153 名九三学社社员主持或参与完成的项目荣获国家科技奖。2019 年，樊春海、李景虹、马兰、钱前、宋尔卫、于贵瑞、崔铁军等 7 名社员被增选为中国科学院院士，王俊被增选为中国工程院院士。社员程开甲继 2017 年荣获“八一勋章”后，又于 2019 年荣获“人民科学家”国家荣誉称号。

这一时期，九三学社社员中任国务院组成部门正部级领导 1 人、副部级领导 1 人，在省（直辖市、自治区）级人大常委会、人民政府、政协任副省级领导职务 23 人，任政府及组成部门和司法机关等厅局级职务的社员 157 人、处级职务的社员 1369 人。2018 年 9 月，九三学社中央常委孟庆海当选中国科协副主席；11 月，九三学社中央委员陈化兰当选全国妇联副主席。2020 年 4 月 29 日，十三届全国人大常委会第十七次会议表决，决定任命黄润秋为生态环境部部长。这是自 2007 年万钢被任命为科技部部长、陈竺被任命为卫生部部长之后，又一位党外干部担任国务院组成部门正职。

高度重视青年工作，调整配强青工委班子，积极搭建各种平台，鼓励带动各级青工委开展活动，实现 30 个省级青年工作组织全覆盖。举办“青年社员纪念五四运动 100 周年座谈会”，学习习近平总书记重要讲话精神，促进青年社员继承发扬九三学社优良传统。积极组织青年社员参与中国（绵阳）科技城国际科技博览会，聚焦科技创新、“双循环”新发展格局下的科技创新与产业发展等主题，举办第五届、第六届全国青年论坛，带动地方和基层组织开展青年论坛活动。加强青年工作探索研究，结集出版《九三学社青年工作发展与对策课题研究》。

监督工作的制度化、规范化水平不断提高。制定、修订《九三学社中央监督委员会信访工作暂行办法》《九三学社社内监督工作条例》《九三学社中央委员会监督委员会工作规则》等多项制度，印发《关于加强廉洁从政从业教育的通知》。九三学社中央和省级组织对社员特别是对各级领导班子成员和担任公职的社员开展廉洁守纪教育。编印《社内监督通讯》《社员违纪违法典型案例通报》，推进警示教育常态化。

从 2017 年年底到 2020 年年底的三年间，九三学社中央领导班子对机关建设提出更高更明确的要求，采取一系列有力措施推进机关建设。着力加强机关政治建设，强化政治机关定位，通过多种形式深入开展理想信念和思想政治教育活动。加大机关制度化、规范化建设力度，机关制度体系逐步完善，共梳理社中央及各部门现行制度 100 余项，修订制度 33 项，新增制度 26 项。完成近 200 个地市级组织机关能力建设工作，完成全部省级组织和 138 个地市级组织机关规范化交叉检查工作。举办两期全国省级以下机关专职干部培训班，完成机关专职干部轮训工作，累计培训近千人。各级机关运转规范化水平、工作效能全面提升。2020 年 11 月，九三学社中央组织召开全国机关建设工作会议，总结梳理前期机关建设工作的做法和经验，进一步明确机关建设的总体要求和重要举措，提出着力建设“政治坚定、素质过硬、开拓创新、团结有为、服务高效”的九三学社工作机关。

（六）助力打赢新冠肺炎疫情防控阻击战

2020 年年初新冠肺炎疫情暴发后，中共中央坚持把人民生命安全和身体健康放在第一位，统筹全局、沉着应对，果断采取一系列防控和救治举措，短时间内有效控制疫情，极大激发了民族自豪感、自信心、凝聚力，充分展现了我国社会主义制度的政治优势和负责任大国的形象。在抗击疫情的非常时刻，九三学社深入学习贯彻领会习近平总书记对疫情防控工作的重要指示精神，坚定不移同中国共产党想在一起、站在一起、干在一起，坚决贯彻落实中共中央、国务院重大决策和部署，全面动员、周密部署，发挥优势、主动作为，凝聚全社力量为打赢疫情防控阻击战贡献智慧和力量。

1 月 23 日，九三学社中央主席武维华委托常务副主席邵鸿致电社湖北省委会，对武汉等地新冠肺炎疫情表示关切，代表社中央慰问湖北省九三学社社员，并对社湖北省委会参与疫情防控提出要求和希望。1 月 24 日，九三学社中央机关应对疫情防控工作组成立，启动机关应急工作。1 月 25 日，九三学社中央通过“九三学社之声”微信公众号向抗击新冠肺炎疫情一线社员发出慰问信。1 月 26 日，九三学社中央成立了以武维华为组长，邵鸿为副组长的疫情防控工作领导小组。1 月 28 日，九三学社中央应对新冠肺炎疫情工作领导小组召开会议，就疫情防控工作作出了总体部署和安排。1 月 29 日，九三学社中央发出通知，动员全社共同参与打赢新冠肺炎疫情防控阻击战。

疫情防控期间，九三学社中央启动信息处理“24 小时在线”运行机制，共收集涉疫社情民意信息 2000 多件，报送近 400 件。围绕统筹疫情防控和经济社会发展，提出相关提案 9 件，由全国政协通过提案“快速通道”转送有关部门。及时组织力量形成专题报告 5 篇，就加强科普和普法

“双普”工作、统筹疫情防控和脱贫攻坚、健全国家公共卫生应急管理体系等向中共中央提出建议。

九三学社中央关注分析疫情对脱贫攻坚工作的影响，积极助力如期完成脱贫攻坚历史性任务。第一时间与定点扶贫县和参与毕节试验区建设对口帮扶县有关部门了解情况，提出意见建议，帮助筹集急需防疫物资、贫困农民工返城务工、协调分享中小学优质网上课程资源。密切与对口开展脱贫攻坚民主监督的陕西省沟通联系，就积极稳妥统筹开展疫情防控和脱贫攻坚工作、完善农村公共卫生防疫体系等问题提出建议。

九三学社各级组织发挥自身优势，着力加强科学普及，加强政策宣传解读，用艺术作品振奋人心，广泛凝聚社会共识。九三学社中央科普工作委员会制定应急科普工作方案，并联合医疗科普网站共同推出新冠肺炎科普专题及在线义诊服务，创作上百篇科普文章、视频，浏览量过亿次。九三学社湖北省委会向奋战在疫情防控一线的社员致信问候；上海市委会依托微信公众号和腾讯平台，上线“‘九三’微讲坛”，围绕抗疫热点话题开展科普；四川省委会通过今日头条、微博、微信公众号、抖音等平台累计发布疫情科普推文及视频，总阅读量逾3000万次；辽宁省委会举办“众志成城、抗击疫情——九三学社在行动”书画、摄影、文艺创作网络展；江西省委会组织社员创作抗疫歌曲，讴歌奋战在抗疫前线的勇士，鼓舞社会各界勠力同心、共同抗疫。

广大九三学社社员用实际行动诠释了九三人的光荣传统和家国情怀，展现了新时代九三人的责任与担当。众多社员或不畏生死，毅然逆行，奋战一线；或以科技助力“防疫”，积极研发防疫物资，开展线上科普义诊，为复工复产提供指导服务；或下沉社区参与防控工作，助力基层防控力量。截至2020年6月30日，九三学社累计捐款近2.2亿元、捐物价值近3亿元。其中，“王选关怀基金会”捐赠物资和资助慰问社内外一线医务人员总计1280万元。

一批九三学社社员因英勇表现和感人事迹获得党和国家的荣誉表彰，其中杜斌等12名社员荣获“全国抗击新冠肺炎疫情先进个人”称号，卢金星等 14 名社员荣获“全国卫生健康系统新冠肺炎疫情防控工作先进个人”称号，李莉等 9 名社员荣获“抗击新冠肺炎疫情全国三八红旗手”称号。543 名湖北抗疫一线优秀社员，426 名抗击新冠肺炎疫情先进个人、105 个先进集体受到社中央表彰。

自 1945 年创建至今，九三学社已经走过 70 多年的光辉历程。70 多年的实践证明，坚持中国共产党领导，致力于国家富强、民族复兴、人民幸福，是九三学社的初心所在；坚持爱国、民主、科学，是九三学社的精神所在；坚持围绕党和国家中心任务履职尽责、有所作为，是九三学社的价值所在。

站在“两个一百年”奋斗目标历史交汇点上，面向新时代、新征程，九三学社将更加紧密地团结在以习近平同志为核心的中共中央周围，大力弘扬爱国、民主、科学精神，为实现“两个一百年”奋斗目标、实现中华民族伟大复兴的中国梦，砥砺奋进、开拓前行，努力创造无愧于时代的业绩，奋力书写九三学社新篇章！

附　录

大 事 记

1944 年

抗日战争后期，日本帝国主义对我国发动了新的进攻，民族存亡面临严重关头，林伯渠同志代表中共中央，适时在重庆国民参政会上提出了“立即结束国民党一党专政，成立民主联合政府”，以利团结抗日的主张，得到社会各阶层人民的热烈响应。抗战时期从各地来到重庆的一部分文教科学技术界的人士，为响应中共的主张，乃由许德珩、褚辅成、潘菽、梁希、税西恒、张西曼、吴藻溪、黄国璋等，发起“民主科学座谈会”，主张发扬“五四”反帝反封建和民主科学的精神，“团结、民主，抗战到底”，在重庆高等学校和知识界有一定的影响。

1945 年

1 月　褚辅成、黄炎培等 60 余人联名发表《为转捩当前局势献言》，呼吁政府应与各党派各界切实合作，团结抗日。

7 月 1 日　褚辅成等六名参政员应毛泽东、周恩来的邀请，从重庆赴延安考察、会谈。

7 月 1 日　中国科学工作者协会于重庆沙坪坝正式成立。竺可桢任理事长，梁希任副理事长，李四光任监事长，涂长望任总干事，干铎任事务干事，谢立惠任组织干事。“中国科学工作者协会”与九三学社渊源深厚，其创始人与九三学社的创始人存在重合，中华人民共和国成立后，该会许多成员都加入了九三学社。

9 月 3 日　日本签字投降正式生效。国民政府定是日为抗战胜利纪念日。这不仅标志着抗日战争的胜利，而且标志着世界反法西斯战争的全面胜利。在这举世庆祝的一天，“民主科学座谈会”举行聚会，决定正式成立九三座谈会。

9月10日　毛泽东在重庆会见了许德珩、劳君展夫妇，勉励把座谈会搞成一个永久性的政治组织。毛泽东的启发和鼓励，对九三学社的正式建立有决定性的影响。在重庆期间，毛泽东还会见了褚辅成、梁希、潘菽、张西曼、金善宝、涂长望、谢立惠、干铎、李士豪等人。

10月24日　褚辅成、王卓然、张西曼、许德珩等以九三学社的名义对时局发表意见并刊登于《新华日报》。要求国民党政府“恢复和平谈判，下令永远停止内战，以求真正的和平民主之实现”。

1946年

1月6日　为促进政治协商会议的召开，褚辅成、许德珩、税西恒、张西曼等人邀请重庆学术界人士举行“九三座谈会”。决定成立“九三学社筹备会”，推褚辅成、许德珩、张西曼等筹组九三学社。

1月17日　九三学社筹备会召开会议，发表《对政治协商会议之意见》，表达对政协会议的声援，并提出积极的建议。

1月23日　重庆《新华日报》刊登九三学社筹备会《对政治协商会议之意见》。

2月14日　九三学社筹备会负责人对“较场口流血惨案”向新闻记者发表谈话，强烈谴责国民党特务的残暴罪行。

2月24日　中国民主宪政促进会在重庆正式成立，选举张西曼、许德珩等25人为理事，张西曼任理事长，许德珩、潘菽、孟宪章、吴藻溪、张雪岩、王卓然、孙荪荃、谢立惠、雷启汉等人均参与该会。中国民主宪政促进会成员与九三学社有较大的重合。

4月8日　九三学社再次集会，形成九三学社筹备会《对东北问题的意见》，主张“东北政权应由人民用民主方式自行决定”。10日，该意见发表于重庆《新华日报》。

4月13日至19日　九三学社筹备会张西曼、王卓然、张雪岩、许德珩、雷启汉、吴藻溪等人先后向中共致函悼念王若飞、秦邦宪、叶挺、邓发等乘机遇难烈士。褚辅成撰挽联悼念“四·八”烈士。

5月4日　九三学社筹备会经过四个多月的积极工作，在重庆青年大厦召开了九三学社成立大会。大会发言之后，通过了九三学社缘起、成立宣言、基本主张、对时局主张及致美国国会电文。选举潘菽、张雪岩、褚辅成、许德珩、税西恒、吴藻溪、黄国璋、彭饬三、王卓然、孟宪章、张西曼、涂长望、李士豪、笪移今、张迦陵、严希纯16人为理事；卢于道、詹熊来、刘及辰、何鲁、侯外庐、黎锦熙、梁希、陈剑翛8人为监事。

5月12日　九三学社理监事第一次联席会议在重庆召开，讨论社务和时局。决议设总社于京、沪区，设分社于重庆、武汉、成都、昆明、香港、广州、北平、天津及伦敦等地；推举褚辅成、许德珩、税西恒、张雪岩、潘菽、黄国璋、吴藻溪为常务理事；梁希、卢于道、詹熊来为常务监事。

5月24日　褚辅成、王卓然接受重庆《新华日报》记者专访，主张立即停止内战，并严厉指责“警管区制”与人民基本自由抵触。

5月26日　重庆各界人士时事座谈会发起“呼吁和平、反对内战”签名运动，九三学社吴藻溪、王卓然等人签名。

6月12日　九三学社上海分社成立。公推褚辅成任主任理事；推褚辅成、许德珩、孟宪章、笪移今、陈乃昌、孙荪荃、徐甫等7人任理事。

6月23日　上海10万人民反内战示威，公推马叙伦等11人为和平代表赴南京请愿，请愿代表在南京下关车站遭国民党特务殴打。26日，九三学社发表致南京受难人士马叙伦等慰问电，祝“早日康健，继续为和平民主运动努力奋斗，本社同人誓作后盾”。

6月26日　国民党军队向中原解放区大举进攻，内战正式爆发。九三学社发表对时局意见，反对内战，反对国民党当局允许外国在华驻军权、内河航行权、公海捕鱼权、放弃关税自主权、国共谈判外国公断权等。

7月20日　延安《人民日报》刊发通讯，对九三学社6月26日发表对时局意见进行报道。文末对九三学社的建立进行了介绍：九三学社系文教、经济界名流褚辅成、许德珩、王卓然等所组织，成立于今年五四节。

7 月 28 日　九三学社领导人参加重庆人民追悼李公朴、闻一多大会，许德珩任主席团成员并参加陪祭。褚辅成撰挽联悼念。

9 月 3 日　九三学社发表《为国际民主胜利周年纪念宣言》，主张立即全面停战，实行政协决议，解散特务机关，严惩战犯、汉奸。

9 月 16 日　重庆各界追悼陶行知，九三学社为发起单位之一并参加筹备工作。22 日，“陪都各界陶行知先生追悼大会”在重庆临江路沧白堂举行，许德珩陪祭，参加追悼会的各界人士达 2000 余人。

10 月 27 日　九三学社重庆分社成立。推举税西恒、何鲁、吴藻溪、左昂、谢立惠、詹熊来等 15 人为理事或监事，并通过议案，希望美国人民制止美国政府在华推行帝国主义政策的错误行为。

11 月 5 日　九三学社重庆分社领导人接受重庆《新华日报》专访，反对召开非法国大，指出“如以国家人民为重，还是遵循各党派签定的政协决议为重”。

11 月 10 日　九三学社重庆分社参加渝人民团体呼吁全民停止“国大”。同日，褚辅成、孟宪章与谭平山、李济深等人联名致书国民党当局，要求“国大”开会日期暂行延缓。

11 月 13 日　褚辅成、谭平山、李济深、孟宪章等呈请延缓国民大会开会日期的代电。许德珩、周炳琳等教授发表时局观感，反对召开一党“国大”。许德珩称：“此次国大断然召开，政局前途不堪想象，是以深感个人责任之大，故若非各方协商一致参加，我个人不拟赴京。月来此间各方人士均为政局焦灼万分，咸以国大之如何召开，为国计民生祸福安危之关键。我等力主各方应于此时作严正之表示，以对国事前途判明责任。”

12 月 29 日　九三学社、民主建国会等 11 个在沪的民主党派、人民团体联合发表声明，对国民党单方面召开国民代表大会并公布所谓“宪法草案”表示坚决反对。

12 月 30 日　许德珩、袁翰青联合北京大学 48 位教授就北大女生沈崇被美军污辱事件，致美驻华大使司徒雷登抗议书，抗议美军暴行。

1947 年

1 月 20 日　九三学社留平同人发表时局意见，主张“从速真实的、全面的停止内战，俾和平团结之容易实现”。

2 月 6 日　九三学社重庆分社和陪都反对美军暴行委员会等 16 个民主团体发表慰问爱国游行学生的联合宣言。

2 月 21 日　中共驻北平军事调处执行部撤回延安。撤离前夕，许德珩、张雪岩、黎锦熙、袁翰青、黄国璋、薛愚、劳君展等在薛愚住宅聚会为中共代表饯行，中共代表徐冰、崔月犁、薛子正等出席。

2 月 22 日　许德珩、俞平伯等北京大学、清华大学 13 名教授在北平发表《保障人权宣言》，抗议北平市当局以清查户口为名，调动警察宪兵 8000 余人，夜入民宅，肆行搜捕。

5 月 4 日　九三学社为成立周年纪念五四发表宣言，重申九三学社主张发扬五四反帝反封建、科学与民主的精神。

5 月 4 日　北平社员聚会庆祝九三学社成立周年，并致函各地社员征求总社设立地的意见。其后，根据绝大多数社员意见，九三学社总社落地北平。

5 月 22 日　九三学社袁翰青、薛愚、樊弘联合北京大学 28 名教授发表《北京大学教授宣言》，指出：“今日内战愈演愈烈，其结果已使饥饿侵蚀到社会各阶层，青年学生所呐喊的反内战，反饥饿，正是代表全国人民一致的呼声，我们应该同情。”

5 月 28 日　许德珩在国民参政会全体审查会上作“停止内战，实现和平”的发言，呼吁“我们今天不能再凭武力，必须和平。和平能够救人民，和平能够救中国，和平能够救世界”。

7 月　褚辅成召集孙荪荃、笪移今、王造时、孟宪章等在上海的社员，倡导发起成立“对日问题座谈会”，坚决反对美国扶植日本。

11 月 4 日　九三学社许德珩、袁翰青和民进领导人雷洁琼联合北平各院校教师 47 人，发表《我们对于政府压迫民盟的看法》，抗议政府的专制行径，声援民盟。

1948 年

3 月 29 日　九三学社许德珩、袁翰青、樊弘三教授在北大民主广场纪念黄花岗先烈大会上讲演，呼吁学习黄花岗烈士的精神，走革命的道路，全力全心为中国的苦难大众献身。事后，三教授受到国民党当局的迫害。

4 月 27 日　毛泽东致信刘仁，指示邀请许德珩等人来解放区开各民主党派各人民团体的代表会议。

4 月 29 日　在南京的九三学社社员梁希、潘菽、涂长望等以中国科学工作者协会的名义，给《观察》周刊寄抗议书，抗议国民党北平市党部迫害三教授。

5 月 4 日　九三学社南京社员梁希、潘菽、金善宝、涂长望、干铎等，参加南京各大专院校纪念五四营火晚会，梁希作讲演，指出："天色就要破晓，曙光即将到来！"

6 月 28 日　九三学社社员同北平各院校教授 104 人发表宣言，呼吁美蒋飞机停止破坏文化机关及轰炸古城开封。

9 月 20 日　中共中央电告华北局，平、津地区可邀请张东荪、李烛尘、许德珩、张奚若、符定一、李锡九等 24 人参加新政治协商会议，并征求华北局对筹备新政协的意见。

11 月　许德珩在《中建》1 卷 9 期发表《中国今日之自由问题与自由主义者》，批评"中间路线"和改良主义思想，呼应和配合中国共产党的主张。

12 月 17 日　蒋介石致电傅作义，要求秘密催促北平教育文化界知名人士离京。名列其中的黎锦熙、杨振声、严济慈等均予拒绝。

1949 年

1 月 16 日　九三学社袁翰青、黄国璋等四教授同北平十余名教授应傅作义宴请，商谈北平和平解放问题。

1 月 17 日　许德珩和北平各大学教授 36 人发表宣言，劝傅作义顺从民意，谋求和平解放之法，将军队撤出城外。

1月26日　九三学社宣言拥护中共“五一”号召暨毛泽东八项主张，“去年五月一日，中共中央建议召于无反动派参加的新政治协商会议，解决国是。本年一月十四日，中共毛泽东先生复宣布和平八项主张，同人等认为唯有循此途径，始可导中国于民主、自由、富强、康乐之境，愿共同努力，以求实现”。

1月31日　人民解放军进入北平，北平宣告和平解放。2月3日，解放军举行入城式，九三学社许德珩、劳君展等人，被邀请在前门箭楼上欢迎人民子弟兵。

2月12日　北平市二十万群众举行游行集会，庆祝北平和平解放。许德珩为十七人大会主席团成员之一。

2月20日　董必武、林彪、叶剑英、罗荣桓、聂荣臻、薄一波等中共领导人于北京饭店宴请知名民主人士。林彪、董必武致辞后，邵力子、张奚若、陆志韦、许德珩、张东荪相继发言，许德珩表示，坚决参加解放全中国的伟大事业。

3月25日　许德珩、劳君展等九三学社成员和其他民主人士在西苑机场欢迎中共领导人毛泽东、周恩来、刘少奇、朱德等到达北平。当日晚，许德珩应邀出席了毛泽东在颐和园召开的民主人士座谈会。

3月　由中共中央安排接送南方和香港民主党派人士到解放区的工作告一段落，其中九三学社社员有张西曼、梁希、潘菽、涂长望、卢于道、储安平等。

6月11日　中共中央同民主人士、各界代表人物经过反复协商，在中南海勤政殿召开了新政协会议筹备会预备会。预备会议商定参加新政协筹备会议的单位为23个，共134人，并商定了筹备委员会的人选。许德珩和中央大学教授梁希等7人作为“民主教授”单位的代表出席会议。

6月15日至19日　新政协筹备会第一次全体会议在北平召开，许德珩参加会议，在这次会上，九三学社被正式确认为民主党派，成为参加新政协的45个单位之一。

6月16日　新政协筹备会第一次全体会议，通过《新政治协商会议筹备会组织条例》和《各单位代表参加小组办法》。新政协筹备会设立六个小组，许德珩任第三小组副组长，协助起草《共同纲领》。

6 月 17 日　毛泽东到北京师范大学看望黎锦熙、汤璪真、黄国璋等九三学社师友，并和大家一同用饭。

8 月 25 日　九三学社在南河沿大街欧美同学会举行座谈会，许德珩等 16 人出席，讨论美国白皮书及社务工作。

9 月 3 日　九三学社在北京饭店举行座谈会，许德珩和吴藻溪、黎锦熙、孟宪章、张雪岩、袁翰青等 10 人出席，孟宪章报告上海分社情况，许德珩报告新政协开会情况，决议暂不吸收新社员。

9 月 10 日　九三学社在南池子箭厂胡同 2 号张雪岩宅举行座谈会，许德珩等 20 人参加，推举薛愚替补因出访苏联不能参会的潘菽为出席新政协代表。

9 月 14 日　九三学社在南河沿大街欧美同学会举行座谈会，许德珩等 11 人参加，讨论通过抗议英美侵略台湾和西藏的声明。

9 月 21 日至 30 日　中国人民政治协商会议（以下简称全国政协）第一届全体会议在京召开。九三学社正式代表许德珩、黎锦熙、袁翰青、吴藻溪、薛愚，候补代表叶丁易出席会议，以其他各界身份出席会议的社员还有梁希、严济慈、涂长望、储安平、孙荪荃、樊弘、张雪岩、卢于道等十余人。

10 月 1 日　中华人民共和国在北京成立。许德珩、梁希、卢于道等应邀登上天安门城楼，参加中央人民政府成立典礼。

10 月 19 日　中央人民政府委员会举行第三次会议。梁希被任命为林垦部部长。

10 月 21 日　九三学社在北京大学孑民纪念堂举行座谈会，许德珩等 22 人出席，许德珩报告一月来九三学社工作及出席政协会议情况，黎锦熙、袁翰青、张雪岩、严济慈、涂长望也谈了出席政协会议的感想。

10 月 22 日　中央人民政府政务院法制委员会成立，许德珩被任命为副主任委员。

12 月 17 日　涂长望被任命为中央人民政府人民革命军事委员会气象局局长。

新中国成立后，九三学社酝酿解散。毛泽东得知后立即派中央领导同志转达他不同意九三学社解散的意见。九三学社遂得以保留下来，继续发展和壮大。

1950 年

3 月 20 日　九三学社举行会议，决定废除九三学社原有纲领，以政协《共同纲领》为纲领，发展方向为文教界。推举许德珩为主席，梁希为副主席。除原有理事外，严济慈、孙承佩、薛愚、方亮等被推为中央理事。

3 月 26 日　九三学社第一届中央理事会第一次会议召开。许德珩报告工作，推举许德珩、梁希、黄国璋、薛愚、孟宪章为常务理事，决定理事会每两周开会一次，大会每月一次。

4 月 9 日　九三学社第一届中央理事会第二次会议召开，许德珩等 17 人参加。会议增补笪移今、吴藻溪为理事，推举许德珩、薛愚为代表慰留因行政工作繁忙要求辞职的梁希副主席。

4 月 20 日　九三学社常务理事会第一次会议召开。许德珩、薛愚报告出席民主党派双周座谈会情况。

5 月 14 日　九三学社举行在京社员大会。许德珩等 15 人参加，授权常务理事会筹备召开全国代表大会。

6 月 8 日　各民主党派、无党派人士双周座谈会讨论各民主党派联合主办的报纸《光明日报》的性质和任务。

6 月 29 日　九三学社发表《斥杜鲁门阴谋发动世界战争武装侵略中国领土的狂妄声明的声明》。

8 月 9 日　九三学社举行社务工作会议。许德珩对加强社务工作进行了部署，强调拥护中国共产党是搞好九三学社工作的关键。

9 月 3 日　九三学社举行在京社员大会，纪念中国人民对日抗战的伟大胜利。

10 月 7 日　九三学社常务理事会第八次会议召开，决定许德珩、黄国璋、袁翰青、鲁宝重、薛愚五人任组织委员会委员，许德珩任主任委员，黄国璋任秘书。会议决定成立九三学社北京市分社。

10 月 15 日　九三学社第一届中央理事会第三次（扩大）会议召开，许德珩主持并报告常务理事会情况及组织委员会、联络委员会、宣传委员会名单，以及九三学社总社、各分社（上海、南京、重庆、北京）编制经过，黄国璋报告九三学社预算情况等。会议确认了上述报告，并作出成立学习委员会，召开各分社负责人工作会议，成立北京市分社筹委会（薛愚为召集人）的决定。

10 月 20 日　鉴于美帝于 6 月发动了侵朝战争，毛泽东在中南海召集各民主党派、各人民团体负责人开会，讨论中国是否出兵援朝问题。经过反复认真的讨论，一致拥护毛泽东抗美援朝的意见，许德珩代表九三学社在决议书上庄严签字。

10 月 20 日　颁赏胡同 24 号社址修理完工，九三学社举行社员联欢大会。

11 月 4 日　中国共产党同各民主党派人民团体发表抗美援朝联合宣言。

11 月 28 日至 30 日　九三学社第一次全国工作会议预备会议召开。许德珩发表讲话。讲话介绍了九三学社的简史，并提出本次会议的两个重要任务，支持抗美援朝和九三学社的巩固和发展。

12 月 1 日至 5 日　九三学社第一次全国工作会议召开。主题为抗美援朝和加强统一战线工作。会议决定创刊《九三社讯》为九三学社的机关刊物。

1951 年

2 月 22 日　九三学社发表声明，拥护镇压反革命运动。

3 月 12 日　许德珩在《人民日报》发表专文，坚决拥护“惩治反革命条例”，号召社员站稳立场，在镇反运动中起先锋作用。

3 月 27 日　九三学社南京分社正式成立。潘菽任主任理事，金善宝任副主任理事。

4 月 8 日　九三学社北京市分社成立。薛愚任主任理事，劳君展、金涛任副主任理事。

6 月 3 日　九三学社总社召集北京市社员举行盛大集会，欢迎参加赴朝慰问团胜利归来的九三学社社员方亮、叶丁易、刘开荣、吴廷璆等人。

6 月 20 日至 7 月 22 日　九三学社中央常务理事会两次发出指示，要求社员积极参加抗美援朝运动，开展为抗美援朝捐献、开展增产节约运动和拥军优属运动。

8 月 14 日　九三学社中央宣传委员会作报告，推动社员参加抗美援朝、土地改革、镇压反革命三大运动。

8 月 15 日　九三学社中央组织委员会作报告，推动九三学社在巩固的基础上发展组织。

9 月 3 日　九三学社重庆分社恢复成立。税西恒、谢立惠任召集人。

9 月 12 日　九三学社举行时事与土改工作报告会。孙承佩报告美帝国主义破坏朝鲜停战谈判情况，初大告、孙云铸、汤藻真分别报告参加川南和川东土改工作的经过和体会。

9 月 16 日　九三学社中央在机关举行茶会欢迎在京出席中国科学院第二次院务会议的科学界人士，并就“科学与政治”问题举行座谈。

12 月 3 日　九三学社中央发出关于贯彻全国政协一届三次会议的三大决议（即继续加强抗美援朝运动，提倡并推进爱国增产节约运动，广泛开展思想改造运动）的指示。

12 月 31 日　九三学社中央发出《关于开展反贪污、反浪费、反官僚主义运动的指示》。

1952 年

1 月　九三学社妇女工作委员会成立。劳君展任主任委员。

2月9日　九三学社节约检查委员会发出《关于发动社员参加“五反”斗争的指示》。

6月2日　九三学社发出关于在“三反”运动后的新情况下大力发展组织的指示。

6月4日　九三学社发出关于开展社员思想改造学习的指示。

7月10日　九三学社发出关于发动社员积极参加院系调整运动的指示。

9月11日至20日　九三学社第二次全国（扩大）工作会议召开。大会选举产生了第三届中央委员会，许德珩任主席，梁希任副主席。

10月31日　九三学社中央发出关于学习社章及本社的性质、方针和任务的指示。同时发出通知，废除旧社章及各分社组织暂行简章。

1953年

1月　九三学社无锡分社正式成立（无锡分社筹委会成立于1951年，是九三学社成立较早的地方组织之一，它对苏州分社、扬州直属小组、徐州直属小组的成立有直接影响）。彭饬三任主任委员，伍献文、陈志安任副主任委员。

5月9日　九三学社中央发出关于各地分社组织社员学习、宣传中华人民共和国全国人民代表大会及地方各级人民代表大会选举法的通知。

6月28日　九三学社青岛直属小组成立。陆侃如任组长，张玺、徐佐夏任副组长。

8月　九三学社中央为加强机关建设，商调李毅到九三学社任专职副秘书长，主持九三学社中央日常工作。

9月15日　九三学社在京中央委员及部分来京的分社负责同志学习讨论国家过渡时期总路线。

10月10日　全国政协秘书长李维汉作关于国家过渡时期总路线、总任务的传达报告。九三学社中央、北京市分社的领导同志和机关干部出席。

12 月 27 日　九三学社西安分社成立。

12 月　魏建功主编的《新华字典》正式出版，有力推动了汉语语言文字的普及推广，是迄今世界出版史上发行量最高的字典。

1954 年

6 月 19 日　九三学社发出关于组织社员积极参加《中华人民共和国宪法（草案）》的学习、讨论和宣传的通知。

6 月 20 日　九三学社长春分社成立。吴学周任主任委员，业治铮任副主任委员。

9 月 12 日　九三学社成都分社筹委会成立。柯召任主任委员，文藻青、郑衍芬任副主任委员。

9 月 15 日至 28 日　一届全国人大一次会议在京举行。九三学社有 25 名社员当选为全国人大代表。

10 月 3 日　九三学社第三届中央常务委员会第十八次（扩大）会议召开，讨论如何贯彻和组织社员学习《中华人民共和国宪法》及一届全国人大一次会议的重要文件。

10 月 9 日　九三学社发出关于组织社员学习《中华人民共和国宪法》和一届全国人大一次会议各项文件的通知。

10 月 31 日　九三学社学习委员会召开科学研究工作者座谈会。

12 月 14 日　九三学社兰州分社筹委会成立。陈时伟任主任委员，高诚斋任副主任委员。

12 月 14 日　全国政协二届一次会议召开，九三学社有 39 位同志担任全国政协委员。许德珩和梁希担任常务委员。

1955 年

1 月 19 日　九三学社发出关于组织社员学习全国政协二届一次会议各项文件的通知。

1 月　九三学社武汉直属小组成立。王家楫、伍献文、唐长孺任负责人。

1 月　九三学社哈尔滨直属小组成立。刘恢先任负责人。

2 月　九三学社济南直属小组成立。黄绍鸣任负责人。

6 月 1 日至 10 日　中国科学院成立学部，九三学社共有 44 位社员担任学部委员，吴学周、周培源、陈建功、黄子卿、葛庭燧、严济慈、尹赞勋、侯德封、涂长望、黄汲清、杨钟健、李薰、茅以升等 13 位同志为各学部常务委员。

7 月 3 日　九三学社杭州直属小组成立。陈立任召集人。

8 月 1 日至 3 日　九三学社第三届中央常务委员会第二十七次（扩大）会议召开。会议作出竭诚拥护第一个五年计划并为保证其胜利完成而奋斗的决议。

9 月 2 日　九三学社中央常务委员会和北京市分社联合举行纪念会，庆祝抗日战争胜利和九三学社命名十周年。

10 月 20 日至 11 月 3 日　九三学社中央常务委员会举行农业合作化问题座谈会。

11 月 20 日　九三学社青岛分社正式成立。陆侃如任主任委员。张玺、徐佐夏任副主任委员。

11 月底至 12 月　九三学社中央常务委员会连续召开会议，讨论知识分子的团结和改造问题。

12 月 25 日　九三学社天津分社筹委会成立。刘锡英任主任委员。

1956 年

2 月 9 日至 16 日　九三学社第一届全国社员代表大会召开。大会号召社员向科学大进军，选举产生了第四届中央委员会，许德珩任主席，梁希任副主席。

4 月 24 日　九三学社广州直属小组成立。徐贤恭任召集人。

4 月　国务院组成科学规划委员会。梁希、尹赞勋、茅以升、黄汲清、严济慈等同志被任命为委员。

5月5日至6月28日　九三学社中央常务委员会连续多次举行座谈会，一致拥护“百花齐放、百家争鸣”的方针。

5月12日　许德珩被任命为水产部部长。

5月12日　九三学社中央委员会隆重举行招待会，欢迎出席全国先进生产者代表会议和参加制订我国科学规划的社员同志。

5月13日　九三学社成都分社正式成立。柯召任主任委员，文藻青、郑衍芬、谢秉仁任副主任委员。

6月10日　九三学社武汉分社筹委会成立。王家楫任主任委员，涂登榜、桂质廷、唐长孺任副主任委员。

6月25日　九三学社中央科学文教工作委员会发出关于学习有关“百花齐放、百家争鸣”的方针的通知。

6月　九三学社中央根据中央统战部支持民主党派发展组织的精神，重视发展组织工作，并派出机关部门负责干部牟小东、楚九英、青莱藻等同志分赴各省，推动组织发展工作。其后一大批著名专家、学者加入九三学社。

7月8日　九三学社兰州分社正式成立。陈时伟任主任委员、王文义、吕斯百任副主任委员。

7月20日　九三学社中央学习委员会发出《关于学习、宣传和贯彻“长期共存、互相监督”方针的通知》。

9月15日至27日　中国共产党第八次全国代表大会在京召开。许德珩作为九三学社代表列席。

9月23日　九三学社保定直属小组成立。杨文衡任召集人。

9月28日　九三学社石家庄直属小组成立。柴景旭任召集人。

10月14日　九三学社苏州分社筹委会成立。陈志安任主任委员，许国梁、陈王善继、张晓江任副主任委员。

10月28日　九三学社唐山分社筹委会成立。张泽熙任主任委员，范小峰、顾宜孙、钱夔任副主任委员。

10月30日　九三学社哈尔滨分社筹委会成立。朱物华任主任委员，刘恢先、胡祥璧、贾连元任副主任委员。

11 月 18 日　九三学社济南分社筹委会成立。杨德斋任主任委员。

11 月 25 日　九三学社广州分社筹委会成立。徐贤恭任主任委员，彭光钦、黄友谋任副主任委员。

12 月 1 日　九三学社昆明分社筹委会成立。秦瓒任主任委员，曲仲湘任副主任委员。

12 月 9 日　九三学社旅大直属小组成立。李士豪任召集人。

12 月 23 日　九三学社齐齐哈尔市直属小组成立。陈南坡任召集人。

1957 年

1 月 1 日　九三学社发言人许德珩和中央人民广播电台记者谈过去一年回顾和今后的展望。表示坚决拥护中共“百花齐放、百家争鸣”和“长期共存、互相监督”的方针。

1 月 6 日　九三学社洛阳直属小组成立。朱增祥任召集人。

1 月 13 日　九三学社开封直属小组成立。孟宪德任召集人。

1 月 20 日　九三学社合肥分社筹委会成立，万昕任主任委员，赵伦彝、刘钧任副主任委员；贵阳分社筹委会成立，罗登义任主任委员；太原分社筹委会成立，梁园东任主任委员，严开元任副主任委员；郑州直属小组成立，耿鸿枢任召集人。

1 月 25 日　九三学社中央、北京市分社约请社外人士座谈工程技术人员向科学进军问题。

1 月 27 日　九三学社天津分社成立。刘锡英任主任委员，方先之、虞颂庭、雷海宗任副主任委员。

1 月　九三学社扬州直属小组成立。薛天游任召集人。

2 月 8 日　九三学社中央举行茶会，欢迎出席“第一次全国力学报告会”的社员。

2 月 9 日　九三学社中央科学文教工作委员会约集出席“高等药学教材编委会”和“中国地质学会第二次全国代表大会”的社员举行座谈会。

2 月 24 日　九三学社保定分社筹委会成立。张岩任主任委员，杨乃俊、杨文衡任副主任委员。

2 月 28 日　九三学社中央举行座谈会讨论关于农业科学研究的意见。

3 月 1 日　许德珩代表九三学社在最高国务会议（扩大）上发言，拥护毛泽东关于正确处理人民内部矛盾问题的十二点指示。

3 月 9 日　九三学社佳木斯市直属小组成立。朱焜煌任召集人。

3 月 22 日至 28 日　九三学社第四届中央委员会第二次全体会议在京举行。

4 月 14 日　九三学社旅大分社筹委会成立。李士豪任主任委员。

4 月 25 日　九三学社中央发出关于学习毛泽东“关于正确处理人民内部矛盾问题的讲话”的指示。

4 月 30 日　毛泽东在颐年堂约集各民主党派负责人举行座谈会，请他们帮助中国共产党整风，并提出由邓小平负责找党外人士和民盟、九三学社等就高等院校的领导体制问题召开座谈会。

4 月至 5 月　《九三社讯》刊发《目前工程技术人员的几个问题》《在贯彻对知识分子政策方面存在的一些问题》等文，就解决相关问题向党和国家提出建议。

5 月初至 6 月初　九三学社中央领导参加中央统战部先后召开的 14 次民主党派负责人和无党派人士座谈会，帮助党整风，座谈对党的工作的意见。

5 月 19 日　九三学社杭州分社成立。陈立任主任委员，王季午任副主任委员。

5 月 21 日　九三学社南通直属小组成立。

5 月 24 日　中国科学院 1956 年度科学奖（自然科学部分）评奖揭晓，九三学社葛庭燧、钟补求获二等奖，朱子清、陆仁荣、黄文魁、卢衍豪、杨敬之、穆恩之、李薰、周行健、邹元爔、李林获三等奖。

6 月 8 日　中共中央发出《关于组织力量准备反击右派分子进攻的指示》。《人民日报》发表题为《这是为什么？》的社论，标志着反右派斗争开始。

6月17日　中央统战部召集各民主党派座谈，决定在各民主党派中开展整风。

6月17日　九三学社中央常务委员会发出《关于继续帮助党整风对右派分子的反动谬论坚决斗争的指示》。

6月21日　九三学社第四届中央常务委员会第十六次（扩大）会议召开，继续开展对右派分子的斗争并决定社内整风。

6月28日　九三学社中央常委会发出《关于社内整风的指示》。九三学社中央设立中央整风委员会，许德珩任主任委员，下设中央整风办公室。

9月12日至20日　九三学社全国整风工作会议召开。

9月　九三学社张家口中央直属小组成立。王德林任召集人。

1958年

3月1日　九三学社在京中央委员分组讨论，酝酿向全国科学、文教、医药卫生、工程技术界发起社会主义竞赛。

3月12日　九三学社中央和北京市分社在全国政协礼堂召开“自我改造大跃进誓师大会”，在京中央委员和北京市社员六百六十余人参加。

5月11日　九三学社苏州分社成立。陈志安任主任委员，许国梁、陈王善继、张晓江任副主任委员。

11月28日至12月5日　九三学社第二届全国社员代表大会召开，选出第五届中央委员会，许德珩任主席，梁希、周培源、潘菽、茅以升、涂长望、严济慈任副主席。

1959年

3月　九三学社南昌直属小组成立。薛士良任组长。

4月17日　全国政协三届一次会议在京开幕。九三学社有62名全国政协委员出席。

4 月 18 日至 28 日　二届全国人大一次会议在京举行。九三学社有 44 位全国人大代表出席。

11 月 6 日　九三学社中央和北京市分社举行欢迎会，欢迎出席全国群英会的九三学社 18 位社员。

12 月 5 日　九三学社徐州直属小组成立。孙纯一任召集人。

1960 年

7 月 25 日至 9 月 5 日　九三学社第五届中央委员会第三次全体（扩大）会议以“神仙会”的方式召开，历时 43 天，是九三学社历次会议中时间最长的一次会议。会议期间代表们围绕国内外形势、知识分子如何为社会主义建设服务、破资产阶级世界观立无产阶级世界观和做好九三学社工作等问题进行了深入的讨论。

1961 年

1 月 31 日　九三学社在《光明日报》发表专文，报道九三学社召开“神仙会”成效显著。

5 月 29 日　各民主党派和无党派人士第二十六次双周座谈会，座谈国民经济“调整、巩固、充实、提高”方针。

1962 年

4 月 20 日至 22 日　九三学社第五届中央常务委员会第五十六次（扩大）会议在京召开。许德珩代表中央常务委员会提出了“关于 1962 年我社工作的意见”，要求鼓舞全体社员积极为社会主义建设事业服务，继续进行形势教育，进一步活跃社的工作特别是基层组织工作。

5 月 20 日　九三学社中央宣传部和科学文教工作委员会联合举行座谈会，邀请北京文学艺术界部分社员座谈纪念毛泽东《在延安文艺座谈会上的讲话》。

12 月 26 日至 1963 年 1 月 19 日　九三学社第五届中央委员会第四次

全体会议召开。会议号召社员积极为科学文教战线“出成果，出人才”充分贡献力量。

1963 年

大庆油田基本建成投产，使我国甩掉了“贫油国”的帽子，对我国工业化和经济建设具有十分重要的意义。这其中凝结着黄汲清、谢家荣等九三学社社员的可贵贡献。

1964 年

2 月 13 日　毛泽东在人民大会堂北京厅主持召开教育工作座谈会，此即著名的“春节座谈会”。参加座谈会的国家领导人和知名人士有刘少奇、邓小平、彭真、陆定一、康生、林枫、杨秀峰、章士钊、陈叔通、郭沫若、许德珩、黄炎培、朱穆之、张劲夫、蒋南翔、陆平等。

10 月 16 日　我国第一颗原子弹爆炸成功。邓稼先、王淦昌、程开甲等九三学社社员为之作出了重大贡献。

12 月 20 日　全国政协四届一次会议开幕。九三学社有 58 名全国政协委员出席。

12 月 21 日至 1965 年 1 月 4 日　三届全国人大一次会议在京举行。九三学社有 145 人当选全国人大代表。

12 月　赵九章写信给周恩来，建议将发射卫星正式列入国家计划，受到重视。

1965 年

1 月 5 日　许德珩当选第四届全国政协副主席。

1966 年

1 月　中科院成立卫星设计院，赵九章任院长。

8 月 24 日　九三学社中央接到红卫兵通牒，勒令取消九三学社，九三学社被迫宣布停止活动。与此同时，各民主党派、各省九三学社组织也相继停止了活动。

1967 年

6 月 17 日　我国第一颗氢弹爆炸成功。邓稼先、王淦昌、程开甲等九三学社社员为之作出了重大贡献。

1969 年

4 月 1 日　有关部门派军代表进入九三学社。开展“斗批改”和清理阶级队伍。不久，各民主党派机关集中迁往全国工商联办公楼。

1970 年

3 月　有关部门派军代表整顿民主党派。

1971 年

11 月 13 日至 12 月 31 日　中共中央召开各民主党派和无党派爱国人士座谈会，传达中央关于揭批林彪反革命罪行的一系列文件。

1972 年

7 月 14 日　周培源陪同周恩来接见美籍华人科学家访问团。周恩来指示周培源要把北京大学的理科办好，提高基础理论水平。

7 月 20 日　周培源上书周恩来，分析造成中国基础科学停滞不前的原因。周恩来作出重要批示。

10 月 30 日　中央统战部召集各民主党派、全国工商联参加学习的同志开会，宣布正式恢复学习，以全国政协名义成立学习领导小组。

1973 年

7 月 17 日　周培源陪同毛泽东、周恩来会见杨振宁。

1975 年

1 月 17 日　许德珩当选为第四届全国人大常委会副委员长。

1977 年

2 月 18 日　全国政协在历经十年浩劫之后，第一次举行各界爱国人士春节联欢会，叶剑英、李先念、邓颖超等中央领导人参加。

8 月 4 日至 8 日　邓小平主持召开科学和教育工作座谈会并发表讲话，强调从 1977 年起恢复从高中毕业生中直接招考学生，不再搞群众推荐；关于学风问题，要坚持“百家争鸣”的方针，允许争论。金善宝、周培源、邹承鲁、严东生等社员参加。

10 月 11 日　中央统战部同各民主党派、工商联的负责人协商恢复和开展各民主党派、工商联组织活动事宜。随后，九三学社组成了由许德珩、周培源、潘菽、茅以升、严济慈、孙承佩等参加的临时领导小组，组织活动开始逐步恢复。

12 月 27 日至 29 日　全国政协四届七次常委（扩大）会议在京举行。叶剑英在会议上重申了中国共产党同各民主党派要实行“长期共存、互相监督”的方针，要恢复、发扬统一战线民主协商的优良传统。

1978 年

2 月 24 日至 3 月 8 日　全国政协五届一次会议在京举行。九三学社 106 名全国政协委员出席会议。许德珩当选第五届全国政协副主席。

2 月 26 日至 3 月 5 日　五届全国人大一次会议在京举行。九三学社社员有 55 人当选全国人大代表，出席会议。许德珩当选为第五届全国人大常委会副委员长。

3 月 18 日至 31 日　全国科学大会在北京隆重召开，九三学社社员多人出席，并以科研成果卓著受到大会表彰。

4 月 3 日　九三学社中央领导小组成立，成员有许德珩、周培源、潘菽、茅以升、严济慈、孙承佩。

8 月下旬　中央统战部部长乌兰夫分三次邀请新产生的各民主党派中央和全国工商联负责人举行座谈，讨论各民主党派开展活动的有关问题。乌兰夫提出，希望各民主党派、全国工商联把工作活跃起来，为实现四个现代化更好地贡献力量。他还支持各民主党派在适当的时候召开各自的全国代表大会或代表会议。

12 月 18 日至 22 日　中共十一届三中全会在京召开。会议决定停止使用“以阶级斗争为纲”的口号，作出把工作重点转移到社会主义现代化建设上来的战略决策。从此，我国进入改革开放和社会主义现代化建设的新时期。

12 月　九三学社中央组成由孙承佩、李毅领导的两个调查组，分赴各地，调查了解九三学社组织和社员在“文革”中受冲击的情况，推动拨乱反正，落实政策的工作。

1979 年

4 月　九三学社中央举行全国工作会议。

10 月 11 日至 20 日　九三学社第三次全国代表大会召开。大会选举产生第六届中央委员会。许德珩任主席，周培源、潘菽、茅以升、严济慈、税西恒、金善宝、卢于道、王竹溪、柯召、孙承佩任副主席。

12 月 28 日　国务院嘉奖农业、财贸、教育、卫生、科研战线全国先进单位和全国劳动模范，杨鸿祖、徐采栋、吴霁棠、周尧、黄文魁、卢衍豪、卢锦汉、尚天裕、吴学周等 9 位九三学社员受到奖励。

1980 年

1 月　九三学社中央机关刊物《红专》复刊。

1 月 19 日　九三学社中央邀请参加全国教育工作会议的社员座谈，包括周培源、柯召、赫崇本、钱钟韩、金瑞莘、严恺等同志。

3 月 20 日　九三学社中央举行茶会，招待出席中国科协第二次全国代表大会的 100 多位九三学社社员。

4 月 5 日　九三学社郑州分社成立，左明生任主任委员。

6 月　九三学社中央科学工作委员会、工程技术工作委员会、文教工作委员会、医药卫生工作委员会连续举行座谈会，讨论我国教育计划和教育体制问题。

6 月　国家科委成立自然科学奖励委员会，委员共 31 人。九三学社王淦昌、李薰、严济慈、周培源、茅以升、郑万钧、金善宝、张钰哲、黄昆、程绍迥、程裕淇等 11 人任委员。

7 月 28 日至 8 月 10 日　九三学社中央邀集部分同志在青岛举行会议，深入讨论教育体制改革问题。会议形成《对我国高等教育体制改革的几点建议》（草稿）。

9 月 12 日　在全国政协五届三次会议上，周培源被选为全国政协副主席。

11 月 26 日　中国科学院增聘学部委员。学部委员总数达到 400 名，其中九三学社社员 96 名。

12 月 24 日至 31 日　九三学社中央召开为“四化”服务经验交流会。

1981 年

5 月 9 日至 15 日　九三学社中央在天津召开宣传工作座谈会。

5 月 17 日　九三学社中央举行茶会，欢迎出席中国科学院第四次学部委员会的社员。

12 月 15 日　九三学社第六届中央常务委员会第十次（扩大）会议召开。

1982 年

1 月 21 日　九三学社中央和北京市分社联合举办迎春茶会，热烈祝贺人工合成核糖核酸的重大胜利。这一重大科研成果的主要负责人是九三学社社员王应睐、王德宝。

2 月 17 日　1977 年至 1981 年全国优秀科技图书发奖大会举行，许德珩、周培源、金善宝出席大会并向获奖者颁奖。这是我国首次对科技图书全面评奖。九三学社黄汲清、王泽农、柯应夔、徐芝纶、陈騊声、杨起等同志获奖。

3 月 13 日至 20 日　九三学社中央全国工作会议在杭州召开。

3 月 12 日至 15 日　九三学社浙江省工委成立，陈立任主任委员。

3 月 27 日　九三学社四川省工委成立，柯召任主任委员。

4 月 16 日　九三学社第六届中央常务委员会第十二次会议通过对知识分子政策落实情况开展调查研究的决定。决定指示，社的各级组织都要把协助党和政府落实知识分子政策作为今年的重点工作。

8 月 16 日至 22 日　九三学社第六届中央委员会第二次全体会议在京召开。会议增选王应睐等 32 位同志为九三学社中央常务委员。

10 月 23 日　全国科学技术奖励大会在北京隆重召开。九三学社黄汲清、谢家荣等 49 位同志（57 人次）获奖。

11 月 2 日至 12 日　九三学社中央在西安举行组织和科教工作会议，讨论并部署建立社的省级组织机构和科技咨询服务机构及发挥我社科技优势、开展科技咨询服务工作的任务。

11 月 24 日至 12 月 11 日　五届全国人大五次会议和全国政协五届五次会议召开。九三学社成员有 54 人任全国人大代表，107 人任全国政协委员。

12 月 30 日　九三学社广东省工委成立，黄友谋任主任委员。

1983 年

2 月 7 日至 9 日　九三学社中央邀请部分从事教学和科技工作的社员同志座谈改革问题。

3 月 9 日　九三学社第六届中央常务委员会第十八次会议召开，讨论通过九三学社社史工作委员会名单。许德珩任社史工作委员会主任委员，周培源、潘菽、茅以升、严济慈、金善宝、卢于道、柯召、孙承佩任副主任委员，方亮等 23 人任委员。

3月16日　九三学社江苏省工委成立，高觉敷任主任委员。

3月　九三学社中央为贯彻中央统战部和国家民委召开的“智力支边”挂钩会议精神，召开“智力支边”工作会议，落实支边工作项目59项。

4月21日　九三学社福建省工委筹备组成立。王应睐任组长。

4月25日　九三学社辽宁省工委筹委会成立。陈恩凤任主任委员。

5月14日　九三学社贵州省工委成立。罗登义任主任委员。

6月4日　全国政协六届一次会议开幕。九三学社134名委员出席。周培源当选第六届全国政协副主席。

6月6日　六届全国人大一次会议开幕。九三学社76人当选为全国人大代表。许德珩、严济慈当选第六届全国人大常委会副委员长。

6月19日　九三学社第六届中央常务委员会第二十次（扩大）会议召开，决定提前召开第四届全国社员代表大会。会议还决定成立社中央妇女委员会，并通过妇女委员会负责人名单。郝诒纯任妇女委员会主任委员，李孝芳、胡媄、王回珠、叶恭绍等14人任副主任委员。

7月9日至16日　九三学社中央举行《邓小平文选》学习座谈会。

7月13日　九三学社安徽省工委成立。王泽农任主任委员。

7月20日　九三学社湖南省工委筹委会成立。张德仁任主任委员。

9月3日　九三学社内蒙古自治区工委会筹委会成立，陈杰任主任委员。

9月10日　九三学社陕西省工委成立。侯宗濂任主任委员。

9月16日　九三学社云南省工委成立。曲仲湘任主任委员。

10月11日　九三学社宁夏回族自治区工委筹委会成立。宋汝良任主任委员。

10月19日　九三学社黑龙江省工委筹委会成立。刘恢先任主任委员。

10月29日至11月2日　九三学社中央连续召开学习会，传达讨论中共中央召开党外人士座谈会精神，学习中共中央关于整党和清除精神污染的有关文件。

10月29日　九三学社江西省工委筹委会成立。廖延雄任主任委员。

11月15日　九三学社山东省工委成立。徐眉生任主任委员。

12月2日至14日　九三学社第四届全国社员代表大会召开。大会选举产生第七届中央委员会。许德珩任主席，周培源、潘菽、茅以升、严济慈、金善宝、卢于道、柯召、孙承佩、徐采栋、郝诒纯、安振东任副主席，赵伟之任秘书长。会议还产生了中央执行局领导机构，由孙承佩任主任，郝诒纯、赵伟之、李毅、薛公绰任委员，金开诚任候补委员。

12月15日　首都各界人士和出席九三学社第四届全国社员代表大会的全体代表隆重集会，纪念梁希诞辰100周年。国务委员方毅代表中共中央出席并讲话。

1984年

1月28日　九三学社中央举行春节茶话会，座谈祖国统一大业问题。

2月18日　九三学社中央科学、文教、工程技术、医药卫生4个工作委员会约请部分专家，就迎接世界新技术革命的挑战进行座谈。

4月18日至27日　九三学社中央在无锡召开全国工作会议，总结经验，进一步开创九三学社工作新局面。

5月26日　在全国政协六届二次会议上，茅以升被增选为全国政协副主席。

5月27日　九三学社第七届中央常务委员会第三次（扩大）会议召开，审议通过九三学社全国工作会议纪要和社员缴纳社费的决定。

8月　九三学社广西区委会成立。磨文彪任主任委员。

9月28日　许德珩就中英联合声明草签发表谈话，表示完全拥护政府对香港问题的立场。

9月　九三学社河北省委员会成立。杨乃俊任主任委员。

10月25日　九三学社中央发出关于认真学习《中共中央关于经济体制改革的决定》的通知。

1985 年

1月20日至30日　九三学社第七届中央委员会第二次全体（扩大）会议暨全国为“四化”服务工作经验交流会在京召开。

3月23日　九三学社中央举行《中共中央关于科学技术体制改革的决定》学习会。

4月7日　九三学社参加六届全国人大三次会议和全国政协六届三次会议的代表、委员140余人讨论教育体制改革问题。

6月1日　九三学社中央举行学习会，学习讨论5月8日公布的《中共中央关于教育体制改革的决定》。

9月2日　九三学社中央在全国政协礼堂隆重集会，纪念建社40周年。中央书记处书记习仲勋代表中共中央到会祝贺。许德珩作题为《继往开来，献身“四化”，为振兴中华努力奋斗》的讲话。

9月10日　九三学社中央执行局在我国第一个教师节到来之际，发表《致工作在教育战线上的社员同志公开信》，鼓励社员积极参加教育体制改革，为振兴中华作贡献。

10月2日　各民主党派、工商联为“四化”服务先进表彰大会在京隆重举行。中央书记处书记习仲勋代表中共中央、国务院向大会热烈祝贺。九三学社45个先进集体和先进个人受到表彰。

1986 年

1月4日至8日　九三学社全国工作会议在京举行。研究讨论九三学社引进新人，加强领导班子及1986年工作要点。

3月3日　九三学社社员王淦昌、陈芳允与另外两位科学家王大珩、杨嘉墀给中共中央写信，提出跟踪世界先进水平，发展我国的高技术的建议。经过科学论证后，中共中央、国务院批准实施了《高技术研究发展计划（“863计划”）纲要》。

5月　王淦昌、邓稼先荣获“原子弹的突破及武器化”“氢弹的突破及武器化”两项国家科技进步奖特等奖。

6月　九三学社中央工程技术工作委员会举行关于三峡工程问题座谈会，并写出了《关于三峡工程问题的意见和建议》（草稿）。

7月10日　九三学社中央举行座谈会，纪念“长期共存、互相监督”方针提出30周年。

7月29日　邓稼先逝世。

12月30日至1987年1月6日　九三学社中央召开中年知识分子问题研讨会，就解决中年知识分子工资、职称等问题提出意见和建议。

1987年

5月21日至30日　九三学社地方组织主委工作会议在京召开。会议提出，在新形势下进一步加强自身建设已经成为我们面临的一项十分迫切的任务。

6月10日　九三学社中央执行局《关于中年知识分子问题的意见和建议》报中共中央、国务院领导同志及有关部门。

6月23日　九三学社中央执行局第142次会议通过《关于加强我社思想建设和组织建设的几点意见》。

7月　许德珩回忆录《为了民主与科学》出版。

8月22日至9月12日　郝诒纯、梅祖彦应全美华人协会和美籍华人教授潘毓刚先生邀请，赴美进行民间访问。

10月12日　九三学社中央创办的学苑出版社成立。

11月3日　中共中央办公厅复函九三学社中央执行局，对九三学社《关于中年知识分子问题的意见和建议》给予重视。

12月28日至1988年1月2日　九三学社第七届中央委员会第三次全体会议在京举行。大会接受许德珩辞去九三学社主席职务的请求，并一致推选他为九三学社名誉主席，一致推举周培源为九三学社中央委员会主席。

1988年

3月20日至26日　应波兰统一农民党的邀请，由郝诒纯和李孝芳等组成的九三学社代表团，赴华沙出席了波兰统一农民党第十次全国代表大会以及保护大自然和自然环境的国际会议。

3 月 24 日　全国政协七届一次会议开幕。九三学社 127 名委员出席。周培源当选为第七届全国政协副主席。

3 月 25 日　第七届全国人大一次会议开幕。九三学社 98 人当选为代表出席会议。严济慈当选为第七届全国人大常委会副委员长。

5 月 20 日至 6 月 1 日　徐采栋率中央统战部、国家民委、民主党派中央、全国工商联智力支边协调小组，赴黔考察，为探索我国西部地区经济发展模式提供决策咨询。

6 月 27 日　九三学社第七届中央常务委员会第十四次会议召开，决定将社刊《红专》更名为《民主与科学》。

7 月 18 日　九三学社中央邀请在京法学界社员座谈，讨论《中华人民共和国香港特别行政区基本法（草案）征求意见稿》，提出了修改意见和建议。

7 月　九三学社中央机关刊物《九三中央社讯》出刊。

11 月 19 日至 23 日　九三学社中央和开发大西南战略研究协作中心在北京举行“大西南经济振兴研讨会”。

12 月 30 日至 1989 年 1 月 8 日　九三学社第五次全国社员代表大会在北京举行。大会选举产生第八届中央机构，许德珩、严济慈、茅以升、金善宝任名誉主席，周培源任主席，孙承佩、徐采栋、郝诒纯、安振东、王文元、吴阶平、陈学俊、陈明绍、杨樛任副主席。

1989 年

6 月 19 日至 23 日　部分在京中委和常委会常委学习座谈邓小平同志的讲话，统一思想。

6 月 22 日　九三学社中央发出关于认真学习贯彻邓小平同志重要讲话的通知。

6 月 28 日　九三学社中央领导同志参加中共中央举行的党外人士座

谈会。孙承佩代表周培源在会上发言。

7 月底 周培源就振兴大西南经济问题函报中共中央总书记江泽民，九三学社中央和开发大西南战略研究中心（四川、云南、贵州、广西、重庆四省区五方社科院联合机构）提出了《关于建立长江上游生态保护和资源开发区的建议》。

10 月 1 日 周培源在《人民日报》发表庆祝中华人民共和国成立 40 周年文章《坚持党的领导，创造美好明天》。

10 月 17 日 许德珩欢度百岁寿辰。中共中央领导人李鹏、万里前往祝贺。

11 月 10 日 茅以升逝世。

12 月 22 日 九三学社中央主办的《民主与科学》杂志创刊并公开发行。

12 月 30 日 九三学社中央领导同志参加中共中央召开的各民主党派负责人座谈会，学习《中共中央关于坚持和完善中国共产党领导的多党合作政治协商制度的意见》这一重要文件。

12 月 31 日 《中共中央关于坚持和完善中国共产党领导的多党合作和政治协商制度的意见》发表。周培源发表专文，称《意见》是建设多党合作和政治协商制度的纲领性文件。

1990 年

2 月 8 日 许德珩逝世。

2 月 9 日 九三学社中央发出关于学习贯彻《中共中央关于坚持和完善中国共产党领导的多党合作和政治协商制度的意见》的通知。

3 月 6 日 徐采栋受国家科委委托，召开“星火计划”和“科技扶贫”试点工作座谈会。

5 月 14 日至 29 日 为联合推动“星火计划”和“科技扶贫”工作，徐采栋任考察组组长，带队赴贵州黔西南州考察。

6 月 9 日至 16 日 九三学社中央教育文化委员会、政法法律委员会座谈讨论《教师法（草案）》《教育法（草案）》，提出意见和建议。

6月16日至20日　九三学社自身建设研讨会在京举行，学习讨论全国统战工作会议精神，研讨九三学社的思想建设与组织建设问题。

7月4日至8日　九三学社第八届中央常务委员会第六次（扩大）会议在京召开，学习贯彻全国统战工作会议精神，并通过加强九三学社的思想建设和组织建设的文件。

8月3日至5日　九三学社中央研究室在北戴河召开参政议政工作研讨会。

9月8日　九三学社中央领导参加中央统战部在济南召开的全国民主党派工作会议。

12月16日至19日　九三学社第八届中央委员会第三次全体会议在京召开。

1991年

1月19日　九三学社中央发出关于认真学习中共十三届七中全会精神和全会通过的《中共中央关于制定国民经济和社会发展十年规划和“八五”计划的建议》。

5月31日　九三学社中央各专门委员会正副主任联席会议在京召开，讨论和修改了九三学社《关于加强专门委员会工作的几点意见》。

6月6日　九三学社中央科学技术委员会、教育文化委员会、政法委员会、宣传部联合召开《著作权法》座谈会。

6月22日　九三学社中央隆重举行纪念会，庆祝中国共产党成立70周年。

7月1日　在中国共产党成立70周年前夕，各民主党派和全国工商联致信党中央，祝贺中国共产党成立70周年。中国共产党中央委员会复信各民主党派中央委员会和中华全国工商业联合会。信中说：“我们深信，我们之间长期共存、互相监督、肝胆相照、荣辱与共的亲密关系，在今后将会得到进一步巩固和加强。让我们更加紧密地团结起来，为建设有中国特色的社会主义而共同奋斗。”

9月25日　九三学社中央政法委员会和北京市委会联合召开座谈会，在中央国家机关及北京市政府兼任特邀监察员、检察员、审计员、督导员的社员应邀出席。

11月12日　茅以升生平事迹展览在京开幕。

1992年

1月6日　九三学社中央经济建设委员会召开农业问题座谈会。

3月14日　九三学社中央领导参加中共中央召开的各民主党派负责人协商座谈会。

3月16日　王文元在七届全国人大二十五次常委会议上，被任命为最高人民检察院副检察长。

4月28日至30日　九三学社中央第三次振兴大西南经济研讨会在京举行。主题是研讨论证中央提出的《大西南连片贫困岩溶地区脱贫与振兴经济建设报告》。

6月8日至16日　吴阶平及生物化学家邹承鲁、物理学家李林夫妇访问台湾。

12月26日至30日　九三学社第六次全国代表大会在京举行。大会选出第九届中央委员会领导机构，周培源、严济慈、金善宝为名誉主席；吴阶平为主席，徐采栋、郝诒纯、安振东、王文元、杨樾、陈明绍、陈学俊、赵伟之、洪绂曾、金开诚为副主席。

1993年

2月13日　九三学社中央邀集九三学社部分科技界知名人士座谈科技体制改革问题，着重讨论我国科技体制改革的现状和需要采取的有关改革措施。

3月26日　在全国政协八届一次会议上，周培源当选为第八届全国政协副主席。同时，九三学社有21位同志当选为八届全国政协常委，102

人任全国政协八届政协委员。会上，陈学俊代表九三学社中央作了大会发言。

3月27日　在八届全国人大一次会议上，吴阶平当选为八届全国人大常委会副委员长。九三学社有6位同志当选为八届全国人大常委会委员，81人当选八届全国人大代表。

4月11日至13日　九三学社中央在杭州召开“沿海地区科技开发工作研讨会”。

4月28日至29日　中共中央宣传部邀请各民主党派和全国工商联有关负责同志在京举行爱国主义教育座谈会，吴阶平、金开诚出席并发言。

5月22日　九三学社第九届中央常务委员会第二次会议在京举行。会议讨论决定九三学社中央专门委员会的设置和负责人名单，和九三学社中央机关职能部门设置和人事任免。

6月25日至29日　九三学社全国工作会议在京举行。会议研讨加强九三学社自身建设，特别是组织建设、思想建设和机关建设等问题。

7月15日　中央统战部部长王兆国等领导同志到九三学社中央机关看望机关全体同志。

9月11日　吴阶平、严仁英荣获首届“中华人口奖”。

9月16日　《中国现代科学家系列展览——邓稼先、梁希》展览在北京图书馆文津厅隆重开幕。

9月16日至18日　郝诒纯赴四川参加“九广合作”经验交流会。

10月7日　九三学社与临汾地区签订科技合作协议。

11月5日　九三学社与内蒙古哲里木盟签订“九三通辽科技合作”协议。

11月7日至15日　吴阶平、徐采栋、陈明绍参加各民主党派中央、全国工商联领导人和无党派人士三峡工程考察活动，并写出了《关于三峡工程情况的考察报告》。

11月24日　周培源逝世。

11月11日　九三学社中央向全社发出《关于认真学习〈邓小平文

选〉第三卷的通知》。

12 月 16 日　九三学社中央召开座谈会，隆重纪念毛泽东诞辰 100 周年。

12 月 17 日　在中央统战部和国家民委举办的全国智力支边扶贫先进集体和先进个人表彰大会上，九三学社有 8 名先进集体和 15 名先进个人受到表彰。

12 月 18 日　吴阶平荣获“比利时皇家医学科学院名誉勋章”。

12 月 21 日　中共中央政治局常委、全国政协主席李瑞环到九三学社中央机关，看望九三学社领导同志。

12 月 21 日　九三学社中央发出关于表彰社务工作先进集体和先进工作者的决定，以及对从事社内专职工作 30 年以上的干部职工颁发荣誉证书的决定。

12 月 27 日　中共中央政治局常委、全国政协主席李瑞环视察新建的九三学社中央机关办公楼。

12 月 24 日至 28 日　九三学社第九届中央委员会第二次全体会议在京举行。

1994 年

1 月 23 日至 25 日　九三学社中央促进科技成果转化为现实生产力问题首次研讨会在天津举行。

2 月 15 日　吴阶平参加由中共中央政治局常委、国务院总理李鹏主持召开的国务院第五次全体会议（扩大）。

2 月 17 日　中共中央在中南海召开政府工作报告党外人士征求意见座谈会。吴阶平、徐采栋出席。

2 月 25 日　邮电部发行许德珩纪念邮票。

3 月　在全国政协八届二次会议上，王文元代表九三学社中央作了《关于促进科技成果向现实生产力转化的几点建议》的大会发言。

3 月 14 日　金开诚在“两会”新闻中心举行的记者招待会上，就教育和文化问题答记者问。

5 月 10 日至 14 日　九三学社中央在南京召开沿海地区科技开发和支援“三区”（九三学社中央科技扶贫的三个区）研讨会。

5 月 24 日　金开诚邀请部分在宁高校社员座谈高校教改问题。

5 月 30 日　九三学社中央机关工会成立。

5 月 31 日　九三学社中央参议委员会召开在京参议委员座谈会。

6 月 8 日　徐采栋、金开诚应邀参加中共中央召开的党外人士座谈会。

6 月 5 日至 9 日　九三学社中央专门委员会办公室“土地资源合理配置”问题研讨会在京举行。

7 月 2 日　九三学社、中国科协、中国科学院、中国农业科学院在京联合举办金善宝百岁诞辰茶话会。

7 月 4 日至 7 日　九三学社中央全国组织工作会议在京举行。

9 月 3 日至 4 日　郝诒纯作为联合国亚洲议员人口与发展论坛副主席、全国人大常委会教科文卫委员会副主任，应邀出席了在埃及首都开罗召开的“联合国国际议员人口与发展会议”并任我国代表团团长。

10 月 7 日至 10 日　九三学社全国宣传思想工作研讨会在苏州召开。

10 月 10 日至 13 日　九三学社第九届中央常务委员会第七次（扩大）会议在京举行。主题是深入研究九三学社的自身建设问题。

10 月　吴阶平致函中共中央领导同志，建议隆重纪念抗击日本军国主义侵华战争和国际反法西斯战争胜利 50 周年，统一部署，加强舆论宣传，深入进行爱国主义教育。

11 月 11 日　“周培源生平展览”在京举行。

12 月 7 日至 10 日　九三学社第九届中央委员会第三次全体会议在京举行。

12 月 12 日　九三学社中央向中国南极考察站赠送气象卫星接收设备。

1995 年

1 月 12 日 九三学社黄汲清、王淦昌、邹承鲁、师昌绪获何梁何利基金奖。

3 月 3 日至 14 日 全国政协八届三次会议在京举行，九三学社发挥群体优势、深入调查研究，提案数量多，质量提高。

3 月 7 日 徐采栋听取“星火计划”联络组的工作汇报。

3 月 7 日 洪绂曾主持召开九三学社中央与农业部工作联系会议。

4 月 10 日至 17 日 启功陪同全国人大常委会委员长乔石访问日本、韩国。

4 月 27 日 九三学社中央召开学习会，座谈参政议政民主监督制度化问题。

5 月 吴阶平致函中共中央领导同志，就延安革命遗址的保护、建设成为革命传统和精神文明教育基地、制定长远规划问题提出重要意见，并建议将现代化经济建设与基地建设更加和谐地结合起来。江泽民总书记对此十分重视，指示有关部门认真研究解决。

5 月 18 日 九三学社中央专委办、法制委员会召开特约人员工作座谈会。

6 月 7 日至 9 日 九三学社第九届中央常务委员会第十次（扩大）会议在京举行。审议《九三学社中央关于加强参政议政、民主监督的暂行规定》（草案）。

6 月 8 日 国家计委与九三学社就有关提案进行座谈。

6 月 20 日 纪念张西曼先生诞辰 100 周年座谈会在京举行。座谈会由九三学社中央和民革、民盟中央联合举行。

9 月 1 日 九三学社建社 50 周年纪念大会在京隆重举行。乔石出席大会并代表中共中央致辞表示祝贺。中共中央领导人江泽民、李鹏、乔石、李瑞环分别为建社 50 周年题词。江泽民的题词是：“继承发扬爱国主义传统，为统一祖国振兴中华而奋斗。”李鹏的题词是：“发挥科技优势，为科教兴国作出新贡献。”乔石的题词是：“尊重知识尊重人才，科教兴国落到实处。”李瑞环的题词是：“推进民主，倡导科学。”

9 月 4 日至 6 日　九三学社中央科技扶贫“广临通”（四川省广元市、山西省临汾地区、内蒙古自治区哲里木盟）第二次联谊会在广元市举行。

10 月 16 日　吴阶平、王淦昌、徐采栋、郝诒纯、王选等五人被国家教委、中国科协聘为科技教育顾问。

11 月 20 日至 24 日　徐采栋率考察团视察黔西南州“星火计划、科技扶贫”试验区。

11 月 29 日至 30 日　九三学社中央组织专家论证内蒙古《哲里木盟近中期经济与社会发展战略规划》。

12 月 22 日至 26 日　九三学社第九届中央委员会第四次全体（扩大）会议在京举行。增选王选、黄其兴为九届中央委员会副主席等。

12 月　吴阶平代表九三学社中央就我国农业存在的问题致函江泽民总书记，呼吁建立我国“农业建设基金”，引起国家有关部门的重视。

1996 年

1 月 9 日　茅以升诞辰 100 周年座谈会在京举行。

1 月 10 日　四川广元市领导专程来九三学社中央汇报“九（三）广（元）”合作有关工作。

1 月 20 日至 4 月 30 日　九三学社中央联络委员会和专委办对省级组织开展联络工作情况进行调查。

1 月 24 日　山西临汾行署领导专程来九三学社中央汇报“九（三）临（汾）”合作有关工作。

2 月 17 日　九三学社郝诒纯、唐有祺等 11 位科学家关于建立“国家基础科学人才培养基金”的建议获国务院批准实施。

3 月 3 日至 13 日　全国政协八届四次会议期间，九三学社（九三界别）共提出大会发言 18 件，提案 68 件。赵伟之代表九三学社中央作了《关于强化科教兴农，提高农业整体素质的几点建议》的大会发言。

3 月 4 日　江泽民总书记在全国政协八届四次会议上参加九三学社界

别讨论。

3 月 13 日　王淦昌基础教育奖励基金会成立。

4 月 8 日　九三学社中央五个专门委员会联合开展“为贯彻实施‘九五’计划和 2010 年远景目标纲要发言献策活动”。

5 月 16 日　吴阶平、徐采栋接见中共广元市委负责人，推动“九（三）广（元）”合作。

5 月 16 日至 29 日　吴阶平及九三学社中央专职副主席参加中央统战部组织的京九铁路及其沿线考察，并写出了《关于京九铁路沿线考察情况的报告》。

6 月 24 日　徐采栋听取保定关于支持、协助开发“华北明珠”白洋淀考察情况的汇报。

6 月 17 日至 20 日　九三学社第九届中央常务委员会第十四次（扩大）会议在京举行。主题是审议通过《九三学社中央关于 1997 年省级组织换届的意见》，研究讨论组织发展问题。

6 月底　中国共产党成立 75 周年前夕，中共中央在中南海召开党外人士座谈会。吴阶平、徐采栋、赵伟之、金开诚出席，吴阶平代表九三学社中央发言。

7 月 4 日　国家有关部委与九三学社座谈农技站“三定”工作的提案。

8 月 27 日　第三次“广（元）临（汾）通（辽）”联系会在通辽召开。

8 月 27 日　由九三学社中央宣传部、学苑出版社联合拍摄的九集历史专题片《莫忘国耻》发布座谈会在京举行。

9 月 23 日至 27 日　徐采栋获“星火特殊荣誉奖”。

9 月 25 日至 27 日　郝诒纯当选为“联合国亚洲议员人口与发展论坛”第一副主席。

9 月 25 日　农业部与九三学社就“进行《农业法》和《农业技术推广法》执法检查的提案”进行座谈。

9月　九三学社中央领导同志对中共十四届六中全会即将通过的《中共中央关于加强社会主义精神文明建设若干重要问题的决议》（征求意见稿）提出意见和建议。

10月16日至18日　九三学社第九届中央常务委员会第十五次（扩大）会议在京举行。审议通过《九三学社中央关于1997年中央换届的意见》《九三学社第七次全国代表大会代表名额和代表产生办法》《关于推荐九三学社第十届中央委员会委员、候补委员候选人的通知》。

10月17日　九三学社葛庭燧、唐有祺、王德宝、严东生、张光斗、陈芳允、陈学俊、徐僖获何梁何利基金奖。

10月30日至11月1日　九三学社全国组织工作座谈会在京举行。

11月2日　严济慈逝世。

11月7日　吴阶平在各民主党派、工商联为两个文明建设服务经验交流会上，作题为《团结合作，再接再厉，为社会主义两个文明建设做出新贡献》的报告。

11月14日至16日　九三学社联络工作研讨会在京举行。

11月26日至30日　九三学社全国教育科技工作会议在南宁举行。

11月至12月　吴阶平率各民主党派中央、全国工商联负责人及部分特邀国家土地监察专员对江苏、广东、北京二省一市的耕地保护工作进行调研。

12月13日至16日　九三学社第九届中央委员会第五次全体会议在京举行。

12月15日　九三学社中央教育卫生委员会召开工作会议。

1997年

1月1日　全国政协在京举行新年茶话会。吴阶平、徐采栋、陈明绍、赵伟之、王淦昌、刘荣汉出席。

1月7日　中共中央政治局委员、国务院副总理、外交部长钱其琛在中央统战部礼堂向党外人士作国际形势报告。

1月14日 中共中央政治局常委、国务院副总理朱镕基在中央统战部礼堂向党外人士作经济形势报告。

1月18日至19日 中共中央、国务院有关部门，各民主党派中央，全国工商联联合召开推动黔西南州“星火计划、科技扶贫”工作会议。徐采栋作为联合推动各方负责人之一在开幕式及闭幕式上发表讲话。

1月23日 首届统战系统期刊专项评奖揭晓，九三学社中央主办的《民主与科学》杂志获奖三项。

2月4日 中共中央在中南海召开党外人士迎春座谈会。吴阶平、徐采栋出席，吴阶平代表九三学社中央发言。

2月17日 吴阶平出席中共中央召开的《政府工作报告》党外人士征求意见座谈会，并代表九三学社中央发言。

2月27日至3月12日 全国政协八届五次会议召开。九三学社有政协委员77人出席会议。九三学社共提出大会发言和提案92件（其中大会发言10件，提案82件）。黄其兴代表九三学社中央作了题为《实行产业化经营，大力推进中西部农村经济的发展》的发言。

3月17日至18日 郝诒纯以“亚洲议员人口与发展论坛”副主席身份，出席在日本神户召开的“第13次亚洲议员人口与发展会议”。

3月25日 九三学社中央领导同志参加中共中央召开的党外人士座谈会，就进一步加强土地管理，切实保护耕地问题发表意见。

4月3日至5日 九三学社全国宣传和信息工作会议在京召开。

6月12日 九三学社中央举行迎香港回归院士座谈会。

6月26日 金善宝逝世。

6月30日 吴阶平作为中国政府代表团成员，出席香港政权交接仪式。

7月8日 九三学社中央召开学习会，畅谈香港回归，九三学社各级地方组织举办各种活动喜迎香港回归。

7月中旬 九三学社30个省级组织先后顺利完成换届工作，实现新老交替，搞好政治交接。

7月24日至29日　九三学社中央《社章》修改研讨会在京举行。

8月1日　徐采栋在中南海出席中共中央召开的党外人士座谈会，并代表九三学社中央发言。

8月12日至15日　九三学社中央第三十九次主席会议在青岛举行。这次会议是为九三学社第七次全国社员代表大会召开做准备。会议讨论了《工作报告》起草、《社章》修改及地方组织换届和九三学社中央换届等有关事项。

9月9日至14日　九三学社中央组织考察组到九三科技支边扶贫点四川广元旺苍县考察。

9月18日　中共中央就各民主党派中央、全国工商联向中国共产党第十五次全国代表大会发出的贺信、贺电发出感谢信。

9月23日　九三学社吴阶平、肖伦、杨遵仪、刘建康、严恺获何梁何利基金奖。

9月30日　中共中央召开民主党派、工商联、无党派人士座谈会。

11月8日　洪绂曾参加三峡截流仪式。

11月8日至13日　九三学社第七次全国社员代表大会在京召开。大会选举产生第十届中央委员会，推举王淦昌为第十届中央委员会名誉主席；徐采栋、柯召、郝诒纯、杨樾、陈明绍、陈学俊为名誉副主席；方亮、叶恭绍、师昌绪、汤定元、李毅、启功、张光斗、陈立、陈恩凤、唐有祺、笪移今、葛庭燧、程裕淇、魏寿昆为九三学社中央顾问。

九三学社第十届中央委员会第一次全体会议上，吴阶平再次当选为中央委员会主席，安振东、王文元、赵伟之、洪绂曾、金开诚、王选、黄其兴、刘应明、闵乃本、谢丽娟当选为副主席，任命刘荣汉为秘书长。

12月2日　中共中央政治局常委、全国政协主席李瑞环在统战部礼堂与各民主党派中央领导见面。

12月23日　中共中央在中南海召开党外人士座谈会。吴阶平、徐采栋出席，吴阶平代表九三学社中央发言。

12月　由中国科学技术协会组织的首次“全国优秀科技工作者”评

选活动在京揭晓，九三学社葛庭燧、范滇元、陈厚生、荆其一四人榜上有名。

1998 年

1 月 6 日至 7 日　九三学社中央召开水资源合理开发利用问题研讨会。王文元主持会议。中科院院士张光斗、陈梦熊，九三学社北京、天津市委会及九三学社河北、河南等省委会的有关专家，国家水利部、地矿部、建设部等有关部门的负责同志约 30 余人出席了会议。

1 月 14 日　九三学社中央召开加快水电开发研讨会。王文元主持会议。

2 月 13 日　九三学社中央召开座谈会，就九三学社如何在即将召开的九届全国人大一次会议和全国政协九届一次会议上更好地履行职能，征询大家的意见和建议。

3 月 3 日至 14 日　全国政协九届一次会议在京举行。九三学社有 114 名社员担任全国政协委员。王文元当选为全国政协副主席。九三学社以九三学社中央名义提交大会发言 2 件，提案 3 件。王文元代表九三学社中央作《树立水资源危机意识，合理开发反对浪费》的大会口头发言。

3 月 5 日至 18 日　九届全国人大一次会议在京举行。九三学社有 77 名社员当选为全国人大代表。吴阶平当选为全国人大常委会副委员长。

5 月 11 日　九三学社中央科技委员会召开全体会议。

5 月 14 日　九三学社中央经济委员会召开全体会议。

5 月 21 日至 22 日　中央统战部、各民主党派中央、全国工商联在京共同举办“东南亚金融危机情况下，我国经济形势分析和未来发展趋势展望”研讨会。王文元代表九三学社中央发言。

5 月 30 日至 6 月 7 日　九三学社全国思想建设和信息工作会议在京召开。

5 月　九三学社中央研究室编写的《九三学社简史》由学苑出版社出版发行。

6月2日至13日　王文元在福建就闽台经贸合作与交流工作进行考察。

6月20日至23日　九三学社第十届中央常务委员会第二次会议在京召开。审议并通过了《九三学社中央常委会工作规则》和《九三学社中央专门委员会组织通则》。

6月28日　九三学社中央院士委员会与东方集团合作签字仪式在哈尔滨举行。

8月29日　九三学社中央农林委员会在京召开农产品质量问题研讨会。

9月11日　中共中央在中南海召开党外人士座谈会。吴阶平、赵伟之出席。吴阶平代表九三学社中央就《中共中央关于国有企业改革和发展若干重大问题的决定（征求意见稿）》发言。

9月22日　各民主党派中央负责人在京举行座谈会，纪念响应中共“五一”口号50周年。吴阶平代表九三学社中央发言。

9月25日至26日　九三学社中央农林委员会、九三学社北京市委会和中国农学会在京召开都市农业发展研讨会。

10月上旬　九三学社中央领导人参加各民主党派中央赴西柏坡参观学习活动。

10月　九三学社中央与中华全国供销合作总社共同举办了“救灾、重建与农业持续发展高层研讨会”，并组织了科技快车下乡服务活动。

10月28日　王文元在九三学社中央机关听取了中共广元市委有关领导关于“九广合作”的工作汇报。

11月13日　九三学社中央召开学习王选精神座谈会。

11月16日至19日　九三学社全国工作会议在京举行。会议对《各民主党派中央关于加强自身建设若干问题座谈会纪要》（讨论稿）进行了研讨，听取了中央统战部副部长刘延东关于如何建设一个面向新世纪的参政党的报告。

12月10日　王淦昌逝世。

12 月 12 日至 15 日　九三学社第十届中央委员会第二次全体会议在京召开。其间，举行了纪念中共十一届三中全会召开 20 周年会和学习王选精神报告会。

1999 年

1 月 11 日　九三学社中央在京召开“科技创新与人才”座谈会。王选主持会议。

3 月 3 日至 11 日　全国政协九届二次会议在京召开。九三学社以九三学社中央名义提交大会发言五件，提案四件。闵乃本代表九三学社中央作了题为《加强创新人才建设，迎接知识经济挑战》的大会口头发言。其间，中共中央政治局常委、国务院副总理李岚清到九三学社小组讨论会场，听取委员们的发言并发表讲话。

4 月 12 日至 21 日　中央统战部和中共中央台办组织各民主党派中央、全国工商联和无党派人士分三路赴沿海七省市进行考察。吴阶平、王文元、洪绂曾、金开诚参加了第二路考察团。

4 月　黄其兴率队赴毕节地区威宁县进行考察。通过考察，九三学社中央确定了威宁县作为九三学社对毕节试验区支边扶贫工作的重点联系县。

5 月 5 日至 17 日　王文元率由全国政协提案委员会组织的建设工程质量调研组，对上海、广东、安徽的工程质量问题进行了专题调研与考察。

5 月 9 日　九三学社中央召开座谈会，强烈谴责以美国为首的北约在 5 月 7 日轰炸中国驻南联盟使馆的野蛮暴行，坚决支持我国政府的严正声明。吴阶平主持会议并发表讲话。

5 月 13 日　九三学社中央在上海召开“科技创新与法制建设”研讨会。

5 月 15 日至 28 日　王文元、黄其兴、刘荣汉随中央统战部、国家民委、各民主党派中央、全国工商联智力支边协调小组赴贵州省毕节地区、黔西南州，广西百色地区进行综合考察。

6 月 7 日至 12 日　九三学社全国组织宣传信息工作会议在京召开。

6 月 22 日至 24 日　九三学社中央与国家科技部联合举办中国乡镇企业科技创新高级研讨班。

6 月 27 日至 30 日　九三学社第十届中央常务委员会第六次会议在京召开。会议研究了如何进一步加强九三学社参政议政工作和自身建设的有关问题。

7 月 15 日至 20 日　九三学社中央在桂林召开“科教扶贫工作研讨会”。

7 月 22 日　《吴阶平传》出版新闻发布会在京召开。

9 月 15 日　吴阶平出席《中国民主党派史》一书的出版座谈会并发表讲话。

9 月 16 日　统一战线各界人士 200 多人参加由中央统战部举办的座谈会，热烈庆祝中华人民共和国成立 50 周年。

9 月 18 日　中共中央、国务院、中央军委在人民大会堂隆重举行大会，表彰当年为研制“两弹一星”作出突出贡献的 23 位科技专家。九三学社王淦昌、邓稼先、赵九章、陈芳允、程开甲荣获“两弹一星功勋奖章”。

9 月 22 日　庆祝中国人民政治协商会议成立 50 周年大会在全国政协礼堂举行。

9 月 23 日　中共中央在中南海召开党外人士座谈会。吴阶平出席并代表九三学社中央就《中共中央关于农业和农村工作若干重大问题的决定（征求意见稿)》发言。

10 月 21 日　九三学社柯召、郝诒纯、郭令智、彭司勋、卢柯、沈善炯获何梁何利基金奖。

10 月 26 日　第六次李四光地质科学奖颁奖仪式在京举行。九三学社郝诒纯、郭令智获李四光地质科学奖荣誉奖。

12 月 7 日至 8 日　九三学社中央举行院士学术报告会。王选、程裕淇、韩启德就各自领域所研究的专业作了报告。

12 月 8 日至 11 日　九三学社第十届中央委员会第三次全体会议在京召开。

12 月 20 日　中葡澳门政权交接仪式隆重举行，中国政府对澳门恢复行使主权。吴阶平作为中国政府代表团成员出席了政权交接仪式。

12 月 27 日　中央统战部和各民主党派中央在人民大会堂举行“坚持多党合作，走向新的世纪”座谈会，纪念中国共产党领导的多党合作和政治协商制度创立 50 周年。王文元代表九三学社中央发言。

12 月 28 日　九三学社中央召开纪念《中共中央关于坚持和完善中国共产党领导的多党合作和政治协商制度的意见》发表十周年座谈会。

2000 年

1 月 29 日　《吴阶平文集》首发式在京举行。

3 月 3 日　全国政协九届三次会议在京召开。九三学社以九三学社中央名义提交大会发言四件，提案四件；以政协九三学社组名义提交提案一件。黄其兴委员代表九三学社中央作题为《建立智力产权制度，推动高科技产业蓬勃发展》的大会口头发言。

3 月 15 日　九三学社中央在京举行参政议政工作研究中心成立大会。

3 月 24 日　王文元、洪绂曾在九三学社中央机关听取了中共广元市委、市政协及市委统战领导关于“九广合作”的工作汇报。

4 月 4 日至 10 日　徐采栋、吴全德应九三学社江苏省委会邀请，赴南京、无锡举行了两场院士报告会。

5 月 10 日至 24 日　王文元、金开诚和九三学社内的有关专家学者等一行 10 余人赴云南和贵州考察调研。

6 月 1 日至 4 日　九三学社全国组织工作会议在京举行。

6 月 6 日至 10 日　九三学社中央西部大开发问题研讨会在西安举行。

6 月 26 日至 28 日　九三学社第十届中央常务委员会第十次会议在京召开。会议传达学习了全国民主党派工作会议精神，审议通过了《九三学社中央关于加强后备干部队伍建设工作的意见》。

8月6日　中央电视台《焦点访谈》节目播出王文元《关于西部大开发问题》的访谈。

8月9日　九三学社中央向九三学社各省、自治区、直辖市委员会下发《关于开展向贫困地区捐助活动的通知》。

8月28日　王文元在京主持召开“中国城市垃圾问题专家咨询会”。

8月30日　九三学社中央在京召开“二十一世纪中国内河航运发展高级研讨会”。王文元在会上作了题为《振兴内河航运，促进国民经济发展》的讲话。

9月3日　九三学社中央在京召开“纪念九三学社建社五十五周年座谈会”。

9月14日　九三学社中央政法委员会召开特约人员工作研讨会。

9月15日　中共中央在中南海举行党外人士座谈会。王文元出席并代表九三学社中央就实施西部大开发战略发言。

10月10日至15日　九三学社中央院士委员会组织院士考察团共七人赴株洲进行考察。

10月15日　吴阶平致函北京奥申委，代表九三学社全体社员全力支持北京市申办2008年奥运会，并预祝申办成功。

10月31日　中央统战部召开座谈会，就起草统战工作会议文件征求各民主党派中央的意见。

11月9日至12日　九三学社第十届中央常务委员会第十一次会议在重庆召开。会议学习了中共十五届五中全会文件；审议了《九三学社中央关于2002年省级组织换届的意见》（征求意见稿）。

11月24日　金开诚出席中央统战部召开的《当代中国民主党派》一书出版座谈会。

12月16日至20日　九三学社第十届中央委员会第四次全体会议在京召开。会议选举陈抗甫、韩启德为九三学社中央副主席。

12月23日至24日　九三学社中央提案工作会议召开。

12月29日　九三学社中央、中国科学院、中国科学技术协会在人民大会堂联合举办严济慈同志诞辰100周年座谈会。中共中央政治局常委、全国政协主席李瑞环出席座谈会。

2001年

1月1日　全国政协举行新世纪、新千年的第一个新年茶话会。吴阶平出席。

1月8日　九三学社中央在京召开人力资源开发和人才能力建设研讨会。

1月21日　中共中央在中南海举行党外人士迎春座谈会。吴阶平出席并代表九三学社中央发言。

2月5日　中共中央在中南海召开党外人士座谈会。王文元出席并代表九三学社中央就《关于国民经济和社会发展第十个五年计划纲要的报告（征求意见稿）》发表了意见。

2月14日　九三学社中央在京召开民营高科技企业发展研讨会。

2月19日至21日　中共中央、国务院在京召开国家科学技术奖励大会，向荣获2000年度国家科学技术奖的人员和集体颁奖，九三学社有九名社员获奖。

3月3日至13日　全国政协九届四次会议在京召开。九三学社以九三学社中央名义提交大会发言四件，提案九件；以政协九三学社组名义提交提案七件。陈抗甫代表九三学社中央作大会口头发言。其间，中共中央政治局常委、国家副主席胡锦涛出席全国政协九届四次会议的民进、农工、九三学社界别联组讨论会并作重要讲话。

4月16日　王文元在人民大会堂会见尼日利亚阿比亚州州长卡鲁。

5月13日至19日　九三学社中央院士委员会组织院士考察团赴浙江宁波进行考察。

5月中下旬　经国务院批准，自2001年起每年5月份的第三周在全国开展群众性的“科技活动周”活动。九三学社各级组织和广大社员以各种形式积极参加了“科技活动周”活动。

5月24日至27日　九三学社中央组织工作座谈会在京召开。

6月7日至17日　王文元、洪绂曾、金开诚赴山西考察“三农”问题。

6月9日　吴阶平在《人民日报》发表文章，纪念中国共产党成立80周年。

6月22日　九三学社中央在京召开纪念中国共产党成立80周年座谈会。

6月22日至24日　九三学社第十届中央常务委员会第十四次会议在京召开。会议重点研究讨论了2002年省级组织换届问题和加强信息工作的有关问题。

6月30日　各民主党派中央、全国工商联致信中共中央，热烈祝贺中国共产党成立80周年。

7月1日　中央统战部在人民大会堂召开统一战线纪念中国共产党成立80周年暨学习江泽民“七·一”重要讲话座谈会。吴阶平出席并代表九三学社中央发言。

7月21日至24日　九三学社中央信息工作研讨会在安徽召开。

8月22日　中共中央在中南海召开党外人士座谈会。吴阶平出席并代表九三学社中央就《中共中央关于加强和改进党的作风建设的决定（征求意见稿）》发言。

10月4日　国家天文台以我国五位著名科学家的姓名命名该台新发现的五颗小行星，其中有三位是九三学社社员，即王淦昌、陈芳允、茅以升。

10月9日　辛亥革命90周年纪念大会在人民大会堂隆重举行。

11月10日至15日　九三学社中央宣传思想工作研讨会在福州召开。

11月12日至15日　九三学社中央专门委员会办公室在京召开九三学社中央参政议政工作研讨会。

11月16日　王文元在全国政协礼堂会见“日中文化交流协会代表团”。

12月9日至12日　九三学社第十届中央委员会第五次全体（扩大）

会议在京召开。通过了《关于召开九三学社第八届全国代表大会的决定》。

12 月 9 日　九三学社中央妇女委员会在京召开会议。

12 月 9 日　九三学社中央教育文化委员会在京召开“高等教育扩大规模与质量问题”研讨会。

12 月 12 日　九三学社中央联络委员会在京召开座谈会。

12 月 15 日至 17 日　九三学社机关建设研讨会在南京召开。

12 月 17 日　中共中央在中南海召开党外人士座谈会。王文元出席并代表九三学社中央就“三农”问题发言。

12 月 29 日　王文元、赵伟之在中央统战部出席报告会，听取国家外经贸部部长石广生作关于中国加入 WTO 情况的报告。

2002 年

1 月 1 日　吴阶平、赵伟之在全国政协礼堂出席“全国政协新年茶话会”。吴阶平代表各民主党派中央、全国工商联和无党派人士发言。

1 月 8 日　九三学社中央在京召开探讨“中国入世与科技事业发展”问题座谈会。

2 月 1 日　中共中央、国务院在京召开国家科学技术奖励大会。九三学社社员有 24 人获奖，其中王选、黄昆荣获 2001 年度国家最高科学技术奖。

2 月 5 日　九三学社中央发出通知，要求全社广大成员向王选、黄昆同志学习，努力在科教兴国事业中建功立业。

2 月 6 日　中央统战部部长王兆国、常务副部长刘延东等到九三学社中央机关走访。

2 月 28 日　吴阶平医学基金会成立。

3 月　九三学社中央信息中心被全国政协评为 2001 年度信息工作先进单位（一等奖）。

3 月 3 日至 13 日　全国政协九届五次会议在京召开。九三学社以九三学社中央名义提交大会发言3件，提案8件；以政协九三学社组名义提交提案14件。韩启德、谢丽娟、姜信真分别代表九三学社中央作大会口头发言。其间，江泽民总书记看望了出席会议的九三学社、无党派界别的委员，参加了联组会，听取了委员们的意见和建议并发表讲话。

3月30日至31日　九三学社中央在京召开“九三学社中央参政议政选题研讨会”。

4月5日　吴阶平、王文元、金开诚在中央统战部出席报告会，听取中共中央宣传部领导作《中国加入“世贸”后，思想文化战线面临的新情况及应对措施》的形势报告。

4月6日至8日　九三学社中央在京举行换届工作座谈会。洪绂曾就修改《九三学社章程》发表讲话；赵伟之就九三学社第十一届中央委员人选提名的原则和名额分配方案的建议进行了说明。陈抗甫作了总结讲话。

4月8日至9日　应哈萨克斯坦共和国的邀请，王文元率领中国政府代表团前往阿拉木图出席第二届欧亚经济峰会。

4月18日至26日　王文元率中国人民对外友好协会代表团访问安哥拉、纳米比亚。

5月10日　第三届“高校青年教师奖”颁奖会在人民大会堂举行。中共中央政治局常委、国务院副总理李岚清出席大会并为获奖代表颁奖。九三学社吴立新、章梅荣、彭喜元、李怀恩获奖。

5月20日　九三学社中央发出通知，要求九三学社各省、自治区、直辖市委员会切实做好维护社会稳定的工作。

5月27日至29日　全国统战宣传工作会议在京召开。九三学社中央宣传部结合自身工作实际就新形势下统战宣传工作的新做法、新经验作了大会交流发言。

6月30日　吴阶平、王文元在中央统战部出席“双月学习座谈会”。吴阶平代表九三学社中央发言。

7月7日至14日　九三学社中央组成的“海水资源开发利用及可持

续发展中的科技进步问题”调研组赴青岛、烟台、莱州、天津等地进行调研。

7 月 25 日至 27 日　九三学社科教服务支边扶贫总结表彰大会在昆明举行。

7 月　《九三学社院士风采》由学苑出版社出版。

8 月 9 日　各民主党派中央、全国工商联和无党派人士联合召开座谈会，强烈谴责台湾当局领导人陈水扁分裂国家的“台独”言论。陈抗甫代表九三学社中央发言。

8 月 9 日　九三学社《社讯》及信息工作研讨会在黑龙江省牡丹江市召开。

8 月 28 日　纪念周培源诞辰 100 周年座谈会在京举行。

9 月 17 日　吴阶平在中南海出席中共中央召开的党外人士民主协商会，并代表九三学社中央发言。

10 月 9 日至 15 日　王文元率全国政协代表团赴韩国出席中韩建交 10 周年暨韩中文化协会成立 60 周年庆祝活动。

10 月 12 日　学苑出版社成立 15 周年纪念座谈会在京举行。

10 月 23 日　九三学社中央提出的《关于切实做好我国农业“入世”应对准备的紧急建议案》《关于环保产业市场化若干建议案》和九三学社组提出的《关于东西部开展科技合作的思路与对策案》获得政协第九届全国委员会优秀提案。

11 月 8 日　中国共产党第十六次全国代表大会在北京隆重开幕。吴阶平、王文元等应邀列席开幕式。

11 月 29 日　各民主党派中央、全国工商联、无党派人士召开学习贯彻中共十六大精神座谈会。中共中央政治局常委贾庆林出席会议并讲话。吴阶平代表九三学社中央发言。

12 月 3 日至 8 日　九三学社第八次全国社员代表大会在京召开。大会推举吴阶平为第十一届中央委员会名誉主席；王文元、徐采栋、杨樾、陈明绍、陈学俊、赵伟之、黄其兴为名誉副主席；方亮、师昌绪、安振东、汤定元、李毅、启功、张光斗、陈立、陈恩凤、唐有祺、魏寿昆为中央委员会顾问。

九三学社第十一届中央委员会第一次全体会议上，韩启德当选为九三学社中央主席；洪绂曾、金开诚、王选、刘应明、闵乃本、谢丽娟、陈抗甫、冯培恩当选为副主席。

12 月 9 日　中共中央政治局常委贾庆林在中央统战部会见了九三学社中央新老领导班子成员。中央统战部部长刘延东参加了会见。

12 月 27 日　胡锦涛、贾庆林、曾庆红、王刚等中共中央领导同志走访九三学社中央机关。

2003 年

1 月 26 日　中共中央在中南海举行党外人士迎春座谈会。韩启德出席并代表九三学社中央发言。

2 月 12 日　中共中央在中南海召开党外人士座谈会。韩启德、陈抗甫、王文元出席。

2 月 26 日　中共中央在中南海举行民主协商会，就深化行政管理体制和机构改革、中共中央拟向十届全国人大一次会议推荐的国家机构领导人员人选建议名单和拟向全国政协十届一次会议推荐的全国政协领导人员人选建议名单，向各民主党派中央、全国工商联负责人和无党派人士征求意见。韩启德代表九三学社中央发言。

3 月 2 日　九三学社十一届中央委员会第一次主席会议在京举行。会议一致推举陈抗甫任社中央常务副主席，审议通过了《九三学社中央参政议政通则》。

3 月 3 日至 14 日　全国政协十届一次会议在京召开。九三学社共有 104 名社员担任全国政协委员。王选当选为全国政协副主席。九三学社以社中央名义提交大会发言 5 件，提案 8 件；以政协九三学社组名义提交提案 10 件。

3 月 5 日至 18 日　十届全国人大一次会议在京召开。九三学社共有

70 名社员当选第十届全国人大代表。韩启德当选全国人大常委会副委员长。

3 月 29 日至 31 日　九三学社中央和上海市委会、江苏省委会、浙江省委会在杭州举行“长江三角洲地区经济一体化发展”研讨会。

4 月 6 日　九三学社中央在京召开新一届参政议政研究中心成立大会。

4 月 11 日　中共中央政治局常委、国务院总理温家宝在中南海主持召开座谈会，就当前经济形势和非典型肺炎防治工作，听取各民主党派中央、全国工商联负责人和无党派人士的意见和建议。韩启德、陈抗甫出席会议，韩启德代表九三学社中央发言。

4 月 20 日　韩启德在中央统战部出席各民主党派中央、全国工商联负责人和无党派人士座谈会，并针对当前“非典”防治工作存在的问题，提出五条重要建议。

4 月 21 日　韩启德写信给中共中央领导同志，呼吁防治“非典”工作要严格按照《传染病防治法》进行，切实做到依法办事。

4 月 21 日至 6 月 6 日　九三学社中央机关顺利进了“三定”工作（定职能配置、定内设机构、定人员编制）。

4 月 22 日　九三学社中央发出“积极行动起来，切实做好非典型肺炎防治工作”的紧急通知。

4 月 23 日至 24 日　韩启德多次与北京市委书记刘淇、代市长王岐山进行直接沟通，就目前北京市“非典”疫情防治工作提出意见和建议。

4 月 27 日　韩启德应约与国务院副总理吴仪就防治“非典”进行了深入交谈。

5 月 12 日　各民主党派中央、全国工商联专职副主席会议在京召开。陈抗甫、洪绂曾、金开诚出席。

5 月 13 日　九三学社中央向全体社员发出了《万众一心抗“非典”，迎难而上促发展》的公开信。

5 月 26 日　洪绂曾出席社会服务部与国家科技部政策法规与体制改

革司就我社如何在科普方面发挥作用举行的座谈会。

6月20日　九三学社中央理论学习中心组召开学习会，学习《“三个代表”重要思想学习纲要》。

6月23日　九三学社抗击“非典”优秀人物事迹报告会在京举行，柴洁、聂立功、林谦三位战斗在一线的社员作报告。

同日　九三学社多名社员出席了在京开幕的国家中长期科技发展规划战略研究论坛。这标志着国家中长期科技发展规划的制定全面启动。

7月1日至6日　韩启德率九三学社专家考察团就“三江源”生态环境的保护和治理问题赴青海进行考察。

7月4日　九三学社中央召开中央学习会，学习座谈《中共中央关于在全党兴起学习贯彻“三个代表”重要思想新高潮的通知》精神。

7月11日　中共中央在中南海召开党外人士民主协商会。韩启德、王选、陈抗甫出席，韩启德代表九三学社中央就经济工作和加强公共卫生建设发言。

7月13日至15日　九三学社第十一届中央常务委员会第三次会议在大连召开。会议学习了中共中央总书记胡锦涛在“三个代表”重要思想研讨会上的重要讲话；讨论了新形势下如何加强全社的思想政治工作，加快建设适应新世纪要求的参政党进程；审议通过了《九三学社中央关于学习实践“三个代表”重要思想，切实加强思想建设的决议》；总结了我社的抗击“非典”工作。

7月16日至18日　韩启德率九三学社中央考察团赴辽宁就“加快东北老工业基地调整、改造和振兴问题”考察调研。

7月17日　新一届中央智力支边扶贫协调小组全体会议在中央统战部举行。会议决定由洪绂曾任黔西南州“星火计划、科技扶贫”试验区联合推动组组长。

8月8日至14日　韩启德一行就农村剩余劳动力转移问题到重庆考察。

8月14日　韩启德致函中共中央领导同志，报送了《九三学社中央关于加大“三江源”地区生态保护和建设力度的建议》。中共中央、国务院有关领导同志作了批示。9月22日，国家发改委根据中共中央、国务院领导的批示，召开了“三江源”地区生态保护与综合治理总体规划协调会。

8月26日　中共中央在中南海召开党外人士座谈会。韩启德、王选、陈抗甫出席，韩启德代表九三学社中央就《中共中央关于完善社会主义市场经济体制若干问题的决定》（征求意见稿）发言。

8月28日　中共中央在中南海召开党外人士座谈会。韩启德、王选、陈抗甫出席，韩启德代表九三学社中央就《中共中央关于修改宪法部分内容的建议（草案）》（征求意见稿）发言。

9月4日至11日　韩启德率考察团赴陕西考察农村基层医疗卫生工作。

9月5日　中共中央在中南海召开党外人士座谈会。洪绂曾出席并代表九三学社中央就国务院关于农村教育的问题发言。

9月15日　全国政协主席贾庆林在全国政协机关主持召开政协章程修改工作座谈会，听取各民主党派中央、全国工商联和有关人民团体的意见和建议。韩启德、王选出席会议，王选代表九三学社中央发言。

9月16日　中央统战部召开关于香港问题的情况通报及征求意见会。韩启德、陈抗甫、金开诚出席会议，韩启德代表九三学社中央发言。

10月23日　中共中央在中南海召开党外人士座谈会。王选、陈抗甫，王选代表九三学社中央就2003年经济社会发展工作和2004年经济工作发言。

11月18日　中共中央在中南海举行党外人士座谈会。韩启德、王选、陈抗甫出席，韩启德代表九三学社中央就贯彻中共十六大、中共十六届三中全会精神，做好当前我国经济社会发展工作的问题发言。

12月5日　九三学社邹承鲁、郑国锠获何梁何利基金奖。

12月22日至25日　九三学社第十一届中央委员会第二次全体会议在京召开，增选贺铿为社中央副主席。

2004 年

1 月 9 日　九三学社中央长江三角洲区域经济协调发展论坛在上海召开。

2 月 5 日　中共中央在中南海召开《政府工作报告》党外人士征求意见座谈会。韩启德出席并代表九三学社中央发言。

2 月 9 日　韩启德率调研组赴江苏就城市医院体制改革进行考察调研。

2 月 13 日　九三学社中央社会与法制委员会与北京市委会在京联合召开“公共群体性突发事件对应策略专家座谈会”。

3 月 3 日至 12 日　全国政协十届二次会议在京召开。九三学社以社中央名义提交大会发言 11 件，提交大会提案 10 件；以政协九三学社组名义提交提案 18 件。

3 月 4 日　韩启德致函中共中央领导同志，就解决国企退休科技人员退休金过低问题提出建议，受到高度重视，助推《关于从 2004 年 7 月 1 日起增加企业退休人员基本养老金的通知》的出台。

3 月 5 日至 14 日　十届全国人大二次会议在京召开。韩启德、刘应明、贺铿等参加会议。

4 月 15 日　九三学社中央致函国务院法制办公室，认为正在制定的《公务员法》应把民主党派机关除工勤人员以外的工作人员也列入公务员范围。此建议得到国家有关部门的采纳。

5 月 10 日至 17 日　韩启德率调研组赴武汉就“深化科技体制改革，提升企业创新能力”进行专题调研。

5 月 25 日至 27 日　九三学社第十一届中央常务委员会第七次会议在无锡举行。会议研究了提高参政议政能力有关工作；审议并通过了《九三学社中央关于加强参政议政工作的若干意见》。

7 月 1 日至 10 日　韩启德率队赴黑龙江省就“深化科技体制改革，提升产业创新能力”进行专题考察。

7 月 19 日　中共中央在中南海召开党外人士座谈会。韩启德、王选、陈抗甫出席，韩启德代表九三学社中央就当前经济形势和经济工作发言。

7 月 21 日　九三学社中央与中国工程院在京联合召开“中国草业发展战略研讨会”。

8 月 16 日　中共中央政治局常委、国务院总理温家宝在中南海主持召开国家中长期科学技术发展规划战略研究专题报告会议。韩启德出席并发言。

8 月 16 日　统一战线各界人士纪念邓小平诞辰 100 周年座谈会在京举行。韩启德、陈抗甫、洪绂曾、金开诚出席，韩启德代表九三学社中央发言。

8 月 17 日　九三学社中央在京举行纪念邓小平诞辰 100 周年座谈会。

9 月 23 日　九三学社中央思想建设研究中心成立大会在京举行。

9 月 24 日至 28 日　九三学社全国社务工作会议在德阳召开。

10 月 16 日　由九三学社中央、民盟中央、中国工程院、中国科协共同主办的“中国粮食安全高层论坛”在京举行。

10 月 20 日至 22 日　九三学社中央在京举行大陆及港澳台文化界专家学者出席的“茗谈中华传统文化”活动。

11 月 10 日至 13 日　韩启德、洪绂曾等赴贵州就扶贫开发和生态建设工作进行调研。其间，韩启德等人出席了威宁彝族回族苗族自治县成立 50 周年庆典。

11 月 29 日　中共中央在中南海召开党外人士座谈会。韩启德、王选、陈抗甫出席，韩启德代表九三学社中央就司法体制改革问题发言。

12 月 1 日　九三学社中央在京召开海水资源开发利用研讨会。

12 月 4 日　九三学社第十一届中央常务委员会第九次会议召开，通过《九三学社中央关于实施人才强社战略的意见》。

12 月 5 日至 7 日　九三学社第十一届中央委员会第三次全体会议在京召开。

2005 年

1 月　中共中央领导同志在《智力支边扶贫协调小组办公室情况简报》［2004］第 15 期“九三学社中央十分重视社会扶贫工作为贫困地区积极提建议、拉项目、促发展，取得新成效”情况报告上作出重要批示，充分肯定了九三学社中央在科技扶贫、智力支边方面取得的积极成果。

1 月 31 日　韩启德致函中共中央领导同志，就进一步解决国企退休科技人员养老金过低问题提出建议，引起重视。

2 月 1 日　中共中央在中南海召开党外人士座谈会。韩启德出席并代表九三学社中央发言，就进一步解决国有企业退休科技人员养老金过低问题再提出建议。

2 月 4 日　中共中央在中南海召开党外人士迎春座谈会。韩启德出席并代表九三学社中央发言，就引导高校毕业生到基层就业问题提出建议。

2 月　中共中央颁发《关于进一步加强中国共产党领导的多党合作和政治协商制度建设的意见》。

3 月 3 日至 12 日　全国政协十届三次会议在京召开。九三学社以九三学社中央名义提交大会发言 12 件、提案 17 件；以政协九三学社组名义提交提案 7 件。

3 月 16 日至 21 日　洪绂曾赴绵阳、广元就“九绵合作”“九广合作”项目考察调研。

3 月 17 日　九三学社中央举行学习《反分裂国家法》座谈会。

3 月 21 日　九三学社中央向社各省、自治区、直辖市委员会发出《关于学习贯彻〈中共中央关于进一步加强中国共产党领导的多党合作和政治协商制度建设的意见〉的通知》。

3 月 23 日至 30 日　韩启德率考察团赴河南就促进我国中部地区粮食主产区经济发展与改革的有关问题考察调研。

3 月 24 日　九三学社中央在机关召开学习会，传达学习《中共中央关于进一步加强中国共产党领导的多党合作和政治协商制度建设的意见》精神。

3 月 28 日　2004 年度国家科学技术奖励大会在京召开。九三学社 39 名社员参与的 29 个科研项目获奖。

4 月上旬　九三学社中央机关全部迁入位于北京市海淀区万柳万泉新新家园 14 号的办公新址。

5 月 9 日至 15 日　韩启德、陈抗甫、洪绂曾、贺铿赴湖南就中部粮食主产区崛起和粮食安全问题进行专题调研。

5 月 12 日　中共中央在中南海召开党外人士座谈会。韩启德、王选出席，韩启德代表九三学社中央就宏观调控政策和实施中部崛起战略发言。

5 月 20 日至 23 日　九三学社第十一届中央常务委员会第十一次会议在青岛召开。会议认真学习了《中共中央关于进一步加强中国共产党领导的多党合作和政治协商制度建设的意见》精神；审议并原则通过了《九三学社中央关于加强组织建设的若干规定》。

7 月 5 日　洪绂曾在京出席第六届海峡两岸青年科学家学术研讨会并讲话。

7 月 26 日　中共中央在中南海召开党外人士座谈会。韩启德、王选、陈抗甫出席，韩启德代表九三学社中央发言。

8 月 16 日　韩启德、王选、陈抗甫在中南海出席党外人士协商会。韩启德代表九三学社中央就“十一五”规划的制定发表意见。

8 月 22 日　韩启德赴重庆出席九三学社中央旧址纪念碑揭幕仪式。

9 月 6 日　九三学社建社 60 周年纪念大会在京西宾馆隆重召开。中共中央政治局常委、全国政协主席贾庆林出席大会并代表中共中央致贺词。

10 月 20 日　九三学社中央在机关举办传达中共十六届五中全会精神学习会。韩启德、金开诚出席。

11 月 7 日　九三学社中央科技委员会在机关召开我国科技自主创新问题及对策研讨会。贺铿出席。

11 月 11 日　九三学社中央社会服务咨询委员会在机关举行成立仪式。韩启德、洪绂曾出席。

11 月 22 日　中共中央在中南海召开党外人士座谈会。韩启德、陈抗甫出席，韩启德代表九三学社中央发言。

12 月 6 日至 8 日　九三学社第十一届中央委员会第四次全体会议在京召开，增选王志珍、邵鸿为社中央副主席。

2006 年

1 月 9 日至 11 日　全国科学技术大会在京举行。九三学社 47 名社员的 42 项成果荣获 2005 年度国家科学技术奖励。

1 月 24 日　中共中央在中南海举办党外人士迎春座谈会。韩启德、陈抗甫、王文元出席。

2 月 10 日　中共中央在中南海召开《政府工作报告》党外人士征求意见协商会。韩启德、陈抗甫，韩启德代表九三学社中央发言。

2 月 13 日　王选逝世。

3 月 1 日　各民主党派中央反对“废统”座谈会在人民大会堂召开。邵鸿出席。

3 月 3 日至 13 日　全国政协十届四次会议在京召开。九三学社以九三学社中央名义提交大会发言 8 篇、提案 30 多件。其间，中共中央政治局常委、全国人大常委会委员长吴邦国看望出席会议的九三学社、农工民主党委员并参加讨论，听取委员们的意见和建议。

3 月 5 日至 14 日　十届全国人大四次会议在京召开。韩启德、刘应明、贺铿等出席。

3 月 23 日至 30 日　韩启德赴美国考察访问。

4 月 24 日　统一战线学习贯彻中共中央两个 5 号文件精神座谈会在人民大会堂召开。韩启德、陈抗甫、邵鸿出席，韩启德代表九三学社中央发言。

5 月 17 日至 22 日　韩启德、陈抗甫、谢丽娟、贺铿等赴山东就提高自主创新能力专题进行考察调研。

5 月 17 日　王选同志先进事迹报告会在人民大会堂召开。韩启德、王志珍、邵鸿、陈明绍、赵伟之、洪绂曾等出席。

5月22日至26日　韩启德在人民大会堂出席中国科协第七次全国大会并当选为新一届中国科协主席。

5月25日至26日　邵鸿赴嘉兴出席九三学社主要创始人之一褚辅成史料陈列室暨大韩民国临时政府领导人金九避难处开放仪式。

5月28日至30日　九三学社第十一届中央常务委员会第十五次会议在义乌召开。会议着重围绕提高自主创新能力、促进农民增收、推进医疗卫生事业改革进行了研讨和交流，审议通过了《九三学社中央关于省级组织换届工作的意见》。

6月6日　韩启德、陈抗甫在中南海出席就人大监督法有关内容征求意见座谈会。韩启德代表九三学社中央发言。

6月12日　九三学社中央在机关召开九三学社王选关怀基金成立暨第一届第一次理事会。韩启德、邵鸿出席。

7月21日　中共中央在中南海召开党外人士座谈会。陈抗甫、邵鸿出席，陈抗甫代表九三学社中央发言。

8月14日　中共中央在中南海召开党外人士协商会。韩启德、陈抗甫出席，韩启德代表九三学社中央就中共十六届六中全会的有关文件（征求意见稿）等提出意见建议。

8月21日　九三学社中央在机关举办学习胡锦涛总书记在统战工作会议上的讲话精神座谈会。韩启德、陈抗甫出席。

9月11日至16日　九三学社中央换届工作暨社务工作会议在太原召开。会议研究了社中央换届工作，以及如何进一步加强社的思想建设。

9月20日　各民主党派、工商联、无党派人士为全面建设小康社会做贡献经验交流暨表彰大会在北京召开。九三学社共有15个先进集体、50名先进个人受到表彰。

11月13日　中共中央在中南海召开党外人士高层协商会。韩启德、陈抗甫出席，韩启德代表九三学社中央发言。

11月29日至30日　韩启德、邵鸿在京西宾馆出席统一战线外事工作会议。

12月6日至8日　九三学社第十一届中央委员会第五次全体会议在京召开。

12月13日　九三学社中央在机关召开学习《中共中央关于巩固和壮大新世纪新阶段统一战线的意见》座谈会，韩启德、贺铿、邵鸿出席。

2007年

1月5日　中共中央在中南海召开党外人士座谈会。韩启德、陈抗甫出席，韩启德代表九三学社中央就金融工作发言。

1月19日　九三学社中央在机关举行首次“九三讲堂”，邀请国务院新闻办公室原主任赵启正作“建设良好的国际舆论环境”讲座。

1月30日　邵鸿到教育部就高校负债问题进行专题调研。

2月1日　中共中央在中南海召开《政府工作报告》党外人士征求意见座谈会。韩启德、陈抗甫出席，韩启德代表九三学社中央发言。

2月14日　中共中央在中南海召开党外人士迎春座谈会。韩启德出席并代表九三学社中央发言。

2月27日　国家科学技术奖励大会在京召开。九三学社共有49名社员的42项成果荣获2006年度国家科学技术奖励。

3月3日至15日　全国政协十届五次会议在京召开。九三学社以社中央名义提交大会发言7篇，其中口头发言1篇；以九三学社中央名义提交提案31件，以九三学社组名义提交提案18件；九三学社组委员提交大会发言23篇，提交提案111件。

3月5日至16日　十届全国人大五次会议在京召开。韩启德、刘应明、贺铿等参加会议。

6月9日　闵乃本同志先进事迹报告会在中央社会主义学院举行。

7月10日至12日　九三学社第十一届中央常务委员会第十九次会议在西宁召开。会议学习了胡锦涛总书记在中央党校的重要讲话精神，进一步部署了在九三学社开展以坚持走中国特色社会主义政治发展道路为主题的政治交接学习教育活动，审议并原则通过了《九三学社中央关于加强地方组织领导班子建设的意见》，研究了九三学社十二届中央委员提名原则。

7 月 14 日至 21 日　韩启德率队前往美国交流访问。

7 月 17 日　邵鸿就高校建设负债问题赴国家开发银行进行调研。

7 月 25 日　中共中央在中南海召开党外人士座谈会。韩启德、陈抗甫出席，韩启德代表九三学社中央就经济工作发表了意见。

7 月 30 日　九三学社中央、全国工商联和国家科技部在社中央机关就设立科技银行问题举行高层会晤。

8 月 14 日至 18 日　贺铿赴贵州出席“亮康行动”启动仪式及“九顺合作”签字仪式。

8 月　九三学社 30 个省级组织换届圆满结束。

10 月 22 日　九三学社中央在机关召开学习中国共产党第十七次全国代表大会精神座谈会。

11 月 22 日　九三学社中央在机关召开学习《中国的政党制度》白皮书座谈会。

11 月 23 日　中共中央在中南海召开党外人士座谈会。韩启德、陈抗甫出席，韩启德代表九三学社中央就当前经济工作发言。

12 月 5 日至 6 日　九三学社第十一届中央委员会第六次全体会议在京召开。

12 月 8 日至 13 日　九三学社第九次全国代表大会在京召开。选举产生了九三学社第十二届中央委员会，韩启德当选为九三学社中央主席，陈抗甫、冯培恩、贺铿、王志珍、邵鸿、谢小军、张桃林、赖明、马大龙当选为九三学社中央副主席。

12 月 13 日　中共中央政治局常委、全国政协主席贾庆林在中央统战部接见九三学社中央新老领导班子成员并座谈。

2008年

1月8日　国家科学技术奖励大会在京举行。九三学社37名社员完成的33项成果荣获2007年度国家科学技术奖励。

1月10日　韩启德、邵鸿、赖明在九三学社中央机关与教育部部长周济就教育问题座谈。

1月24日　中共中央在中南海召开政府工作报告党外人士征求意见座谈会。韩启德、陈抗甫出席。

2月3日　中共中央在中南海召开党外人士迎春座谈会。韩启德、陈抗甫出席，韩启德代表九三学社中央发言。

2月4日　韩启德、贺铿、王志珍、邵鸿、赖明在九三学社中央机关与科技部部长万钢，科技部中共党组书记、副部长李学勇就我国科技改革与发展问题进行座谈。

3月3日至15日　全国政协十一届一次会议在京召开。九三学社有104名社员担任全国政协委员。九三学社以社中央名义提交大会发言6篇，提交提案38件。大会期间，王志珍当选为全国政协副主席。有20名社员当选全国政协常委。

3月5日至18日　十一届全国人大一次会议在京召开。九三学社有63名社员当选为全国人大代表。韩启德当选为全国人大常委会副委员长。有5名社员当选全国人大常委会委员。

4月11日至14日　韩启德、赖明赴辽宁就“五点一线”沿海经济带战略决策等情况进行调研。

4月18日　九三学社中央在机关举办纪念“五一口号”60周年座谈会。韩启德、陈抗甫、邵鸿、赖明出席。

4月20日至21日　中央统战部组织各民主党派中央新老领导人和无党派人士代表赴西柏坡参观学习并举行纪念会，纪念民主党派、无党派人士响应中共“五一口号”60周年。韩启德、王志珍参加活动。

5月7日至9日　九三学社第十二届中央常务委员会第三次会议在成都召开。会议交流了开展以坚持走中国特色社会主义政治发展道路为主题的政治交接学习教育活动经验，研究了推进建立政治交接长效机制等问题。

5 月 13 日　九三学社中央就汶川地震向九三学社四川省委员会发出慰问信，并向全社发出《关于发挥九三学社优势迅速投入抗震救灾工作的紧急通知》。

5 月 19 日至 31 日　韩启德率团对吉尔吉斯斯坦、乌克兰、白俄罗斯进行友好访问。

6 月 4 日　九三学社中央向全社各级组织和全体社员发出“灾后重建伸援手，募集善款献爱心”倡议书。

6 月 11 日至 14 日　邵鸿等赴四川地震灾区进行调研，确定青川县江边村为社中央援建轻钢龙骨住宅试点村。

7 月 20 日　九三学社中央与全国政协经济委员会和辽宁省政协联合主办的辽宁沿海经济带政协论坛在大连举行。

7 月 21 日　中共中央在中南海召开党外人士座谈会。韩启德、王志珍、陈抗甫出席，韩启德代表九三学社中央就经济工作发言。

8 月 11 日　九三学社中央在机关召开“促进科技发展和自主创新”课题组组长（扩大）会议。

9 月 25 日至 26 日　九三学社理论研究与社史工作暨纪念改革开放 30 周年研讨会在连云港召开。

10 月 13 日　九三学社中央与北京市委会联合召开学习中共十七届三中全会精神座谈会。

11 月 1 日至 5 日　韩启德率队赴湖北、湖南就武汉城市圈和长株潭城市群“两型社会”综合配套改革试验区建设问题进行考察。赖明陪同考察。

11 月 21 日　中共中央在中南海召开党外人士座谈会。韩启德、王志珍、陈抗甫出席，韩启德代表九三学社中央就深化司法体制改革等问题发言。

12 月 4 日至 6 日　九三学社第十二届中央委员会第二次全体会议在

京召开。其间，九三学社中央监督委员会成立。

12 月 6 日　九三学社中央纪念改革开放 30 周年纪念大会在京举行。

2009 年

1 月 9 日　国家科学技术奖励大会在京举行。九三学社 33 名社员主持或参与完成的 28 个项目荣获 2008 年度国家科学技术奖励。

1 月 22 日　中共中央在中南海召开党外人士迎春座谈会。韩启德、王志珍、陈抗甫、王文元出席，韩启德代表九三学社中央就农村人才问题发言。

2 月 4 日　九三学社中央与国家科技部就有效应对国际金融危机、促进经济平稳较快发展提供科技支撑的有关问题在社中央机关座谈。

2 月 9 日　中共中央在中南海召开《政府工作报告》党外人士征求意见座谈会。韩启德出席并代表九三学社中央发言。

3 月 3 日至 12 日　全国政协十一届二次会议在京召开。九三学社以社中央名义提交大会发言 17 篇，提交提案 37 件。

3 月 5 日至 13 日　十一届全国人大二次会议在京召开，韩启德、贺铿、谢小军等参加。

3 月 16 日至 22 日　韩启德率队赴河南、湖北、陕西考察南水北调中线水源保护工作。

4 月 5 日至 12 日　韩启德率领九三学社中央考察团到广东省调研发展低碳经济的有关问题。

4 月 21 日　九三学社中央在北京大学举办纪念五四运动 90 周年活动。韩启德、邵鸿、马大龙参加。

4 月 23 日　中国人民争取和平与裁军协会第八届会员团体联席会议在京召开。韩启德担任会长。

5 月 6 日至 8 日　九三学社第十二届中央常务委员会第七次会议在福州召开。会议交流了促进科技发展和自主创新、城乡统筹与三农、发展低碳经济、保增长扩内需调结构措施的实施对策等调研成果，就进一步加强参政议政课题调研并形成调研成果进行部署。

6 月 7 日至 18 日　王志珍率团访问爱尔兰、德国、芬兰，对上述国家科技创新管理体制、创新政策的决策机制以及产学研合作模式进行调研考察。

7 月 1 日　邵鸿、赖明在京参加由九三学社中央和农工党中央、致公党中央联合举办的“庆祝中华人民共和国成立 60 周年、人民政协成立和中国共产党领导的多党合作和政治协商制度确立 60 周年书画展”。

7 月 10 日　九三学社中央在机关举办“深化我国科技宏观管理体制改革研讨会”。王志珍、冯培恩、赖明、马大龙出席。

7 月 16 日　九三学社中央参政党理论研究中心成立大会在京举行。

7 月 17 日　九三学社中央社史研究中心成立大会在京举行。

7 月 21 日　中共中央在中南海召开党外人士座谈会。韩启德、王志珍、陈抗甫出席，韩启德代表九三学社中央发言。

8 月 11 日　韩启德、王志珍、陈抗甫在中南海参加中共中央召开的党外人士协商会。

9 月 3 日　九三学社中央与北京市委在社中央机关联合举办庆祝新中国成立 60 周年、政治协商制度确立 60 周年座谈会。

9 月 20 日　庆祝中国人民政治协商会议成立 60 周年纪念大会在全国政协礼堂召开。韩启德、王志珍、陈抗甫、贺铿、邵鸿、谢小军、马大龙、王文元、赵伟之出席。

10 月 1 日　中华人民共和国成立 60 周年大会在京召开。韩启德、王志珍等出席并观礼。

11 月 14 日　韩启德、王志珍、邵鸿、赖明在京出席由九三学社中央和辽宁省人民政府联合主办的低碳经济与绿色建筑产业发展高峰论坛。

11 月 24 日　韩启德、陈抗甫在京出席中共中央召开的党外人士座谈会。

11 月 30 日至 12 月 3 日　贺铿赴四川地震灾区出席九三学社援建工程竣工典礼活动。

12 月 7 日至 9 日　九三学社第十二届中央委员会第三次全体会议在京召开。

2010 年

1 月 6 日　九三学社中央在机关举办国家科技重大专项实施中的问题与对策座谈会。王志珍、马大龙出席。

1 月 11 日　国家科学技术奖励大会在京举行。九三学社 61 名社员主持或参与完成的 52 个项目获奖。

1 月 26 日　王志珍、邵鸿出席关于党风廉政建设和反腐败情况的党外人士通报会，王志珍代表九三学社中央发言。

1 月 29 日　中共中央在中南海召开《政府工作报告》党外人士征求意见座谈会。王志珍出席并代表九三学社中央发言。

2 月 10 日　中共中央在中南海举行党外人士迎春座谈会。韩启德、王志珍、王文元出席，韩启德代表九三学社中央就促进房地产健康发展发言。

2 月 24 日　韩启德、邵鸿、赖明在九三学社中央机关就教育中长期发展规划纲要的修改完善问题与教育部部长袁贵仁座谈。

3 月 3 日至 14 日　韩启德、王志珍、冯培恩、贺铿、邵鸿、谢小军、张桃林、赖明、马大龙、陈抗甫、闵乃本、刘应明在京分别出席十一届全国人大三次会议和全国政协十一届三次会议。

3 月 29 日　王志珍、赖明在京出席黄河发展战略暨黄河三角洲生态特区建设研究汇报会。

4 月 15 日　九三学社中央致信慰问社青海省委会和奋战在玉树抗震救灾一线的广大九三学社社员。

5 月 12 日至 15 日　九三学社第十二届中央常务委员会第十一次会议在唐山召开。会议审议通过了《九三学社中央关于加强基层组织建设的意见》。

5 月 29 日　韩启德、赖明在京出席由九三学社中央和王选基金会共同主办的“技术创新、产业创新与资本创新研讨会”。

6月4日至8日　王志珍赴越南出席世界经济论坛东亚会议，并对越南进行友好访问。

6月18日　邵鸿在中央统战部出席《2010—2020年党外代表人士教育培训改革和发展纲要》起草工作意见征集会。

7月20日　韩启德在中南海出席中共中央召开的党外人士座谈会，并就经济工作发言。

8月10日　九三学社中央在机关召开“三江源生态保护”座谈会。

8月16日　韩启德、王志珍在中南海出席中共中央召开的党外人士座谈会，韩启德就《中共中央关于制定国民经济和社会发展第十二个五年规划的建议》征求意见稿发言。

9月16日至17日　邵鸿在南京出席九三学社内部监督理论研讨会。

10月28日　九三学社中央和北京市委会在社中央机关联合召开学习贯彻中共十七届五中全会精神座谈会。

11月7日至9日　九三学社中央、福建省政府与中国生态学学会共同举办的“第七届中国生态旅游发展论坛暨首届海峡两岸生态旅游高峰论坛”在福建泰宁举行。

11月30日　中共中央在京召开党外人士座谈会。韩启德、王志珍出席。韩启德代表九三学社中央就经济工作发言。

12月11日至13日　九三学社第十二届中央委员会第四次全体会议在京召开，增选丛斌为副主席。

2011年

1月6日　九三学社中央与科技部就“十二五”科技规划编制工作进行座谈。

1月7日　九三学社中央在机关举行战略性新兴产业发展研讨会。

1月14日　九三学社师昌绪获得2010年度国家最高科学技术奖，46名九三学社社员参与完成的39个项目荣获国家科学技术奖。

1 月 21 日　中共中央在中南海召开《政府工作报告》党外人士征求意见座谈会。韩启德、王志珍出席。韩启德代表九三学社中央发言。

1 月 30　中共中央在中南海举行党外人士迎春座谈会。韩启德、王志珍、王文元出席。韩启德代表九三学社中央发言。

2 月 15 日　韩启德、赖明在九三学社中央机关出席低碳交通座谈会。

3 月 2 日　吴阶平逝世。

同日　从斌在京出席统一战线同心品牌研讨会。

3 月 3 日至 13 日　全国政协十一届四次会议在京召开。王志珍、冯培恩、邵鸿、张桃林、赖明、马大龙、陈抗甫出席。

3 月 5 日至 15 日　十一届全国人大四次会议在京召开。韩启德、谢小军、从斌、贺铿出席。

3 月 7 日　韩启德陪同全国人大常委会委员长吴邦国到清华大学考察。

3 月 21 日　从斌在全国政协礼堂出席杨佳同志先进事迹巡回报告首场报告会。

3 月 27 日至 29 日　中央统战部在重庆组织召开“重温历史，同心同行”主题教育活动。韩启德、谢小军、从斌出席。

4 月 17 日至 18 日　从斌在南京出席九三学社江苏省委会百名专家进乡村行动座谈会并讲话。

4 月 21 日　九三学社中央在机关举办“中小型科技企业自主创新环境问题”座谈会。王志珍出席并讲话，赖明主持座谈会。

5 月 6 日至 7 日　九三学社第十二届中央常务委员会第十五次会议在郑州召开，审议通过了《九三学社中央关于省级组织 2012 年换届工作的意见》。

5 月 18 日至 26 日　韩启德率全国人大代表团出访拉脱维亚、斯洛文尼亚。

5 月 21 日至 26 日　王志珍率调研组在江苏就“中小型科技企业自主创新环境问题”进行调研。

5月26日至30日　韩启德连任中国科协第八届主席，张桃林当选中国科协第八届副主席。

6月29日　邵鸿在全国政协主持“立项建立国家文物安全与违法预警系统”提案办理协商会。

7月8日　九三学社中央学习胡锦涛同志“七一”重要讲话精神座谈会在社中央机关举行。

7月11日至15日　韩启德、邵鸿、赖明率调研团在四川省调研城乡统筹与城镇化问题。

7月21日　中共中央在京召开党外人士座谈会。韩启德、王志珍出席。韩启德代表九三学社中央就经济工作发言。

8月6日至10日　王志珍、赖明率九三学社中央调研组在四川省考察川西北生态保护问题。

8月17日　中共中央在京召开党外人士座谈会。韩启德、王志珍出席。韩启德代表九三学社中央就深化文化体制改革发言。

8月30日　王志珍在肯尼亚首都内罗毕出席首届中非民间论坛并致辞。

9月9日至11日　九三学社全国社务工作会议在太原市召开。

9月16日至17日　丛斌在济南出席“九三学社亮康工程推广基地”揭牌仪式。

11月2日　九三学社中央在机关召开学习中共十七届六中全会精神座谈会。

11月30日　韩启德、王志珍、邵鸿、赖明、丛斌在京出席各民主党派、工商联、无党派人士为全面建设小康社会作贡献表彰大会。

12月2日至4日　九三学社第十二届中央委员会第五次全体会议在京召开。

12月5日　中共中央在中南海召开党外人士座谈会。韩启德、王志珍出席。韩启德代表九三学社中央就经济工作发言。

2012 年

1 月 18 日　中共中央在中南海召开党外人士迎春座谈会。韩启德、王志珍、王文元出席。

2 月 3 日　韩启德、王志珍、赖明在九三学社中央机关同科技部部长万钢就科技工作座谈。

2 月 9 日　中共中央在中南海召开《政府工作报告》党外人士征求意见座谈会。韩启德、王志珍出席。韩启德代表九三学社中央发言。

同日　邵鸿走访教育部就《高等学校信息公开办法》实施情况进行调研。

2 月 14 日　九三学社谢家麟荣获 2011 年度国家最高科学技术奖，丛斌荣获国家科学技术进步奖一等奖，另有 59 名社员获得表彰。

3 月 3 日至 13 日　全国政协十一届五次会议在京召开。王志珍、冯培恩、邵鸿、张桃林、赖明、马大龙、陈抗甫出席。

3 月 5 日至 14 日　十一届全国人大五次会议在京召开。韩启德、谢小军、丛斌、贺铿出席。

3 月 17 日至 18 日　张桃林随中共中央政治局常委、国务院总理温家宝在河南就三农问题和中原经济区建设情况进行调研。

3 月 23 日至 27 日　赖明率调研组在浙江就“舟山群岛新区建设”及“环大陈地区海峡两岸经贸文化交流基地建设”问题进行调研。

4 月 7 日至 9 日　王志珍、赖明率调研组在重庆就三峡库区及长江上游水污染防治情况进行调研。

4 月 28 日　中央统战部召开“深化政治交接、实践同心思想——学习践行社会主义核心价值体系活动经验交流暨工作推动会”。韩启德、王志珍、丛斌出席。韩启德代表九三学社中央发言。

5 月 16 日至 21 日　王志珍作为胡锦涛总书记特别代表，率全国政协代表团出访东帝汶，冯培恩等一同出访。

5 月 30 日至 31 日　九三学社第十二届中央常务委员会第十九次会议在长沙召开。会议就如何加强机制建设，整合全社力量，推进社务工作进行了研讨和部署。

6月14日至15日 韩启德、赖明率调研组在河南就“统筹城乡发展与新型农村社区建设”主题进行调研。

7月5日 王志珍、张桃林、赖明在重庆出席“力争将川西北地区纳入‘三江源国家生态保护综合试验区’的建议”重点提案联合督办会。

7月10日至13日 丛斌在贵州威宁出席九三学社“同心·智力行·企业行”活动。

7月26日 九三学社中央与北京师范大学等单位共同主办的“纪念启功先生百年诞辰——启功遗墨展”暨《启功全集》首发式在国家博物馆举行。

8月7日至13日 谢小军、赖明在武汉和重庆出席“三峡库区及长江上游水污染防治对策研究”课题座谈会。

8月17日至18日 九三学社中央在京召开主席会成员民主谈心会。

8月29日 九三学社中央在机关举办学习刘瑞玉同志先进事迹座谈会。邵鸿、丛斌出席。

8月 九三学社30个省级组织换届圆满结束。

9月3日 中共中央在中南海召开党外人士座谈会。韩启德出席并代表九三学社中央发言。

同日 九三学社中央在机关举办九三学社创始人后裔座谈会。韩启德、邵鸿出席。

9月4日 九三学社中央在机关举办“九三学社人物丛书”首发式。韩启德出席并讲话，邵鸿主持。

9月7日 中央统战部在京召开全国贯彻落实《中共中央关于新时期加强党外代表人士队伍建设的意见》精神经验交流会。丛斌出席。

9月15日 九三学社中央与各党派发表联合声明，对日本政府对中国领土钓鱼岛及其部分附属岛屿实施所谓的“国有化”，表示强烈愤慨和严厉谴责。

10月7日至15日 韩启德作为胡锦涛主席特使出席乌干达独立20周

年庆典。

10月15日至16日　谢小军率调研组在贵州就三峡库区及长江上游水污染防治问题进行调研。

10月24日至25日　张桃林在广东调研2012年中央一号文件精神落实情况。

11月16日　九三学社中央在机关举办学习中国共产党第十八次全国代表大会精神座谈会，韩启德、王志珍、邵鸿、张桃林、赖明、马大龙、丛斌出席。

11月28日至29日　九三学社第十二届中央委员会第六次全体会议在京召开。

11月30日　中共中央在中南海召开党外人士座谈会。韩启德、王志珍出席。韩启德代表九三学社中央就经济工作发言。

11月30日至12月4日　九三学社第十次全国代表大会在京召开。选举产生九三学社第十三届中央委员会，韩启德当选主席，邵鸿、谢小军、张桃林、赖明、马大龙、丛斌、赵雯、卢柯、武维华、印红当选副主席。

12月4日　中共中央政治局常委俞正声同九三学社中央新老班子成员在中央统战部座谈。

12月25日　中共中央总书记习近平和中共中央政治局常委俞正声等中央领导同志走访九三学社中央机关并座谈。

12月28日至31日　谢小军、赖明在重庆出席三峡库区及其上游流域水污染防治课题报告研讨会。

2013年

1月10日至11日　九三学社中央首次领导班子战略研讨会在京召开，韩启德主持。

1月18日　国家科学技术奖励大会在京举行。九三学社39名社员获得奖项。

2月6日　中共中央在中南海召开迎春座谈会。韩启德、邵鸿、王志珍出席。

3月3日至12日　全国政协十二届一次会议在京召开。韩启德、邵鸿、张桃林、赖明、马大龙、赵雯、卢柯、武维华、印红出席。九三学社有103名社员担任全国政协委员。其间，中共中央政治局常委、中央纪委书记王岐山看望九三学社、农工党界联组的政协委员并参加讨论。韩启德当选为全国政协副主席。

3月4日至17日　十二届全国人大一次会议在京召开。谢小军、丛斌出席。九三学社有60名社员当选为全国人大代表。

4月10日　九三学社北京市委会与社中央院士工作委员会在京联合举行科技领军人才跨学科交流活动。丛斌、武维华出席。

4月19日　九三学社中央在机关举行新一届专门（工作）委员会成立大会。

4月26日　韩启德、赖明在深圳出席全国医疗卫生体制改革相关问题研讨会议。

5月5日至6日　九三学社第十三届中央常务委员会第三次会议在长春举行，审议并原则通过了《关于进一步加强组织建设的若干意见》。

6月30日至7月2日　韩启德在绵阳出席中国（绵阳）科技城建设座谈会暨科技创新项目对接活动并讲话。丛斌、卢柯也出席了活动。

7月16日　全国政协在京召开“积极稳妥推进城镇化，着力提高城镇化质量”专题协商会。韩启德、邵鸿、赖明出席。

7月25日　中共中央在中南海召开党外人士座谈会。韩启德、邵鸿、赖明出席。韩启德代表九三学社中央就经济工作发言。

8月3日至4日　九三学社中央科普工作委员会第一次全体（扩大）会议在沈阳召开。

8月15日至17日　赖明率九三学社中央调研组在重庆就三峡库区及渝东北生态涵养问题进行调研。

8月19日　九三学社中央在机关举行加强联系群众、改进机关作风工作动员大会。

9 月 16 日　中央统战部在京召开统一战线开展坚持和发展中国特色社会主义学习实践活动部署会。从斌出席。

9 月 17 日　中共中央在中南海召开党外人士高层协商会。韩启德、邵鸿出席，韩启德代表九三学社中央就全面深化改革若干重大问题发言。

9 月 21 日至 24 日　赖明率九三学社中央调研组在甘肃、青海就甘中引水工程和三江源生态保护相关问题调研。

10 月 28 日至 31 日　中国妇女第十一次全国代表大会在京召开。印红出席并当选全国妇联副主席。

10 月 31 日　九三学社中央在机关举办《高等学校学术委员会规程（征求意见稿）》研讨会，邵鸿出席。

11 月 12 日　从斌在京出席九三学社多党合作社会主义新农村建设项目总结交流会。

11 月 22 日　中共中央在京召开党外人士座谈会。韩启德、邵鸿、赖明出席。

12 月 9 日至 11 日　九三学社第十三届中央委员会第二次全体会议在京召开。

12 月 18 日至 19 日　邵鸿率九三学社中央巡视督导组赴社四川省委会进行首次省级组织巡视督导工作。

2014 年

1 月 10 日　国家科学技术奖励大会在京召开。程开甲荣获国家最高科技奖；另有 49 名社员主持或参与完成的 40 个项目获奖。

2 月 10 日　中共中央在中南海召开党外人士座谈会。韩启德、邵鸿、赖明出席。韩启德代表九三学社中央就发挥市场配置科技资源的决定性作用等问题发言。

2 月 18 日　邵鸿走访中国与全球化智库。

2 月 24 日　最高人民法院院长周强一行走访九三学社中央机关。

2 月 25 日　韩启德、从斌在京出席最高人民法院与中国科协联合召开的“加强知识产权保护、促进科技发展创新”座谈会。

3 月 3 日至 12 日　全国政协十二届二次会议在京召开。韩启德、邵鸿、张桃林、赖明、马大龙、赵雯、卢柯、武维华、印红出席。

3 月 5 日至 13 日　十二届全国人大二次会议在京召开。谢小军、从斌出席。

3 月 10 日　从斌出席“抗日战争胜利纪念日与九三学社”座谈会。

3 月 20 日　九三学社中央在机关举办“社会治理与中国道路”座谈会。邵鸿、从斌出席。

3 月 21 日　谢小军、赖明在重庆出席九三学社中央“统筹兼顾推进西南水电健康发展”课题开题会。

4 月 1 日至 4 日　赖明带队赴河南、广东就建筑垃圾资源化利用和无害化处理工作开展调研。

4 月 9 日至 12 日　韩启德、赖明、赵雯在上海就利用大数据技术提升政府治理能力问题开展调研。

4 月 16 日至 18 日　韩启德率调研组就中小微科技企业发展和市场配置科技资源问题在京调研。

4 月 21 日至 23 日　赖明带队赴广州就利用大数据技术提升政府治理能力问题开展调研。

5 月 9 日　从斌在京出席九三学社坚持和发展中国特色社会主义学习实践活动宣讲团全国巡讲启动仪式暨北京首场报告会。

5 月 10 日至 16 日　从斌在拉萨出席九三学社“亮康行动”西藏行活动。

5 月 19 日至 21 日　九三学社第十三届中央常务委员会第七次会议在银川召开。会议研讨了深入开展坚持和发展中国特色社会主义学习实践活动有关问题，审议通过了《九三学社中央委员会全会建议案工作规程（试行草案）》。

6 月 12 日　韩启德、邵鸿、赖明在京出席全国政协第十三次双周协商座谈会。

6月16日至17日　九三学社中央首次科学座谈会在浙江桐庐召开，主题为“信息技术与现代物流”。

6月16日　王文元逝世。

7月29日　韩启德、邵鸿、赖明在中南海出席中共中央召开的党外人士座谈会。韩启德代表九三学社中央就优化企业技术创新环境问题发言。

8月19日　韩启德、常务副主席邵鸿在中南海出席中共中央召开的党外人士座谈会。韩启德代表九三学社中央就依法治国问题发言。

8月20日至24日　赖明在河南、山东就黄河滩区扶贫工作进行调研。

9月5日　庆祝全国人民代表大会成立60周年大会在京召开。韩启德、邵鸿、马大龙、丛斌、印红出席。

9月15日　赖明在九三学社中央机关出席川甘青接合部藏区调研报告研讨会。

9月17至18日　九三学社中央第二次科学座谈会在京召开，主题为“现代医疗技术与过度医疗”。

9月26日　全国政协学习习近平总书记在纪念全国政协成立65周年庆祝大会讲话精神座谈会在京召开。邵鸿出席。

10月31日　九三学社中央在机关召开学习中共十八届四中全会精神座谈会。韩启德、邵鸿、印红出席。

11月17日至19日　九三学社在合肥举办坚持和发展中国特色社会主义专题论坛。印红出席。

12月1日　中共中央在中南海组织召开下半年经济形势党外人士座谈会。韩启德、邵鸿、赖明出席。

12月2日至5日　九三学社中央第三次科学座谈会在京召开，主题为“当前我国健康养护中的科学问题”。

12月8日至10日　九三学社第十三届中央委员会第三次全体会议在京召开。其间，举行了“九三楷模”荣誉称号首次颁奖仪式，授予王明雯、王志彪、许进、张卫民、陈利浩、杨佳、罗卫红、周翔、高富军、潘建伟10名同志“九三楷模”荣誉称号。

12月13日　韩启德、印红在南京出席首个南京大屠杀死难者国家公祭仪式。

2015年

1月9日　国家科学技术奖励大会在京举行。九三学社50名社员获国家科技奖励。

1月16日　中央统战部部长孙春兰走访九三学社中央并进行座谈。

2月12日　中共中央在中南海召开党外人士迎春座谈会。韩启德等出席。

3月3日至13日　全国政协十二届三次会议在京召开。九三学社提交17篇大会发言，报送75件提案。

3月5日至15日　十二届全国人大三次会议在京召开。丛斌等参加会议。

3月18日　赖明在九三学社中央机关召集研究长江中上游水利水电工程对长江流域生态环境影响课题、建筑问题课题研讨会。

3月26日　韩启德、邵鸿在九三学社中央机关出席民办职业教育座谈会。

3月26日至4月1日　赖明在河南就库区移民和淮河治理课题进行调研。

4月7日至10日　九三学社中央第四次科学座谈会在京召开，主题为“量子信息科学与技术”。

4月27日　中央统战部在京召开“统战工作条例”征求意见座谈会。韩启德、邵鸿在出席。

5月5日至9日　赖明在京津冀三地就“疏缓非首都功能、助推京津冀一体化”课题进行调研。

5月11日至13日　韩启德、赖明在安徽就“长江中上游水利水电工程对长江流域生态环境影响”课题进行调研。

5月14日至15日　九三学社第十三届中央常务委员会第十一次会议在合肥举行，主题为“弘扬科学精神 追求工作创新”。

6月22日至27日　赖明在青海、甘肃两省就三江源生态保护课题、祁连山区扶贫课题进行调研。

7月12日至15日　九三学社中央第五次科学座谈会在京召开，主题为“建立适应中国特色社会主义的科技体系”。

7月24日　中共中央在中南海召开党外人士座谈会。韩启德出席并代表九三学社中央就农村金融创新问题发言。

8月21日　中共中央在中南海召开党外人士座谈会。韩启德出席并代表九三学社中央就“十三五规划”发言。

8月27日　九三学社中央在京召开庆祝九三学社创建70周年大会。韩启德、邵鸿、谢小军、张桃林、赖明、马大龙、丛斌、赵雯、卢柯、武维华、印红出席。

9月3日　韩启德、邵鸿、张桃林、马大龙、丛斌、武维华、印红在京参加纪念中国人民抗日战争暨世界人民反法西斯战争胜利70周年大会。

9月10日至14日　丛斌在贵州就“毕节农村留守儿童问题”进行调研。

10月13日至16日　韩启德、邵鸿、谢小军、张桃林、赖明、马大龙、丛斌、武维华、印红在京参加“统一战线深入学习贯彻中央统战工作会议精神和《条例》研讨班”。

11月15日至19日　邵鸿率代表团赴美国考察美国智库建设情况。

12月2日至5日　九三学社中央第六次科学座谈会在浙江桐庐召开，主题为“中医药发展方向和途径”。

12月8日至11日　九三学社第十三届中央委员会第四次全体会议在京召开。其间，授予卢光琇、朱修林、孟浩、陈化兰、张德二、徐深、龚震、屠鹏飞、褚君浩、翟峰十名同志“九三楷模”荣誉称号。

12月8日　九三学社中央青年工作委员会成立大会在京召开。韩启德、邵鸿、赖明、丛斌、卢柯、印红出席。

2016 年

1 月 29 日　中共中央在中南海召开党外人士迎春座谈会。韩启德出席。

1 月 31 日至 2 月 1 日　九三学社中央领导班子 2016 年度战略研讨会在京召开，主题为“如何进一步推进我社履行参政党职能、加强自身建设等方面工作”。

2 月 1 日　九三学社中央领导班子民主生活会在京召开。韩启德、邵鸿、谢小军、张桃林、赖明、马大龙、丛斌、卢柯、武维华、印红出席。

2 月 23 日至 25 日　韩启德率全国政协调研组在安徽就“深化医疗卫生体制改革”问题进行调研。

3 月 3 日至 13 日　全国政协十二届四次会议在京召开。九三学社提交提案 37 件。

3 月 5 日至 16 日　十二届全国人大四次会议在京召开。丛斌等参加会议。

5 月 5 日　九三学社第十三届中央常务委员会第十五次会议在南昌召开，主题为“增强全社组织动员能力”。

5 月 16 日至 17 日　九三学社中央第七次科学座谈会在京召开，主题为“教育信息化与慕课（MOOC）大规模在线教育”。

6 月 28 日　赖明在九三学社中央机关召集研究东北大健康产业调研课题。

7 月 11 日　九三学社中央开展脱贫攻坚民主监督工作领导小组和工作小组成立，确定了对口监督陕西省的工作实施方案。

7 月 11 日至 12 日　九三学社中央第八次科学座谈会在四川攀枝花举行，主题为“钒钛产业创新发展与资源型城市转型”。

7 月 25 日　中共中央在中南海召开党外人士座谈会。韩启德、邵鸿、赖明出席。

8 月 22 日至 25 日　九三学社中央监督工作试点经验推进会在河南召开。邵鸿出席。

9月5日至8日　韩启德、赖明、丛斌在新疆就“一带一路”战略进行调研。

10月11日至12日　九三学社中央第九次科学座谈会在无锡召开，主题为“土壤退化与修复”。

11月24日至30日　赖明在广东就社区服务业课题和建筑产业化课题进行调研。

11月28日至29日　邵鸿在京就大龄孤独症群体社会支持与服务课题进行调研。

12月14日至16日　九三学社第十三届中央委员会第五次全体会议在京召开。其间，授予马克俭、毛继祖、刘文魁、刘月宁、李恒、李唯、严俊、董元华、葛均波、彭淑牖等十名同志“九三楷模”荣誉称号。

12月19日至20日　九三学社中央第十次科学座谈会在浙江桐庐召开，主题为“我国农业（种植业）结构调整与可持续发展”。

12月23日　九三学社中央促进技术创新工作委员会在京成立。

2017年

2月8日至9日　九三学社中央领导班子2017年度战略研讨会在京召开，主题为“加强九三学社自身建设、提升组织动员力”。

2月14日至15日　邵鸿、赖明在京就故宫文物保护课题进行调研。

3月3日至13日　全国政协十二届五次会议在京召开。九三学社以社中央名义提交提案41件，以九三学社界别名义提交提案35件。

3月5日至15日　十二届全国人大五次会议在京召开。丛斌等参加会议。

4月7日至8日　九三学社中央第十一次科学座谈会在京召开，主题为“中国超算的国产创新与应用强国之路”。

4月17日至21日　赖明在重庆就“完善房地产调控有序推进新型城镇化”课题进行调研。

5月3日至7日　韩启德、赖明在浙江就科技型中小企业创新发展课题进行调研。

6 月 15 日　邵鸿在京出席《中国教育现代化 2030（征求意见稿）》征求意见座谈会。

7 月 5 日至 6 日　九三学社第十三届中央常务委员会第十九次会议在包头召开。会议交流九三学社省级组织换届工作情况，审议九三学社社章修改稿。

7 月 13 日至 14 日　九三学社中央第十二次科学座谈会在京召开，主题为“能源改革”。

8 月 2 日至 8 日　丛斌在新疆就“一带一路”助推新疆医疗、高等教育发展情况进行调研。

8 月 11 日至 12 日　赖明在重庆就建筑产业化发展课题进行调研。

8 月 14 日至 18 日　韩启德、丛斌在陕西就脱贫攻坚民主监督工作进行调研。

9 月 11 日　九三学社中央第十三次科学座谈会在成都召开，主题为“中国防震减灾对策”。

9 月 20 日至 25 日　赖明在内蒙古就“草原生态保护与治理”课题进行调研。

10 月 11 日至 12 日　九三学社中央第十四次科学座谈会在银川召开，主题为“文物考古与丝绸之路”。

11 月 12 日　尤权走访九三学社中央机关，就学习宣传贯彻中共十九大精神，推进统一战线和多党合作事业发展听取意见建议。

11 月　九三学社 30 个省级组织换届圆满结束。

12 月 1 日至 2 日　九三学社第十三届中央委员会第六次全体会议在京召开。

12 月 3 日至 7 日　九三学社第十一次全国代表大会在京召开。选举产生九三学社第十四届中央常务委员会和新一届社中央领导班子，武维华当选主席，邵鸿、张桃林、赖明、丛斌、赵雯、卢柯、印红、黄润秋、潘建伟、刘忠范当选副主席。其间，授予王贤才、叶勇、孙承武、杨櫃、陈履安、屈建军、侯先光、宣立学、程和平、游国师等十名同志“九三楷模”荣誉称号。

12 月 8 日　中共中央政治局常委汪洋在京会见九三学社中央新老领导班子成员。

2018 年

1 月 20 日　九三学社中央领导班子 2018 年度战略研讨会在京召开。会议围绕学习贯彻中国共产党第十九次全国代表大会精神和九三学社第十一次全国代表大会精神，就加强领导班子建设等问题进行研讨，对全社学习贯彻习近平新时代中国特色社会主义思想，特别是关于多党合作的重要论述进行部署。

1 月 31 日　九三学社中央第十五次科学座谈会在京召开，主题为“草原生态文明建设”。

2 月 6 日　习近平总书记在中共中央召开的党外人士迎春座谈会上强调，中国特色社会主义进入新时代，多党合作要有新气象，思想共识要有新提高，履职尽责要有新作为，参政党要有新面貌。武维华、邵鸿出席会议。

3 月 3 日至 15 日　全国政协十三届一次会议在京召开。九三学社有 104 名社员担任全国政协委员，其间，中共中央政治局常委栗战书看望九三学社、民建界委员并参加讨论。邵鸿当选为全国政协副主席。21 名社员当选为全国政协常委。

3 月 4 日　武维华、邵鸿、赖明、卢柯、黄润秋、潘建伟、刘忠范在京出席“强化基础研究　促进重大原始创新”课题启动座谈会。

3 月 5 日至 20 日　十三届全国人大一次会议在京召开。九三学社有 64 名社员当选为全国人大代表。武维华当选为全国人大常委会副委员长。4 名社员当选为全国人大常委会委员。

3 月 24 日　汪洋走访九三学社中央并同领导班子成员座谈。

3 月 26 日　九三学社中央脱贫攻坚民主监督领导小组暨工作小组

(扩大) 会议在京召开。

4 月 7 日至 14 日　武维华率调研组在陕西省略阳县开展脱贫攻坚民主监督调研工作。

4 月 18 日　九三学社中央在机关召开纪念中共中央发布“五一口号”70 周年座谈会。武维华、邵鸿、丛斌出席。

4 月 19 日　中央统战部组织各民主党派中央负责人和无党派人士代表赴西柏坡、李家庄参观学习并举行座谈会，纪念中共中央发布“五一口号”70 周年。武维华参加活动并代表各民主党派中央发言。邵鸿参加活动。

4 月 20 日　九三学社中央在机关召开关于开展“转变工作作风推动提质增效”活动专题研讨会。武维华、邵鸿、赖明、丛斌、印红出席。

4 月 22 日至 23 日　九三学社中央第十六次科学座谈会在大理召开，主题为“农村面源污染防治与河湖生态环境治理”。

4 月 24 日至 26 日　邵鸿、赖明率队赴云南就农村环境综合治理课题进行调研。

5 月 5 日至 6 日　九三学社中央第十七次科学座谈会在江西南昌召开，主题为“生态农业发展促进乡村环境治理”。

5 月 9 日　九三学社助推京津冀协同发展行动启动暨领导小组第一次会议在武汉召开。武维华、邵鸿、赖明、丛斌、印红、刘忠范出席。

5 月 10 日至 11 日　九三学社第十四届中央常务委员会第三次会议在武汉召开，主题为“不忘合作初心，继续携手前进——牢记参政党使命，巩固共同思想政治基础”。

5 月 11 日至 17 日　赵雯率调研组在陕西省柞水县开展脱贫攻坚民主监督调研工作。

5 月 28 日至 6 月 1 日　赖明率调研组在陕西省汉滨县开展脱贫攻坚民主监督调研工作。

6 月 8 日至 14 日　刘忠范率调研组在陕西省镇巴县开展脱贫攻坚民主监督调研工作。

6月28日至7月1日　武维华率队赴黑龙江、内蒙古就草原生态修复治理课题进行调研，赖明陪同调研。

7月5日至12日　邵鸿率调研组在陕西省商南县开展脱贫攻坚民主监督调研工作。

7月17日　中共中央在中南海召开党外人士座谈会。武维华、邵鸿、赖明出席，武维华代表九三学社发言。

7月17日至19日　邵鸿在陕西出席习近平总书记关于加强和改进人民政协工作的重要思想理论研讨会。

7月29日至8月3日　武维华、赖明在新疆、宁夏就草原生态治理课题进行调研。

8月18日至28日　丛斌率调研组在陕西省岚皋县开展脱贫攻坚民主监督调研工作。

9月7日至10日　九三学社中央第十八次科学座谈会在京召开，主题为“黄河流域生态环境保护与可持续发展”。

9月11日至12日　邵鸿在宁夏就民族地区职业教育有关工作开展调研。

9月16日至18日　武维华赴锦州就九三学社中央领导联系市级组织工作开展有关社务工作调研。

9月25日至30日　武维华率调研组深入晋陕沿黄地区及渭河、汾河流域，就黄河中游及主要支流的生态状况、污染治理、水土保持等情况进行调研。

10月9日　九三学社中央在机关召开民族地区职业教育工作座谈会。邵鸿出席。

10月16日　九三学社中央第十九次科学座谈会在重庆召开，主题为“现代山地特色高效农业发展路径”。

10月17日至21日　黄润秋率调研组在陕西省紫阳县开展脱贫攻坚民主监督调研工作。

11月29日　九三学社中央与海南省人民政府“九琼合作”签约仪式

在海南省政府机关举行。武维华出席。

12月8日　九三学社中央庆祝改革开放40周年大会在京召开。武维华、邵鸿、张桃林、赖明、丛斌、赵雯、卢柯、印红、黄润秋、刘忠范出席。

12月8日至9日　九三学社第十四届中央委员会第二次全体会议在京召开。

12月11日至15日　赖明率调研组赴福建泉州、福州调研海岸带退围还湿还海与海滩资源科学保护利用。

2019年

1月12日　九三学社中央领导班子2019年度战略研讨会在京召开，主题为“围绕致力‘四新’‘三好’，开创参政党工作新局面”。

1月15日　武维华在京出席统一战线学习贯彻习近平总书记在《告台湾同胞书》发表40周年纪念会上的重要讲话精神座谈会。

1月17日至20日　武维华、赖明在深圳就“粤港澳大湾区高质量发展”情况进行调研。

1月22日　武维华在九三学社中央机关会见最高人民检察院党组书记、检察长张军。丛斌参加会见。

1月28日　中共中央在中南海召开党外人士迎春座谈会。武维华、邵鸿出席。

2月14日　九三学社中央在机关举办促进科技型民营企业高质量发展课题专家座谈会。武维华、邵鸿、赖明、丛斌出席。

2月16日至21日　武维华率调研组在湖南、广东开展“促进科技型民营企业高质量发展”调研。赖明参加调研。

3月3日至13日　全国政协十三届二次会议在京召开，九三学社以社中央名义提交提案42件，以九三学社界别名义提交提案30件。

3月5日至15日　十三届全国人大二次会议在京召开。武维华、丛斌等出席。

3月21日　邵鸿、赖明在京出席中国人民大学参政议政研究中心成立大会。

3月22日　邵鸿、赖明、印红在全国政协礼堂出席习近平新时代中国特色社会主义思想学习小组第一组第一季度学习座谈会。

3月24日至26日　丛斌率队赴威宁开展调研帮扶活动并召开座谈会。

3月25日至27日　武维华率调研组在江苏就“促进科技型民营企业高质量发展”课题开展调研。赖明参加调研。

4月1日至2日　九三学社中央第二十次科学座谈会在浙江桐庐召开，主题为“科技创新与科技型民营企业高质量发展”。

4月3日　武维华率队在桐庐健康小镇调研科技型民营企业发展情况，调研“九三之家”开展工作情况。赖明陪同调研。

4月15日至18日　武维华率调研组在陕西省山阳县开展脱贫攻坚民主监督调研工作。

4月15日　赖明在广东参加建筑垃圾资源化利用调研及研讨会。

5月5日　九三学社中央在机关举行理论学习中心组第11次集体学习暨纪念五四运动100周年座谈会，专题学习习近平总书记在纪念五四运动100周年大会上的重要讲话精神。邵鸿、赖明、丛斌出席。

5月10日至13日　邵鸿率调研组在陕西省镇安县开展脱贫攻坚民主监督调研工作。

5月15日至16日　“纪念五四运动100周年暨许德珩生平事迹研讨会”在江西召开。邵鸿出席。

5月16日至17日　九三学社中央第二十一次科学座谈会在南宁召开，主题为“推进现代特色农业高质量发展”。

5月22日至23日　九三学社第十四届中央常务委员会第六次会议在兰州召开，主题为“强化政治引领，推进干部队伍建设”。

5月25日至31日　印红率调研组在陕西省白河县开展脱贫攻坚民主监督调研工作。

6月2日至5日　邵鸿率队赴新疆就年度重点调研课题“深度贫困地

区教育脱贫攻坚”开展调研。

6月2日至5日　赖明率队赴湖南省邵阳市就“以草原生产力恢复促进草原生态修复”课题开展调研。

6月10日至13日　丛斌率调研组在陕西省丹凤县开展脱贫攻坚民主监督调研工作。

6月28日　邵鸿、赖明在京出席全国政协习近平新时代中国特色社会主义思想学习小组第一组第二季度学习座谈会。

7月23日　武维华在京出席“不忘合作初心，继续携手前进”主题教育活动动员部署会。

7月30日　九三学社中央在机关召开“不忘合作初心，继续携手前进”主题教育活动动员部署大会。武维华、邵鸿、印红出席。

8月7日至14日　武维华率队赴甘肃、四川、青海就黄河上游水源涵养区国家公园建设、以草原生产力恢复促进草原生态修复课题开展调研。赖明陪同调研，黄润秋参加部分调研。

8月10日至12日　邵鸿在甘肃出席首届“中国西部教育发展论坛”并调研。

8月15日至20日　武维华率队赴内蒙古就“促进草原生态修复与草畜业可持续发展”课题开展调研。

9月5日至8日　武维华在重庆先后与重庆市、区两级社组织负责人代表谈心，督促指导开展“不忘合作初心，继续携手前进”主题教育活动。

9月7日　九三学社中央第二十二次科学座谈会在重庆召开，主题为“人工智能技术与应用”。

9月9日　九三学社成立旧址纪念碑配套建设项目揭幕仪式在重庆举行。武维华、邵鸿、张桃林、赖明、丛斌、赵雯、卢柯、印红、黄润秋、刘忠范出席。

9月12日　九三学社中央“不忘合作初心，继续携手前进”主题教育活动宣讲团首场报告会暨宣讲活动启动仪式在京举行。丛斌出席。

9月16日　九三学社中央庆祝中华人民共和国成立70周年暨纪念多党合作和政治协商制度确立70周年座谈会在京召开。武维华、邵鸿、赖明、丛斌、印红、刘忠范出席。

10月1日　武维华、邵鸿、丛斌在京出席庆祝中华人民共和国成立70周年大会并观礼。

10月30日　武维华、邵鸿率九三学社中央机关全体工作人员，赴香山革命纪念馆开展“不忘合作初心，继续携手前进”主题教育活动。赖明、印红参加。

11月8日　九三学社中央领导班子召开“不忘合作初心，继续携手前进”主题教育活动专题民主生活会。

11月9日至12日　赖明率队在山东就军民融合、节水农业、黄河入海口生态修复课题进行调研。

11月11日至12日　邵鸿在辽宁锦州出席辽宁沿海经济带政协研讨会并讲话。

11月18日至21日　赖明在河南调研晋陕豫黄河金三角区域统筹协调发展工作。

11月27日至28日　九三学社中央第二十三次科学座谈会在海口召开，主题为“海洋经济高质量发展”。

12月12日至13日　九三学社第十四届中央委员会第三次全体会议在京召开。其间，授予王俊、王成堂、文圣常、邱大洪、陈志民、周铉、徐冬梅、贾德昌、程顺和、谢丽娟十名同志“九三楷模”荣誉称号。

2020年

1月8日　“不忘初心、牢记使命”主题教育总结大会在京召开，习近平总书记出席并发表重要讲话。

1月8日　武维华率队赴京东方科技集团股份有限公司就“国有企业创新驱动发展”课题进行调研。赖明参加调研。

1月28日　九三学社中央在机关召开应对新型冠状病毒感染肺炎疫

情工作领导小组会议，专题研究新型肺炎疫情防控有关工作，下发《九三学社中央关于积极动员全社力量共同打赢防控新型冠状病毒肺炎疫情阻击战的通知》。武维华、邵鸿、丛斌、印红出席。

2 月 27 日　刘忠范在京调研疫情防控措施落实和企业复工复产情况。

3 月 5 日　14 名九三学社社员获“全国卫生健康系统新冠肺炎疫情防控工作先进个人”称号。

4 月 4 日　武维华、邵鸿分别在全国人大机关和全国政协机关参加新冠肺炎疫情全国性哀悼活动。

4 月 21 日　中共中央在中南海召开党外人士座谈会。武维华出席。

5 月 7 日　最高人民法院在京召开各民主党派中央、全国工商联和无党派人士座谈会。丛斌出席会议并发言。

5 月 8 日　中共中央在中南海召开党外人士座谈会。武维华、邵鸿出席，武维华代表九三学社中央就新冠肺炎疫情防控工作发言。

5 月 9 日　武维华在九三学社中央机关会见最高人民检察院党组书记、检察长、首席大检察官张军。邵鸿、赖明、丛斌参加会见。

5 月 11 日　中共中央在中南海召开《政府工作报告》党外人士征求意见座谈会。武维华、邵鸿、赖明出席，武维华代表九三学社中央发言。

5 月 21 日至 27 日　全国政协十三届三次会议在京召开。九三学社以社中央名义提交大会发言 6 篇，提交提案 81 件。

5 月 22 日至 28 日　十三届全国人大三次会议在京召开。武维华、丛斌出席。

5 月 26 日至 31 日　丛斌率调研组在陕西省平利县开展脱贫攻坚民主监督调研工作。

5 月 29 日　丛斌在京出席《传染病防治法》修改完善评估报告专家评审会。

6 月 2 日至 3 日　武维华率队在安徽蚌埠就 2020 年度重点调研课题“提升创新能力，做强国家技术创新体系”开展调研。邵鸿、赖明、潘建伟参加调研。

6月4日　印红在京出席2020年党外人士重点考察调研选题介绍会议。

6月5日至6日　九三学社中央第二十四次科学座谈会在合肥召开，主题为“国家科技创新体系建设”。

6月8日至9日　赖明在四川出席川渝双城经济圈发展座谈会。

6月10日至11日　武维华率队赴四川省旺苍县调研九三学社中央定点扶贫和“九广合作”工作情况。丛斌参加调研。

6月10日至15日　赵雯率调研组在陕西省印台县开展脱贫攻坚民主监督调研工作。

6月12日　武维华率队围绕“推进乡村产业高质量发展”主题在四川巴中开展调研。赖明、丛斌参加调研。

6月13日至14日　九三学社中央第二十五次科学座谈会在四川巴中召开，主题为“脱贫后期工作与促进乡村产业高质量协调发展”。

6月20日至24日　丛斌赴海南调研“九琼合作”工作。

6月29日　以“‘中国芯’研发和产业化的进展与对策”为主题的全国政协第十四次重点关切问题情况通报会在京召开。赖明出席。

7月16日　九三学社第十四届中央常务委员会第十次会议在京召开，主题为“学习贯彻中共十九届四中全会精神，发挥中国特色社会主义政党制度优势，为推进国家治理体系和治理能力现代化履职尽责”。

7月24日　九三学社中央在京召开推动民办高等教育健康发展专家座谈会。邵鸿出席会议并讲话。

7月25日至26日　九三学社中央第二十六次科学座谈会在京召开，主题为“新基建——卫星应用产业化”。

7月29日至31日　武维华率领调研组赴上海就“提升企业创新能力，做强国家技术创新体系”开展年度重点考察调研。邵鸿、赖明、赵雯参加调研。

8月6日　纪念许德珩诞辰130周年研讨会在九江市召开。武维华出席并讲话。

8月12日至19日　武维华率队赴西藏就“青藏高原草原生态文明建设”课题开展调研，并在林芝市召开研讨会。

8月24日至29日　武维华率调研组在陕西省米脂县开展脱贫攻坚民主监督调研工作。

9月3日　九三学社中央在京召开庆祝九三学社创建75周年座谈会。武维华出席座谈会并讲话，邵鸿主持座谈会。

9月5日　庆祝九三学社创建75周年暨九三学社深圳市委会成立30周年大会在深圳举行。武维华出席并讲话，赖明出席。

9月8日　全国抗击新冠肺炎疫情表彰大会在北京人民大会堂隆重举行。九三学社杜斌、朱凤雪、王贵强、吴琦、朱佳清、黄小民、张伟、张伟、郑福增、杨彬、黄爱龙、田文广荣获“全国抗击新冠肺炎疫情先进个人”称号。

9月11日至16日　邵鸿率调研组在陕西省陇县开展脱贫攻坚民主监督调研工作。

9月11日至14日　赖明率队赴山东省长岛海洋生态文明综合试验区就“海岸带综合整治和海洋生态环境保护”课题开展调研。

9月18日至19日　九三学社中央第二十七次科学座谈会在重庆召开，主题为“生物医药与医疗精密仪器创新发展”。

9月27日　九三学社中央在京召开推动民办高等教育健康发展座谈会。邵鸿出席并讲话。

9月29日　抗击新冠肺炎疫情全国三八红旗手（集体）表彰发布活动在京举行。李莉等九名九三学社社员荣获“抗击新冠肺炎疫情全国三八红旗手”称号。

10月10日　九三学社中央在京召开黄河流域保护与发展若干问题研究座谈会。武维华出席会议并讲话，赖明主持会议。

10月17日　全国脱贫攻坚奖表彰大会暨先进事迹报告会在京举行。九三学社社员赵海伶、张金霞、常明昌获表彰。

11月4日至6日　九三学社中央第二十八次科学座谈会在东营市举

行，主题为“黄河流域湿地保护与生态修复”。其间，武维华率调研组，先后赴自然保护区和黄三角农高区开展调研。

11 月 23 日　九三学社中央理论学习中心组举行第 15 次集体学习，专题学习中共十九届五中全会精神。武维华主持学习。邵鸿、赖明、丛斌、印红参加学习并发言。

12 月 9 日至 11 日　九三学社第十四届中央委员会第四次全体会议在京召开。

后 记

2020年3月，中央统战部计划出版一套“中国参政党丛书”，向各民主党派中央约稿，以此庆祝中国共产党成立100周年，纪念各民主党派与中国共产党风雨同舟的奋斗历程。九三学社中央高度重视这项工作，将编写任务交给了九三学社中央研究室。分管研究室的常务副主席邵鸿多次对本书的编写工作作出重要指导，并数次详细审阅书稿、主持书稿编修研讨会，提出具体修改意见。九三学社中央主席武维华认真审定书稿，并欣然作序。

本书的编写，在指导原则上，坚持以马克思列宁主义、毛泽东思想、邓小平理论、“三个代表”重要思想、科学发展观、习近平新时代中国特色社会主义思想为指导，坚持中国共产党的领导，坚持和发展中国特色社会主义，坚持爱国、民主、科学优良传统。

在体例框架上，以时间为序，按中国近现代史重要历史节点划分章节，从抗日战争后期的形势和民主运动的兴起起笔，以2020年抗击新冠肺炎疫情作结，记述了九三学社的创建过程、发展历程及在不同时期的主要任务、社会影响和贡献、组织发展等情况。

在内容取舍上，遵从详今略古惯例，坚持实事求是、尊重历史，力求精练准确。以《九三学社简史（2015年修订版）》为基础，依据近年来社史研究成果对部分内容进行了订正改写，并续写了2015年至2020年年底的内容。

中共十八大以来，以习近平同志为核心的中共中央高度重视多党合作和民主党派工作，就多党合作事业发展提出一系列新理念、新思想、新战略，作出一系列重大决策，推动多党合作事业取得历史性的巨大成就。这一时期，九三学社认真贯彻落实习近平总书记对民主党派提出的“四新”“三好”总要求和关于加强中国特色社会主义参政党建设相关文件精神，各项工作全面推进，工作方法不断创新，工作成效非常显著，开创了九三学社事业的新局面。编写组在资料梳理过程中，也深感这一时期社史材料内容丰富、亮点纷呈。在编写这一部分内容时，我们侧重介绍了一些特色专项工作，如“不忘合作初心，继续携手前进”主题教育活动、脱贫攻坚民主监督等工作，同时也较为全面地介绍了九三学社在思想政治建设、参政议政、组织建设、社会服务等方面的工作情况，以期更好展示中国新型政党制度在新时代焕发的蓬勃生机、结出的丰硕成果。

本书编写工作由九三学社中央研究室副主任王汝芳主持。具体承担执笔和统稿工作的同志有：昝建军、但勇、於亮、段正初、乔发进、陈冬梅、周文兮。

本书在编写过程中得到中央统战部的指导和帮助，社中央各部门和部分地方组织提供了宝贵的支持和建议，在此一并向相关单位、部门和个人致以诚挚的感谢！

胸怀千秋伟业，恰是百年风华。作为中国共产党百年华诞的献礼之作，编写组深感任务光荣、责任重大，虽已付出十分努力，但时间紧迫、水平有限，难免存在不当和疏漏之处，敬请大家批评指正，以便在再版时加以订正完善。

九三学社中央研究室

2021 年 1 月